OCÉANO
ATLÁNTICO

Estrecho de la Florida

LAS BAHAMAS

La Habana
Matanzas

ar del Río

Cienfuegos
**CUBA**

nal de Yucatán

Camagüey

umel

Guantánamo

Santiago
de Cuba

**REPÚBLICA
DOMINICANA**

**HAITÍ**

San
Juan

Islas
Vírgenes

Kingston

Port-au-
Prince

Mayagüez

**Antigua**

**JAMAICA**

Santo
Domingo

Ponce

**PUERTO
RICO**

**Guadalupe**

Antillas Menores

**Dominica**

**Martinica
Santa Lucía**

Mar Caribe

**Barbados**

**San Vicente**

**Granada**

ONDURAS

Curaçao

ucigalpa

Aruba

**Bonaire**

Isla
Margarita

**Trinidad y
Tobago**

**NICARAGUA**

ón

Caracas

Managua

Canal de
Panamá

L. de Nicaragua

**COSTA
RICA**

Colón

untarenas

San José

Panamá

**PANAMÁ**

Golfo
de
Panamá

Río Orinoco

**VENEZUELA**

**GUYANA**

Río Magdalena

**COLOMBIA**

Bogotá

**BRASIL**

**ECUADOR**

**PERÚ**

SECOND CANADIAN EDITION

# ¡ARRIBA!

## COMUNICACIÓN Y CULTURA

**EDUARDO ZAYAS-BAZÁN**
EMERITUS, EAST TENNESSEE STATE UNIVERSITY

**SUSAN M. BACON**
UNIVERSITY OF CINCINNATI

**HOLLY J. NIBERT**
WESTERN MICHIGAN UNIVERSITY

**GARY AITKEN**
TRENT UNIVERSITY

**ANNA SAROLI**
ACADIA UNIVERSITY

PEARSON

Prentice
Hall

Toronto

**Library and Archives Canada Cataloguing in Publication**

¡Arriba! : comunicación y cultura / Eduardo Zayas-Bazán . . . [et al.].—2nd Canadian ed.

Includes index.
ISBN 978-0-13-244483-5
  1. Spanish language—Textbooks for second language learners—English speakers.
I. Zayas-Bazán, Eduardo

PC4112.A77 2007                468.2'421                C2007-903380-6

ISBN-13: 978-0-13-244483-5
ISBN-10: 0-13-244483-6

Vice President, Editorial Director: Gary Bennett
Executive Acquisitions Editor: Christine Cozens
Executive Marketing Manager: Judith Allen
Senior Developmental Editor: Jennifer Murray
Production Editor: Avivah Wargon
Copy Editor: Cecilia L. Vizcaíno
Proofreader: Tanjah Karvonen
Production Manager: Peggy Brown
Composition: Hermia Chung
Photo Research: Lisa Brant
Art Director: Julia Hall
Cover Design: Jennifer Stimson
Interior Design: Geoff Agnew
Illustrations on pages 52, 139, 166, 167, and 234: Michael Blot, Illustrator,
  Ink Blot Visual Communications
Cover Image: Harald Sund/Getty Images

1 2 3 4 5      11 10 09 08 07

Printed and bound in the United States of America.

*Dedicado a nuestros estudiantes*
*Gary Aitken*
*Anna Saroli*

*Dedicado a Mabel J. Cameron (1914–2004)*

*Y a Manuel Eduardo Zayas-Bazán Recio (1912–1991)*

*"Y aunque la vida murió, nos dejó harto consuelo su memoria"*

**—Jorge Manrique**

*Susan M. Bacon*
*Eduardo Zayas-Bazán*
*Holly J. Nibert*

# BRIEF CONTENTS

## READING AND WRITING

## CULTURE

# SCOPE AND SEQUENCE

## COMMUNICATIVE OBJECTIVES

## STRUCTURES

# PREFACE

Welcome to the second Canadian Edition of *¡Arriba! Comunicación y cultura*. This book is a complete and versatile first-year Spanish program, offering a balanced approach to language acquisition and cultural awareness.

The first Canadian edition of *¡Arriba!* (2005) was so well received that we are pleased to offer this second edition, which contains extensive refinements and streamlining in order to make the material even more relevant and manageable. This second Canadian edition maintains a closer correspondence between the text-based activities of the classroom and the reinforcing exercises of the supplementary materials.

## Organization and Pedagogy

The second Canadian edition of *¡Arriba!* provides the option of adopting a shorter and more applicable textbook. Many introductory texts that are published in the United States consist of at least fifteen lessons which, for many Canadian post-secondary institutions, is too much material to cover within a typical 26-week academic year. The second Canadian edition contains ten regular lessons, which should be a much more realistic number for introductory courses that have three to five seminar hours weekly.

The second Canadian edition also includes a new preliminary lesson (**Lección preliminar**) in which the Spanish alphabet and pronunciation are presented and practised before students are exposed to the material of the regular lessons. This is just the first of a number of features designed to make the material more attractive and accessible to Canadian students, who are more likely than American students to be beginners in Spanish.

Each of the ten regular lessons of *¡Arriba!* develops a particular theme or topic and introduces a region or country of the Spanish-speaking world. However, in **Lección 10**, the second Canadian edition includes a special section devoted to "Los hispanos en el Canadá," featuring flamenco dancing in Vancouver, the guitarist Óscar López in Calgary, the television program "Raíces Hispanas" in Toronto, Mexican guest workers in southern Ontario, Hispanic cooking in Montreal, and Hispanic immigration in Halifax.

Each regular lesson of *¡Arriba!* is divided into three main sections. The language material is presented and practised within two distinct, yet parallel, instructional units called **Primera parte** and **Segunda parte**. The third section, **Nuestro mundo**, contains diverse cultural material, blended with learning activities designed to develop listening and reading skills.

The **Primera** and **Segunda partes** consist of the following sections:

■ **¡Así lo decimos!** is a vocabulary section that presents high-frequency words pertaining to the lesson theme. The **¡Así lo decimos!** lists incorporate the extensive use of illustrations (many of which are new to this edition) in order to provide visual contexts for vocabulary association and practice. The words are listed within familiar categories in order to facilitate association and retention. Included in each **¡Así lo decimos!** is a thematic reading, **¡Así es la vida!**, which consists of a conversation or another short selection that contextualizes the vocabulary and grammar points of each lesson parte. **¡Así lo decimos!** also contains a variety of practice material, progressing from reading comprehension to vocabulary practice to more open-ended, interactive activities for pairs and small groups.

- **¡Así lo hacemos!** presents basic language points and their application, with an emphasis on the control of specific communicative skills. The grammatical explanations are clear and concise and include thematic examples. **Study Tips** are included from time to time in order to provide explanations of particular points that are often difficult for beginning students. There are also a number of **Expansión** boxes which deal with the application of related forms and structures.

- Material presented in both the vocabulary and grammar sections is practised within the meaningful and interactive activities of the **Aplicación** sections. What distinguishes the second Canadian edition is its progressive approach to this exercise material. The first step consists of **recognition exercises** which introduce everyday vocabulary and basic forms and constructions. This is followed by structured **drill-work** and habit formation, designed to develop a mechanical control of the verb forms and fundamental constructions. The next stage is a progressive expansion into **guided communication**, stressing the reinforcement of high-frequency vocabulary, basic structures and familiar material. The speaking contexts focus on personal experiences and incorporate a variety of paired and small-group activities. Another feature specific to the second Canadian edition is the addition of a web activity to the final **Aplicación** of each lesson.

- **Pronunciación** is also recorded on the Audio CD bound into the textbook. This activity allows the students to hear and practise the sounds of Spanish. In the **Lección preliminar** (new to this edition), students listen to the sounds of the Spanish alphabet, followed by explanations and practice of the individual Spanish vowels and consonants. From **Lección 1** through **8**, **Pronunciación** provides reinforcement of the sounds of Spanish, as well as instruction and practice of word stress, use of the written accent, and intonation patterns.

- **Comparaciones** is a reading section which provides information about either the Spanish-speaking world as a whole or a specific aspect of the target area of the lesson. Each **Comparaciones** includes two sets of activities that allow students to compare what they know or learn with their own culture. The pre-reading questions of **En tu experiencia** provide points of departure for classroom discussion and the post-reading **¡A conversar!** activities encourage students to personalize and discuss the topics in small groups. The second Canadian edition includes topics of interest to Canadian students, such as the work of CUSO on the island of Chiloé in Chile, the experiences of three Canadian university students who have participated in year-abroad programs in Spanish-speaking countries, and a reading on the popularity of soccer in the Spanish-speaking world and in Canada.

- **¡A escribir!** (at the end of each **Segunda parte** only) provides guided writing activities that incorporate the vocabulary, structures, and themes of the lesson. As students develop their written assignment, they follow carefully planned steps, including self-monitoring and peer-editing. The assignments are varied, ranging from a personal letter to an interview and an invitation, as well as a diary entry and an article on health.

The **Nuestro mundo** section of each lesson consists of the following features:

- **Panoramas** is a cultural section which offers a visual and textual panorama of a featured country or region of the Hispanic world. Each **Panoramas** contains activities that stimulate discussion of the regions or topics presented. The second Canadian edition contains weblinks to encourage students to do additional research on areas that may be of particular interest to them.

- **Ritmos** consists of musical selections that allow students to hear a wide variety of rhythms and types of music. Each selection represents the cultural focus of the lesson. **Ritmos** includes pre-listening activities, listening activities, and post-listening activities.

- **Páginas** presents reading selections which begin in **Lección 6** and continue through **Lección 10**. These five readings consist of poetry, a fable, a legend, a travel brochure, and excerpts from two short stories. The selections are all authentic, contemporary Hispanic texts, one of which is written from the perspective of a Hispanic immigrant's adaptation to life in Canada (**Lección 10**). Each of the readings is supported by pre- and post-reading activities.

- **Observaciones** offers a comprehensive set of activities, based on the corresponding episode of a new, sitcomlike video entitled *¡Pura vida!*, which features the interaction of five young adults who have found their way to a residence in Costa Rica. The pre-viewing, viewing, and post-viewing activities in the text help students follow each episode of the story.

# New to the Second Canadian Edition

Thanks to extensive feedback from a variety of college and university reviewers, several refinements and revisions have been incorporated into the second Canadian edition in order to make the material more manageable within the Canadian curriculum and even more accessible to Canadian beginners.

- A short **Lección preliminar** has been added in order to allow students to become familiar with the Spanish alphabet and pronunciation before they are exposed to the material of the first lesson. An accompanying in-text audio component (**Pronunciación**) provides listening and oral practice of the Spanish vowels and consonants, highlighting specific points of interference between English and Spanish and indicating how to overcome them.

- The regular **ten lessons** (reduced from the original twelve in the first edition) have undergone a significant streamlining of the active vocabulary and the classroom activities, with a view to making the material more adaptable to the typical 26-week academic year and more relevant and interactive for introductory students. The **grammar sequencing** has also been revised in order to achieve a better progression and balance throughout.

- The reading and vocabulary sections that appeared at the beginning of each lesson in the first edition have been combined into one section, **¡Así lo decimos!**, in the second edition. **¡Así lo decimos!** opens with a reduced and simplified list of active vocabulary and incorporates a new, more visual layout, using drawings to convey meaning and to lessen the reliance on English translation. The presentation of the active vocabulary now precedes the reading so that students can become familiar with the high-frequency words before they see them within the reading contexts. A new, complete summary of the active vocabulary of **¡Así lo decimos!** appears at the end of each lesson, serving as a quick reference and a resource for review. The reading material of **¡Así lo decimos!** has been shortened and simplified, and an English translation has been included in Appendix 1. A short true/false exercise has been added to test reading comprehension of **¡Así lo decimos!**.

- The overall amount of **exercise material** in the three main sections of the text has been reduced considerably. Some types of activities (A/B partner and realia exercises) have been removed entirely and a number of exercises have been redesigned to make them easier to use in the classroom. Changes have been made to the vocabulary used in the exercise material to make certain that it reinforces the active vocabulary of each lesson without introducing unfamiliar terms. Visual interaction has been improved through the addition of drawings and photographs throughout. The progression of exercise material from recognition through skill-building to communicative competence has been retained.

■ The writing section (**Taller** in the first edition) has been renamed **¡A escribir!** and now appears in the **Segunda parte**, right after **¡Así lo hacemos!**, so that it serves as a reinforcement of the grammar points and active vocabulary of each lesson.

■ The cultural material of the **Panoramas** section has been revised and updated.

■ The revised **Ritmos** section allows students to experience engaging music from the Hispanic world. New songs include: "Salsa en Nueva York" and "Junto a ti."

■ The **Páginas** section has been deleted from **Lección 1** through **5** ("La búsqueda" in the first edition), since the material was difficult for students at this level and took valuable time away from skill development and communicative work in the classroom. **Páginas** now begins in **Lección 6** with a completely new section on José Martí. **Lección 10** contains a new reading, taken from *El Quetzal Herido* by Alfonso L. Rojo, a Spanish immigrant now living in Canada.

■ The **Observaciones** section consists of a completely new video, entitled *¡Pura vida!*, which features the interactions of five young adults who have found their way to a residence in Costa Rica. The pre-viewing, viewing, and post-viewing activities in the text help students follow each episode of the story.

■ The sequencing of grammar topics has been revised in order to achieve a better balance and distribution throughout the text.

The following are the specific changes to the lessons of the second Canadian edition:

■ **Lección preliminar**: This is a new lesson, containing the alphabet and pronunciation material from **Lección 1** in the first Canadian edition, as well as a revised and expanded explanation of Spanish pronunciation and English interference, followed by specific exercise material.

■ **Lección 1**: The section on the subject pronouns and the verb *ser* has been moved up to this lesson from **Lección 2**, since this verb is necessary for much of the material on the use of nouns, articles, and adjectives, also presented in this lesson.

■ **Lección 2**: This lesson has been shortened by moving the section on the verb *ser* to **Lección 1**. A new **Expansión** box on the Spanish diminutives has been added.

■ **Lección 3**: The amount of material covered in this lesson has been reduced by moving the section on numbers (100 to 1,000,000) and the section on the present progressive tense to **Lección 5**, **Primera parte**. Neither of these structures is essential at this early stage, and moving them to later in the text makes **Lección 3** more manageable.

■ **Lección 4**: The formal command forms have not been included in the second Canadian edition. The irregular verbs *poner*, *salir*, and *traer* have been moved to this lesson from **Lección 5**. The second **Comparaciones** has been changed to "La vida social de los hispanos," which reflects more accurately the topics in this lesson. The two **Panoramas** on Central America have been combined so that all of the six countries now appear in this lesson. This adjustment has been made in order to accommodate the geographical material of **Nuestro mundo** within the shortened 10-lesson format.

■ **Lección 5**: The sections on the present progressive and the numbers from 100 to 1,000,000 have been moved to this lesson from **Lección 3**, and the ordinal numbers have been moved here from **Lección 8**. The irregular verbs *poner*, *salir*, and *traer* have been moved to **Lección 4**, and the section on *dar* and the indirect object pronouns has been moved to **Lección 6**. The section on the reciprocal constructions has been condensed to a bullet which appears in the section on the reflexive constructions. In order to cover all of the geographical material, **Panoramas** now includes Chile, Argentina, and Uruguay. Also, the second **Comparaciones** contains a new reading on the cataracts of Iguazú.

- **Lección 6**: The section on *dar* and the indirect object pronouns has been moved to this lesson and the section on the double object pronouns has been deleted. There is a new **Expansión** box to describe the use of the definite and indefinite articles. The section on the informal *tú* commands has been moved to **Lección 10**, after the introduction of the subjunctive. The cultural material now focuses on the Hispanic islands of the Caribbean and there is a completely new **Páginas** on José Martí.

- **Lección 7**: The two **¡Así lo decimos!** readings in this lesson have been shortened and streamlined. The cultural material now focuses on Peru and Ecuador. There is a new **Comparaciones** on the climate of Peru, and the second **Comparaciones** has been replaced with a reading on the popularity of soccer in the Hispanic world and in Canada. As with all of the lessons, there are a number of new exercises, and the exercise material has been revised so that it gives students and instructors opportunities to make better use of limited classroom time.

- **Lección 8**: In order to achieve a more efficient distribution of new grammatical structures throughout the text, the ordinal numbers have been moved from this lesson to **Lección 5**. The first **¡Así lo decimos!** reading has been shortened considerably in order to focus more on the shopping situation. The exercise material throughout this lesson has been revised and there are many completely new exercises. There is a new **Comparaciones** which focuses on handcraft markets and a new **¡A escribir!** in which students are asked to write a dialogue about shopping. The cultural material now focuses on Bolivia and Paraguay.

- **Lección 9**: Both of the **¡Así lo decimos!** readings are now considerably shorter in order to provide more opportunity to focus on the structures covered in the lesson. The vocabulary, as in other lessons, has been trimmed, and the cultural material of the **Panoramas** has been revised and updated. **Páginas** now contains a more accessible tourist brochure that replaces the lengthy excerpt in the first edition.

- **Lección 10**: The structural material in this lesson has been completely revised. In response to reviewers´ comments about the presentation of the subjunctive and the command forms, there is now an introduction to the subjunctive in the **Primera parte**, followed by the familiar command forms in the **Segunda parte**. Both of these sections have been trimmed and the section on the *nosotros* commands has been removed. The **¡Así lo decimos!** and **Comparaciones** readings have been revised. As the second edition is 10 lessons, the cultural material on "Los hispanos en el Canadá" now appears in this lesson, and it has been revised and updated. There is a new **Páginas** reading, taken from *El Quetzal Herido* by Alfonso L. Rojo, a Spanish immigrant now living in Canada.

# Program Components

## MySpanishLab

**MySpanishLab**™ is a new, Pearson-hosted online learning system created specifically for students in university-level language courses. It brings together—in one convenient, easily navigable site—a wide array of language-learning tools and resources, including an interactive version of the *¡Arriba!* **Student Activities Manual,** an electronic version of the *¡Arriba!* student text, and all materials from the *¡Arriba!* audio and video programs. Readiness checks, lesson tests, and tutorials personalize instruction to meet the unique needs of individual students. Instructors can use the system to make assignments, set grading parameters, listen to student-created audio recordings, and provide feedback on student work. Instructor access is provided at no charge: ask your Pearson sales representative. Students receive access to **MySpanishLab** in every new copy of the text: an access code is bound into the book. Students can purchase an access code if they have bought a used copy of the textbook.

## Student Resources

**AUDIO CD TO ACCOMPANY THE TEXT** The recordings on this Audio CD correspond to the **Pronunciación** boxes within the text and allow students to hear and practise the sounds of Spanish.

**STUDENT ACTIVITIES MANUAL** The *¡Arriba!* **Student Activities Manual** is a completely integrated manual that offers a wide range of practice opportunities for the vocabulary, grammar, and cultural topics presented in the textbook. The **Student Activities Manual** includes "workbook" activities as well as audio- and video-based activities for each lesson of the text. The activities are integrated and organized to mirror the corresponding textbook lesson. The contents of this manual are also available on **MySpanishLab**.

**AUDIO CDs TO ACCOMPANY THE STUDENT ACTIVITIES MANUAL** The recordings on this CD set correspond to the listening activities in the **Student Activities Manual.**

*¡PURA VIDA!* **VIDEO** *¡Pura vida!* is an original story-line video filmed specifically to accompany *¡Arriba!* Over the course of its ten episodes, students follow the interactions of five principal characters who find themselves living together in a youth hostel in San José, Costa Rica (see opposite). Students are able to see the vocabulary and grammar structures presented in the textbook in use in realistic situations, while gaining a deeper understanding of Hispanic culture. The sitcom-like format allows instructors to show or assign segments for some lessons without being obligated to do so for others. Pre-viewing, viewing, and post-viewing activities are found in the **Observaciones** sections of the textbook and the **Student Activities Manual**. The video is available for student purchase on DVD, but is also available within **MySpanishLab**. In addition, the video is available to instructors on DVD and VHS cassette.

*VISTAS CULTURALES* **VIDEO** The new, Telly™ award-winning *Vistas culturales* video provides students with a rich and dynamic way to expand, enhance, and contextualize the cultural materials they study in the **Panoramas** section of the textbook. The eighteen ten-minute vignettes include footage from every Spanish-speaking country. Each of the accompanying narrations, which employ vocabulary and grammar designed for first-year language learners, was written by a native of the featured country or region. The video is available for student purchase on DVD, but is also available within **MySpanishLab**. In addition, the video is available to instructors on DVD and VHS cassette.

*ENTREVISTAS* **VIDEO** The new *Entrevistas* video consists of guided but authentic interviews with native Spanish speakers on topics related to each lesson's theme. Participants employ target grammatical structures and vocabulary while providing broader cultural perspectives on lesson themes. The video is available for student purchase on DVD, but is also available within **MySpanishLab**. In addition, the video is available to instructors on DVD and VHS cassette.

# Meet the Cast!

Here are the main characters of *¡Pura vida!* whom you will get to know when you watch the video:

Doña María

Felipe

Hermés

Silvia

Patricio

Marcela

## Instructor Resources

**INSTRUCTOR'S RESOURCE MANUAL** The *¡Arriba!* **Instructor's Resource Manual** is a comprehensive resource that instructors can use for a variety of purposes. Contents include

- An introduction that discusses the philosophy behind the *¡Arriba!* program, a guide to using the text's features, and a guide to other program components.

- Pointers for new instructors, including lesson planning, classroom management, warm-ups, error correction, first day of class, quizzes/tests, and other teaching resources.

- Sample syllabi showing how the *¡Arriba!* program can be used in different educational settings across Canada.

- Detailed lesson plans for selected chapters.

- The audioscript for the **Student Activities Manual** audio program.

- The videoscripts for all three *¡Arriba!* videos (*¡Pura vida!, Vistas culturales,* and *Entrevistas*), as well as suggested activities for the *Entrevistas* video. (Activities for *¡Pura vida!* and *Vistas culturales* are available in other components of the program.)

**TESTING PROGRAM** The **Testing Program** has been completely revised and greatly enhanced for this edition. In addition to two finished, ready-to-use tests for each lesson, it contains hundreds of testing modules on which instructors can draw to create customized tests. The finished tests and modules have been carefully edited to ensure close coordination with the textbook and **Student**

**Activities Manual**. The content area, assessment goal, and response type are identified for each module. Available within **MySpanishLab** is a user-friendly test-generating program that allows instructors to select, arrange, and customize testing modules to meet the needs of their courses. Once created, tests can be printed on paper or administered online.

■   **TESTING PROGRAM AUDIO**  This audio contains the recordings to accompany the listening activities in the *¡Arriba!* **Testing Program**.

**MUSIC CD: RITMOS DE NUESTRO MUNDO**  The **Music CD** contains all of the songs from the **Ritmos** sections of the text. Each song represents a different musical genre and style based on the country featured in each **lección**.

# ACKNOWLEDGMENTS

We gratefully acknowledge and thank the following reviewers, as well as a few who wish to remain anonymous, for their many helpful comments and suggestions:

Mary Louise Babineau, St. Thomas University

Eva Banos, Algonquin College

Florencia Carlino, Mount Saint Vincent University

Ana Maria Donat, Malaspina University-College

Julio Fonseca, York University

Christine Forster, University of Victoria

Gary Hakopdjanian, Concordia University College of Alberta

Patrick Karsenti, Kwantlen University College

Biana Laguardia, Carleton University

Margot Maclaren de Lorenzana, Langara College

Maritza E. Mark, Grant MacEwan College

Olivia Montalvo-March, Mount Saint Vincent University

Luis Ochoa, Concordia University

Grisel García Pérez, University of British Columbia Okanagan

Julie Perron, Champlain College Saint-Lambert

Joanne Rotermundt-de la Parra, Queen's University

Mercedes Rowinsky-Geurts, Wilfrid Laurier University

Rosa Stewart, University of Victoria

Regina Vera-Quinn, University of Waterloo

We would like to express our gratitude for the help and contributions that we received from the following people: Elvira Sánchez de Malicki, founding president of the Canadian Hispanic Congress, for providing the Hispanic population figures that appear in the **Comparaciones** reading in part two of **Lección 1**; Chloé Gaudet of Canada World Youth, for providing information about and photos of the CWY program in Nicaragua; Sean Kelly of CUSO, for his invaluable help with the **Comparaciones** reading in part two of **Lección 10**; Néstor Castro, for providing information on his television program, *Raíces Hispanas*; Alfonso L. Rojo, for kindly allowing us to reprint excerpts from his work *El Quetzal Herido*; Acadia University students Miranda Bowen, Andrea Mills, and Jacob Tremblay, for sharing their experiences abroad; and our colleague María Antonieta Álvarez.

We would particularly like to express our gratitude and appreciation to the many people at Pearson Education Canada who have contributed their helpful ideas, tireless efforts, and publishing experience. We are especially indebted to our Developmental Editor, Jennifer Murray, our Acquisitions Editors, Christine Cozens and Laura Forbes, our Copy Editor, Cecilia L. Vizcaíno, and our Production Editor, Avivah Wargon.

Finally, this project would never have been possible without the support, sacrifices, input, and unending patience of our families: Andrés, Jesse, and Miranda, and Harmony, Kelley, and Todd. Big hugs to all of you.

# A GUIDE TO *¡ARRIBA!* ICONS

## Activity Types

| | | |
|---|---|---|
| | **Pair Activity** | This icon indicates that the activity is designed to be done by students working in pairs. |
| | **Group Activity** | This icon indicates that the activity is designed to be done by students working in small groups or as a whole class. |
| | **Web Activity** | This icon indicates that the activity involves use of the World Wide Web. |

## Supplemental Resources

| | | |
|---|---|---|
| | **Student Activities Manual** | This icon indicates that there are practice activities available in the *¡Arriba!* **Student Activities Manual**. The activities may be found either in the printed version of the manual or in the interactive version available through *MySpanishLab*. Activity numbers are indicated in the text for ease of reference. |
| | **Text Audio Program** | This icon indicates that recorded material is available in the *¡Arriba!* text audio program. The recordings may be found either on the accompanying CD or on *MySpanishLab*. The track numbers are given in the text for ease of reference, and are also listed on p. 393. |
| | ***¡Pura Vida!* Video** | This icon indicates that a video recording is available in the *¡Pura vida!* video that accompanies the *¡Arriba!* text. The video is available on *MySpanishLab* and in DVD and VHS formats. |
| | ***Vistas culturales* Video** | This icon indicates that a video recording is available in the *Vistas culturales* video that accompanies the *¡Arriba!* text. The video is available on *MySpanishLab* and in DVD and VHS formats. |
| | **Ritmos de nuestro mundo CD** | This icon indicates the track number for the songs presented in the **Ritmos** section of *¡Arriba!* |

# ¿Cómo se pronuncia?[1]

**ESTRUCTURAS**
The Spanish alphabet

**PRONUNCIACIÓN**
Spanish pronunciation

*El descubrimiento de América por Cristóbal Colón.*
**Salvador Dalí. 1958**

*Source:* Salvador Dali (1904–1989), *The Discovery of America by Christopher Columbus*, 1958–1959, oil on canvas, 410.2 × 310 cm. Salvador Dali Museum, St. Petersburg, Florida, USA. The Bridgeman Art Library International Ltd. © 2004 Salvador Dali, Gala-Sal

*La nación de Panamá controla el canal por donde navegan más de 14.000 barcos cada año.*

[1] In Spanish, questions and exclamations are preceded by inverted question (¿) and exclamation (¡) marks.

# Estructuras

LP-1 to
LP-3

CD
Track 2

## The Spanish alphabet

■ The Spanish alphabet consists of twenty-seven letters, including one letter that does not appear in the English alphabet: **ñ**.

■ The names of the letters are feminine: **la a**, **la be**, **la ce**, etc.[1]

| Letra<br>*(Letter)* | Nombre<br>*(Name)* | Ejemplos<br>*(Examples)* |
|---|---|---|
| **a** | a | **Panamá** |
| **b** | be (grande) | **Bárbara** |
| **c** | ce | **Carlos; Cecilia** |
| **d** | de | **David** |
| **e** | e | **Elena** |
| **f** | efe | **Fernando** |
| **g** | ge | Ar**g**entina; **G**uatemala;<br>Para**g**uay |
| **h** | hache | **Honduras** |
| **i** | i | Bol**i**via |
| **j** | jota | **José** |
| **k** | ka | **Katia** |
| **l** | ele | **Luisa** |
| **m** | eme | **María** |
| **n** | ene | **Nora** |
| **ñ** | eñe | Espa**ñ**a |
| **o** | o | C**o**l**o**mbia |
| **p** | pe | **Perú** |
| **q** | cu | **Quique** |
| **r** | ere | Lau**r**a; **R**osa |
| **s** | ese | **Susana** |
| **t** | te | **Tomás** |
| **u** | u | **Uruguay** |
| **v** | ve/uve (chica) | **V**enezuela; El Sal**v**ador |
| **w** | doble ve (*or* ve/uve doble) | Otta**w**a |
| **x** | equis | e**x**celente; Mé**x**ico |
| **y** | i griega | **Y**olanda; Paragua**y** |
| **z** | zeta | **Z**orro |

---

[1] Gender of nouns is explained in Lección 1 on p. 25.

## Aplicación

**LP-1 ¿Qué letra falta?** What Spanish letters are missing from the following place names?

**MODELO:**  M__ __ic__
→ *é (e con acento)[1], x (equis), o*

1. __rg__ __t__ __a
2. Boliv__ __
3. P__r__
4. Ec__ __dor
5. V__ne__ue__ __

6. El __al__a__o__
7. República D__ __in__cana
8. Cos__a __ica
9. Para__ua__
10. Espa__a

**LP-2 ¿Cómo se escribe?** Take turns spelling these Spanish names out loud.

**MODELO:**  México
→ *eme - e con acento - equis - i - ce - o*

1. Cuba
2. Puerto Rico
3. Honduras
4. España
5. Argentina

6. Colombia
7. Guatemala
8. Panamá
9. Uruguay
10. Chile

**LP-3 ¿Quién soy yo? (*Who am I?*)** Write your full name and then list several names of friends or Spanish-speaking people. Take turns spelling your names in Spanish. Your partner will write down the names you spell so that you can compare notes when you're finished.

# Pronunciación

## Spanish pronunciation

■ As you begin to experiment with your pronunciation of Spanish, it is quite likely that you will experience some degree of *interference* from your mother tongue and other languages that you have been learning. You have already discovered that some letters and sounds of your native language are identical or similar in Spanish. It is natural, then, for you to transfer these familiar letters and sounds to your pronunciation of Spanish. However, *interference* occurs when your initial success prompts you to extend the transfer to sounds where there is no correspondence in Spanish, and this is where your work begins.

---

[1] The use of the written accent (´) will be discussed on p. 22 of **Lección 1**.

## 1. The Spanish vowels *a, e, i, o, u*

- Each Spanish vowel consists of a single, short sound that varies little in pronunciation. This pure sound of the Spanish vowel contrasts with English where a vowel is often pronounced either as two sounds together, called a **glide**, or as a single, muted sound, called a **schwa**.

- In English, the **glide** occurs when a *stressed* vowel is pronounced. Pronounce out loud the words *note, card* and *made*, listening to the sound of the highlighted, *stressed* vowel in each word. You will notice a slight change in the vowel sound, as you allow your jaw to relax and elongate the sound (*noute, caurd, meyde*). This is called a **glide**. This elongated **glide** does not occur in Spanish when a *stressed* vowel is pronounced. You can avoid the **glide** by keeping your jaw rigid as you pronounce the Spanish vowel.

- In English, the **schwa** often occurs when an *unstressed* vowel is pronounced. Pronounce out loud the words *enough, until* and *ago*, listening to the sound of the highlighted, *unstressed* vowel in each word. You will notice that each vowel has the same *uh* sound (*uhnough, uhntil, uhgo*). This is called a **schwa**. This muted **schwa** does not occur in Spanish when an *unstressed* vowel is pronounced. You can avoid the **schwa** by pronouncing the Spanish *unstressed* vowel and the *stressed* vowel in exactly the same way.

### Las vocales

The Spanish vowels are pronounced as follows. Listen and repeat the Spanish words listed for each vowel, giving the highlighted vowels the same short, precise sound.

1. Spanish **a** is like the *ah* in *law* (but without the English **glide**).

   la   **A**na   c**a**sa   m**a**ñ**a**na   much**a**cha   Canad**á**

2. Spanish **e** is like the *eh* in *may*.

   m**e**   P**e**p**e**   T**e**r**e**sa   **e**l**e**gant**e**   tel**é**fono   dif**e**rent**e**

3. Spanish **i** is like the *ee* in *see*.

   s**í**   P**i**l**i**   t**í**pico   dif**í**c**i**l   simp**á**t**i**co   **i**nv**i**tada

4. Spanish **o** is like the *oh* in *low*.

   l**o**   p**o**c**o**   c**o**ntent**o**   d**o**ct**o**ra   pr**o**fes**o**r   **o**cupad**o**

5. Spanish **u** is like the *oo* in *too*.

   t**ú**   **u**no   n**ú**mero   pop**u**lar   nat**u**ral   **u**stedes

## 2. The Spanish consonants

### Las consonantes

1. **The letters *b* and *v***

- Many Spanish speakers pronounce the letters **b** and **v** in exactly the same manner. However, they use two variations of the sound, according to where the letters occur.

- At the beginning of a breath group or after the letters **m** or **n**, the **b** and **v** are pronounced like an English *b*, as in the word *boy*.

   **b**ueno   **v**ino   **b**ien   **v**isita   tam**b**ién   in**v**ita

- In any other position, the **b** and **v** are again pronounced like an English *b* but with the lips kept slightly apart and the corners drawn back to create an elastic-band effect as the escaping air causes the lips to vibrate.

  Cu**b**a    fa**v**or    li**b**ro    Boli**v**ia    muy **b**ien    la **v**ida

2. **The letters *c, k, qu* and *z***

- In Spanish, the combinations **ca**, **co**, **cu** and **qu**, as well as the letter **k**, are all pronounced like the English *c* of *Canada* but without the puff of air that accompanies the English sound. You can avoid the puff of air by anticipating the following vowel sound.

  **C**arlos    ¿**có**mo?    ¿**cu**ándo?    ¿**qu**é?    ¿**qu**ién?    **k**ilómetro

- In the central and northern parts of Spain, the combinations **ce** and **ci**, as well as the letter **z**, are pronounced like the *th* of *thin*. In the southern part of Spain, and throughout all of Spanish America, the sound is the *s* of *city*. The best approach is to select one of these variants and use it consistently.

  gra**ci**as    Ló**z**    Gar**cí**a    Vene**z**uela    **ce**ntro    **ci**vili**z**ación

3. **The letter *d***

- The Spanish **d** has two distinct sounds, depending on its location. At the beginning of a breath group or after the letters **l** or **n**, the **d** is a *dental* sound. Press the tip of your tongue firmly against the back of your upper teeth and say aloud the Spanish word *disco*.

  **D**aniel    **D**ios    **d**octora    ¿**d**ónde?    el **d**isco    un **d**ía

- In any other position, the **d** is an *interdental* sound. Place the tip of your tongue between your upper and lower teeth and say aloud the English word *smooth*, emphasizing the *th* sound. Now add a final *o* and say *smootho*. Omit the initial *s* and say *mootho*. This represents the Spanish word *mudo* (*mute*).

  na**d**a    Cana**d**á    a**d**iós    encanta**d**a    buenos **d**ías    los **d**iscos

4. **The letters *g* and *j***

- The Spanish **g** has three distinct sounds. Before the letters **e** and **i**, you have to create a Spanish sound that doesn't occur in English. Raise the back of your tongue towards the roof of your mouth and clear your throat slightly.

  **ge**neral    ál**ge**bra    Ar**ge**ntina    **gi**mnasio    **Gi**braltar    má**gi**co

- At the beginning of a breath group or after the letter **n**, the combinations **ga**, **go**, **gu**, **gue** and **gui** are pronounced like an English *g*, as in the word *gone*.

  **ga**to    **go**lf    **gu**sto    **gue**rra    **gui**tarra    man**go**

- Everywhere else (except for the combinations **ge** and **gi**), the **g** is pronounced like the relaxed English *g* in *sugar* or the *gg* in *beggar*. You should feel some air passing between your palate and the back of your tongue.

  Die**g**o    lue**g**o    a**g**ua    si**g**lo    mucho **g**usto    i**g**ualmente

- Notice that the Spanish letter **j** is pronounced very much like the combinations **ge** and **gi**. Raise the back of your tongue towards the roof of your mouth and clear your throat slightly.

  **j**ota    **J**uan    **j**ulio    hi**j**o    vie**j**o    **J**orge

5. **The letter *h***

- In Spanish, the **h** is the only silent letter.

  **h**ola    **h**asta    **h**istoria    **h**ispano    **h**otel    alco**h**ol

6. **The letter _ñ_**

   ■ The Spanish **ñ** is pronounced very much like the English combination *ni* in the word *onion*.

   > niño   año   español   mañana   señora   España

7. **The letters _p_ and _t_**

   ■ In Spanish, the letters **p** and **t** are pronounced without the puff of air that accompanies the English *p* and *t*. You can avoid the puff of air by anticipating the following vowel sound.

   > **P**epe   **P**anamá   **p**or favor   **t**ú   **T**omás   **t**eléfono

8. **The letter _r_ and the combination _rr_**

   ■ The Spanish **r** has two distinct sounds. Between vowels, the **r** is a tap sound, pronounced much like the *tt* and *dd* of the English words *butter* and *ladder*. Say these aloud a few times and then repeat *pot o' gold* and *pot o'*, concentrating on feeling the tip of the tongue tap against the gum ridge.

   > para      cara      Tara      coro      loro      toro
   >
   > parte     carta     tarde     tres      cuatro    libro

   ■ The combination **rr** represents a strong, trilled sound which is pronounced by striking the tip of your tongue against your gum ridge, just above the upper front teeth, in a series of rapid vibrations. When a single **r** appears at the beginning of a word or after the consonants **l**, **n** or **s**, it is pronounced like the **rr**.

   > perro   carro   Garrido   **R**oberto   **r**adio   Enrique

9. **The letter _s_**

   ■ The Spanish **s** is usually pronounced as the *ss* of *lasso*, unlike English, in which the single *s* between vowels is pronounced as a *z*.

   > presente   presidente   José   rosa   nosotros   Susana

10. **The letter _x_**

   ■ The Spanish x has three distinct sounds. Between vowels (except in place names), it is pronounced as a soft **gs** combination.

   > examen   oxígeno   exigente   auxiliar   exagerado   éxito

   ■ When the **x** occurs between vowels within Hispanic place names and adjectives of origin, it is pronounced like the **j** of vie**j**o.

   > México   Mexicali   mexicano   Oaxaca   **X**ochimilco   Texas

   ■ When the **x** occurs before a consonant, it is usually pronounced as the combination **ks**.

   > excelente   experto   extraño   explicar   experiencia   exquisito

11. **The letter _y_ and the combination _ll_**

   ■ Many Spanish speakers pronounce the letter **y** (except in the final position) and the combination **ll** in the same manner, much like the strong English *y* sound of *yes*. However, in certain regions of the Spanish-speaking world they are pronounced like the *s* sound of the English work *measure*.

   > **y**o   **ll**amo   ma**y**o   e**ll**a   **Y**olanda   **ll**egamos

## Aplicación

CD
Track 6

**LP-4 Pronunciemos las vocales.** Listen and repeat the Spanish words. Concentrate on giving short, precise sounds for the **vowels in bold**.

mañana    el**e**gante    simp**á**tico    prof**e**sor    p**o**pular    **o**cup**a**do

CD
Track 7

**LP-5 Pronunciemos las consonantes.** Listen and repeat the Spanish words. Concentrate on controlling interference as you pronounce the **consonants in bold**.

| | | | | | |
|---|---|---|---|---|---|
| **B**olivia | **V**enezuela | a**d**iós | **J**orge | **h**istoria | se**ñ**ora |
| **p**or favor | **t**arde | **p**erro | **r**osa | e**x**amen | e**ll**a |

# Lección 1

# Hola, ¿qué tal?

**OBJETIVOS COMUNICATIVOS**

## PRIMERA PARTE

| | |
|---|---|
| ¡Así lo decimos! Vocabulario | Saludos y despedidas |
| ¡Así lo hacemos! Estructuras | The numbers 0–100 |
| | The days of the week, the months of the year, the date, and the seasons |
| Comparaciones | Introductions and greetings |

- Introducing yourself
- Greeting and saying good-bye to friends
- Talking about what day or month it is

## SEGUNDA PARTE

| | |
|---|---|
| ¡Así lo decimos! Vocabulario | En la clase |
| ¡Así lo hacemos! Estructuras | Articles and nouns |
| | Adjective form, position, and agreement |
| | Subject pronouns and the present tense of **ser** (*to be*) |
| Comparaciones | El mundo hispano |
| ¡A escribir! | Una carta de presentación |

- Describing your classroom
- Understanding classroom expressions
- Talking about yourself and others

## NUESTRO MUNDO

| | |
|---|---|
| **Panoramas** | El mundo hispano |
| **Ritmos** | "Salsa en Nueva York" (Típica Novel, Cuba/NuevaYork) |
| **Observaciones** | *¡Pura vida!*, Episodio 1 |

*Historia de México desde la conquista hasta el futuro.*
Diego Rivera, 1930.

# El mundo hispano

AMÉRICA
DEL NORTE

EUROPA

OCÉANO
ATLÁNTICO

ÁFRICA

OCÉANO
PACÍFICO

AMÉRICA
DEL SUR

Jardín del Generalife en Granada, España

## ¡Así lo decimos!¹ Vocabulario

Saludos y despedidas

1-1 to 1-4

| Otros saludos | Other greetings |
|---|---|
| ¿Cómo está usted? | How are you? (formal) |
| ¿Cómo estás? | How are you? (informal) |
| ¿Qué tal? | How's it going? (inf.) |

| Respuestas | Answers |
|---|---|
| (Muy) Bien, gracias. | (Very) Well, thank you. |
| (Muy) Mal. | (Very) Badly. |
| Más o menos. | So-so. |
| No muy bien. | Not very well. |
| ¿Y tú? ¿Y usted? | And you? (inf./form.) |

| Otras despedidas | Other farewells |
|---|---|
| Hasta luego. | See you later. |
| Hasta pronto. | See you soon. |

| Otras presentaciones | Other introductions |
|---|---|
| ¿Cómo se llama usted? | What's your name? (form.) |
| ¿Cómo te llamas? | What's your name? (inf.) |
| Me llamo . . . | My name is...(literally: I call myself...) |
| Soy . . . | I am... |
| Encantado/a. | Delighted. |
| Mucho gusto. | Pleased to meet you. |
| Igualmente. | Same here. / Likewise. (in introductions) |

| Otros títulos | Other titles |
|---|---|
| el/la profesor/a (Prof./Profa.) | Professor |
| el señor (Sr.) | Mr. |
| la señora (Sra.) | Mrs. |
| la señorita (Srta.) | Miss |

| Otras palabras y expresiones | Other words and expressions |
|---|---|
| De nada. | You're welcome. |
| (Muchas) Gracias. | Thank you (very much). |
| Lo siento. | I'm sorry. |
| mi/mis | my (singular/plural) |
| o | or |
| tu/tus | your (inf. singular/plural) |
| y | and |

---

¹ That's how we say it!

1-5 to
1-8

### En la clase (por la mañana)

**Profa. López:** Buenos días. ¿Cómo se llama usted?

**Srta. Acosta:** Me llamo Elena Acosta.

**Profa. López:** Mucho gusto. Soy la profesora López.

**Srta. Acosta:** Encantada, profesora.

### En la cafetería (por la mañana)

**Elena:** ¡Buenos días! ¿Cómo te llamas?

**Juan:** ¡Hola! Me llamo Juan García. ¿Y tú?

**Elena:** Soy Elena Acosta. Mucho gusto.

**Juan:** Igualmente.

### En el gimnasio

**Jorge:** ¡Hola, Elena! ¿Qué tal?

**Elena:** Muy bien, Jorge. ¿Y tú?

**Jorge:** Bien, gracias.

**Elena:** Hasta luego, Jorge.

**Jorge:** Hasta luego, Elena.

### En la oficina (por la tarde)

**Elena:** Buenas tardes, profesor.

**Prof. Ortiz:** Buenas tardes, Elena. ¿Cómo estás?

**Elena:** No muy bien, profesor.

**Prof. Ortiz:** Lo siento, Elena.

**Elena:** Gracias, profesor.

**Prof. Ortiz:** De nada, Elena.

### En la universidad (por la noche)

**Sra. Garrido:** Buenas noches, Elena. ¿Cómo estás?

**Elena:** Muy bien, señora. ¿Y usted?

**Sra. Garrido:** Muy bien, gracias.

**Elena:** Hasta mañana, señora.

**Sra. Garrido:** Hasta mañana, Elena.

---

¹ That's life!

| EXPANSIÓN | Informal and formal usage |
|---|---|

- Use informal forms, such as **¡Hola, Elena! ¿Cómo estás?**, to address your friends and peers, family (in most cases) and younger children. These are people with whom you are on a first-name basis.

- Use formal forms, such as **Buenos días, profesora López. ¿Cómo está usted?**, to address strangers and people with whom you use such formal terms as **profesor/a**, **señor/a**, **señorita** and **doctor/a**.

- In the **¡Así lo decimos!** section above, the usage is indicated in parentheses: formal (form.) and informal (inf.). When neither is indicated, the expression applies to both contexts.

## Aplicación

**1-1 ¡Hola! ¿Cómo estás?** Respond to each statement or question on the left with the logical reply on the right.

**MODELO:** ¡Hola! ¿Cómo estás?
→ *Bien, gracias. ¿Y tú?*

1. ¿Cómo te llamas?
2. Mucho gusto.
3. ¿Cómo estás?
4. No muy bien.
5. Gracias.
6. Hasta luego.

a. Bien, gracias. ¿Y tú?
b. De nada.
c. Me llamo Eduardo.
d. Igualmente.
e. Hasta mañana.
f. Lo siento.

**1-2 ¡Hola!** The following people are meeting at different times of the day. What would they say to each other?

**MODELO:** **Elena Acosta:** *Buenos días, profesor. ¿Cómo está usted?*
**Profesor Ortiz:** *Bien, gracias, Elena. ¿Y tú?*
**Elena Acosta:** *Muy bien, gracias.*

9:00 a.m.

el profesor Ortiz, Elena Acosta

11:00 a.m.

Eduardo, Manuel

3:00 p.m.

Elena, Jorge

10:00 p.m.

la Sra. Aldo, la Sra. García

| Eduardo: _____ | Elena: _____ | Sra. Aldo: _____ |
| Manuel: _____ | Jorge: _____ | Sra. García: _____ |
| Eduardo: _____ | Elena: _____ | Sra. Aldo: _____ |

**1-3 ¿Cómo te llamas?** Pair up with the student on your right. Greet each other, ask each other's name and then complete the formality.

**MODELO:** **Estudiante 1:** *¡Hola!*
**Estudiante 2:** *¡Hola!*
E1: *¿Cómo te llamas?*
E2: *Me llamo María. ¿Y tú?*
E1: *Me llamo Juana.*
E2: *Mucho gusto.*
E1: *Igualmente.*

**1-4 ¿Cómo estás?** Pair up with the student on your left. Greet each other, ask each other's name and find out how each of you is doing. Then say good-bye.

# Comparaciones

## Introductions and greetings

**En tu experiencia.** When you meet people for the first time, how do you greet them? How do you greet relatives? friends? Does the age of the person you are greeting make a difference? When do people embrace, hug, or kiss each other on the cheek in Canada and the U.S.? Read about greetings in Latin America and Spain and think about how you would react and why.

Many Spanish speakers use nonverbal signs when interacting with each other. These signs vary, depending on the social situation and on the relationship between the speakers. In general, people who meet each other for the first time shake hands, both when greeting and when saying good-bye to each other. Relatives and friends, however, are usually more physically expressive. Men who know each other well often greet each other with a hug (**un abrazo**) and a pat on the back. Women tend to greet each other and their male friends with one or two light kisses on the cheek.

María, ¿cómo estás?

**¡A conversar!** Introduce yourself to a few of your classmates. Shake hands or kiss lightly on the cheek as you ask them their names and how they are. Then say good-bye.

# ¡Así lo hacemos!¹ Estructuras

1-9 to
1-12

## 1. The numbers 0–100

> **0–9:** **cero**, uno, dos, tres, cuatro, cinco, seis, siete, ocho, nueve
> **10–19:** **diez**, once, doce, trece, catorce, quince, dieciséis, diecisiete, dieciocho, diecinueve
> **20–29:** **veinte**, veintiuno, veintidós, veintitrés, veinticuatro, veinticinco, veintiséis, veintisiete, veintiocho, veintinueve
> **30–39:** **treinta**, treinta y uno, treinta y dos, treinta y tres, treinta y cuatro, treinta y cinco, treinta y seis, treinta y siete, treinta y ocho, treinta y nueve
> **40–49:** **cuarenta**, cuarenta y uno, cuarenta y dos, cuarenta y tres . . .
> **50–59:** **cincuenta**, cincuenta y uno, cincuenta y dos, cincuenta y tres . . .
> **60–69:** **sesenta**, sesenta y uno, sesenta y dos, sesenta y tres . . .
> **70–79:** **setenta**, setenta y uno, setenta y dos, setenta y tres . . .
> **80–89:** **ochenta**, ochenta y uno, ochenta y dos, ochenta y tres . . .
> **90–99:** **noventa**, noventa y uno, noventa y dos, noventa y tres . . .
> **100–…:** **cien**, ciento uno, ciento dos, ciento tres . . .

■ **Uno** becomes **un** before a **masculine** singular noun and **una** before a **feminine** singular noun.

| | | | |
|---|---|---|---|
| **un** libro | *a book* | **una** mesa | *a table* |
| **un** profesor | *a professor (male)* | **una** profesora | *a professor (female)* |

■ In compound numbers, **-uno** becomes **-ún** before a **masculine** noun and **-una** before a **feminine** noun.

| | |
|---|---|
| **veintiún** libros | *twenty-one books* |
| **veintiuna** profesoras | *twenty-one professors* |

■ The numbers **dieciséis** through **diecinueve** (16–19) and **veintiuno** through **veintinueve** (21–29) are generally written as one word, though you may occasionally see them written as three words, especially in older publications. The condensed spelling is not used after 30.

| | |
|---|---|
| **diez y seis** | **veinte y nueve** |

■ **Ciento** is used in compound numbers from 101 to 199. **Cien** is used when it is alone or when it precedes a noun.

ciento diez, ciento treinta y cuatro
cien, cien profesores

## Aplicación

**1-5 Los números.** **A.** Count first. **B.** Say the numbers in Spanish. **C.** Do the addition.

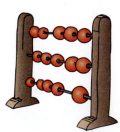

**MODELOS:** **A.** Cuenten Uds. (ustedes) de 0 a 10. Otra vez (*Again.*)
→ *cero, uno, dos, tres, cuatro, cinco, seis, siete, ocho, nueve, diez*

**B.** ¿Qué número es? 0
→ *cero*

**C.** ¿Cuántos son 3 + (más) 2?
→ *Tres más dos son cinco.*

---

¹ That's how we do it!

1. A. Cuenten Uds. de 0 a 10. Otra vez.

   B. ¿Qué número es?   0   3   6   7   9   10

   C. ¿Cuántos son?   2 + 2 =   4 + 1 =   5 + 3 =   8 + 2 =

2. A. Cuenten de 10 a 20. Otra vez.

   B. ¿Qué número es?   12   13   15   17   18   20

   C. ¿Cuántos son?   10 + 1 =   11 + 3 =   14 + 2 =   16 + 4 =

3. A. Cuenten de 20 a 30. Otra vez.

   B. ¿Qué número es?   21   22   24   26   28   30

   C. ¿Cuántos son?   20 + 3 =   23 + 2 =   25 + 4 =   29 + 1 =

4. A. Cuenten de 30 a 100 (30, 35, 40, 45, 50 etc.). Otra vez.

   B. ¿Qué número es?   33   54   75   86   97   108

   C. ¿Cuántos son?   30 + 12 =   50 + 16 =   55 + 20 =   75 + 25 =

**1-6 ¿Cuántos son?** Solve the following math problems in Spanish.

MODELO:   2 + 3 = *Dos **más** tres **son** cinco.*
          6 – 5 = *Seis **menos** cinco **es** uno.*
          3 × 5 = *Tres **por** cinco **son** quince.*
          8 ÷ 2 = *Ocho **dividido por** dos **son** cuatro.*

más (+)       menos (–)       por (×)       dividido por (÷)       son/es (=)

1. 5 × 5 =       4. 15 × 2 =       7. 9 × 5 =       10. 63 – 20 =
2. 16 ÷ 4 =      5. 72 ÷ 9 =       8. 15 + 17 =     11. 99 – 3 =
3. 14 – 2 =      6. 11 + 11 =      9. 20 ÷ 2 =      12. 56 + 50 =

**1-7 ¿Cuál es el número?** Think of a number between **0** and **100**. A classmate will try to guess your number. To assist, if the guess is too low, you respond with: **Más** (*higher*) and if it is too high, you respond with: **Menos** (*lower*). The student who guesses correctly will then think of another number between **0** and **100**.

**1-8 ¿Cuál es el número de teléfono?** Telephone numbers in Spanish are usually expressed in pairs of digits. Take turns dictating the phone numbers to each other. Write down the numbers as you hear them and then check your accuracy.

MODELO:   Pedro: (412) 888-2362
          E1: *El teléfono de Pedro es el cuatro, doce, ocho, ochenta y ocho, veintitrés, sesenta y dos.*
          E2: *Pedro: (412) 888-2362*

1. Teresa:  (201) 547-0624       4. Yolanda: (977) 735-1332
2. Andrés:  (415) 399-5120       5. Luis:    (342) 761-8592
3. Emilio:  (318) 619-8605       6. Gloria:  (789) 928-0867

## 2. The days of the week, the months of the year, the date, and the seasons

1-13 to 1-19

### Los días de la semana

■ The days of the week in Spanish are not capitalized and are all masculine.

| | | | | | |
|---|---|---|---|---|---|
| **lunes** | *Monday* | **jueves** | *Thursday* | **sábado** | *Saturday* |
| **martes** | *Tuesday* | **viernes** | *Friday* | **domingo** | *Sunday* |
| **miércoles** | *Wednesday* | | | | |

| septiembre 2008 | | | | | | |
|---|---|---|---|---|---|---|
| lunes | martes | miércoles | jueves | viernes | sábado | domingo |
| 1 | 2 | 3 | 4 | 5 | 6 | 7 |
| 8 | 9 | 10 | 11 | 12 | 13 | 14 |
| 15 | 16 | 17 | 18 | 19 | 20 | 21 |
| 22 | 23 | 24 | 25 | 26 | 27 | 28 |
| 29 | 30 | | | | | |

¿Qué día es hoy? Es jueves, 4 de septiembre.

■ Calendars begin the week with Monday, not Sunday.

■ The definite article is not used after **es** when telling what day of the week it is.[1]

| ¿Qué día es hoy? | *What day is it today?* |
|---|---|
| Hoy **es jueves.** | *Today **is Thursday.*** |

■ *On Monday . . . , on Tuesday . . .* , etc., is expressed by using the definite article **el**.[2]

| El examen es **el lunes.** | *The exam is **on Monday**.* |
|---|---|

■ Days that end in **-s** have the same form in the singular and the plural.

| el lunes | los lunes |
|---|---|

■ In the plural, the days of the week express the idea of doing something regularly.

| La clase de español es **los lunes.** | *Spanish class is **on Mondays**.* |
|---|---|
| No hay clase **los viernes.** | *There is no class **on Fridays**.* |

### Los meses del año

| enero | *January* | mayo | *May* | septiembre | *September* |
|---|---|---|---|---|---|
| febrero | *February* | junio | *June* | octubre | *October* |
| marzo | *March* | julio | *July* | noviembre | *November* |
| abril | *April* | agosto | *August* | diciembre | *December* |

■ Months are not capitalized in Spanish.

| Mi cumpleaños es en **abril.** | *My birthday is in **April**.* |
|---|---|
| Hay veintiocho días en **febrero.** | *There are twenty-eight days in **February**.* |

### La fecha

■ Cardinal, not ordinal, numbers are used when giving the date in Spanish. The exception is the first of the month, which is usually expressed as **el primero**.

| ¿Qué **fecha** es hoy? | *What is **the date** today?* |
|---|---|
| Hoy es **el veintisiete** de septiembre. | *Today is September **27th**.* |

### Las estaciones del año

| el invierno | *winter* | el verano | *summer* |
|---|---|---|---|
| la primavera | *spring* | el otoño | *fall* |

el invierno            la primavera            el verano            el otoño

■ The definite article is normally used with seasons. Seasons are not capitalized.

| ¿Cómo es **la primavera** aquí? | *What is **spring** like here?* |
|---|---|

---

[1] Uses of **ser** will be explained on pp. 29–30 of this lesson.

[2] Definite articles will be explained on p. 24 of this lesson.

## Aplicación

**1-9 Los días de la semana.** Look at the calendar and indicate on which day of the week the following days fall.

**MODELO:** el 4

➔ *El cuatro de abril es martes.*

| | L M M J V S D |
|---|---|

**ABRIL**

1.  el 17
2.  el 21
3.  el 30
4.  el 5

5.  el 27
6.  el 8
7.  el 25
8.  el primero

| L | M | M | J | V | S | D |
|---|---|---|---|---|---|---|
| | | | | | 1 | 2 |
| 3 | 4 | 5 | 6 | 7 | 8 | 9 |
| 10 | 11 | 12 | 13 | 14 | 15 | 16 |
| 17 | 18 | 19 | 20 | 21 | 22 | 23 |
| 24 | 25 | 26 | 27 | 28 | 29 | 30 |

**1-10 Los meses y las estaciones.** Indicate the months that correspond to each season in Canada.

1.  el verano _____
2.  el otoño _____
3.  el invierno _____
4.  la primavera _____

**1-11 Fechas importantes.** Give the dates for the following celebrations. If the celebration does not always fall on the same day, give the month in which it usually falls.

**MODELO:** *el veinticinco de diciembre*

1.

3.

5.

2.

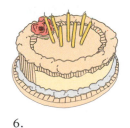

4.

6.

**1-12 Trivia.** Take turns asking each other questions.

**MODELO:** E1: *un mes con veintiocho días*
E2: *febrero*

1.  un día con clases
2.  tu día favorito
3.  un mes con treinta y un días
4.  un mes con treinta días
5.  un mes del otoño
6.  un mes del invierno

7.  un día malo (*bad*)
8.  un día bueno (*good*)
9.  el mes de tu cumpleaños (*birthday*)
10. la fecha de tu cumpleaños

## ¡Así lo decimos! Vocabulario

**Los colores**

1-23 to 1-25

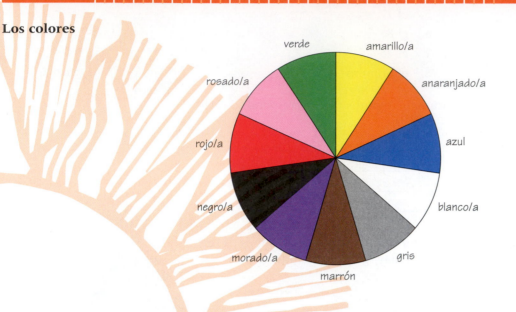

- verde
- amarillo/a
- rosado/a
- anaranjado/a
- azul
- rojo/a
- blanco/a
- negro/a
- gris
- morado/a
- marrón

## En la clase

| Preguntas | Questions | Respuestas | Answers |
|---|---|---|---|
| ¿Cómo es? | What is he/she/it like? | Es . . . | He/She/It is . . . |
| ¿Cómo son? | What are they like? | Son . . . | They are . . . |
| ¿Cuántos/as . . . hay? | How many . . . are there? | Hay . . . | There are . . . |
| ¿Cuánto cuesta . . .? | How much is . . .? | Cuesta . . . | It costs . . . |
| ¿De qué color es . . .? | What colour is . . .? | Es . . . | It is . . . |
| ¿Qué hay en . . .? | What is/are there in . . .? | Hay un/a/os/as . . . | There is a/are some . . . |
| ¿Qué es esto? | What is this? | Es un/a . . . | It's a . . . |

| Adjetivos | Adjectives |
|---|---|
| aburrido/a | boring |
| antipático/a | unpleasant, mean |
| barato/a | cheap, inexpensive |
| bueno/a | good |
| caro/a | expensive |
| difícil | difficult |
| fácil | easy |
| grande | big |
| inteligente | intelligent |
| interesante | interesting |
| malo/a | bad |

| | |
|---|---|
| mucho/a | a lot (of) |
| pequeño/a | small |
| perezoso/a | lazy |
| poco/a | a little |
| simpático/a | nice |
| trabajador/a | hard-working |

| Adverbios | Adverbs |
|---|---|
| aquí | here |
| mucho | a lot |
| poco | a little |

1-26 to
1-30

1. el borrador
2. el estudiante
3. la estudiante
4. el mapa
5. la silla
6. el cuaderno
7. el libro
8. el pupitre

9. el papel
10. la pizarra
11. la tiza
12. la profesora
13. el bolígrafo
14. el lápiz
15. la puerta
16. la mochila

17. la luz
18. el reloj
19. el escritorio
20. la ventana
21. la pared
22. la mesa
23. el techo
24. el piso

---

[1] Your instructor may address you with the familiar **tú** (*you*): **Abre (tú) el libro** or with the formal **usted** (*you*): **Abra (usted) el libro**. For more than one student, the form of address is **ustedes** (*you*): **Abran (ustedes)** el libro.

## Aplicación

 **1-13 ¿Qué hay en la clase?** Take turns asking whether or not these people and objects are in your classroom.

**MODELOS:** un escritorio                       sillas
            E1: *¿Hay un escritorio en la clase?*     E1: *¿Hay sillas en la clase?*
            E2: *Sí, hay uno (dos, tres, etcétera).*   E2: *Sí, hay una (dos, tres, etcétera).*

1. una pizarra
2. un/a profesor/a
3. una puerta
4. un mapa
5. una ventana
6. un reloj
7. estudiantes
8. sillas
9. bolígrafos
10. mesas
11. pupitres
12. mochilas

 **1-14 ¿Cuánto cuesta...?** Take turns asking each other how much an item in your classroom costs and then asking whether it costs a lot (**mucho**) or a little (**poco**).

**MODELO:** el bolígrafo/ 25 dólares
         E1: *¿Cuánto cuesta el bolígrafo?*
         E2: *Cuesta 25 dólares.*
         E1: *¿Es mucho o poco?*
         E2: *Es mucho.*

1. el bolígrafo/ 25 dólares
2. la tiza/ 5 dólares
3. el lápiz/ 1 dólar
4. la mochila/ 15 dólares
5. el cuaderno/ 8 dólares
6. la silla/ 12 dólares
7. la mesa/ 19 dólares
8. el mapa/ 85 dólares
9. el libro/ 100 dólares
10. el reloj/ 21 dólares

 **1-15 ¿De qué color es?** Take turns asking the colour of various classroom objects.

**MODELO:** E1: *¿De qué color es tu mochila?*
         E2: *Mi mochila es verde. ¿Y tu mochila?*
         E1: *Mi mochila es roja.*

1. tu mochila
2. tu bolígrafo
3. tu lápiz
4. tu libro
5. tu cuaderno
6. tu silla
7. la pizarra
8. la tiza
9. el piso
10. la pared

**1-16 Veo algo . . .** (*I see something...*) Describe an object to a classmate to see if he/she can guess what it is. Use colours and adjectives from **¡Así lo decimos!**

**MODELO:** E1: *Veo algo verde y grande.*
         E2: *¿Es la pizarra?*

CD
Track 8

## PRONUNCIACIÓN

### El silabeo (*Syllabification*)

Spanish words are divided into syllables as follows.

1. Single consonants (including **ch**, **ll**, **rr**) are attached to the vowel that follows.

   **si-lla    ro-jo    me-sa    bo-rra-dor**

2. Two consonants are usually separated.

   **tar-des    ver-de    i-gual-men-te**

3. When a consonant is followed by **l** or **r**, both consonants are attached to the following vowel.

   **Pa-blo    Pe-dro**

   However, the combinations **nl**, **rl**, **sl**, **nr**, and **sr** are separated.

   **Car-los    is-la    En-ri-que**

4. In groups of three or more consonants, only the last consonant, or the one followed by **l** or **r** (with the exceptions listed just above) begins a syllable.

   **ins-ta-lar    in-glés    es-cri-to-rio**

5. Adjacent strong vowels (**a**, **e**, **o**) form separate syllables.

   **ma-es-tro    le-an**

6. Generally, when there is a combination of a strong vowel (**a**, **e**, or **o**) with a weak vowel (**i** or **u**) with no accent mark, they form one sound called a *diphthong* and the stress falls on the strong vowel.

   **E-du*a*r-do    p*u*er-ta**

   However, the diphthong is broken when the stress falls on either of the weak vowels, **i** or **u**. In these cases, the weak vowel carries a written accent.

   **Ma-rí-a    dí-as**

7. When two weak vowels are together, the second of the two is stressed.

   **vi*u*-da    bu*i*-tre    fu*i***

CD
Track 9

### La acentuación (*Word stress*)

1. Words that end in a **vowel**, **n**, or **s** are stressed on the next to the last syllable.

   **mo-*chi*-la    *Car*-los    re-*pi*-tan**

2. Words that end in a consonant other than **n** or **s** are stressed on the last syllable.

   **us-*ted*    to-*tal*    pro-fe-*sor***

## PRONUNCIACIÓN *(CONTINUED)*

3. Words that do not follow the regular stress patterns mentioned above require a written accent on the stressed syllable.

   *lá*-piz    *Víc*-tor    lec-*ción*

4. A written accent is used to differentiate between words that are spelled the same but have different meanings.

   | | | | |
   |---|---|---|---|
   | **él** | *he* | **el** | *the* |
   | **sí** | *yes* | **si** | *if* |
   | **tú** | *you* | **tu** | *your* |

5. A written accent is also used on the stressed syllable of all interrogative (question) words and in exclamatory expressions.

   **¿Cuánto?** *(How much?)*   **¿Qué?** *(What?)*   **¡Qué sorpresa!** *(What a surprise!)*

CD
Track 10

### Pronunciemos

**A. ¡A dividir!** Listen to and repeat each of the following words. Then divide it into syllables.

**MODELO:**   Argentina
→ *Ar-gen-ti-na*

1. pupitre
2. bolígrafo
3. tardes
4. regular
5. luego

6. bastante
7. mañana
8. Nicaragua
9. borrador

---

**B. ¿Cómo se escribe?** Listen to and repeat each of the following words. Then underline the stressed vowel and write an accent if required.

**MODELO:**   *moch<u>i</u>la*

1. mañana
2. clase
3. leccion
4. repitan
5. lapiz
6. universidad
7. pared
8. colores

9. escritorio
10. estudiante
11. boligrafo
12. reloj
13. veintidos
14. matematicas
15. lecciones

# Comparaciones

## El mundo hispano

**En tu experiencia.** Can you think of differences in accents or in expressions that people use in regions of Canada, the U.S., England and Australia? As you read about the Spanish-speaking world, think about how geography influences language and culture.

There are over 375 million Spanish speakers in the world today. Spanish is the official language of Spain, Mexico, much of Central and South America, and some islands in the Caribbean. Spanish is spoken in some Asian countries, such as the Philippines, and by a portion of the population in Equatorial Guinea and Morocco in Africa. The U.S. has 37 million people whose first language is Spanish (that's 13% of the U.S. population!), and is the fifth largest Spanish-speaking country in the world. Today, only Spain, Mexico, Argentina and Colombia have more Spanish-speakers than the U.S. By the year 2010, one in every four U.S. citizens will be Hispanic. According to data provided in 2004 by the Canadian Hispanic Congress, Canada has between 700,000 and 1,000,000 people whose first language is Spanish. This figure includes not only Canadian citizens and landed immigrants but also people who are here on employment and student visas, on ministerial permits and as refugee claimants. Most Hispanics in Canada reside in Ontario, Quebec, British Columbia and Alberta.

The enormous diversity among Spanish speakers results in differences in pronunciation and vocabulary, similar to differences in expressions and accents in English. Different neighbours and ethnic groups have influenced the words and accents of each country. Below are some examples.

**¡A conversar!** What Spanish words have you learned before taking this course? Where and how did you learn these words? Have you traveled or lived in any Spanish-speaking countries? You will notice in the box below some examples of the considerable diversity of vocabulary within the Hispanic world. Do any of these words look familiar to you? Can you see any non-Hispanic influences?

| English Word | Spanish Words | | | |
| --- | --- | --- | --- | --- |
| | SPAIN | COLOMBIA | MEXICO | ARGENTINA |
| car | coche | carro | carro | auto |
| apartment | piso | apartamento | departamento | departamento |
| bus | autobús | bus | camión | colectivo, micro |
| sandwich | bocadillo | sándwich | sándwich, torta | sándwich, bocadillo |

# ¡Así lo hacemos! Estructuras

### 3. Articles and Nouns

1-31 to
1-38

Spanish, like English, has definite (*the*) and indefinite (*a*, *an*, *some*) articles. In Spanish, the forms of the definite and indefinite articles vary according to the *gender* (*masculine* and *feminine*) and *number* (*singular* and *plural*) of the noun to which they refer.

### Los artículos definidos (*the*)

Spanish has four forms equivalent to the English definite article, *the*: **el**, **la**, **los**, **las**.

|  | Masculine |  | Feminine |  |
|---|---|---|---|---|
| SINGULAR | **el** bolígrafo | *the pen* | **la** silla | *the chair* |
| PLURAL | **los** bolígrafos | *the pens* | **las** sillas | *the chairs* |

- Use the definite article with titles when talking **about** someone, but not when addressing the person directly.

    **El** profesor Gómez habla español.   *Professor Gómez speaks Spanish.*
    ¡Buenos días, profesor Gómez!   *Good morning, Professor Gómez!*

### Los artículos indefinidos (*a*, *an*, *some*)

**Un** and **una** are equivalent to *a* or *an*. **Unos** and **unas** are equivalent to *some* (or *a few*).

|  | Masculine |  | Feminine |  |
|---|---|---|---|---|
| SINGULAR | **un** bolígrafo | *a pen* | **una** silla | *a chair* |
| PLURAL | **unos** bolígrafos | *some pens* | **unas** sillas | *some chairs* |

- In Spanish, the indefinite article is omitted when telling someone's profession, unless you qualify it by using an adjective (good, bad, hard-working, etc.).

    Lorena es profesora de matemáticas.   *Lorena is a mathematics professor.*
    Lorena es **una** profesora buena.   *Lorena is a good professor.*

## STUDY TIPS

### Gender of nouns

Here are some tips to help you remember the gender of some nouns.

1. Many nouns referring to people have corresponding masculine **-o** and feminine **-a** forms.

   **el amigo/ la amiga**     **el niño/ la niña** (*boy/ girl*)

2. Most masculine nouns ending in a consonant simply add **-a** to form the feminine.

   **el profesor/ la profesora   el león/ la leona   un francés/ una francesa**

3. Certain nouns referring to people use the same form for masculine and feminine, but the article used will show the gender.

   **el estudiante/ la estudiante     el artista/ la artista**

4. If it is provided, the article will tell you what the gender of the noun is.

   **una** clase     **un** lápiz     **unos** pupitres

5. Most nouns ending in **-ad, -ión**, **-ez**, **-ud**, and **-umbre** are feminine.

   **la universidad**     **la nación**     **la niñez** (*childhood*)
   **la juventud** (*youth*)     **la legumbre** (*vegetable*)

6. Most nouns ending in **-ema** are masculine.

   **el problema**     **el sistema**     **el tema** (*theme*)

### El género de los sustantivos

Words that identify people, places, or objects are called nouns. Spanish nouns—even those denoting nonliving things—are either **masculine** or **feminine** in gender.

| Masculine | | Feminine | |
|---|---|---|---|
| el hombre | *the man* | la mujer | *the woman* |
| el amigo | *the friend* | la amiga | *the friend* |
| el profesor | *the professor* | la profesora | *the professor* |
| el lápiz | *the pencil* | la mesa | *the table* |
| el libro | *the book* | la clase | *the class* |
| el mapa | *the map* | la universidad | *the university* |

■ Most nouns ending in **-o** or those denoting males are masculine: **el libro, el hombre**. Most nouns ending in **-a** or those denoting females are feminine: **la mesa, la mujer**. Some common exceptions are: **el día** (*day*) and **el mapa**, which are masculine. Another exception is **la mano** (*hand*), which ends in **-o** but is feminine.

### El plural de los sustantivos

| Singular | Plural | Singular | Plural |
|---|---|---|---|
| el amigo | los amigos | la mujer | las mujeres |
| el hombre | los hombres | el profesor | los profesores |
| la mesa | las mesas | el lápiz | los lápices |

■ Nouns that end in a vowel form the plural by adding **-s**.

   **mesa → mesas**

■ Nouns that end in a consonant or a stressed vowel add **-es**.

   **mes → meses**                    **ají → ajíes**

- Nouns of more than one syllable that end in **-s** do not change in the plural.

  **el lunes, los lunes**                **la dosis, las dosis**

- Nouns that end in a **-z** change the **z** to **c**, and add **-es**.

  **lápiz → lápices**

- When the last syllable of a word that ends in a consonant has an accent mark, the accent is no longer needed in the plural.

  **lección → lecciones**

## Aplicación

**1-17 ¿Qué son?** Identify the people and objects in the classroom. Use the definite article.

**MODELO:**   El número uno es la estudiante.

**1-18 Los artículos.** Which definite article (**el**, **la**, **los**, **las**) is used with these nouns? Which indefinite article (**un**, **una**, **unos**, **unas**) is used?

| | |
|---|---|
| 1. _____ bolígrafo | 8. _____ cuadernos |
| 2. _____ pizarra | 9. _____ sillas |
| 3. _____ escritorio | 10. _____ mapas |
| 4. _____ mochila | 11. _____ lápices |
| 5. _____ luz | 12. _____ clases |
| 6. _____ papel | 13. _____ profesores |
| 7. _____ pared | 14. _____ universidades |

**1-19 Más de uno.** Give the plural form of each of these nouns.

**MODELO:**   el libro
  → *los libros*

| | |
|---|---|
| 1. la profesora | 8. un borrador |
| 2. el libro | 9. una pared |
| 3. la mesa | 10. un papel |
| 4. el escritorio | 11. una lección |
| 5. la estudiante | 12. un reloj |
| 6. el pupitre | 13. una mujer |
| 7. el lunes | 14. un mes |

**1-20 ¿Qué hay en la clase?** Take turns asking each other questions about your classroom.[1]

**MODELO:** E1: ¿Cuántos estudiantes hay en la clase?
E2: *Hay veinticuatro estudiantes.*

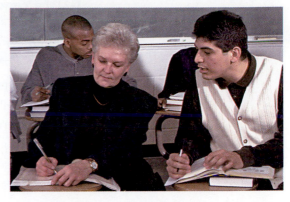

1. ¿Cuántos estudiantes hay en la clase?
2. ¿Cuántas estudiantes hay?
3. ¿Hay una profesora o un profesor en la clase?
4. ¿Hay un reloj en la pared?
5. ¿Cuántas ventanas hay?
6. ¿Cuántas sillas hay?
7. ¿Hay una mesa?
8. ¿Qué hay en la mesa?

# 4. Adjective form, position, and agreement

1-39 to
1-45

Descriptive adjectives, such as those denoting size, colour, shape, etc., describe and give additional information about objects and people.

| un libro **romántico** | a **romantic** book |
| una clase **pequeña** | a **small** class |
| un cuaderno **rosado** | a **pink** notebook |

- Adjectives agree in gender and number with the noun they modify, and they generally follow the noun. Note that adjectives of nationality are not capitalized in Spanish.

| el profesor **colombiano** | the **Colombian** professor |
| la señora **mexicana** | the **Mexican** lady |
| los estudiantes **españoles** | the **Spanish** students |

- Adjectives whose masculine form ends in **-o** have a feminine form that ends in **-a**.

| el profesor **argentino** | the **Argentinian** professor (male) |
| la profesora **argentina** | the **Argentinian** professor (female) |

- Adjectives ending in a consonant or **-e** have the same masculine and feminine forms.

| un carro **azul** | a **blue** car | un libro **grande** | a **big** book |
| una silla **azul** | a **blue** chair | una clase **grande** | a **big** class |

- Adjectives of nationality that end in a consonant (**español**), and adjectives that end in **-dor** (**trabajador**), add **-a** to form the feminine. If the masculine has an accented final syllable (**francés**), the accent is dropped in the feminine and the plural forms.

| la estudiante **española** | the **Spanish** student (from Spain) |
| una mochila **francesa** | a **French** backpack |
| unos libros **franceses** | some **French** books |
| una profesora **trabajadora** | a **hard-working** professor |

- The plural form of adjectives, like nouns, adds **-s** to vowels and **-es** to consonants.

| Singular | Plural | Singular | Plural |
|---|---|---|---|
| mexicano | mexicano**s** | trabajador | trabajador**es** |
| española | española**s** | fácil | fáci**les** |
| inteligente | inteligente**s** | popular | popular**es** |

---

[1] To ask *How many?*, use the question word **¿Cuánto/a(s)?** Like regular adjectives, **¿Cuánto?** must agree in number and gender with the noun it modifies.

## Aplicación

**1-21 La concordancia** (*agreement*). Make the following sentences plural. Note that the plural of **es** is **son**.

**MODELO:** El bolígrafo azul es caro.
➤ *Los bolígrafos azules son caros.*

1. La clase pequeña es interesante.
2. La mochila verde es grande.
3. El cuaderno gris es barato.
4. El escritorio grande es caro.
5. La profesora colombiana es buena.
6. El estudiante francés es simpático.
7. La señora argentina es trabajadora.
8. El señor mexicano es inteligente.

**1-22 La concordancia.** In the following sentences, make the masculine forms feminine and the feminine forms masculine.

**MODELO:** El profesor argentino es simpático.
➤ *La profesora argentina es simpática.*

1. El estudiante francés es popular.
2. La mujer argentina es trabajadora.
3. La señora francesa es inteligente.
4. Las profesoras españolas son simpáticas.
5. Los estudiantes mexicanos son buenos.
6. Los señores colombianos son interesantes.

**1-23 ¿De qué color?** Look at the following items in your classroom and say what colour they are.

**MODELO:** las pizarras
➤ *Las pizarras son negras.*

1. las sillas
2. las mesas
3. los bolígrafos
4. las mochilas
5. las paredes
6. los papeles
7. los cuadernos
8. los lápices

**1-24 ¿Cómo es? ¿Cómo son?** Combine the nouns and adjectives to make sentences in Spanish. Remember that articles, nouns, and adjectives agree in gender and number.

**MODELOS:** La profesora   es/ son   simpático/ antipático.
➤ *La profesora es simpática.*

Los estudiantes   es/ son   bueno/ malo.
➤ *Los estudiantes son buenos.*

1. El libro de español   es/ son   barato/ caro.
2. La clase de español   fácil/ difícil.
3. El profesor   simpático/ antipático.
4. La profesora   mexicano/ español/ etcétera.
5. Los estudiantes   trabajador/ perezoso.
6. Las sillas   azul/ gris/ etcétera.

7. Las clases de español          bueno/ malo.
8. Las ventanas                   grande/ pequeño.

**1-25 ¿Cómo es tu mejor (best) amigo/a?** Take turns asking each other what your best friend is like.

**MODELO:**  E1: ¿Cómo es tu mejor amigo/a?
             E2: *Mi mejor amigo/a es simpático/a. ¿Y tu mejor amigo/a?*

| | |
|---|---|
| simpático/ antipático | interesante/ aburrido |
| inteligente/ poco inteligente | trabajador/ perezoso |
| optimista/ pesimista | paciente/ impaciente |

## 5. Subject pronouns and the present tense of *ser (to be)*

1-46

In Spanish, **subject pronouns** refer to people (*I, you, he*, etc.). They are not generally used for inanimate objects or animals (except for addressing pets).

| Subject pronouns | | | |
|---|---|---|---|
| **Singular** | | **Plural** | |
| **yo** | *I* | **nosotros/nosotras** | *we* |
| **tú** | *you* (informal) | **vosotros/vosotras** | *you* (informal, Spain) |
| **usted (Ud.)** | *you* (formal) | **ustedes (Uds.)** | *you* (formal/informal) |
| **él** | *he* | **ellos** | *they* |
| **ella** | *she* | **ellas** | *they* |

Just like the verb *to be* in English, the verb **ser** in Spanish has irregular forms. You have already used several of them. Here are all of the forms of the present indicative tense of **ser**, along with the corresponding subject pronouns:

| ser (*to be*) | | | | | |
|---|---|---|---|---|---|
| | **Singular** | | | **Plural** | |
| yo | **soy** | *I am* | nosotros/nosotras | **somos** | *we are* |
| tú | **eres** | *you are* (informal) | vosotros/vosotras | **sois** | *you are* (informal, Spain) |
| usted (Ud.) | **es** | *you are* (formal) | ustedes (Uds.) | **son** | *you are* (formal/informal) |
| él/ella | **es** | *he/she is* | ellos/ellas | **son** | *they are* |

- Since the verb form in Spanish often indicates the subject of the sentence, subject pronouns are usually omitted, unless they are needed for clarification or emphasis.

| | |
|---|---|
| ¿**Eres** de Puerto Rico? | *Are you from Puerto Rico?* |
| Sí, **soy** de Puerto Rico. | *Yes, I am from Puerto Rico.* |
| **Yo** no, pero **ellos** sí **son** de Puerto Rico. | *I'm not, but they're from Puerto Rico.* |

- In Spanish, there are four ways to express *you*: **tú, usted, vosotros/as,** and **ustedes**. **Tú** and **usted** are the singular forms. **Tú** is used in informal situations in which you are addressing friends, family members, and pets. **Usted** denotes formality or respect and is used to address someone with whom you are not well acquainted, or a person in a position of authority or respect, such as a supervisor, teacher, or an older person. Use **usted** with people with whom you are not on a first-name basis. When in doubt, it is advisable to opt for the more formal **usted**. In families in some Hispanic countries, children use **usted** and **ustedes** to address their parents as a sign of respect.

- **Vosotros/as** and **ustedes** are the plural counterparts of **tú** and **usted**, but in most of Latin America, **ustedes** is used for both the familiar and formal plural *you*. **Vosotros/as** is used in Spain to address more than one person in a familiar context, such as a group of friends or children.[1]

- **Usted** and **ustedes** may be abbreviated to **Ud.** and **Uds.**

- The masculine plural forms (**nosotros, vosotros, ellos**) are used for mixed groups of males and females.

- The verb **ser** is used to express origin, occupation, or inherent qualities.

| | |
|---|---|
| ¿De dónde **eres**? | *Where are you from?* |
| **Soy** de Ontario. | *I am from Ontario.* |
| Yolanda **es** profesora. | *Yolanda is a professor.* |
| Ustedes (Uds.) **son** muy simpáticos. | *You are very nice.* |

## EXPANSIÓN

### The subject pronouns *vos* and *vosotros*

In the Old Spanish of the Middle Ages in Spain, **vos** (*you*) was the **formal**, singular pronoun, while the combined, emphatic form **vosotros** (**vos + otros** = *you others*) was the **formal** plural pronoun. However, both of these forms became **informal**, when **vos** was replaced by the **formal** expression **vuestra merced** (*your grace*) which contracted into the present-day **usted** and its plural form **ustedes**.

As the Castilian dialect of Spain was introduced into Argentina and Uruguay, **vos** was used along with **tú** as the **informal** singular pronoun. In these regions, **vos** emerged as the preferred singular form but **vosotros** was not adopted and, consequently, **vosotros** remained restricted to Spain as the **informal** plural of **tú**. In Spanish America, the pronoun **ustedes** is used as the plural of both **vos** and **tú**.

**Vos** is used as an **informal** subject pronoun in various countries throughout Central and South America, including Nicaragua, Argentina and Uruguay.

Here are the most common forms of the verbs that correspond to the subject pronoun **vos**:

| **hablar** (*to speak*) | **comer** (*to eat*) | **vivir** (*to live*) |
|---|---|---|
| vos hablás | vos comés | vos vivís |

---

[1] *¡Arriba!* uses **ustedes** as the plural of **tú** except where cultural context would require otherwise.

## ● STUDY TIPS

### Conjugating verbs in Spanish

1. You must learn six basic forms for each verb. Note that **usted, él,** and **ella** have the same verb forms, as do **ustedes, ellos,** and **ellas**.

2. Pay close attention to the verb ending which often indicates the subject. The absence of an easily-recognized subject can be difficult for English-speakers, who are used to looking for a noun or pronoun subject in most sentences. Once you can recognize the patterns in Spanish verb conjugation, it will be easy to identify the subject.

3. Practise out loud by saying sample sentences in which you use the target verb forms. For example, how many sentences can you say about yourself using **soy**? (**Soy estudiante. Soy inteligente. No soy . . . Soy de . . . No soy de . . .** , etc.)

## Aplicación

**1-26 ¿Quién es?** Choose the appropriate **subject pronoun** for each noun subject. *Careful: There may be more than one correct answer.*

MODELO:  Maribel (él, ella, usted, ellos, tú)
➤ *ella*

1. Susana y yo (yo, tú, ella, nosotros, ellos)
2. Juan y Paco (ellos, nosotros, ustedes, él, vosotros)
3. las profesoras (ellos, ellas, nosotras, ustedes, vosotras)
4. tú y yo (tú, yo, nosotros, ustedes, vosotros)
5. ustedes y ella (nosotros, ellos, ustedes, vosotros, ellas)
6. Francisco (yo, tú, él, ella, usted)
7. Anita, Carmen y Pepe (ustedes, ellas, ellos, vosotros, nosotros)
8. Beto, Sandra y tú (ellos, ellas, nosotros, vosotros, ustedes)

**1-27 En la clase.** Repeat the following sentences, changing the italicized verbs to agree with the subjects given in parentheses. *Note: It is not necessary to repeat the subject pronouns.*

MODELO:  *Soy* de Ottawa. (Tú . . . )
➤ *Eres de Ottawa.*

1. *Soy* de Ottawa. (Tú, Uds., Nosotros, Ellos, Ud.)
2. *Somos* estudiantes de español. (Ellas, Uds., Vosotros, *Yo, Tú, Él)
3. *Eres* muy inteligente. (Yo, Ella, Ud., *Ellos, Uds., Vosotros)

---
*¡Ojo! (Careful!)

**1-28 ¿Cierto o falso?** Read the following statements and indicate whether they are true **(cierto)** or false **(falso)**. Correct the false information.

MODELO:  Yo soy de Manitoba.
➤ *Cierto. Soy de Manitoba./ Falso. Soy de Québec.*

1. Yo soy de Manitoba.
2. Soy profesor/a.
3. La pizarra es verde.
4. Los estudiantes son simpáticos.
5. El/La profesor/a es perezoso/a.
6. Los libros de español son caros.
7. Nosotros somos inteligentes.
8. La universidad es aburrida.

**1-29 ¿Cómo es? ¿Cómo son?** Take turns asking each other questions about your university experiences.

> **MODELO:** E1: *¿Cómo es la clase de español? ¿Es grande o pequeña?*
> E2: *La clase de español es grande.*

1. el libro de español (barato/ caro)
2. la clase de español (bueno/ malo)
3. el verbo "ser" (fácil/ difícil)
4. la universidad (grande/ pequeño)
5. los estudiantes (inteligente/ poco inteligente)
6. los profesores (interesante/ aburrido)
7. los amigos (simpático/ antipático)
8. las estudiantes (trabajador/ perezoso)

 **1-30 ¿De dónde eres?** Pair up with a student whom you do not already know, and ask each other the following questions.

> **MODELO:** E1: *Hola, ¿cómo te llamas?*
> E2: *. . . . ¿Y tú?*
> E1: *. . . . ¿De dónde eres, . . . ?*
> E2: *Soy de . . . . ¿. . . ?*
> E1: *Soy de . . .*
> E2: *¿Cómo es . . . ?*
> E1: *Es grande/ pequeño/ etc.*

1. ¿Cómo te llamas?
2. ¿De dónde eres?
3. ¿Cómo es?

# ¡A escribir!

Vancouver, BC
25 de septiembre de 2008

¡Hola!

Me llamo Susanita. Soy extrovertida y simpática. Tengo clases muy interesantes y fascinantes. Mi profesora de español es la señora Carro. Es muy inteligente y trabajadora. Mi cumpleaños es el 10 de abril. Mi color favorito es el amarillo. . .

¡Hasta pronto!

*Susanita*

**1-31 Una carta de presentación.** When you write a letter of introduction, you want to tell something about your physical and personal characteristics, and something about your life. In this first introduction, think of information that you would share with a potential roommate. Follow the steps below to write five sentences in Spanish to include with a housing application.

## Antes de escribir (*Before writing*)

- Make a list of adjectives that you identify with yourself.
- Make a list of adjectives that describe your classes and your instructors.

## A escribir (*Writing*)

- **Saludo** (*Greeting*). Use the format of the **Modelo** above, beginning with a place, a date, and a greeting.
- **Carta** (*Letter*). Introduce yourself. Using adjectives from your list above, describe what you are like. Use the conjunction **y** (*and*) to connect your thoughts. Describe your classes and your professors. Add any other personal details about yourself, such as your birthday or your favourite day of the week.
- **Despedida** (*Closing*). Close the letter with a farewell (e.g. **¡Hasta pronto!**)

## Después de escribir (*After writing*)

- **Revisar** (*Review*). Review the following elements in your letter:
  - ❏ Go back and make certain that all of your adjectives agree in gender and number with the nouns that they modify.
  - ❏ Check your use of the verb **ser**.
- **Intercambiar** (*Exchange*). Exchange your letter with a classmate's, make suggestions and corrections, and add a comment about the description.
- **Entregar** (*Hand in*). Rewrite your letter, incorporating your classmate's suggestions. Then hand in the letter to your instructor.

# NUESTRO MUNDO

## Panoramas

 ### El mundo hispano

The *Panoramas* section of *Nuestro mundo* (*Our world*) introduces you to the Spanish-speaking countries that comprise **el mundo hispano** (*the Hispanic world*). To begin your study of the fascinating, multicultural **mundo hispano**, look at the map below and then complete the following exercise. Read the information accompanying the photographs on the next page, visit the websites that interest you and then complete the activities that follow the photographs and readings.

**1-32 ¿Qué sabes tú?** (*What do you know?*) Work with a classmate to supply as much information as you can about **los países** (*countries*) **del mundo hispano**.

1. un país de habla española (*Spanish-speaking*) de la América del Norte (Norteamérica)
2. seis países de la América Central (Centroamérica)
3. nueve países de la América del Sur (Suramérica)
4. tres islas (*islands*) del Caribe
5. un país de la Península Ibérica en Europa
6. un país de mucho ecoturismo
7. un país de muchas playas (*beaches*)
8. un país de mucha influencia maya
9. el país de los aztecas
10. la ciudad (*city*) más poblada (*most populated*) del mundo hispano

La presencia de los hispanos en el Canadá* se nota en varias partes, especialmente en las ciudades grandes de Toronto (83.245), Montreal (63.305) y Vancouver (16.720).
**Hispanic Canada***
www.canucklinks.com/hispanic.htm

Muchas capitales sudamericanas son metrópolis grandes y modernas con sus rascacielos (*skyscrapers*), su comercio, su gente (*people*) y su contaminación (*pollution*).

Santa Fe de Bogotá, la capital de Colombia, tiene un nombre de origen indígena (Bogotá) y español (Santa Fe).
**Bogotá D.C.**
www.bogota-dc.com

La topografía, el clima y la economía de Suramérica varían de región en región. La majestuosa cordillera de los Andes, donde hace mucho frío (*it's very cold*) y donde hay poca vegetación, contrasta con la rica y calurosa (*warm*) zona del Amazonas.
**Clima: Suramérica**
http://es.allmetsat.com/clima/suramerica.php

Algunas de las plantas del mundo hispano tienen valor medicinal.
**Plantas Medicinales**
www.botanical-online.com/medicin1.htm

Las ruinas arqueológicas, como las de Tulum, México, son testigos (*witnesses*) de las civilizaciones precolombinas.
http://en.wikipedia.org/wiki/Tulum

---

*The use of the article "el" and "la" with countries and continents is optional.

**1-33 ¿Dónde está . . . ?** (*Where is... ?*) Take turns naming and locating places in the Spanish-speaking world.

**MODELO:** E1: ¿Dónde está *Madrid*?
E2: *Está en España.*

 **1-34 ¿Cómo es?** Working with a classmate, complete the information missing from the chart below. Note: some answers will vary.

**MODELO:** *Cuba,* pequeña, La Habana, *el Caribe*

| País | Extensión | Capital | Lugar |
|---|---|---|---|
| 1. _____ | pequeña | La Habana | _____ |
| 2. Colombia | grande | _____ | _____ |
| 3. _____ | grande | Buenos Aires | _____ |
| 4. _____ | _____ | Caracas | Suramérica |
| 5. _____ | _____ | Ottawa | _____ |
| 6. _____ | _____ | San Salvador | _____ |
| 7. _____ | grande | _____ | _____ |
| 8. _____ | pequeña | _____ | _____ |
| 9. _____ | _____ | Santo Domingo | el Caribe |
| 10. _____ | _____ | San José | _____ |

 **1-35 Conexiones.** Consult the library or the Internet to find out the following information about the Hispanic world.

1. a Central American country where English is the official language
2. the five smallest countries in the Spanish-speaking world
3. the three longest rivers
4. the name of an active volcano
5. three important mountain ranges
6. the highest navigable lake
7. Hispanic immigration to Canada

# Ritmos

Track 1
1-60

## "Salsa en Nueva York" (Típica Novel, Cuba/Nueva York)

This song, by the Cuban group Típica Novel, very simply tells of the joys of **salsa** music. The lyrics of the song represent the far-reaching influence of Hispanic music on the peoples and cultures where it has flourished.

**Salsa en Nueva York**
Llegó la salsa a Nueva York, cuna del ritmo y del sabor de Puerto Rico, Cuba y demás se unen así salsa y sabor. (se repite)

Oye, lleva mi ritmo, salsa y sabor. (se repite)
Hace tiempo que hacía falta que la Novel le traiga salsa. (se repite)
Oye, lleva mi ritmo, salsa y sabor. (se repite)

## Antes de escuchar (*Before listening*)

**1-36 Estilos musicales.** "Salsa en Nueva York" is typical of the cheerful, catchy, danceable rhythms of **salsa** music. Are you familiar with **salsa**? Do you like it? What is your opinion of Hispanic music in general? What musical styles are typical of your country or your region of Canada? What are your favourite styles of music and why?

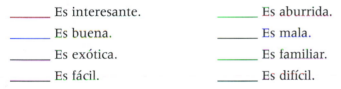

**1-37 La música hispana.** Before listening to "Salsa en Nueva York", discuss with your partner the styles of Hispanic music that the two of you are familiar with and enjoy. Which Hispanic artists or groups do you particularly like to listen to or dance to?

## A escuchar (*Listening*)

**1-38 Los instrumentos.** As you listen to the song, which of these instruments do you hear?

_____ el piano          _____ el banjo

_____ la trompeta       _____ el acordeón

_____ el violín         _____ la guitarra

_____ la flauta         _____ el clarinete

## Después de escuchar (*After listening*)

**1-39 Descripciones.** In your opinion, which of the following statements applies to the song "Salsa en Nueva York"?

_____ Es interesante.   _____ Es aburrida.

_____ Es buena.         _____ Es mala.

_____ Es exótica.       _____ Es familiar.

_____ Es fácil.         _____ Es difícil.

# Observaciones

Episode
1

1-61 to
1-63

## ¡Pura vida! Episodio 1

*¡Pura vida!* is an on-going *serie* that takes place in Costa Rica.

### Antes de ver el video

**1-40 ¿Cómo es Costa Rica?** Costa Rica is known for its natural beauty and national efforts to maintain the varied ecosystem. It is a tropical country with several climatic zones and four mountain ranges with seven active volcanoes. Earth tremors and small quakes shake the country from time to time. Read about San José, its capital, and answer the questions that follow in English.

> San José, la capital de Costa Rica, está situada (*located*) en el valle central del país (*country*) a una elevación de 3.795 pies de altura, con los volcanes Poás, Irazú y Barba al norte y la Sierra de Talamanca al sur. La ciudad tiene una población de 350.000 habitantes; la temperatura promedio (*average*) oscila entre los 19 y 22 grados centígrados.
>
> En el centro de San José los turistas pueden ver (*see*) el Teatro Nacional, con su arquitectura barroca y neoclásica. Es el edificio (*building*) más notable de la ciudad. Otros lugares (*places*) de interés son el Museo del Oro Precolombino, el Museo del Jade, el Museo Nacional y el Centro Costarricense de Ciencias y Cultura. El suburbio de Escazú tiene excelentes restaurantes y una animada (*lively*) vida nocturna.

San José está situada entre dos volcanes.

1. Where is the capital of Costa Rica located?
2. What volcanoes are to the north of San José?
3. What is San José's average temperature?
4. What is the most remarkable building in the capital?
5. Where can you find excellent restaurants and lively nightlife?

### A ver el video

**1-41 Los personajes.** Watch the first episode of *¡Pura vida!* and watch for the ways in which the characters greet each other. Take note of what seems to cause cultural confusion. Then, identify the characters using the brief descriptions below.

La casa de doña María

Hermés

Felipe

1. _____ es fotógrafo.
2. _____ tiene una camioneta (*van*).
3. _____ compra (*buys*) fruta.
4. _____ va al trabajo (*work*).

### Después de ver el video

WWW

**1-42 La ciudad de San José.** Connect with **MySpanishLab** to see photographs of the city of San José and write three adjectives to describe it.

**Modelo:** La ciudad es . . .

# Vocabulario

| Saludos | Greetings |
|---------|-----------|
| Buenos días. | Good morning. |
| Buenas tardes. | Good afternoon. |
| Buenas noches. | Good evening. |
| ¿Cómo está usted? | How are you? (formal) |
| ¿Cómo estás? | How are you? (informal) |
| Hola. | Hello, Hi. |
| ¿Qué tal? | How's it going? (inf.) |

| Respuestas | Answers |
|------------|---------|
| (Muy) Bien, gracias. | (Very) Well, thank you. |
| (Muy) Mal. | (Very) Badly. |
| Más o menos. | So-so. |
| No muy bien. | Not very well. |
| ¿Y tú? ¿Y usted? | And you? (inf./form.) |

| Despedidas | Farewells |
|------------|-----------|
| Adiós. | Goodbye. |
| Hasta luego. | See you later. |
| Hasta mañana. | See you tomorrow. |
| Hasta pronto. | See you soon. |

| Presentaciones | Introductions |
|----------------|---------------|
| ¿Cómo se llama usted? | What's your name? (form.) |
| ¿Cómo te llamas? | What's your name? (inf.) |
| Me llamo . . . | My name is . . . |
| Soy . . . | I am . . . |
| Encantado/a. | Delighted. |
| Mucho gusto. | Pleased to meet you. |
| Igualmente. | Same here. / Likewise. |

| Títulos | Titles |
|---------|--------|
| el/la profesor/a (Prof./Profa.) | Professor |
| el señor (Sr.) | Mr. |
| la señora (Sra.) | Mrs. |
| la señorita (Srta.) | Miss |

| Los números de 0 a 101 | | The numbers from 0 to 101 |
|---|---|---|
| 0 | cero | zero |
| 1 | uno | one |
| 2 | dos | two |
| 3 | tres | three |
| 4 | cuatro | four |
| 5 | cinco | five |
| 6 | seis | six |
| 7 | siete | seven |
| 8 | ocho | eight |
| 9 | nueve | nine |
| 10 | diez | ten |
| 11 | once | eleven |
| 12 | doce | twelve |
| 13 | trece | thirteen |
| 14 | catorce | fourteen |
| 15 | quince | fifteen |
| 16 | dieciséis | sixteen |
| 17 | diecisiete | seventeen |
| 18 | dieciocho | eighteen |
| 19 | diecinueve | nineteen |
| 20 | veinte | twenty |
| 21 | veintiuno | twenty-one |
| 30 | treinta | thirty |
| 31 | treinta y uno | thirty-one |
| 40 | cuarenta | forty |
| 50 | cincuenta | fifty |
| 60 | sesenta | sixty |
| 70 | setenta | seventy |
| 80 | ochenta | eighty |
| 90 | noventa | ninety |
| 100 | cien | one hundred |
| 101 | ciento uno | one hundred and one |

| Los días de la semana | The days of the week |
|-----------------------|----------------------|
| lunes | Monday |
| martes | Tuesday |
| miércoles | Wednesday |
| jueves | Thursday |
| viernes | Friday |
| sábado | Saturday |
| domingo | Sunday |

| Los meses del año | The months of the year |
|-------------------|------------------------|
| enero | January |
| febrero | February |
| marzo | March |
| abril | April |
| mayo | May |
| junio | June |
| julio | July |
| agosto | August |
| septiembre | September |
| octubre | October |
| noviembre | November |
| diciembre | December |

| Las estaciones del año | The seasons of the year |
|------------------------|-------------------------|
| el invierno | winter |
| la primavera | spring |
| el verano | summer |
| el otoño | fall |

| Otras palabras y expresiones | Other words and expressions |
|------------------------------|-----------------------------|
| con | with |
| De nada. | You're welcome. |
| (Muchas) Gracias. | Thank you (very much). |
| Lo siento. | I'm sorry. |
| mi/mis | my (singular/plural) |
| o | or |
| tu/tus | your (inf. singular/plural) |
| y | and |

### Preguntas / Questions

| Preguntas | Questions |
|---|---|
| ¿Cómo es? | What is he/she/it like? |
| ¿Cómo son? | What are they like? |
| ¿Cuántos/as . . . hay? | How many . . . are there? |
| ¿Cuánto cuesta . . .? | How much is . . .? |
| ¿De qué color es . . .? | What colour is . . .? |
| ¿Qué hay en . . .? | What is/are there in . . .? |
| ¿Qué es esto? | What is this? |

### Respuestas / Answers

| Respuestas | Answers |
|---|---|
| Es . . . | He/She/It is . . . |
| Son . . . | They are . . . |
| Hay . . . | There are . . . |
| Cuesta . . . | It costs . . . |
| Es . . . | It is . . . |
| Hay un/a . . . | There is a . . . |
| Hay (unos/as) . . . | There are (some) . . . |
| Es un/a . . . | It's a . . . |

### Sustantivos / Nouns

| Sustantivos | Nouns |
|---|---|
| el bolígrafo | (ballpoint) pen |
| el borrador | (chalkboard) eraser |
| el cuaderno | notebook |
| el escritorio | desk |
| el/la estudiante | student |
| el lápiz | pencil |
| el libro | book |
| la luz | light |
| el mapa | map |
| la mesa | table |
| la mochila | backpack |
| el papel | paper |
| la pared | wall |
| el piso | floor |
| la pizarra | chalkboard |
| el/la profesor/a | professor |
| la puerta | door |
| el pupitre | (student) desk |
| el reloj | clock |
| la silla | chair |
| el techo | ceiling |
| la tiza | chalk |
| la ventana | window |

### Adjetivos / Adjectives

| Adjetivos | Adjectives |
|---|---|
| aburrido/a | boring |
| antipático/a | unpleasant, mean |
| barato/a | cheap, inexpensive |
| bueno/a | good |
| caro/a | expensive |
| difícil | difficult |
| fácil | easy |
| grande | big |
| inteligente | intelligent |
| interesante | interesting |
| malo/a | bad |
| mucho/a | a lot (of) |
| pequeño/a | small |
| perezoso/a | lazy |
| poco/a | a little |
| simpático/a | nice |
| trabajador/a | hard-working |

### Los colores / The colours

| Los colores | The colours |
|---|---|
| amarillo/a | yellow |
| anaranjado/a | orange |
| azul | blue |
| blanco/a | white |
| gris | gray |
| marrón | brown |
| morado/a | purple |
| negro/a | black |
| rojo/a | red |
| rosado/a | pink |
| verde | green |

### Adverbios / Adverbs

| Adverbios | Adverbs |
|---|---|
| aquí | here |
| mucho | a lot |
| poco | a little |

# Lección 2

# ¿De dónde eres?

**OBJETIVOS COMUNICATIVOS**

- Describing yourself, others, and things
- Asking and responding to simple questions
- Asking and telling time

- Talking about what you like to do (*Me gusta/ Te gusta*)
- Talking about what you have and what you have to do

Pablo Picasso, pintor prolífico, es de España. Este dibujo (*drawing*), titulado *Don Quijote*, es muy famoso.

# España:
# Tierra de Don Quijote

L'Hemisfèric (*Planetarium*) en Valencia, España

## ¡Así lo decimos! Vocabulario

### Adjetivos de nacionalidad[1]

2-1 to
2-6

- canadiense
- español/a
- norteamericano/a*
- mexicano/a
- cubano/a
- dominicano/a
- guatemalteco/a
- puertorriqueño/a
- hondureño/a
- panameño/a
- salvadoreño/a
- venezolano/a
- nicaragüense
- colombiano/a
- costarricense
- ecuatoriano/a
- peruano/a
- boliviano/a
- paraguayo/a
- uruguayo/a
- chileno/a
- argentino/a

*The terms **norteamericano/a** and **estadounidense** are used to refer to someone from the United States. The adjective **americano/a** can refer to a person from any country in the Americas (North, Central, and South).

| Palabras interrogativas | Interrogative words |
|---|---|
| ¿**Cómo** estás? | How . . . ? |
| ¿**Cómo** te llamas? | What . . . ? |
| ¿**Cuál** es tu número de teléfono? | What . . . ? |
| ¿**Cuáles** son tus libros? | Which . . . ? |
| ¿**Cuándo** es la clase? | When . . . ? |
| ¿**Dónde** es la clase? | Where . . . ? |
| ¿**De dónde** eres? | Where . . . from? |
| ¿**De qué** nacionalidad eres? | What . . . ? |
| ¿**De quién(es)** es la mochila? | Whose . . . ? |
| ¿**Por qué** no hay clase hoy? | Why . . . ? |
| ¿**Qué** día es hoy? | What . . . ? |
| ¿**Quién** es ella? | Who . . . ? |
| ¿**Quiénes** son ellas? | Who . . . ? |

---

[1] Adjectives of nationality are not capitalized in Spanish.

| ¿Cuándo? | When? |
|---|---|
| ahora | now |
| por la mañana | in (during) the morning |
| (la tarde/ la noche) | (afternoon/night) |
| ¿Qué hora es? | What time is it? |
| Es la una. | It's one o'clock. |
| Son las dos/ tres/ etc. . . . | It's two/three/etc. . . . (o'clock) |
| de la mañana | in the morning |
| (la tarde/ la noche) | (afternoon/night) |
| Es tarde/ temprano. | It's late/early. |

| Otras palabras y expresiones | Other words and expressions |
|---|---|
| el/la amigo/a | friend |
| bonito/a | pretty; cute |
| la capital | capital city |
| el/la chico/a | boy/girl; young person |
| la ciudad | city |
| delgado/a | thin; slender |
| feo/a | ugly |
| gordo/a | plump; fat |
| guapo/a | good looking |
| muy | very |
| el/la novio/a | boyfriend/girlfriend; fiancé/fiancée |
| el país | country |
| pero | but |
| porque | because |
| también | also |
| ¿Verdad? | Is that right? Really? |

## Adjetivos descriptivos

## *Descriptive adjectives*

(la chica) **rubia**

(el chico) **moreno**

(el chico) **joven**

(la mujer) **vieja**

(el hombre) **pobre**

(la mujer) **rica**

(el estudiante) **alto**

(el estudiante) **bajo**

(el suéter) **nuevo**

(el suéter) **viejo**

## ||| ¡Así es la vida! ¿Quién soy? |||||||||||||||||||||||||

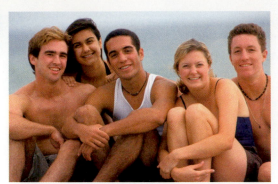

Daniel, Isabel, José, María y Paco en España

### ¿Quién soy?

—¡Hola! Me llamo José Ortiz y soy de la República Dominicana. Soy estudiante de la Universidad de Salamanca en España y tengo muchos nuevos amigos.

La chica morena se llama Isabel Rojas Lagos. Es inteligente y trabajadora. También es muy simpática.

El chico alto y rubio es Daniel Gómez Mansur. Es de Madrid, la capital de España.

### María y Paco en la universidad

**Paco:** ¿De dónde eres, María?

**María:** Soy española, de Sevilla. Y tú, ¿de dónde eres?

**Paco:** Soy canadiense, de Calgary.

**María:** Mucho gusto. ¿Qué hora es ahora?

**Paco:** Son las nueve de la mañana.

**María:** ¿Verdad? ¡Mi clase de álgebra es a las nueve! ¡Hasta pronto!

**Paco:** ¡Hasta luego, María!

En la clase de álgebra

### Aplicación

**2-1 ¿Qué pasa?** Indicate whether each of the following statements is true (**cierto**) or false (**falso**), based on the **¡Así lo decimos!** vocabulary and reading, and correct any false statements.

1. El estudiante se llama José Ortiz.
2. Isabel es rubia.
3. Daniel es dominicano.
4. María es de España.
5. Paco es de España también.
6. La clase de Paco es a las nueve.

**2-2 ¿Cuál?** Choose the appropriate vocabulary from **¡Así lo decimos!** to complete each of the following statements correctly.

1. Sevilla es (una ciudad/ un país) de España.
2. Mi clase de español es (por la mañana/ por la tarde).
3. Hay muchas (capitales/ ciudades) en España.
4. La capital de España es (Madrid/ Sevilla).
5. Daniel Gómez Mansur es (español/ canadiense).
6. La clase de álgebra es a las nueve (de la mañana/ de la noche).
7. Mis (amigos/ novios) son muy simpáticos.
8. Salamanca y Barcelona son ciudades (españoles/ españolas).

**2-3 ¿Cierto o falso?** Indicate whether the following are true (**cierto**) or false (**falso**) as they apply to you, and correct any false statements.

**MODELO:** Soy antipático/a.
➜ *Falso. Soy simpático/a.*

1. Soy alto/a.
2. Soy canadiense.
3. Mi libro es nuevo.
4. Mi profesor/a es rubio/a.

5. Mi universidad es grande.
6. Mi novio/a es bajo/a.
7. Mis amigos son guapos.
8. Mi ciudad es pequeña.

**2-4 En la universidad.** Complete the conversation with vocabulary from the list.

| | | | |
|---|---|---|---|
| capital | cómo | dónde | también |
| ciudad | dominicano | me llamo | verdad |

**Juan:** ¡Hola! Soy Juan Luis Ruiz. ¿(1.)_____ te llamas?

**María:** (2.)_____ María del Sol. ¿De (3.)_____eres, Juan?

**Juan:** Soy (4.)_____.

**María:** ¿(5.)_____? ¡Yo (6.)_____! ¿De qué (7.)_____ eres?

**Juan:** Soy de la (8.) _____.

**2-5 ¿De dónde son? ¿Cuál es su nacionalidad?** Say which country each of the following people is from and give their nationalities.

**MODELO:** Laura Esquivel es de la Ciudad de México.
➜ *Es de México. Es mexicana.*

1. Fidel Castro es de La Habana.
2. Juan Carlos de Borbón y Pedro Almodóvar son de Madrid.
3. Juan Luis Guerra es de Santo Domingo.
4. Margaret Atwood es de Ottawa.
5. Ricky Martin es de San Juan.
6. Isabel Allende es de Santiago de Chile.
7. Rubén Blades es de la Ciudad de Panamá.
8. Jorge Luis Borges es de Buenos Aires.
9. Yo . . .
10. Tú y yo . . .

**2-6 Preguntas.** Take turns interviewing your partner. Note that questions 1 and 2 review structures that you learned in **Lección 1**.

**MODELO:** E1: ¿Cómo es la clase de español?
E2: *¡Es interesante!*

1. ¿Cómo te llamas?
2. ¿Cómo estás?
3. ¿De dónde eres?
4. ¿Cuál es tu nacionalidad?

5. ¿Cómo es tu ciudad?
6. ¿Cómo es la universidad?
7. ¿Cómo son tus clases?
8. ¿Cuándo son tus clases hoy?

## Comparaciones

### Nombres, apellidos y apodos

**En tu experiencia.** In the Hispanic system of family names, children normally use the surnames of both parents, with the paternal surname preceding the maternal. Do people in Canada and the U.S. ever use two surnames? In what order are they generally used? Do women in Canada and the U.S. keep their maiden names after marriage? Are nicknames common in English-speaking countries? How are they formed?

People with Hispanic backgrounds generally use both their paternal surname (**el apellido paterno**) and maternal surname (**el apellido materno**), in that order. For example, María Fernández Ulloa takes her first surname, Fernández, from her father and her second, Ulloa, from her mother. Many Hispanic women keep their paternal surname when they marry. They may attach their husband's paternal surname using the preposition **de**. For example, if María Fernández Ulloa marries Carlos Alvarado Gómez, her married name might be María Fernández de Alvarado. Many would refer to her as **la señora de Alvarado**, and to the couple as **los Alvarado**, although María would be known as María Fernández, as well.

The use of a nickname (**apodo**) in place of a person's first name is very common in Hispanic countries. A person's nickname is often a diminutive form of his/her given first name formed using the suffix **-ito** for men or **-ita** for women. For example, **Clara** becomes **Clarita**. As in English, there are also conventional nicknames like the examples given below.

| Male | | Female | |
|---|---|---|---|
| Alejandro: | Alex, Ale | Ana: | Anita |
| Francisco: | Paco, Pancho | Dolores: | Lola |
| José: | Pepe, Chepe | Guadalupe: | Lupe |
| Luis: | Lucho | María Luisa: | Marilú |

**¡A conversar!** Take turns asking and answering the following questions according to the information shown on the business cards.

1. ¿Cuál es el apellido paterno de Ceferino?
2. ¿Cuál es el apellido materno de Carmen?
3. ¿Están casados (*Are*) Juan y Mirta (*married*)?
4. ¿Dónde estudia (*study*) Francisco Betancourt? ¿Cuál es su (*his*) apodo?
5. ¿Cuál es tu apellido materno? ¿paterno?
6. ¿Cuál es tu apodo?

## EXPANSIÓN — Los diminutivos en español

The endings **-ito** and **-ita** are often added to nouns in Spanish. These diminutive endings can be used to refer to something small: **un librito** (*a small book*); **una mesita** (*a little table*). They are also often used to add an affectionate note, as with names: **Lupe** becomes **Lupita** and **Luis** becomes **Luisito**. These endings can even be added to a nickname: **Pancho** becomes **Panchito**. This affectionate diminutive would normally be used by family members or close friends, although it may also be used by adults talking to children. Words ending in a consonant or **-e** may take the endings **-cito** (**Juan** – **Juancito**), **-cita** (**Carmen** – **Carmencita**), or **-ecito** (**pan** – **panecito**), **-ecita** (**luz** – **lucecita**), and in some countries **-illo** and **-illa** or **-ico** and **-ica** are used instead of **-ito** and **-ita**.

CD
Track 11

## PRONUNCIACIÓN

### Linking

In Spanish, as in English, speakers group words into units that are separated by pauses. Each unit, called a breath group, is pronounced as if it were one long word. In Spanish, the words are linked together within the breath group, depending on whether the first word ends in a consonant or a vowel.

1. In a breath group, if a word ends in a vowel and the following word begins with a vowel, the vowels are linked.

   Tú eres de la capital. (**Túe**-res de la ca-pi-tal)

   ¿Cómo estás tú? (¿Có-**moes**-tás tú?)

2. When the vowel ending one word and the vowel beginning the next word are identical, they are pronounced as one sound.

   una amiga (u-**na**-mi-ga)

3. If a word ends in a consonant and the following word begins with a vowel, the consonant and vowel become part of the same syllable.

   ¿Él es de Puerto Rico? (¿É-**les** de Puer-to Ri-co?)

### Pronunciemos

**¡Así es la vida!** Practise reading aloud **¡Así es la vida!** using Spanish linking patterns.

**MODELO:**    *Ho-la/Me llamo Jo-séOr-tiz*

# ¡Así lo hacemos! Estructuras

2-9 to
2-12

### 1. Telling time

**¿Qué hora es?**

Son las doce.
Es mediodía/medianoche.

Son las diez menos
cuarto (quince).

¿Qué hora es?

Es la una.

Son las siete y
media (treinta).

Son las cuatro y
cuarto (quince).

■ The verb **ser** is used to express the time of day in Spanish. Use **es la** with **una** (singular as it refers to just one hour). With all other hours use **son las**.

| | |
|---|---|
| **Es la** una. | *It's one o'clock.* |
| **Son las** dos de la tarde. | *It's two o'clock in the afternoon.* |
| **Son las** siete. | *It's seven o'clock.* |

■ To express minutes *past* or *after* an hour, use **y**. To express minutes before an hour (*to* or *till*) use **menos**.

| | |
|---|---|
| Son las tres **y** veinte. | *It's twenty **past** (**after**) three (It's three twenty).* |
| Son las siete **menos** diez. | *It's ten **to** (**till**) seven.* |

■ The terms **cuarto** and **media** are equivalent to the English expressions *quarter (fifteen minutes)* and *half (thirty minutes)*. The numbers **quince** and **treinta** are interchangeable with **cuarto** and **media**.

Son las cinco menos **cuarto** (quince). *It's **quarter** to five (It's fifteen to five).*
Son las cuatro y **media** (treinta). *It's **half** past four (It's four thirty).*

■ For *noon* and *midnight* use **(el) mediodía** and **(la) medianoche**.

Es **mediodía**. *It's **noon (midday)**.*
Es **medianoche**. *It's **midnight**.*

■ To ask at what time an event takes place, use **¿A qué hora...?** To answer, use **a las** + time.

**¿A qué hora** es la clase? *(At) **What time** is the class?*
Es **a las ocho y media**. *It is **at half past eight**.*

■ The expressions **de la mañana**, **de la tarde**, or **de la noche** are used when telling specific times. **En punto** means *on the dot* or *sharp*.

La clase es a las nueve **de la mañana**. *The class is at nine o'clock **in the morning**.*
El examen es a las dos **en punto**. *The exam is at two **sharp**.*

■ The expressions **por la mañana**, **por la tarde**, and **por la noche** are used as a general reference to *in the morning*, *in the afternoon*, and *in the evening*.

No hay clases los viernes **por la tarde**. *There are no classes **on Friday afternoons**.*

■ In many Spanish-speaking countries, the 24-hour clock is used for schedules and official time keeping. The zero hour is equivalent to midnight, and 12:00 is noon. 13:00-24:00 are the p.m. hours. To convert from the 24-hour clock, subtract twelve hours from hours 13:00 and above.

21:00 (or 21,00) = **las nueve de la noche**
16:30 (or 16,30) = **las cuatro y media de la tarde**

■ The punctuation used in giving the time varies from country to country. You might see periods or commas as well as the colon used in English.

**mediodía**    12:00    12.00    12,00

¿A qué hora es el concierto?

Es a las nueve de la noche.

## Aplicación

**2-7 ¿Son las cinco?** Match the times of day given below with the corresponding clocks.

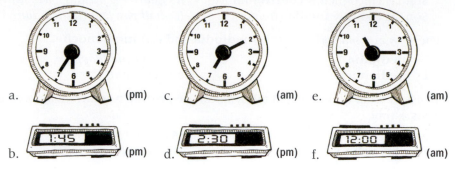

a.    (pm)    c.    (am)    e.    (am)

b.    (pm)    d.    (pm)    f.    (am)

1.  Son las siete y diez de la mañana.
2.  Es medianoche.
3.  Son las dos y media de la tarde.
4.  Son las seis menos veinticinco de la tarde.
5.  Son las dos menos quince de la tarde.
6.  Son las once y cuarto de la mañana.

**2-8 ¿Qué hora es? A.** Give the time in Spanish.

**MODELO:**    9:15

➤ *Son las nueve y cuarto (las nueve y quince).*

1.  10:30          4.  7:35
2.  1:00           5.  12:50
3.  12:05          6.  3:30

**B.** Give the times in Spanish, indicating the part of the day (**de la mañana/ tarde/ noche**).

**MODELO:**    Son las dos y media de la tarde.

1.

3.

5.

2.

4.

6.

**2-9 La hora.** Fill in the missing words to complete the following questions and statements.

**MODELO:** Es la _una_ de la tarde.

1. ¿Qué hora ___?
2. ___ las diez y treinta.
3. ¿___ qué hora es la clase de francés?
4. La clase de francés ___ a las diez.
5. (12:00) Es (la) ___.
6. Son las cuatro ___ la tarde.
7. Hay clases ___ la mañana y ___ la tarde.
8. Hay clases los martes y jueves ___ las diez y ___ las doce.

**2-10 ¿A qué hora es tu clase?** Make a list of the courses you are taking this semester. Then exchange lists with your partner and ask each other what days and times his or her classes are. *(Some subjects are suggested below. You will see that many subjects are English-Spanish cognates.)*

| | | |
|---|---|---|
| biología | geografía | matemáticas |
| español | historia | psicología |
| francés | literatura | sociología |

**MODELO:** E1: *¿Qué día es tu clase de historia?*
E2: *Es los martes y jueves.*
E1: *¿A qué hora es?*
E2: *Es a las tres de la tarde.*

## 2. Formation of yes/no questions and negation

**2-13 to 2-18**

### La formación de preguntas sí/no

- A *yes/no question* can be formed by inverting the position of the subject and the verb in a declarative sentence, or simply by modifying the intonation pattern. Note that an inverted question mark (¿) is used at the beginning of the question, and that the standard question mark closes the question at the end.

  Inversion:   Tú eres de Sevilla.
  → ¿Eres tú de Sevilla?

  Intonation:  Ellos son de Madrid.
  → ¿Ellos son de Madrid?

Note that if no subject is present, the only way of indicating a spoken question will be with a rising intonation.

  ¿Son de Madrid?

- A *yes/no question* can also be formed by adding a tag word or phrase at the end of a statement. In this type of question, the intonation falls and then rises sharply on the question tag.

  Juan es de Madrid, **¿verdad?**      *Juan is from Madrid, **right**?*
  La profesora es de Málaga, **¿no?**      *The professor is from Málaga, **isn't she**?*

## La negación

■ To make a sentence or a question negative, simply place **no** before the verb.

| | |
|---|---|
| Yo **no** soy de Portugal. | I'm **not** from Portugal. |
| Nosotros **no** somos de España. | We're **not** from Spain. |
| ¿**No** es de España la profesora? | Is**n't** the professor from Spain? |

■ When answering a question in the negative, the word **no** followed by a comma also precedes the verb phrase.

| | |
|---|---|
| ¿Son de Segovia Elena y Ramón? | Are Elena and Ramón from Segovia? |
| **No, no** son de Segovia. | **No**, they're **not** from Segovia. |

## Aplicación

**2-11 ¿Cuál es la pregunta?** Indicate which of the *questions* in each example would elicit the following *answers*.

**MODELO:** ¿ . . . ? Soy de Madrid. (¿Eres de Madrid?/ ¿Eres de Salamanca?/ ¿De dónde eres?)

➜ *¿De dónde eres?*

1. ¿ . . . ? No, soy de Madrid. (¿Eres de Madrid?/ ¿Eres de Salamanca?/ ¿De dónde eres?)

2. ¿ . . . ? No, no soy de Madrid. (¿Eres de Madrid?/ ¿Eres de Salamanca?/ ¿De dónde eres?)

3. ¿ . . . ? No, no es estudiante. (¿Qué es Juan?/ ¿Es profesor Juan?/ ¿Es estudiante Juan?)

4. ¿ . . . ? Es estudiante. (¿Qué es Juan?/ ¿Es profesor Juan?/ ¿Es estudiante Juan?)

5. ¿ . . . ? No, es estudiante. (¿Qué es Juan?/ ¿Es profesor Juan?/ ¿Es estudiante Juan?)

**2-12 Una conversación en la cafetería.** Decide on the appropriate response for each question, and practise the conversation in pairs. *Note: Only one in each set of replies answers the question that has been asked.*

**MODELO:** E1: ¿Quiénes son ellas?
E2: (Son María y Juan./ Son Cecilia y Laura./ Es Cecilia.)
➜ *Son Cecilia y Laura.*

| **Estudiante 1** | **Estudiante 2** |
|---|---|
| 1. Cecilia es de Suramérica, ¿no? | (No, no es de Puerto Rico./ No, es de Puerto Rico./ No, él es de Puerto Rico.) |
| 2. Y Laura, ¿es de Puerto Rico también? | (No, es de Mérida./ No, no es de México./ No, es de Puerto Rico.) |
| 3. ¡Ah! Es de España. | (No, no es de México./ No, es de Mérida, México./ No es de México.) |
| 4. ¿Son estudiantes de español? | (Sí, son de España./ Sí, son españolas./ Sí, son estudiantes de español.) |

**2-13 ¿Cuál es la pregunta?** For each *answer*, form an appropriate *question*, then practise asking and answering the questions with your partner.

**MODELO:** Sí, la clase es grande.

→ *¿Es grande la clase?/ La clase es grande, ¿verdad?*

1. No, la profesora no es de España.
2. Sí, somos canadienses.
3. No, no soy de Vancouver.
4. Sí, los estudiantes son venezolanos.
5. No, Ramón no es alto.
6. Sí, las chicas son trabajadoras.
7. No, las clases no son por la tarde.
8. Sí, la universidad es pequeña.

**2-14 ¿Es verdad?** Take turns answering your partner's questions. If you answer in the negative, you should add the correct information.

**MODELO:** E1: Tú eres canadiense, ¿verdad?
E2: *No, no soy canadiense; soy mexicano/a.*

1. Eres norteamericano/a, ¿no?
2. El/La profesor/a es mexicano/a, ¿verdad?
3. Tus amigos son trabajadores, ¿no?
4. Eres de Ottawa, ¿verdad?
5. Tus clases son por la mañana, ¿verdad?
6. Tu familia es grande, ¿no?

## 3. Interrogative words

2-19 to 2-23

■ Interrogative words and phrases are often used at the beginning of a sentence to form questions. The most frequently used are:

¿**Cómo** está Ud.?
¿**Cuál** es la profesora de español?
¿**Cuáles** son los estudiantes de español?
¿**Cuándo** es el examen?
¿**Cuánto** cuesta el libro?
¿**Cuántos** estudiantes hay en la clase?
¿**De dónde** es María?
¿**De qué** color es el libro?

¿**Dónde** es la clase?
¿**Adónde** vas? *(Where are you going?)*
¿**Por qué** no hay clase el lunes?
¿**Qué** fecha es mañana?
¿**Quién** es tu amigo?
¿**Quiénes** son tus amigos?
¿**De quién** es la mochila roja?

¿Quién eres tú?

■ When you form questions with interrogative words, you **must invert** the subject and the verb.

¿**Cuál** es tu mochila?
¿**Cómo** está Ud.?

■ When you ask a question using an interrogative word, your intonation will normally fall.

¿**Cómo** se llama el profesor?

## Aplicación

**2-15 ¿Cuáles?** Match the questions in the first column with the corresponding answers in the second.

1. ¿Qué hora es?
2. ¿De qué color es tu mochila?
3. ¿Quién es tu profesora?
4. ¿A qué hora es la clase?
5. ¿Cómo es la clase?
6. ¿De quién es el libro?
7. ¿Cuántos estudiantes hay en la clase?
8. ¿Cuándo es el examen?

a. Es mañana.
b. Es a las tres.
c. Es roja.
d. ¡Es muy interesante!
e. Hay treinta.
f. Son las diez y media.
g. Es de Juan.
h. Es la profesora Sánchez.

**2-16 ¿Quién eres?** Use interrogative words and phrases to complete the following conversation between Carmen and Sebastián.

**Sebastián:** (1) ¿___ te llamas?
**Carmen:** Me llamo Carmen Domínguez.
**Sebastián:** (2) ¿___ eres, Carmen?
**Carmen:** Soy de Bilbao, España.
**Sebastián:** (3) ¿___ estudias (*do you study*) en la universidad?
**Carmen:** Estudio (*I study*) matemáticas y física.
**Sebastián:** (4) ¿___ estudias matemáticas?
**Carmen:** ¡Porque es muy interesante!
**Sebastián:** (5) ¿___ es tu profesor?
**Carmen:** Es el profesor Sánchez Mejías.
**Sebastián:** (6) ¿___ es?
**Carmen:** Es joven y muy inteligente.
**Sebastián:** (7) ¿___ es la clase?
**Carmen:** ¡Es ahora!

**2-17 ¿Cuál es la pregunta?** Take turns asking the *questions* that would elicit each of the following *answers*, and then practise the exchanges with your partner.

MODELO: ¿ . . . ? Estoy bien, gracias.
→ *¿Cómo estás?*

1. ¿ . . . ? Me llamo Andrés.
2. ¿ . . . ? Es el 843-0092.
3. ¿ . . . ? La fiesta es el sábado.
4. ¿ . . . ? Hay treinta estudiantes en la clase.
5. ¿ . . . ? Muy bien, gracias.
6. ¿ . . . ? Soy de Saskatchewan.
7. ¿ . . . ? La ciudad de Toronto es grande y cosmopolita.
8. ¿ . . . ? Mi mochila es roja y azul.
9. ¿ . . . ? Es a las diez de la mañana.
10. ¿ . . . ? El libro es de Patricia.

**2-18 ¿De dónde eres?** Think of three questions to ask your partner, using the interrogative words, and then take turns asking and answering each of your questions.

**MODELO:**  E1: *¿De dónde eres?*

E2: *Soy de Halifax. Y tú, ¿de dónde eres?*

E1: *Soy de . . .*

## EXPANSIÓN

### ¿Qué . . . ? versus ¿Cuál(es) . . . ?

- The interrogatives **¿qué?** and **¿cuál?** may cause some confusion for English speakers learning Spanish because each may be translated as *what* or *which* in different contexts. Generally, **¿qué?** is used to request a definition and/or explanation and is translated as *what?*

| | |
|---|---|
| **¿Qué** hay? | **What** *is there?* |
| **¿Qué** es esto? | **What** *is this?* |

- When followed by a noun, **¿qué?** means *which?*

| | |
|---|---|
| **¿Qué** clase es a las nueve? | **Which** *(What) class is at nine o'clock?* |
| **¿Qué** clases son por la tarde? | **Which** *(What) classes are in the afternoon?* |

- **¿Cuál?** also means *which?* but is generally not followed by a noun. In some cases, it can be translated as *what?*, but it always implies a choice indicating *which one(s)?*. Use the plural **¿cuáles?** when that choice includes more than one person or thing.

| | |
|---|---|
| **¿Cuál** de las profesoras es la profesora Luna? | **Which** *of the professors is Professor Luna?* |
| **¿Cuál** es tu clase? | **Which** *(one) is your class?* |
| **¿Cuáles** son tus amigos? | **Which** *(of those people) are your friends?* |
| **¿Cuál** es tu número de teléfono? | **What** *is your phone number?* |
| **¿Cuáles** son las capitales de España y Cuba? | **What** *are the capitals of Spain and Cuba?* |

# SEGUNDA PARTE

## ¡Así lo decimos! Vocabulario

2-25 to
2-29

| ¿Qué haces? | What do you do? |
|---|---|
| ¿Qué te gusta hacer?[1] | What do you like to do? |
| bailar | to dance |
| buscar | to look for |
| caminar | to walk |
| comprar | to buy |
| conversar | to converse; to chat |
| escuchar | to listen (to) |
| estudiar | to study |
| hablar | to talk; to speak |
| llegar | to arrive |
| mirar | to look at; to watch |
| nadar | to swim |
| necesitar | to need |
| practicar | to practise; to play (a sport) |
| preparar | to prepare |
| regresar | to return |
| tener | to have |
| tomar | to take; to drink |
| trabajar | to work |

| Expresiones con tener | "Tener" expressions |
|---|---|
| tener calor | to be hot |
| cuidado | careful |
| frío | cold |
| hambre | hungry |
| miedo | afraid |
| prisa | in a hurry |
| razón | right |
| sed | thirsty |
| sueño | sleepy |
| tener (X) años | to be (X) years old |
| tener que (+ infin.) | to have to (+ infin.) |

| ¿Qué estudias?[2] | What do you study? |
|---|---|
| la administración de empresas | business administration |
| la biología | biology |
| las ciencias | sciences |
| las ciencias políticas | political science |
| la geografía | geography |
| la historia | history |
| las humanidades | humanities |
| los idiomas | languages |
| la informática (la computación) | computer science |
| las matemáticas | mathematics |
| la sociología | sociology |

| ¿Qué deportes practicas? | What sports do you play? |
|---|---|
| el básquetbol (el baloncesto) | basketball |
| el béisbol | baseball |
| el fútbol | soccer |
| el fútbol norteamericano | football |
| el hockey (sobre hielo) | (ice) hockey |
| el tenis | tennis |

| Sustantivos | Nouns |
|---|---|
| la ayuda | help |
| el examen | exam |
| la fiesta | party |
| la librería | bookstore |

| Adverbios | Adverbs |
|---|---|
| hoy | today |
| mañana | tomorrow |

| Otras expresiones | Other expressions |
|---|---|
| ¿Qué te gusta hacer? | What do you like to do? |
| Me gusta (+ infin.)[3] | I like (+ infin.) |
| Me gusta bailar en las fiestas. | I like to dance at parties. |

---

[1] In Spanish, the infinitive forms end in –r (-ar, -er, or -ir). An infinitive in English is the "to + verb" form.

[2] Many subjects are cognates, but be careful as you pronounce them to use the Spanish sounds for the vowels.

[3] You will learn more about **gustar** and similar verbs in **Lección 6**.

# ¡Así es la vida! ¿Qué haces? ¿Qué te gusta hacer?

2-30 to
2-31

¡Hola! Soy Celia Cifuentes Bernal y tengo veintidós años. Hablo español y francés. Estudio ciencias en la Universidad Complutense de Madrid. Hoy tengo que estudiar mucho porque mañana tengo un examen de biología a las dos de la tarde. Trabajo y estudio mucho pero los sábados por la noche mis amigos y yo bailamos en una discoteca.

Soy Alberto López Silvero. Hablo español, portugués, italiano y un poco de inglés. Tengo veintiún años. Estudio idiomas en la Universidad de Valencia. Por la tarde trabajo en la librería de la universidad. Me gusta tomar café y conversar con mis amigos.

---

**EXPANSIÓN**  **¿De dónde eres?**

el alemán – Alemania

el chino – China

el coreano – Corea

el español – España, México

el francés – Francia, el Canadá

el inglés – Inglaterra, los Estados Unidos, el Canadá

el italiano – Italia

el japonés – el Japón

el portugués – Portugal, el Brasil

el ruso – Rusia

## Aplicación

**2-19 ¿Qué pasa?** Indicate whether each of the following statements is true (**cierto**) or false (**falso**), based on the **¡Así es la vida!** readings, and correct any false statements.

1. Celia tiene 24 años.
2. Ella estudia inglés.
3. El examen de biología es por la tarde.
4. Alberto habla muy bien el inglés.
5. Él trabaja en la universidad.
6. Alberto toma café con sus (*his*) amigos.

**2-20 En la universidad.** Match the following fields of study with the different areas of interest.

| | | | |
|---|---|---|---|
| 1. | los números | a. | la administración de empresas |
| 2. | los experimentos químicos | b. | la biología |
| 3. | el comercio | c. | los idiomas |
| 4. | los estudios internacionales | d. | las matemáticas |
| 5. | las familias | e. | las ciencias |
| 6. | las plantas | f. | la sociología |

**2-21 ¿Cuál es?** Match each drawing with the corresponding statement.

a. Los amigos estudian para un examen.
b. Hablo francés.
c. Pablo trabaja en una librería.
d. Nosotros practicamos fútbol.
e. Jorge y Teresa toman café y conversan.
f. Ana mira la televisión.

1.    2.    3.    4.    5.    6.

**2-22 Tu experiencia.** Work with a classmate to guess what fields of study or sport the following people might be referring to.

**MODELO:**    E1: Trabajo mucho.
          E2: *Estudias ciencias/ idiomas/ . . .*

1. Hablo mucho.
2. Practico mucho.
3. Estudio mucho.
4. Tengo muchos libros.
5. Tengo muchos exámenes.
6. Es muy difícil.
7. Es muy fácil.
8. Tengo una calculadora.

**2-23 ¿Qué te gusta hacer?** First, complete the following statements as they apply to you. Then, compare your answers with those of your partner.

MODELO:  E1: *Me gusta escuchar salsa.*
E2: *¡Me gusta escuchar salsa también! (No me gusta escuchar salsa. Me gusta escuchar música clásica.)*

1.  Me gusta escuchar . . .
2.  Me gusta practicar . . .
3.  Me gusta comprar . . .
4.  Me gusta estudiar . . .
5.  Por la noche me gusta . . .
6.  Los sábados, me gusta . . .

CD
Track 12

## PRONUNCIACIÓN

### Spanish intonation in questions

Intonation is the sequence of voice pitch (rising or falling) in normal speech in accordance with the type of message intended and the context in which it is communicated. Intonation patterns in Spanish are very useful when posing questions. With yes/no questions, the pattern is somewhat different. The voice rises to an above normal pitch at the end of the question. Note the following examples:

¿Ellos son de los Estados Unidos?

¿Tú eres de la capital?

In questions that use interrogative words, the pitch level at the beginning is high and gradually falls toward the end of the question. Note the following examples:

¿De dónde es Jaime?

¿Quién es el profesor?

### Pronunciemos

**¿Es una pregunta?** Practise saying these phrases to each other, switching between statements and questions. Judge whether or not it is a question by each other's intonation.

MODELO:  E1: *es lunes (rising intonation)*
E2: *Es una pregunta.*
E1: *es lunes (falling intonation)*
E2: *No es una pregunta.*

1.  hay examen mañana
2.  estudias informática
3.  el profesor habla japonés
4.  necesitamos un lápiz para el examen
5.  el/la profesor/a es de España
6.  no hay clase mañana
7.  estudiamos poco
8.  el libro de español es viejo

# Comparaciones

## Higher education in Spanish-speaking countries

**En tu experiencia.** How are undergraduate programs structured in universities in Canada? Are there many required courses in most programs? Which are the oldest universities in Canada? How many students attend these universities?

University studies in Spanish-speaking countries are structured differently than in Canada, where students usually choose a major during their first or second year of study. Students in Spain and Latin America must choose their field of study prior to en-rolling. Moreover, every area of specialization requires that students take a pre-established set of courses each semester; few, if any, elective courses are available to Hispanic students outside of their designated field of study.

One of the oldest universities in Europe is La Universidad de Salamanca in Spain. The university was founded in 1218 by King Alfonso IX of León. La Universidad de Salamanca currently has 2,175 professors and a student population of almost 40,000. Many students from all over the world travel to Salamanca to study the Spanish language and culture in the summer or during the regular academic year.

**¡A conversar!** Which system do you prefer? Discuss your preferences with a partner.

**Prefiero** (*I prefer*) . . .

1. el sistema canadiense/ norteamericano/ hispano
2. las clases grandes/ pequeñas
3. las conferencias (*lectures*)/ los seminarios
4. los laboratorios/ las clases de conversación
5. las ciencias/ las humanidades
6. las universidades pequeñas/ grandes

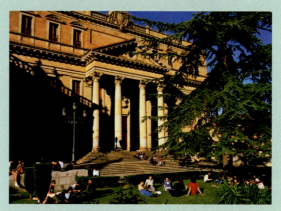

La Universidad de Salamanca, fundada en 1218, es una de las más antiguas de Europa.

# ¡Así lo hacemos! Estructuras

2-32 to 2-37

## 4. The present tense of regular *-ar* verbs

■ Spanish verbs are classified into three groups according to their infinitive ending (**-ar**, **-er**, or **-ir**). Each of the three groups uses different endings to produce verb forms (conjugations) in the various tenses. The largest group is the one with infinitives ending in **-ar**.

| hablar (*to speak, to talk*) | | | | | | | |
|---|---|---|---|---|---|---|---|
| | | | habl + ar (stem) (ending) | | | | |
| SINGULAR FORMS | | | | PLURAL FORMS | | | |
| | STEM | ENDING | VERB FORM | | STEM | ENDING | VERB FORM |
| yo | habl | + **o** | habl**o** | nosotros/as | habl | + **amos** | habl**amos** |
| tú | habl | + **as** | habl**as** | vosotros/as | habl | + **áis** | habl**áis** |
| Ud. él/ella | habl | + **a** | habl**a** | Uds. ellos/as | habl | + **an** | habl**an** |

■ The following verbs are some of the many regular **-ar** verbs that are conjugated like **hablar**.

**bailar** (en una fiesta)  
**buscar** (la mochila)  
**caminar** (a clase)  
**comprar** (muchos libros)  
**conversar** (con los amigos)  
**escuchar** (música)  
**estudiar** (en la biblioteca)  
**hablar** (inglés y español)  
**llegar** (a las nueve)  

**mirar** (la televisión)  
**nadar** (por la mañana)  
**necesitar** (un diccionario; ayuda)  
**practicar** (hockey; el piano)  
**preparar** (los ejercicios)  
**regresar** (a casa)  
**tomar** (mucho café; el autobús)  
**trabajar** (en la ciudad)  

■ The Spanish present indicative tense has several equivalents in English. In addition to the simple present, it can express ongoing actions and even the future tense. Note the following examples.

**Estudio** historia. ⎰ *I **study** history.*  
⎱ *I **am studying** history.*

**Hablamos** con Ana mañana.    *We **will speak** with Ana tomorrow.*

## STUDY TIPS

### Learning regular verb conjugations

1. The first step in learning regular verb conjugations is being able to recognize the infinitive stem: the part of the verb before the ending.

| INFINITIVE | | STEM |
|---|---|---|
| hablar | habl**ar** | habl |
| estudiar | estudi**ar** | estudi |
| trabajar | trabaj**ar** | trabaj |

2. Practise conjugating several **-ar** verbs in writing first. Identify the stem, then write the various verb forms by adding the present tense endings listed on page 63. Once you have done this, say the forms you have written out loud several times.

3. Next, you will need to practise **-ar** verb conjugations orally. Create two sets of index cards. In one, write down the subject pronouns listed on page 29 (one per card). In the other set, write some of the -ar verbs you have learned. Select one card from each set and conjugate the verb with the selected pronoun.

4. Think about how each verb action relates to your own experience by putting verbs into a meaningful context. For example, think about what you and each of your friends study: **Estudio matemáticas. Juan estudia idiomas.**

## Aplicación

**2-24 Preguntas y respuestas.** With your partner, match the following questions with the logical responses, and then practise the exchanges.

1. ¿Qué compras en la librería?
2. ¿A qué hora llegas a la universidad?
3. ¿Qué necesitas para la clase de matemáticas?
4. ¿Con quiénes estudias?
5. ¿Qué deporte practicas?
6. ¿Quiénes preparan la lección?
7. ¿Dónde trabajas?
8. ¿Cuándo escuchas música?

a. Con mis amigos.
b. Una calculadora.
c. Los estudiantes.
d. A las nueve y media.
e. Libros y lápices.
f. Por la noche.
g. En la librería.
h. El básquetbol.

**2-25 En la universidad.** Repeat each sentence, changing the italicized verbs to agree with the subjects given in parentheses.

**MODELO:** *Camino* a la clase de español. (ella)
➤ *Camina a la clase de español.*

1. *Hablo* español. (ella, ellas, él, Uds., mi amiga, tú)
2. *Estudio* para un examen. (los amigos, nosotros, María, Ud., Paco, tú)
3. *Tomo* cinco clases. (él, tú, Ud., nosotros, ellos, Juan)
4. *Trabajo* en la librería. (ella, tú, nosotros, María y Paco, Ud., Luisa)
5. *Practico* fútbol. (nosotros, ella, los chicos, tú, Uds., Eduardo)

**2-26 ¿Qué hacen?** Create sentences explaining what these people are doing.

**MODELO:**  practicar tenis
→ *Eugenia practica tenis.*

Eugenia

bailar en una fiesta          caminar por la universidad
mirar la televisión           estudiar la lección
preparar una pizza            escuchar música
hablar por teléfono           trabajar en el laboratorio

1.   Jacinto

3.   Arturo / Abuela

5.   Leonor

7.   Lucy / Memo

2.   Sonia

4.   Ramona

6.   Katia / Giselle

8.   Víctor / Catalina

**2-27 Una semana típica.** Complete the paragraph about a typical week for Sarita by giving the correct forms of the verbs in parentheses.

Yo (1. estudiar) _____ ciencias en la universidad. Yo (2. tomar) _____ seis clases este (*this*) semestre y (3. estudiar) _____ mucho porque las clases son difíciles. Mi novio Antonio y yo (4. trabajar) _____ en la cafetería de la universidad. Yo (5. trabajar) _____ los lunes y los miércoles y Antonio (6. trabajar) _____ los miércoles y los jueves. Los sábados Antonio y su amigo Luis (7. practicar) _____ tenis por la mañana. Yo (8. mirar) _____ un poco de televisión o (9. escuchar) _____ música. Por la noche, Antonio y yo (10. bailar) _____ en la discoteca con los amigos.

**2-28 ¿A qué hora?** Take turns asking your partner at what time you do the following activities. Follow the model and use the expressions **de la mañana**, **de la tarde**, **de la noche**.

MODELO:   E1: *¿A qué hora llegas a la universidad?*
E2: *Los lunes, llego a las nueve y media. ¿Y tú?*
E1: . . .

1. llegar a la universidad
2. estudiar para las clases
3. regresar a la residencia/ a tu apartamento/ a tu casa
4. mirar la televisión
5. practicar deportes
6. preparar la lección de español

**2-29 Entrevista.** Ask each other the following questions.

MODELO:   E1: *¿Qué estudias en la universidad?*
E2: *Estudio español, inglés, . . . ¿y tú?*

1. ¿Te gusta estudiar? ¿Qué estudias?
2. ¿Qué idiomas hablas bien?
3. ¿Viajas mucho o poco?
4. ¿Hablas por MSN con tus amigos?
5. ¿Trabajas? ¿Dónde trabajas?
6. ¿Qué deportes practicas?
7. ¿Te gusta bailar? ¿Dónde bailas?
8. ¿Te gusta mirar la televisión? ¿Qué programas miras?

## 5. The present tense of *tener (to have)* and *tener* expressions

Tengo que terminar esta pintura para las cinco de la tarde.

■ The Spanish verb **tener** is irregular. As in English, **tener** is used to show possession:

**Tengo** tres clases y una hora de laboratorio.   *I have three classes and one lab hour.*
**¿Tienes** un bolígrafo?   *Do you have a pen?*

| tener (to have) | | | |
|---|---|---|---|
| yo | **tengo** | nosotros/as | **tenemos** |
| tú | **tienes** | vosotros/as | **tenéis** |
| Ud. él/ella | **tiene** | Uds. ellos/as | **tienen** |

■ The verb **tener** is also used in many day-to-day expressions that are expressed in English with forms of the verb *to be*.

¿**Tienes** hambre?   *Are you hungry?*
No, pero **tengo** frío.   *No, but I am cold.*
Nosotros **tenemos** prisa.   *We're in a hurry.*

■ Here are some of the more common expressions with **tener**: Note that many of these refer to things we might feel (hunger, thirst, cold, etc.).

**tener calor**

**tener hambre**

**tener miedo**

**tener cuidado**

Dos y dos son cuatro. (2+2=4)
**tener razón**

**tener frío**

**tener sed**

**tener sueño**

**tener prisa**

Dos y dos son tres. (2+2=3)
**no tener razón**

■ Use the verb **tener** to express age and with the expression *to have to (do something)*.

| | |
|---|---|
| **tener . . . años** | *to be . . . years old* |
| ¿Cuántos años **tienes**? | *How old **are you**?* |
| **Tengo** diecinueve años. | *I am nineteen (years old).* |
| **tener que** (+ infin.) | *to have to (do something)* |
| ¿**Tienes que** trabajar esta noche? | *Do you **have to** work tonight?* |
| Sí, **tengo que** trabajar por tres horas. | *Yes, I **have to** work for three hours.* |

■ The adjective **mucho** (or **mucha** with feminine nouns) can be used for emphasis:

| | |
|---|---|
| Tenemos **mucho** frío. | *We're **very** cold.* |
| ¡Tengo **mucha** sed! | *I'm **very** thirsty!* |

## Aplicación

**2-30 ¿Lógico o ilógico?** Say whether you think the following statements are logical (**lógico**) or illogical (**ilógico**).

**MODELOS:** La profesora de inglés tiene un diccionario.
→ *Es lógico.*

Tengo mucho calor en Iqaluit.
→ *No es lógico.*

1. La librería de la universidad tiene muchos libros.
2. Estudiamos informática. Tenemos computadoras.
3. Estudias ciencias políticas. Tienes clases de laboratorio.
4. El profesor de español tiene un libro de biología.
5. Me gusta escuchar música. Tengo un iPod.
6. Tengo sueño en una clase interesante.

7. Tengo prisa a las tres de la mañana.

8. "La capital de España es Barcelona". Tengo razón.

9. Tengo calor en el gimnasio.

10. Tengo cuidado con la tarea (*assignment*) de español.

**2-31 ¿Qué tenemos?** Repeat each sentence, changing the italicized verbs to agree with the subjects given in parentheses.

**MODELO:** *Tengo* que estudiar mucho. (tú)
➤ *Tienes que estudiar mucho.*

1. *Tengo* que caminar a clase. (Juan, tú, nosotros, mi amiga, los profesores)

2. No *tenemos* mucha hambre. (yo, los estudiantes, Ud., Marta, tú)

3. ¿Cuántos años *tienes?* (Uds., Carlos, tus amigos, ellos, la profesora)

**2-32 ¿Qué tienen?** Match the two columns to complete the sentences logically.

| | |
|---|---|
| 1. En un accidente, mi amiga . . . | a. . . . tenemos calor. |
| 2. Hoy es el cumpleaños de Pedro. Él . . . | b. . . . tenemos que estudiar. |
| 3. Cuando nosotros practicamos fútbol, . . . | c. . . . tiene mucho calor. |
| 4. Es muy tarde. Los estudiantes . . . | d. . . . tiene veinte años. |
| 5. Hay examen mañana. Tú y yo . . . | e. . . . tengo frío. |
| 6. ¡La hamburguesa es muy grande! Tú . . . | f. . . . tienes mucha hambre. |
| 7. ¡No, no es correcto! El profesor . . . | e. . . . tiene miedo. |
| 8. La temperatura está a 0° centígrados. Yo . . . | h. . . . tengo prisa. |
| 9. La temperatura está a 40° centígrados. Ud . . . | i. . . . no tiene razón. |
| 10. ¡Es urgente! Yo . . . | j. . . . tienen sueño. |

**2-33 ¿Qué tienen?** Describe how the following people feel.

**MODELO:** Yo . . .
➤ *¡Tengo hambre!*

1. Alicia y Juanita . . .     2. José Luis . . .     3. Tú . . .     4. Rosa y yo . . .     5. Los estudiantes . . .

**2-34 Entrevista.** Ask each other the following questions.

**MODELO:** E1: ¿Cuántos años tienes?
E2: *Tengo veintiún años. ¿Y tú?*

1. ¿Cuántos años tienes?

2. ¿Tienes que preparar la lección de español por la noche?

3. ¿Tienes que estudiar mucho en tus clases?

4. ¿Tienes cuidado en los exámenes?
5. ¿Tienes hambre o sed ahora?
6. ¿Tienes frío o calor en la clase?
7. ¿Tienes prisa por la mañana?

**2-35 ¿Quién es? ¿Por qué es famoso/a?** In groups, choose a famous Spanish person and answer the following questions about him or her:

¿Quién es?　　　　¿Cómo es?
¿De dónde es?　　　¿Por qué es famoso/a?

You might want to try the following websites, or find ones of your own:

**Pablo Picasso:**
www.picasso.fr/anglais/

**Miguel de Cervantes Saavedra:**
http://quixote.mse.jhu.edu/Cervantes.html

**Santa Teresa de Ávila:**
www.karmel.at/eng/teresa.htm

**Penélope Cruz:**
www.penelope-cruz.com/

# ¡A escribir!

2-45 to 2-47

**2-36 Una entrevista y un sumario.**

## Antes de escribir

■ **Preguntas.** Write questions you'd like to ask a classmate. Use these interrogatives.

¿Cómo . . . ?　　¿Por qué . . . ?　　¿Dónde . . . ?
¿Cuál(es) . . . ?　¿Qué . . . ?　　　¿Quién(es) . . . ?

■ **Entrevista.** Interview your classmate and write the responses.

## A escribir

■ **Artículo.** Summarize the information for an article in the university newspaper. Use connecting words and phrases such as **y**, **pero** (*but*), and **por eso** (*therefore*).

## Después de escribir

■ **Revisar.** Review your article to ensure the following:
❏ agreement of nouns, articles, and adjectives
❏ agreement of subjects and verbs
❏ correct spelling, including accents

■ **Intercambiar.** Exchange your summary with a classmate's, and make suggestions and corrections.

■ **Entregar.** Rewrite your summary, incorporating your classmate's suggestions. Then, hand in the summary to your instructor.

## Panoramas

### España: Tierra de don Quijote

2-53 to 2-54

Vistas culturales

**2-37 ¿Qué sabes tú?** How many of the following can you name?

1. la capital de España
2. una ciudad famosa por su arquitectura
3. un pintor español famoso
4. el nombre del príncipe de España
5. un plato (*dish*) típico de España
6. el nombre de uno de los mares (*seas*) de España
7. el nombre del otro país que ocupa la Península Ibérica
8. el nombre del océano donde están las Islas Canarias

En las largas y ricas costas de España, la pesca (*fishing*) es maravillosa. La gastronomía española es famosa por sus (*its*) excelentes platos, como la paella.

**Spanish cuisine**
www.gospain.org/cooking

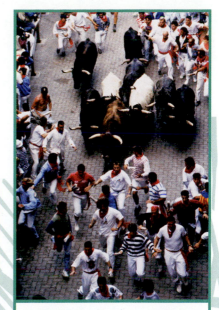

La fiesta de San Fermín es muy famosa. Es en Pamplona, en el norte de España, del 6 al 14 de julio. Durante nueve días sueltan toros (*they release bulls*) y españoles y turistas corren delante de ellos (*run in front of them*) por las calles de la ciudad. Por las noches hay muchas fiestas.

http://en.wikipedia.org/wiki/San_Ferm%C3%ADn

Pedro Almodóvar es el director de cine español más famoso hoy en día. Entre sus (*his*) obras (*works*) se incluyen *Volver* con Penélope Cruz y *Todo sobre mi madre*, por la que recibió un Oscar. *Hable con ella* también recibió un Oscar en 2003.

El clima de Andalucía en el sur de España es perfecto para el cultivo de las aceitunas (*olives*). De ellas se produce el aceite de oliva y muchas variedades de aceitunas deliciosas para comer.

¡ALÓ!

LOS PRÍNCIPES DE ASTURIAS, FELICES CON SU HIJA.

España tiene una monarquía parlamentaria. El príncipe Felipe de Borbón, nacido el 30 de enero de 1968 y heredero al trono de España, estudió por un año en Lakefield College School, en Ontario.

**Crown Prince Felipe de Borbón**
www.donquijote.org/culture/spain/people/felipe.asp

Antoni Gaudí, uno de los arquitectos españoles más famosos, diseñó (*designed*) la Iglesia de la Sagrada Familia en Barcelona, donde hay muchos ejemplos de la obra de este arquitecto único. Gaudí murió (*died*) sin terminar la iglesia.

**The architecture of Gaudí**
www.cyberspain.com/passion/gaudi.htm

**2-38 ¿Dónde?** Match these places in Spain with the things you might find there.

1. Valencia
2. Pirineos
3. Barcelona
4. Madrid
5. la costa
6. Andalucía
7. Pamplona

a. la producción de aceite de oliva
b. arquitectura interesante
c. playas
d. muchos turistas en julio
e. buena gastronomía
f. el gobierno
g. montañas

**2-39 Conexiones.** Consult the library or the Internet to find the following information:

1. un autor español famoso
2. el nombre del rey (*king*) de España
3. el año de los Juegos Olímpicos en Barcelona
4. el idioma del País Vasco
5. el nombre de un baile tradicional español
6. un deporte popular en España

# Ritmos

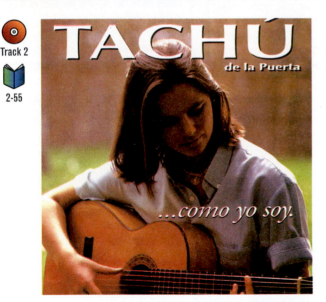

Track 2

2-55

### "Cuéntame alegrías" (Tachú, España)

The guitar rhythms and singing style of "Cuéntame alegrías" are reminiscent of Spanish **flamenco** music, which originated in southern Spain and was greatly influenced by the gypsies in the mid-nineteenth century.

---

### Antes de escuchar

**2-40 La letra.** Skim the lyrics of the following stanza with a partner and list any words that are cognates or that you recognize.

**Cuéntame alegrías**

Cuéntame alegrías mi vida
Y dáme tu amor
Dáme una caricia, sonrisa
Dáme el corazón

Tienes en mi alma, caramba,
Hay para ti un rincón
Siempre presente en mi mente
Te mantengo yo

## A escuchar

**2-41 La canción.** As you listen to the song, choose the word or phrase that best completes the following sentences.

1.  El grupo que canta "Cuéntame alegrías" se llama . . .

    a.  Amor

    b.  Tachú

    c.  Alegría

2.  El grupo es de . . .

    a.  España

    b.  México

    c.  La República Dominicana

3.  En la canción canta . . .

    a.  un hombre

    b.  un niño

    c.  una mujer

4.  Uno de los ritmos de la canción tiene influencias de la música . . .

    a.  clásica

    b.  flamenca

    c.  rock

5.  Uno de los temas de la canción puede ser . . .

    a.  el amor

    b.  los estudios

    c.  España

## Después de escuchar

**2-42 Comprensión.** Answer the following questions with a complete sentence in Spanish.

1.  ¿Cuál es el título de la canción?

2.  ¿Cómo se llama el grupo musical?

3.  ¿Cómo es la canción en tu opinión? (alegre, melancólica, cómica, seria, romántica . . . )

4.  ¿Te gusta la canción? ¿Por qué?

**Episode 2**

2-56 to 2-58

## ¡Pura vida! Episodio 2

In this episode you'll learn more about each character as he/she shares his/her opinions of each other.

### Antes de ver el video

**2-43 Silvia es española.** Read the following information about Spain and match the questions that follow with the appropriate answers.

España es el tercer país más grande de Europa, después de Rusia y Francia. Por su diversidad y su mezcla (*mixture*) de gentes y tradiciones, España es un país muy diferente al resto de Europa. Los grupos que han influido (*have influenced*) en la historia de este país son: los íberos, los celtas, los griegos, los romanos, los godos, los árabes y los judíos.

Ahora, España está dividida en diecisiete comunidades autónomas. Aunque existen diferencias entre las comunidades, todos comparten (*share*) muchas tradiciones y costumbres, como el horario.

En España el horario es muy diferente al de los Estados Unidos y Canadá. Por ejemplo, se desayuna (*one eats breakfast*) entre las ocho y las diez de la mañana. El almuerzo (*lunch*), en los restaurantes, se sirve entre las 13:00 y las 15:30 horas. La cena (*dinner*) se sirve de las 20:30 a las 23:00 horas. En los bares y restaurantes se puede comer "tapas", los deliciosos aperitivos españoles, todo el día.

**Se puede (*One can*) comer tapas a cualquier hora (*at any time*) en España.**

1. ¿Qué países europeos son más grandes que España?
2. ¿Cuándo se sirve la cena en España?
3. ¿Dónde se puede comer tapas en España?

a. de las 20:30 a las 23:00
b. Rusia y Francia
c. en muchos establecimientos especialmente los bares y restaurantes

### A ver el video

**2-44 Los otros personajes.** Watch the second episode of ¡Pura vida! and listen to the characters describe each other. Then, write a description for Silvia, Patricio, and Marcela using the correct forms of logical adjectives from the following list.

alegre    mexicano    español    moreno    colombiano    guapo    cubano    inteligente    simpático

Silvia                    Patricio                    Marcela

### Después de ver el video

**2-45 ¿Cuál es tu opinión?** Choose two of these countries and state why you would visit them.

MODELO:    Visito ——————— porque es ——————— y ———————.

México    Argentina    Costa Rica    Colombia    España    Cuba

# Vocabulario

## PRIMERA PARTE

| Palabras interrogativas | Interrogative Words |
|---|---|
| ¿Cómo? | How . . . ? What . . . ? |
| ¿Cuál(es)? | What . . . ? Which . . . ? |
| ¿Cuándo? | When . . . ? |
| ¿Dónde? | Where . . . ? |
| ¿De dónde? | Where . . . from? |
| ¿De qué? | What . . . ? |
| ¿De quién(es)? | Whose . . . ? |
| ¿Por qué? | Why . . . ? |
| ¿Qué? | What . . . ? |
| ¿Quién(es)? | Who . . . ? |

| Adjetivos de nacionalidad | Adjectives of nationality |
|---|---|
| argentino/a | Argentinian |
| boliviano/a | Bolivian |
| canadiense | Canadian |
| chileno/a | Chilean |
| colombiano/a | Colombian |
| costarricense | Costa Rican |
| cubano/a | Cuban |
| dominicano/a | Dominican |
| ecuatoriano/a | Ecuadorian |
| español/a | Spanish |
| guatemalteco/a | Guatemalan |
| hondureño/a | Honduran |

| | |
|---|---|
| mexicano/a | Mexican |
| nicaragüense | Nicaraguan |
| norteamericano/a (estadounidense) | American (US) |
| panameño/a | Panamanian |
| paraguayo/a | Paraguayan |
| peruano/a | Peruvian |
| puertorriqueño/a | Puerto Rican |
| salvadoreño/a | Salvadorian |
| uruguayo/a | Uruguayan |
| venezolano/a | Venezuelan |

| Adjetivos descriptivos | Descriptive adjectives |
|---|---|
| alto/a | tall |
| bajo/a | short |
| joven | young |
| moreno/a | brunette; dark complexion |
| nuevo/a | new |
| pobre | poor |
| rico/a | rich |
| rubio/a | blond; fair complexion |
| viejo/a | old |

| ¿Cuándo? | When? |
|---|---|
| ahora | now |
| por la mañana (la tarde/ la noche) | in (during) the morning (afternoon/night) |

| | |
|---|---|
| ¿Qué hora es? | What time is it? |
| Es la una. | It's one o'clock. |
| Son las dos/ tres/ etc. . . . | It's two/three/etc. . . . (o'clock) . . . |
| de la mañana (la tarde/ la noche) | in the morning (afternoon/night) |
| Es tarde/ temprano. | It's late/early. |

| Otras palabras y expresiones | Other words and expressions |
|---|---|
| el/la amigo/a | friend |
| bonito/a | pretty; cute |
| la capital | capital city |
| el/la chico/a | boy/girl; young person |
| la ciudad | city |
| delgado/a | thin; slender |
| feo/a | ugly |
| gordo/a | plump; fat |
| guapo/a | good looking |
| muy | very |
| el/la novio/a | boyfriend/girlfriend; fiancé/fiancée |
| el país | country |
| pero | but |
| porque | because |
| también | also |
| ¿Verdad? | Is that right? Really? |

## SEGUNDA PARTE

| ¿Qué haces? | What do you do? |
|---|---|
| ¿Qué te gusta hacer? | What do you like to do? |
| bailar | to dance |
| buscar | to look for |
| caminar | to walk |
| comprar | to buy |
| conversar | to converse; chat |
| escuchar | to listen (to) |
| estudiar | to study |
| hablar | to talk; speak |
| llegar | to arrive |
| mirar | to look at; to watch |
| nadar | to swim |
| necesitar | to need |
| practicar | to practise; to play (a sport) |
| preparar | to prepare |
| regresar | to return |
| tener | to have |
| tomar | to take; to drink |
| trabajar | to work |

| Expresiones con tener | "Tener" expressions |
|---|---|
| tener calor | to be hot |
| cuidado | careful |
| frío | cold |
| hambre | hungry |

| | |
|---|---|
| miedo | afraid |
| prisa | In a hurry |
| razón | right |
| sed | thirsty |
| sueño | sleepy |
| tener (X) años | to be (X) years old |
| tener que (+ infin.) | to have to (+ infin.) |

| ¿Qué estudias? | What do you study? |
|---|---|
| la administración de empresas | business administration |
| la biología | biology |
| las ciencias | sciences |
| las ciencias políticas | political science |
| la geografía | geography |
| la historia | history |
| las humanidades | humanities |
| los idiomas | languages |
| la informática (la computación) | computer science |
| las matemáticas | mathematics |
| la sociología | sociology |

| ¿Qué deportes practicas? | What sports do you play? |
|---|---|
| el básquetbol (el baloncesto) | basketball |
| el béisbol | baseball |

| | |
|---|---|
| el fútbol | soccer |
| el fútbol norteamericano | football |
| el hockey (sobre hielo) | (ice) hockey |
| el tenis | tennis |

| Sustantivos | Nouns |
|---|---|
| la ayuda | help |
| el examen | exam |
| la fiesta | party |
| la librería | bookstore |

| Adverbios | Adverbs |
|---|---|
| hoy | today |
| mañana | tomorrow |

| Otras expresiones | Other expressions |
|---|---|
| ¿Qué te gusta hacer? | What do you like to do? |
| Me gusta (+ infin.) | I like (+ infin.) |
| Me gusta bailar en las fiestas. | I like to dance at parties. |

# Lección 3

# ¿Qué estudias?

## OBJETIVOS COMUNICATIVOS

- Exchanging information about classes
- Expressing possession and location
- Talking about where you're going

- Expressing the way you and others feel
- Asking for and giving simple directions

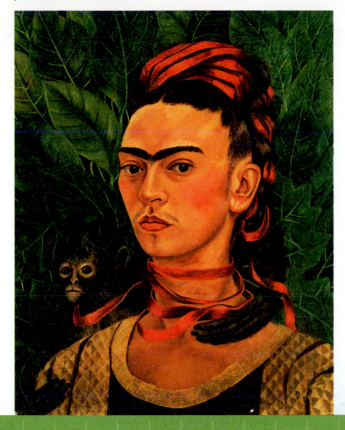

*Autorretrato con mono*, 1940 *(Self-Portrait with Monkey)*, un retrato por la pintora mexicana, Frida Kahlo.

# ¡México lindo!

La casa de Frida Kahlo en la Ciudad de México

# PRIMERA PARTE

## ¡Así lo decimos! Vocabulario

### ¿Qué materias vas a tomar?

3-1 to 3-4

| Materias académicas | Academic subjects |
|---|---|
| la antropología | anthropology |
| la economía | economics |
| la física | physics |
| la literatura | literature |
| la música | music |
| la psicología | psychology |
| la química | chemistry |

| La vida universitaria | University life |
|---|---|
| la biblioteca | library |
| la cafetería | cafeteria |
| el centro estudiantil | student centre |
| la computadora | computer |
| el curso | course |
| el diccionario | dictionary |
| el ejercicio | exercise |
| el gimnasio | gymnasium |
| el horario (de clases) | (class) schedule |

| | |
|---|---|
| el laboratorio | laboratory |
| la materia | (academic) subject |
| el semestre | semester |
| la tarea | (homework) assignment |

| Verbos | Verbs |
|---|---|
| hacer | to do; to make |
| ir (a) (voy/ vas/ vamos) | to go (I go/ you go/ we go) |

| Otras palabras y expresiones | Other words and expressions |
|---|---|
| bastante | rather; quite |
| complicado/a | complicated |
| generalmente | generally |
| pues (conjunction) | well |
| si | if |
| solamente | only |
| ya | already |

### EXPANSIÓN

**Todo** se usa en muchas expresiones en español. Muchas de estas expresiones incluyen las palabras *every* y *all* en inglés.

| | |
|---|---|
| **todo** (*pron.*) | *everything; all* |
| **todo/a** (*adj.*) | *all (of)* |
| **todo el día** | *all day* |
| **todos/as; todo el mundo** | *everyone; everybody* |
| **todas las noches** | *every night* |
| **todos los días** | *every day* |
| **Todo** es interesante. | ***Everything** is (It is **all**) interesting.* |
| **Todos** asisten a **todas** las clases **todos** los días. | ***Everyone** attends **all** of the classes **every** day.* |
| Estudio **toda** la noche. | *I study **all** night long.* |

**3-5 to 3-6**

**Alberto:** ¡Hola, Luis! Ya tienes tu horario de clases, ¿verdad?

**Luis:** Sí, ¿y tú? ¿Qué materias vas a tomar?

**Alberto:** Mi horario es bastante complicado. Voy a tomar cinco materias y tengo clases todos los días.

**Luis:** ¿Vas a tomar la clase de economía con el profesor Uvalde?

**Alberto:** Sí, y ¡es una clase muy difícil! Sus estudiantes siempre hacen mucha tarea.

**Luisa:** Carmen, ¿qué haces?

**Carmen:** Hago la tarea de física.

**Luisa:** ¿Qué tenemos que estudiar?

**Carmen:** Tenemos que hacer dos ejercicios para mañana.

**Luisa:** Pues, ¿vamos a la clase de biología?

**Carmen:** ¿Qué hora es?

**Luisa:** Son las nueve menos cinco. Nuestra clase es en cinco minutos.

**Carmen:** ¡Ay, sí! Vamos a clase.

Luisa y Carmen hablan de las clases.

## Aplicación

**3-1 ¿Qué pasa?** Indicate whether each of the following statements is true (**cierto**) or false (**falso**), based on the **¡Así lo decimos!** vocabulary and reading, and correct any false statements.

1. Alberto no tiene clases los viernes.
2. Alberto toma muchas materias.
3. Alberto no toma economía porque es una clase difícil.
4. Carmen no estudia ciencias.
5. Las chicas tienen una clase de psicología.
6. La clase es por la tarde.

**3-2 ¿Cuál no pertenece?** Identify the item that *does not belong* in each of the following lists.

1. economía/ gimnasio/ literatura/ música
2. materia/ horario/ clase/ computadora
3. complicado/ centro estudiantil/ gimnasio/ laboratorio
4. literatura/ química/ física/ psicología
5. bastante/ hacer/ generalmente/ solamente

**3-3 ¿Qué estudias?** Match each item with the corresponding class. Then, say what you have and what you study, based on the information.

**MODELO:** *Tengo un violín. Estudio música.*

biología   español   física   informática   literatura   psicología

1. el libro *Don Quijote de la Mancha*
2. un libro de Freud
3. una calculadora
4. un diccionario bilingüe
5. clases de laboratorio
6. una computadora

 **3-4 ¿Qué clases tomas?** Ask your partner questions in order to chart his or her weekly class schedule. Check that you have noted the information correctly, and then reverse roles.

**MODELO:** E1: *¿Qué clases tienes los lunes?*
E2: *Tengo la clase de . . .*
E1: *¿A qué hora es la clase?*
E2: *Es a las . . .*

CD
Track 13

## PRONUNCIACIÓN

### Sounds of Spanish *b*, *v*, and *p*

1. In Spanish the letters **b** and **v** are pronounced in exactly the same manner. They have two different sounds.

   ▪ At the beginning of a breath group or after the letters **m** or **n**, the **b** and **v** are pronounced like the *b* in the English word *boy*, as in the following examples. This is an occlusive sound.
   *buen   vaso   bastante   vino   invierno*

   ▪ In any other position, the **b** and **v** are pronounced with the lips slightly open. These are called fricatives.
   *una biblioteca   ellos van   nosotros vivimos   la ventana*

2. The **p** is pronounced like the English *p*, but without the strong puff of air.
   *papa   papel   poco   política   Pedro*

### Pronunciemos

CD
Track 14

**A. *B* y *v* oclusivas.** You will hear a series of words containing the letters **b** and **v**. Be sure to pronounce them with your lips pressed together. Repeat each word or phrase after the speaker.

1. veces
2. también
3. biblioteca
4. un beso
5. vida
6. bola
7. visitantes
8. tambor
9. buenos
10. baile

## PRONUNCIACIÓN (CONTINUED)

**B. *B* y *v* fricativas.** You will now hear a series of words that contain the letters **b** and **v** within a breath group. The lips are not quite completely closed and air passes through them. Repeat each word or phrase after the speaker.

1. resolver
2. los labios
3. muy bien
4. yo voy a hablar
5. es buena persona
6. el viernes
7. no vamos
8. una visita
9. estoy bastante preocupado
10. el banco

# Comparaciones

## Las universidades hispanas

**En tu experiencia.** ¿Cuántos estudiantes hay en una clase típica en tu universidad? ¿En una clase de idiomas? ¿Cuántas clases hay por semana? ¿Es muy importante el examen final? ¿Hablan mucho los estudiantes en tus clases?

Generalmente, las clases en las universidades hispanas son más formales que las clases en las universidades del Canadá. En muchos países hispanos:

- Los estudiantes no tienen mucha tarea.
- Las clases son conferencias (*lectures*) dictadas por profesores y los estudiantes no participan mucho.
- Hay pocas clases opcionales o electivas; casi todas son obligatorias.
- La evaluación final consiste solamente en un examen final.

**¡A conversar!** ¿Qué opinan ustedes?

1. Las clases grandes son más aburridas.
   1  2  3  4  5
2. Los buenos profesores no son formales.
   1  2  3  4  5
3. Es bueno tener dos o tres exámenes en un semestre.
   1  2  3  4  5
4. No me gusta hablar en clase.
   1  2  3  4  5
5. El contacto con los profesores es muy importante.
   1  2  3  4  5

1. No estoy de acuerdo. (*I disagree.*)
2. No es probable.
3. No tengo opinión.
4. Es posible.
5. Estoy de acuerdo.

# ¡Así lo hacemos! Estructuras

### 1. Possession

*¡No es mi coche! Es el coche de Raúl.*

3-7 to 3-12

#### A. Indicating possession with "de + noun"

■ In Spanish, the construction **de** + *noun* is used to indicate possession. It is equivalent to the English **apostrophe** *s*.

| | |
|---|---|
| El libro **de Raúl** es interesante. | ***Raúl's*** *book is interesting.* |
| La amiga **de Laura** estudia química. | ***Laura's*** *friend studies chemistry.* |

■ When the preposition **de** is followed by the definite article **el**, it contracts to **del**: **de + el = del**.

| | |
|---|---|
| Los libros **del** estudiante son caros. | *The student's books are expensive.* |

■ The preposition **de** does not contract with **la, los, las,** or the subject pronoun **él**.

| | |
|---|---|
| Los lápices **de la** profesora García son amarillos. | *Professor García's pencils are yellow.* |
| No es mi mochila; es la **de él**. | *It's not my backpack, it's **his**.* |

#### B. Possessive adjectives

*Sí, pero tu profesor es excelente.*

*Mi clase es bastante grande.*

| | SINGULAR | | PLURAL | |
|---|---|---|---|---|
| yo | **mi** | | **mis** | *my* |
| tú | **tu** | | **tus** | *your (inf.)* |
| usted | **su** | | **sus** | *your (form.)* |
| él | **su** | | **sus** | *his* |
| ella | **su** | | **sus** | *her* |
| nosotros/as | **nuestro/a** | | **nuestros/as** | *our* |
| vosotros/as | **vuestro/a** | | **vuestros/as** | *your (inf.)* |
| ustedes | **su** | | **sus** | *your (form.)* |
| ellos | **su** | | **sus** | *their* |
| ellas | **su** | | **sus** | *their* |

- The possessive adjectives can also be used to indicate possession.

- Possessive adjectives agree in number with the nouns they modify. Note that **nuestro/a** and **vuestro/a** are the only possessive adjectives that show both gender and number agreement.

- In Spanish, possessive adjectives are always placed before the noun they modify.

> **Mis** clases son grandes.      ***My** classes are big.*
> **Nuestros** amigos llegan a las ocho.      ***Our** friends arrive at eight o'clock.*

## EXPANSIÓN

### Su y sus

The possessive adjectives **su** and **sus** can have different meanings (*your, his, her, its, their*). The context often indicates who the possessor is.

| | |
|---|---|
| María lee **su** libro. | *María reads **her** book.* |
| Luisa vive con **sus** amigas. | *Luisa lives with **her** friends.* |
| Ramón y José hablan con **su** profesor. | *Ramón and José talk with **their** professor.* |
| ¿Ud. tiene **su** bolígrafo? | *Do you have **your** pen?* |
| ¿Uds. viven con **sus** amigos? | *Do you live with **your** friends?* |

When the identity of the possessor is not clear, the construction **de + noun** or **de + prepositional pronoun** can be used for clarification.[1]

| | |
|---|---|
| ¿**De quién** es el libro? | *Whose book is it?* |
| Es **su** libro. Es el libro **de Paco**. | *It's **his** book. It's **Paco's** book.* |
| ¿Son **sus** amigas? | *Are they **her** friends?* |
| Sí, son las amigas **de ella**. | *Yes, they're **her** friends.* |

[1] With the exception of first and second persons singular (**yo** and **tú**), prepositional and subject pronouns are the same: **de él, de usted, de nosotros/as, de ellas**. The prepositional pronouns for **yo** and **tú** are **mí** and **ti**. The preposition **con** has special forms with **yo** and **tú**: **conmigo** and **contigo**.

## Aplicación

**3-5 ¿De quién es?** Choose the most likely owner for each object.

**MODELO:** El lápiz es (del estudiante/ de la dentista).
→ El lápiz es *del estudiante*.

1. La computadora es (de la estudiante/ del bebé).
2. La biblioteca es (de María/ de la universidad).
3. La tarea de física es (de la clase de español/ del profesor de física).
4. El diccionario es (de la estudiante de idiomas/ del estudiante de biología).
5. El horario de clases es (de Carlos/ de la mamá de Carlos).
6. La oficina es (de Luisa/ del profesor Carlino).
7. Los mapas son (de los estudiantes de matemáticas/ de la profesora de geografía).
8. El centro estudiantil es (de Paco y Jorge/ de los profesores Sánchez y Rojas).

**3-6 ¿De quién es el libro?** As your instructor points to different objects within the classroom, indicate to whom each belongs.

**MODELO:**  el libro
  ➤ *El libro es de David.*

1.  la mochila
2.  el bolígrafo
3.  el lápiz
4.  la tiza

5.  el cuaderno
6.  el café
7.  el diccionario
8.  la silla

**3-7 ¿De quiénes son estas cosas?** Complete the sentence fragments with the correct forms of the verb **ser** and any other necessary elements to indicate to whom these objects belong.

**MODELO:**  los libros/ los estudiantes
  ➤ *Los libros son de los estudiantes.*

1.  la clase/ la profesora García
2.  el bolígrafo/ Luis
3.  los exámenes/ los estudiantes de psicología
4.  las tareas/ Rosa
5.  el diccionario bilingüe/ el profesor Quispe
6.  el horario de clases/ Ana
7.  los microscopios/ el laboratorio de biología
8.  las mochilas/ Sandra y Ramón

**3-8 ¡Es mi cuaderno!** Complete the following with the correct forms of the possessive adjectives, changing the italicized elements as necessary.

**MODELO:**  Llevo *mis cuadernos* a la clase. (diccionario/ calculadora/ . . .)
  ➤ *Llevo mi diccionario a la clase. Llevo mi calculadora a la clase.*

1.  ¿Ud. no tiene *sus bolígrafos*? (calculadora/ diccionarios/ tareas/ lápiz)
2.  Los estudiantes buscan *su clase*. (ejercicios/ mapa/ universidad/ libros)
3.  Nosotros necesitamos *nuestros cuadernos*. (laboratorio/ computadora/ bolígrafos/ mochilas)

**3-9 En la cafetería.** Complete the following paragraph with the correct forms of the possessive adjectives. In each sentence, the italicized subject is the owner of the object.

A las 7:30 de la mañana *yo* tomo (1.) ___ primer café porque (2.) ___ clase de historia es a las ocho. Mis amigos *Pancho y Beto* llegan a (3.) ___ clase de física a las nueve de la mañana. Después de (*after*) clase *nosotros* vamos a la cafetería de (4.) ___ universidad al mediodía. En la cafetería, hablamos con (5.) ___ amigas y con (6.) ___ profesores. Estudiamos (7.) ___ lecciones. *Yo* practico inglés con (8.) ___ amigos canadienses y (9.) ___ amigas *Carol y Kim* practican español con (10.) ___ amigos mexicanos. ¿Vas *tú* a la cafetería de (11.) ___ universidad con (12.) ___ amigos también?

**3-10 ¿Cómo es? ¿Cómo son?** Take turns asking your partner what the following things and people are like.

**MODELO:** clase de . . .
    E1: *¿Cómo es tu clase de francés?*
    E2: *Mi clase de francés es interesante pero difícil. ¿Cómo es tu clase de . . . ?*

1. clase de . . .
2. apartamento/ residencia estudiantil
3. ciudad
4. profesor/a de . . .
5. horario
6. libros
7. amigos
8. clases

## 2. The present tense of *hacer* (*to do; to make*) and *ir* (*to go*)

3-13 to 3-22

| hacer (*to do; to make*) | | | ir (*to go*) | | |
|---|---|---|---|---|---|
| yo **hago** | nosotros/as | hacemos | yo **voy** | nosotros/as | **vamos** |
| tú haces | vosotros/as | hacéis | tú **vas** | vosotros/as | **vais** |
| Ud. él/ella } hace | Uds. ellos/as } | hacen | Ud. él/ella } **va** | Uds. ellos/as } | **van** |

- The Spanish verbs **hacer** and **ir** have irregular forms. **Hacer** is only irregular in the first-person singular: **hago**.

  **Hago** la tarea por las noches.    *I do homework at night.*

- When you are asked a question using **hacer**, you usually respond with another verb.

  Ricardo, ¿qué **haces** aquí?    *Ricardo, what are you doing here?*
  **Busco** un libro para mi clase.    *I'm looking for a book for my class.*

- **Ir** is almost always followed by the preposition **a**. When the definite article **el** follows the preposition **a**, they contract to **al**: **a** + **el** = **al**.

  Luis y Ernesto **van al** centro estudiantil.    *Luis and Ernesto are going to the student centre.*

- The preposition **a** does not contract with **la**, **las**, **los** or with the subject pronoun **él**.

  Carmen va **a la** cafetería.    *Carmen is going to the cafeteria.*

■ The construction **ir a** + *infinitive* is used in Spanish to express future action. It is equivalent to the English construction *to be going + infinitive.*

Qué **vas a hacer** esta noche?     *What **are you going to do** tonight?*
**Voy a estudiar** en la biblioteca.     *I'm going to study in the library.*

## EXPANSIÓN

### Verbs followed by an infinitive

With few exceptions, when two verbs are used in the same phrase in Spanish, the second verb is in the infinitive form. The infinitive is always used after prepositions and in impersonal expressions.

Tengo que **trabajar** a las nueve.     *I have **to work** at nine.*

Voy a **estudiar** dos idiomas.     *I am going **to study** two languages.*

Necesito **tomar** un curso de sociología.     *I need **to take** a sociology course.*

Espero **estudiar** francés.     *I hope **to study** French.*

Me gusta **estudiar** idiomas.     *I like **to study** languages.*

Es importante **hacer** los ejercicios escritos.     *It is important **to do** the written exercises.*

Es necesario **practicar** el vocabulario.     *It is necessary **to practise** the vocabulary.*

## Aplicación

**3-11 ¿Qué hacen?** Complete the sentences with the correct forms of the verb **hacer**.

1. (Yo/ Carlos/ Los estudiantes/ Tú/ Nosotros) _____ la tarea por la noche.
2. ¿_____ (tú/ Ud./ Uds./ Carmen/ Raquel y Sara) muchas preguntas en la clase?
3. (Yo/ Nosotros/ Tus amigos/ María/ Ud.) no _____ mucho ejercicio los fines de semana.

**3-12 ¿Qué haces?** Complete each sentence with the correct form of the verb **hacer** and a logical activity.

todas las comidas (*meals*)    ejercicio    muchas preguntas
la tarea    mucho trabajo    los ejercicios orales

1. En la biblioteca, yo _____.
2. En el laboratorio de idiomas, mis amigos y yo _____.
3. En clase, nosotros _____.
4. En el gimnasio, tú _____.
5. En la oficina, los secretarios _____.
6. En el restaurante, la señora _____.

**3-13 ¿Adónde van?** Complete the sentences with the correct forms of the verb **ir**.

1. (Nosotros/ Yo/ Nuestros amigos/ La profesora/ Ud.) _____ a la biblioteca ahora.
2. ¿Adónde _____ (los estudiantes/ Uds./ tú/ Ud./ Carlos)?
3. (Yo/ Todo el mundo/ Mis amigos/ Nosotros/ Sara) _____ al cine el viernes.

**3-14 En la universidad.** Take turns saying where you go to do the following things.

**MODELO:** hacer la tarea de química
E1: *¿Adónde vas para hacer la tarea de química?*
E2: *Voy al laboratorio.*

1. comprar un libro
2. estudiar
3. comer
4. escuchar música

5. bailar
6. conversar con tus amigos/as
7. mirar la televisión
8. tomar un café

**3-15 Los amigos.** Complete the following paragraph with the correct forms of the verb **ir**.

José, Marta, María y yo somos buenos amigos. Nosotros (1.) ___ juntos (*together*) a la universidad todos los días. José (2.) ___ a la clase de español a las nueve y luego (*then*) (3.) ___ a la clase de inglés. Marta y María (4.) ___ a la clase de psicología a las once, y a las doce (5.) ___ a la clase de biología. Yo también (6.) ___ con ellas a la clase de psicología, pero después (7.) ___ a la cafetería. Nosotros (8.) ___ a la biblioteca a las tres y por la tarde regresamos a casa. ¿A qué hora (9.) ___ ustedes a la universidad?

**3-16 ¿Qué van a hacer?** Use your imagination to complete each sentence with the construction *ir a + infinitive* and a logical activity.

**MODELO:** Esta noche los estudiantes/ en el gimnasio.
➤ Esta noche los estudiantes *van a practicar básquetbol* en el gimnasio.

1. Mañana yo/ en la biblioteca.
2. El viernes los estudiantes/ en la clase de español.
3. Más tarde Carlos/ en la cafetería.
4. El sábado nosotros/ en una fiesta.
5. Ud./ en la librería.
6. Pepe/ en el laboratorio de idiomas.
7. Marta/ en el centro estudiantil.
8. Los chicos/ en la residencia.

**3-17 Situaciones.** Ask your partner the following questions to find out what he or she will do later in the day.

1. ¿Adónde vas después de la clase?
2. ¿Qué vas a hacer allí?
3. ¿A qué hora vas a comer? ¿Dónde vas a comer?
4. ¿Cuándo vas a hacer la tarea de español?
5. ¿Vas a estudiar en la biblioteca?
6. ¿ . . . ?

## ¡Así lo decimos! Vocabulario

¿Dónde está la librería?

3-23 to 3-26

| Actividades | Activities |
|---|---|
| abrir | to open |
| aprender (a) | to learn (to) |
| beber | to drink |
| comer | to eat |
| comprender | to understand |
| creer | to believe; to think |
| decidir | to decide |
| escribir | to write |
| leer | to read |
| recibir | to receive |
| ver | to see; to watch (television) |
| vivir | to live |

| ¿Dónde está? | Where is it? |
|---|---|
| a la derecha (de) | to/ on the right (of) |
| a la izquierda (de) | to/ on the left (of) |
| al lado (de) | next to; beside |
| cerca (de) | near; close (to); nearby |
| delante (de) | in front (of) |
| detrás (de) | behind |
| enfrente (de) | in front (of); across (from) |
| entre | between |
| lejos (de) | far (from) |

| ¿Cómo estás? | How are you (feeling)? |
|---|---|
| aburrido/a | bored[1] |
| cansado/a | tired |
| contento/a | happy |
| enfermo/a | sick |
| enojado/a | angry |
| nervioso/a | nervous |
| ocupado/a | busy |
| preocupado/a | worried |
| triste | sad |

| ¿Cómo está? | How is it? |
|---|---|
| abierto/a | open |
| cerrado/a | closed |
| limpio/a | clean |
| sucio/a | dirty |

| Adverbios | Adverbs |
|---|---|
| antes (de) | before |
| después (de) | after |
| siempre | always |

| Para comer y beber | To eat and drink |
|---|---|
| el agua | water |
| el almuerzo | lunch |
| el café | coffee |
| la cena | dinner; supper |
| la comida | food; meal |
| el desayuno | breakfast |
| la ensalada | salad |
| la hamburguesa | hamburger |
| el jugo | juice |
| la leche | milk |
| la merienda | (afternoon) snack |
| el refresco | soft drink |
| el sándwich | sandwich |

---

[1] You learned **ser aburrido/a** (to be boring) in **Lección 1**. Note the change in meaning when used with **estar**. You'll learn more about this in this lesson.

3-27 to
3-28

| | |
|---|---|
| **Ana Rosa:** | ¡Hola, Carlos! ¿Cómo estás? |
| **Carlos:** | ¡Hola, chica! Estoy bien, pero un poco cansado. Estoy muy ocupado con mis clases. |
| **Ana Rosa:** | ¡Yo también! Ahora tengo que ir a la librería para comprar un diccionario inglés-español. Necesito escribir una composición para la clase de literatura. Leemos muchas novelas en la clase. |
| **Carlos:** | ¿Dónde está la librería? |
| **Ana Rosa:** | Está cerca, en el centro estudiantil, a la derecha del gimnasio. |
| **Carlos:** | ¿Qué novela leen Uds.? |
| **Ana Rosa:** | Ahora leemos una novela de Carlos Fuentes. Estoy nerviosa, porque la novela es difícil y tenemos un examen en dos semanas. No comprendo muchas de las novelas que leemos. |
| **Carlos:** | ¿Por qué no hablas con Marisa? Ella lee mucho y estudia literatura mexicana. Ella siempre come en la cafetería a la una después de sus clases. |

## Aplicación

**3-18 ¿Qué pasa?** Indicate whether each of the following statements is true (**cierto**) or false (**falso**), based on the **¡Así lo decimos!** vocabulary and reading, and correct any false statements.

1. Carlos tiene mucho que hacer en sus clases.
2. Carlos toma una clase de literatura.
3. La librería no está muy lejos.
4. La novela de Carlos Fuentes es fácil.
5. Marisa estudia español.
6. Marisa tiene clases por la tarde.

**3-19 En la sala de clase.** Indicate whether these statements are true (**cierto**) or false (**falso**) according to the picture and correct the false information.

1. Jorge está lejos de la puerta.
2. La profesora está detrás de la clase.
3. Laura está al lado de Mateo.
4. Laura está a la izquierda de Mateo.
5. La ventana está a la izquierda de la puerta.
6. El mapa está cerca de la pizarra.
7. La pizarra está entre el mapa y la puerta.
8. Mateo está detrás de Laura.

Abran el libro en la página trece.

Jorge

Mateo

Laura

**3-20 ¿Dónde está?** Complete the sentences to say where these objects are in your classroom or university, using as many different expressions as possible.

**MODELO:** Raúl está *delante de* Carmen. Carmen está *detrás de* Raúl.

1. La pizarra está _____ la puerta.
2. La ventana está _____ la pizarra.
3. Los estudiantes están _____.
4. La profesora/ El profesor _____.
5. Mi libro _____.
6. La mochila de (Laura/ David/ etc.) _____.
7. La biblioteca _____.
8. El centro estudiantil _____.

**3-21 ¿Cómo están?** Complete the sentences logically, explaining how these people might feel.

**MODELO:** Tengo A+ en mi clase de español. ¡Estoy muy ___!
→ *contento/ contenta*

1. Estamos en el gimnasio. Estamos _____.
2. La clase es de dos horas y es aburrida. Los estudiantes están _____.
3. Es la una de la mañana. Pepe no va a estudiar más. Está _____.
4. Un amigo de María está muy enfermo. María está _____.
5. Tú llegas a casa muy tarde sin llamar por teléfono. Tus padres están _____.
6. ¡Tengo dos composiciones y tres exámenes esta semana! Estoy _____.
7. Es el cumpleaños de Ángela y hay una fiesta. Ella está muy_____.
8. Álvaro escribe un examen difícil. Está_____.

CD
Track 15

# PRONUNCIACIÓN

## Sounds of Spanish *k*, *c*, and *z*

1. In Spanish, the **k** and the combinations **qu, ca, co,** and **cu** are pronounced like the English *c* in the word *cut*, but without the puff of air: **kilómetro, Quito, casa, color, cuna.**

2. In Spanish America, the letters **c** (before **e** and **i**) and **z** are pronounced like the English *s* of the word *sense*: **cena, ciudad, zapato, zona, manzana**. In most of Spain, these sounds are pronounced like the *th* in *think*.

CD
Track 16

## Pronunciemos

**A. La *k*, la *c* con *a, o* o *u* y la combinación *qu*.** You will hear a series of words with the sound of the letters **k**, **qu**, **ca**, **co**, **cu**. Repeat each word or phrase after the speaker. Practise pronouncing the words without the puff of air.

1. calculadora
2. queso
3. Colón
4. casa
5. cura
6. kilo
7. kiosco
8. clase

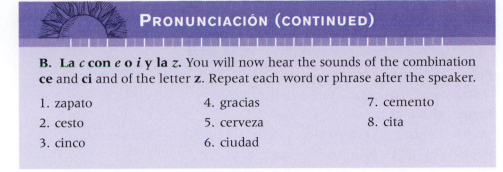

**PRONUNCIACIÓN (CONTINUED)**

**B. La _c_ con _e o i_ y la _z_.** You will now hear the sounds of the combination **ce** and **ci** and of the letter **z**. Repeat each word or phrase after the speaker.

1. zapato
2. cesto
3. cinco

4. gracias
5. cerveza
6. ciudad

7. cemento
8. cita

# ¡Así lo hacemos! Estructuras

3-29 to 3-33

## 3. The present tense of _estar_ (_to be_)

### Las formas y los usos de estar

The English verb _to be_ has two equivalents in Spanish, **ser** and **estar**. You have already learned the verb **ser** in **Lección 1**, and you have used some forms of **estar** to say how you feel, to ask how someone else feels, and to say where things and places are. The chart shows the present tense forms of **estar**.

| estar (_to be_) | | | |
|---|---|---|---|
| yo | **estoy** | nosotros/as | **estamos** |
| tú | **estás** | vosotros/as | **estáis** |
| Ud. <br> él/ella | **está** | Uds. <br> ellos/as | **están** |

- **Estar** is used to indicate the location of specific objects, people, and places.

  Tu libro **está** allí.
  *Your book **is** over there.*

  Ana Rosa y Carmen **están** en la cafetería.
  *Ana Rosa and Carmen **are** in the cafeteria.*

  La cafetería **está** en el centro estudiantil.
  *The cafeteria **is** in the student centre.*

- **Estar** is also used to express a condition or state, such as how someone is feeling.

  ¡Hola, Luis! ¿Cómo **estás**?
  *Hi, Luis! How **are you**?*

  ¡Hola, Carmen! **Estoy** muy ocupado.
  *Hi, Carmen! **I'm** very busy.*

  Elena **está** enferma.
  *Elena **is** sick.*

- Adjectives that describe physical, mental, and emotional conditions are used with **estar**.

| | | | |
|---|---|---|---|
| **abierto/a** | **contento/a** | **nervioso/a** | **triste** |
| **aburrido/a** | **enfermo/a** | **ocupado/a** | |
| **cansado/a** | **enojado/a** | **preocupado/a** | |
| **cerrado/a** | **limpio/a** | **sucio/a** | |

  Mi mochila **está** muy **sucia**.
  *My backpack **is** very **dirty**.*

  Los estudiantes **están nerviosos** porque hay un examen hoy.
  *The students **are nervous** because there is an exam today.*

## Aplicación

**3-22 Una conversación telefónica.** Complete the telephone conversation between Mar and Pepe with the correct forms of **estar**.

**Pepe:**  ¿Bueno?

**Mar:**  Pepe, habla Mar. ¿Cómo (1.) ___ tú?

**Pepe:**  Muy bien, ¿y tú?

**Mar:**  Yo (2.) ___ bastante bien, gracias. ¿Dónde (3.) ___ tú ahora?

**Pepe:**  (4.) ___ en la cafetería.

**Mar:**  ¿(5.) ___ Raúl y Roberto allí?

**Pepe:**  No, ellos (6.) ___ en la residencia estudiantil.

**Mar:**  ¿(7.) ___ enfermos?

**Pepe:**  No, (8.) ___ cansados. Y, ¿dónde (9.) ___ María Aurora?

**Mar:**  (10.) ___ en la biblioteca porque (11.) ___ muy ocupada.

**Pepe:**  Nosotros también (12.) ___ muy ocupados. Tenemos mucha tarea para la clase de química.

**Mar:**  Bueno, tienes que trabajar. Hablamos después. Hasta luego.

**Pepe:**  Adiós.

**3-23 ¿Cómo están?** Describe how the people in the following drawing feel.

**MODELO:**  Esteban *está contento*.

1. Juanito _____.
2. Luis _____.
3. Pedro _____.
4. Gloria y Rubén _____.
5. Manuela _____.

**3-24 ¿Cómo estás...?** Take turns asking a classmate how you might feel in the following situations.

**MODELO:** E1: ¿Cómo estás si la clase no es muy interesante?
E2: *Estoy aburrido/a.*

1. . . . cuando tienes mucha tarea?
2. . . . cuando tienes 40º de fiebre (*fever*)?
3. . . . después de estudiar muchas horas?
4. . . . cuando tienes que estudiar para cuatro exámenes?
5. . . . después de un examen muy difícil?
6. . . . después de un examen muy fácil?
7. . . . si tu amigo/a está muy enfermo/a?
8. . . . el día de tu cumpleaños?

# Comparaciones

## La residencia estudiantil

**En tu experiencia.** ¿Vives en una residencia estudiantil, con tu familia o en un apartamento cerca de la universidad? ¿Por qué? ¿Vives cerca o lejos de la universidad? ¿Vives solo/a o con amigos? ¿Cuáles son las ventajas (*advantages*) de vivir en una residencia de la universidad o en un apartamento?

En México, no hay residencias estudiantiles (*dormitories*) como en las universidades canadienses. Los estudiantes viven en casa con sus familias o, si la universidad está en otra ciudad, en una **pensión estudiantil** (*boarding house*) que también se llama **casa de huéspedes** o **residencia estudiantil**. Hoy en día (*Nowadays*) muchos estudiantes viven en un apartamento con amigos. Sin embargo, las pensiones son más comunes porque los estudiantes no tienen que preparar comida, lavar ropa (*wash clothes*), etcétera. Sus habitaciones (*bedrooms*) generalmente no tienen teléfono o baño privado, pero una pensión tiene un sabor (*flavour*) más familiar. En muchas pensiones los estudiantes comen con la familia a una hora fija (*set time*).

**¡A conversar!** ¿Qué opinan Uds.?

1. Me gusta vivir en la residencia estudiantil.
   1  2  3  4  5
2. Me gusta preparar la comida en casa.
   1  2  3  4  5
3. Es importante tener contacto con la familia.
   1  2  3  4  5
4. Aunque (*Although*) estoy ocupado/a, paso tiempo con mis amigos/as.
   1  2  3  4  5

| |
|---|
| 1. No estoy de acuerdo. |
| 2. No es probable. |
| 3. No tengo opinión. |
| 4. Es posible. |
| 5. Estoy de acuerdo. |

3-34 to
3-40

## 4. Review of uses of *ser* and *estar*

### *Ser* is used

Bob es
de California.

- with the preposition **de** to indicate origin, possession, and to tell what material something is made of.

| | |
|---|---|
| ¿**De** dónde **es** Alberto? | **Es de** Guatemala. |
| ¿**De** quién **son** los libros? | **Son de** Luisa. |
| ¿**De** qué **es** la mochila? | **Es de** nilón. |

- with adjectives to express characteristics of the subject, such as size, colour, shape, religion, and nationality.

| | |
|---|---|
| ¿De qué color **es** el coche de Raúl? | **Es** azul. |
| ¿Cómo **es** Tomás? | **Es** alto y delgado. |
| ¿De qué nacionalidad **son** ustedes? | **Somos** mexicanos. |

- with the subject of a sentence before a noun or a noun phrase.

| | |
|---|---|
| ¿Qué **es** tu hermana? | **Es** profesora. |
| ¿Quiénes **son** Juan Ramón y Lucía? | **Son** mis amigos. |

- to express dates, days of the week, months, and seasons of the year.

| | |
|---|---|
| ¿Qué estación **es**? | **Es** primavera. |
| ¿Qué fecha **es**? | **Es** el 10 de octubre. |

- to express time.

| | |
|---|---|
| ¿Qué hora **es**? | **Son** las cinco de la tarde. |
| | **Es** la una de la mañana. |

- with the preposition **para** to tell for whom or for what something is intended or to express a deadline.

| | |
|---|---|
| ¿**Para** quién **es** la hamburguesa? | **Es para** mi amiga Sara. |
| ¿**Para** cuándo **es** la composición? | **Es para** el viernes. |

- with impersonal expressions.

**Es importante** ir al laboratorio.
**Es fascinante** estudiar la cultura hispana.

- to indicate where and when events take place.

| | |
|---|---|
| ¿Dónde **es** la fiesta? | **Es** en mi casa. |
| ¿A qué hora **es** el concierto? | **Es** a las ocho. |

### *Estar* is used

El museo está allí
a la derecha.

- to indicate the location of persons and objects.

| | |
|---|---|
| ¿Dónde **está** la librería? | **Está** cerca. |
| ¿Dónde **está** Rosa? | **Está** en clase. |

- with adjectives to describe the state or condition of the subject.

| | |
|---|---|
| ¿Cómo **están** las chicas? | **Están** contentas. |
| ¿**Está** abierta la biblioteca? | No, **está** cerrada hoy. |

- with descriptive adjectives (or adjectives normally used with **ser**) to indicate that something is exceptional or unusual. This structure is often used this way when complimenting someone and in English is often expressed with *look*.

| | |
|---|---|
| Señora Rubiales, usted **está** muy elegante esta noche. | *Mrs. Rubiales, you **look** very elegant tonight.* |

## Cambios de significado con *ser* y *estar*

Some adjectives have different meanings depending on whether they are used with **ser** or **estar**.

| Adjective | With *ser* | With *estar* |
|---|---|---|
| **aburrido/a** | *to be boring* | *to be bored* |
| **bonito/a** | *to be pretty* | *to look pretty* |
| **feo/a** | *to be ugly* | *to look ugly* |
| **guapo/a** | *to be handsome* | *to look handsome* |
| **listo/a** | *to be clever* | *to be ready* |
| **verde** | *to be green (colour)* | *to be green (not ripe)* |
| **vivo/a** | *to be smart, cunning* | *to be alive* |

## Aplicación

**3-25 ¿Cierto o falso?** Indicate whether each of the following statements is true (**cierto**) or false (**falso**), and correct any false statements.

1. Los estudiantes de la clase de español **son** de diferentes países.
2. Ellos **están** contentos antes del examen.
3. La puerta de la clase **está** cerrada.
4. Hoy **es** el veinte de octubre.
5. **Son** las dos y media de la tarde.
6. Mi mochila **está** en el piso.
7. La sala de clase **está** muy limpia.
8. ¡**Es** muy importante estudiar en la clase de español!

**3-26 La familia Oquendo.** Choose the correct forms of **ser** and **estar** to complete the description of the Oquendo family.

La familia Oquendo (1. es/ está) una familia mexicana que vive en Juárez. Juárez (2. es/ está) en el norte (*north*) de México. Antonio, el papá (3. es/ está) muy trabajador. Teresa, la mamá (4. es/ está) muy amable (*friendly*). Ella (5. es/ está) originalmente de México, D.F., la capital. Ellos tienen dos hijos: Jaime y Eva. Jaime (6. es/ está) muy responsable. (7. Es/ Está) en Monterrey donde estudia en el Instituto Tecnológico de Estudios Superiores. Eva (8. es/ está) muy inteligente y (9. es/ está) en la Universidad de Guadalajara en Jalisco. Esta noche la familia (10. es/ está) muy contenta. Todos (11. son/ están) juntos en Juárez y van a ir a un concierto en El Paso, Texas. El concierto (12. es/ está) a las nueve de la noche, pero El Paso (13. es/ está) muy cerca de Juárez. El concierto (14. es/ está) en la sala de conciertos de la Universidad de Texas, El Paso. Ya (15. es/ está) hora de salir y todos (16. son/ están) listos.

**3-27 En mi casa esta noche.** Ana describes her family and what is happening at home tonight. Complete her description with the correct forms of **ser** or **estar**.

Mi familia (1.) ___ grande pero mi casa (2.) ___ pequeña. (3.) ___ en la calle (*street*) Florida que (4.) ___ en el centro de la ciudad. Esta noche hay una fiesta en mi casa. La fiesta (5.) ___ a las ocho de la noche. Mis tíos ya (6.) ___ aquí. Siempre llegan temprano. Ahora (7.) ___ en la sala con mi mamá. Mi tío Alfredo (8.) ___ alto y guapo. (9.) ___ dentista. Mi tía Julia (10.) ___ baja y simpática. Ella (11.) ___ psicóloga. Mis hermanas (12.) ___ en el patio con mi papá, pero mi hermano, Rafa, no, porque (13.) ___ enfermo. Rafa (14.) ___ en cama (*bed*). (15.) ___ las ocho y quince de la noche y hay muchas personas en mi casa y veinte coches enfrente de la casa. Mis primos favoritos, Carlos y Saúl, hablan al lado de un coche. Carlos (16.) ___ el chico alto y guapo; Saúl (17.) ___ el joven bajo y fuerte (*strong*). Ellos (18.) ___ de México, D.F., la capital. ¡Bienvenidos todos! ¡Hay música, refrescos y comida. ¡Todo (19.) ___ para nosotros!

**3-28 Entrevístense.** First, write six questions using **ser** and **estar** to ask a partner. Then, take turns interviewing each other.

**MODELOS:**   E1: *¿De dónde eres?*
   E2: *Soy de Ontario.*
   E1: *¿Cómo eres?*
   E2: *¡Soy muy simpática!*

## 5. The present tense of regular *-er* and *-ir* verbs

3-41 to 3-45 You learned the present tense forms of regular **-ar** verbs in **Lección 2**. Remember that the present tense of regular Spanish verbs is formed by adding the endings for each conjugation (**-ar**, **-er**, and **-ir**) to the stem of the infinitive. The following chart includes the forms for regular **-ar**, **-er** and **-ir** verbs.

|  | hablar (*to speak*) | comer (*to eat*) | vivir (*to live*) |
|---|---|---|---|
| yo | hablo | como | vivo |
| tú | hablas | comes | vives |
| Ud. él/ella | habla | come | vive |
| nosotros/as | hablamos | comemos | vivimos |
| vosotros/as | habláis | coméis | vivís |
| Uds. ellos/as | hablan | comen | viven |

■ The present tense endings of **-er** and **-ir** verbs are identical except for the **nosotros** and **vosotros** forms.

■ Other common **-er** and **-ir** verbs are:

| | | | |
|---|---|---|---|
| **aprender a** (+ infinitive) | *to learn (to do something)* | **abrir** | *to open* |
| **beber** | *to drink* | **decidir** | *to decide* |
| **comer** | *to eat* | **escribir** | *to write* |
| **comprender** | *to understand* | **recibir** | *to receive* |
| **creer** | *to believe* | **vivir** | *to live* |
| **leer** | *to read* | | |

■ **Ver** (*to see*) is an **-er** verb with an irregular **yo** form. Also note that the **vosotros/as** form has no accent because it is only one syllable.

| ver (*to see*) | | | |
|---|---|---|---|
| yo | **veo** | nosotros/as | vemos |
| tú | ves | vosotros/as | veis |
| Ud. él/ella | ve | Uds. ellos/as | ven |

## Aplicación

**3-29 En la universidad.** Repeat each sentence, changing the italicized verbs to agree with the subjects given in parentheses.

**MODELO:** *Como* en la cafetería. (ella)
→ *Come en la cafetería.*

1. *Como* en la cafetería. (ellas, mis amigos, Marcos, tú, Ud.)
2. *Leo* el periódico. (él, Ana y María, mis amigos, tú, tú y yo)
3. *Escribo* en el cuaderno. (él, tú, mi amigo, nosotros, Uds.)
4. *Vivo* en la residencia estudiantil. (mis amigos, nosotros, María, Ud., Carmen y tú)

**3-30 Quique y yo.** Laura Ruiz and Quique Salgado are students in Veracruz, México. Complete Laura's description with the correct form of each verb.

**MODELO:** Enrique y yo (decidir) *decidimos* ir a la biblioteca por la noche.

Quique y yo (1. vivir) ___ en Guadalajara. Él (2. vivir) ___ en una residencia estudiantil pero yo (3. vivir) ___ en un apartamento. Nosotros (4. comer) ___ en la cafetería por la noche. Quique siempre (5. beber) ___ refrescos y yo (6. beber) ___ leche. Yo (7. creer) ___ que vamos a estudiar en la biblioteca esta noche porque mañana hay examen de literatura mexicana. Nosotros (8. aprender) ___ mucho en esa (*that*) clase. Yo (9. leer) ___ todas las noches para la clase y nosotros (10. escribir) ___ una composición todas las semanas.

**3-31 ¿Qué hacen?** Say what the following students do during the week using **-er** and **-ir** verbs.

**MODELO:** *Anita y Pedro comen un sándwich en la cafetería.*

1.    2.    3.    4.

**3-32 La vida estudiantil.** Use your imagination to complete the following sentences using the correct forms of the verbs in parentheses.

**MODELO:**  Juan y Marta (creer) . . .
> ➤ *Juan y Marta creen que el examen va a ser difícil.*

1.  Nosotros (decidir) . . .
2.  En la clase de español nosotros (aprender) . . .
3.  Yo siempre (leer) . . .
4.  Mis amigos (comer) . . .
5.  ¿Ustedes (comprender) . . . ?
6.  Los estudiantes (abrir) . . .
7.  ¿Tú (escribir) . . . ?
8.  Mi familia (vivir) . . .

**3-33 Entrevístense.** In pairs, ask your partner the following questions.

1.  ¿Dónde vives? ¿Con quién vives?
2.  ¿Dónde comes? ¿A qué hora comes?
3.  ¿Escribes mucho en la computadora? ¿A quién escribes?
4.  ¿Ves mucha televisión? ¿Qué programas ves?
5.  ¿Lees mucho? ¿Qué lees? (novelas, revistas, el periódico, etc.)
6.  ¿ . . . ?

**3-34 ¿Dónde estudiamos?** In your group, visit the websites of some universities in Spanish-speaking countries, and decide where you would be interested in studying, and why. Try these or other sites:

**The University of Salamanca, Spain:**
www.usal.es/web-usal

**The University of Monterrey, México:**
www.udem.edu.mx

**The University of Havana, Cuba:**
www.uh.cu

3-46 to
3-47

# ¡A escribir!

## 3-35 Una carta personal

Monterrey, 14 de octubre de 2008
Querida Rosa:
Hoy estoy en la biblioteca de la universidad. . . .
Un abrazo de  . . .

## Antes de escribir

■ **Información.** Write a letter to a friend or family member about your student experience. First, respond to the following questions.

¿Dónde estás?                                          ¿Qué fecha es hoy?
¿Qué estudias este semestre (trimestre/año)? ¿Cómo son los profesores?
¿A qué hora son tus clases?                         ¿Con quién vas a tus clases?
¿Recibes buenas notas (*grades*)?               ¿Adónde vas por la noche?
¿Dónde comes?                                           ¿Qué vas a hacer mañana?
¿Te gusta la universidad?                            ¿ . . . ?

## A escribir

■ Begin your letter with the date and the greeting: Querido/a/os . . .

■ Incorporate your answers to the previous questions in your letter. Connect your ideas with words such as **y**, **pero**, and **porque**.

■ Close the letter with a farewell: un abrazo (*hug*) de . . .

## Después de escribir

■ **Revisar.** Review the following elements of your letter:

❏ use of **ir**, **hacer**, and other **-er** and **-ir** verbs

❏ use of **ser** and **estar**

❏ agreement of nouns, articles, and adjectives

❏ agreement of subjects and verbs

❏ correct spelling, including accents

■ **Intercambiar.** Exchange your letter with a classmate's. Make grammatical corrections and content suggestions.

■ **Entregar.** Rewrite your original letter, incorporating your classmate's comments. Then, hand in your letter to your professor.

## Panoramas

### ¡México lindo!

**3-53 to 3-55**    Vistas culturales

**3-36 ¿Qué sabes tú?** What information can you give about Mexico?

1. la capital de México
2. una ciudad en la costa de México
3. grupos musicales de México
4. los países en las fronteras (*borders*) de México
5. una atracción turística
6. una antigua civilización
7. una universidad mexicana
8. una península
9. los colores de la bandera (*flag*) de México

Las figuras de madera son hechas a mano por artesanos de Oaxaca. Representan animales y seres fantásticos.
**Mexican handcrafts**
www.oaxacaoaxaca.com/woodcarving.htm

Para muchas personas, los mariachis con sus guitarras, bajos y trompetas representan la música folklórica mexicana. Aunque los mariachis tienen origen en el siglo XVII, todavía son populares en las fiestas y las bodas. Si vives en Guadalajara, parte de la celebración de tu cumpleaños probablemente va a ser una serenata con "Las mañanitas", una canción popular mexicana.
**Los mariachis**
www.mariachis.com.mx

La vida marina y el agua cristalina verde azul atraen a muchos turistas a la isla de Cozumel.

Muchas universidades mexicanas como El Tec de Monterrey tienen programas de intercambio con el Canadá, los Estados Unidos, Europa y Asia. Los principiantes (*beginners*) toman clases de lengua y civilización. Los más avanzados toman clases de ingeniería, comercio y economía.
http://cmportal.itesm.mx/wps/portal

Cuando los españoles llegan a México, ven evidencia de civilizaciones indígenas muy importantes. Los mayas en el sur de México, en Guatemala y en Belice, tienen una civilización avanzada con un sistema de irrigación. Los indígenas también estudian y comprenden mucho de astronomía, como es evidente por este observatorio en Palenque.
**The Mayas**
www.jaguar-sun.com/maya.html

Frida Kahlo fue (*was*) la esposa del gran muralista mexicano, Diego Rivera. Empezó (*She started*) su carrera artística como terapia después de sufrir un terrible accidente. Aunque (*Although*) recibió poca atención durante su vida, hoy en día se la considera una de las mejores (*best*) pintoras del mundo hispano.
**The life and art of Frida Kahlo**
www.artcyclopedia.com/artists/kahlo_frida.html

**3-37 ¿Dónde?** Match these places in México with the following things that can be found there.

| | | | |
|---|---|---|---|
| 1. Monterrey | | a. | una playa bonita |
| 2. Guadalajara | | b. | arte moderno |
| 3. Museo Frida Kahlo, Ciudad de México | | c. | ruinas arqueológicas |
| 4. Oaxaca | | d. | música folklórica |
| 5. Cozumel | | e. | estudiantes internacionales |
| 6. Palenque | | f. | figuras de madera |

**3-38 ¿Cierto o falso?** Working in pairs, indicate the false sentences and correct them.

1. México está en América Central.
2. Los mayas tenían (*had*) un sistema de irrigación.
3. La tierra de los mayas está en la costa del Pacífico.
4. Palenque es una ruina azteca.
5. Los mariachis cantan jazz y rock.
6. Kahlo y Rivera son arquitectos mexicanos.
7. La artesanía de México no tiene muchos colores.
8. Cozumel es bueno para observar el mundo submarino.
9. Frida Kahlo todavía (*still*) vive.
10. Hay muchos estudiantes internacionales en El Tec.

**3-39 Conexiones.** Consult the library or the Internet to find the following information:

1. los murales de Diego Rivera
2. las novelas de Carlos Fuentes
3. la segunda ciudad más grande de México
4. las ruinas mayas en la Península del Yucatán
5. la música de Carlos Santana
6. las maquiladoras en Tijuana

# Ritmos

## "La Bamba" (Mariachi Vargas de Tecalitlán, México)

Track 3

3-56

This song, which is familiar to many Canadians, is an example of **mariachi** music, which has its roots in the Mexican state of Jalisco and is influenced by Spanish, African and native traditions. **Mariachi** music, which is played primarily on stringed instruments like guitars and violins, can be characterized by enthusiastic and "catchy" rhythms and lyrics, be the theme one of sadness and heartbreak or one of a playful and lighthearted nature. Lyrics to traditional songs may also vary, as performers improvise: this is the case with the version of "La Bamba" by Mariachi Vargas de Tecalitlán.

### Antes de escuchar

**3-40 La letra.** Work in pairs to find the meaning of the following lines of the lyrics to "La Bamba".

1.  . . . para bailar la bamba se necesita una poca de gracia . . .
2.  . . . yo no soy marinero, soy capitán . . .
3.  . . . cuando canto la bamba yo estoy contento . . .
4.  . . . qué bonita es la bamba en la madrugada cuando todos la bailan . . .

### A escuchar

**3-41 Expresiones.** The Spanish word **arriba**, which is the title of this textbook and can be found in "La bamba", means *up* or *upward*. It is also an exclamation — **¡Arriba!** — and when used this way can mean *All right!* or *Let's go!* As you listen to the song, see how many of these other expressions you hear.

¡Ándale!    ¡Híjole!    ¡Está padrísimo!    ¡Qué chido!    ¡Guácala!

### Después de escuchar

**3-42 La canción.** After listening to "La Bamba" complete the following sentences with the correct forms of **ser** and **estar** based on what you know about the song and what you heard and read in the lyrics.

1.  "La Bamba" ____ una canción mariachi y ____ de origen mexicano.
2.  Cuando cantan, los narradores de "La Bamba" ____ muy contentos.
3.  Dos instrumentos típicos en la música mariachi ____ la guitarra y el violín.

# Observaciones

## ¡Pura vida! Episodio 3

In this episode you'll learn more about Patricio and his ambitions.

3-57 to
3-59

### Antes de ver el video

**3-43 Nuestra Tierra.** Patricio and Silvia decide to meet at "Nuestra Tierra," a restaurant in San José. Read the following review, then judge the statements that follow as **cierto** (true) or **falso** (false). Correct any false statements.

> ¡Qué lugar más divertido! Este restaurante ofrece "cocina local típica" y tiene una atmósfera atractiva para complementar la comida. A primera vista es un lugar rústico; sin embargo, hay un señor que toca la guitarra y camareros que sirven la comida de una manera cordial. Como decoración hay cebollas (*onions*) que cuelgan del techo (*hang from the ceiling*), y cestas de legumbres (*vegetables*) frescas.
>
> En este restaurante se puede comer bien y barato, y tomar la deliciosa cerveza "Imperial." Sirven platos típicos costarricenses y es un gran lugar para empezar la noche. Está abierto veinticuatro horas todos los días y está ubicado (*located*) en la Calle 15 con la Avenida 2, de San José.

Nuestra Tierra

1. "Nuestra Tierra" es un restaurante de comida francesa.
2. Los camareros son impacientes.
3. Es un lugar muy elegante.
4. Se sirve la cerveza *Imperial.*
5. Está cerrado los lunes.

### A ver el video

**3-44 Los otros personajes.** Watch the third episode of *¡Pura vida!* where you will hear Silvia use the word **manzana** and Patricio will correct her using the word **cuadra**. Can you guess what the word means? Then, complete the following sentences by matching the phrases below.

Silvia

Patricio

Hermés

1. Silvia está cerca de...
2. El restaurante está...
3. Patricio desea estudiar...
4. Es necesario tomar un examen...
5. Patricio solicita...
6. Uno de los requisitos para Patricio es ser...

a. en una universidad norteamericana.
b. bastante lejos.
c. una beca *Fulbright.*
d. la Avenida Central.
e. colombiano.
f. de inglés.

### Después de ver el video

**3-45 Cómo llegar a Nuestra Tierra.** Connect with **MySpanishLab** to see a map of downtown San José. Find **la Avenida Central** and see if you can find the corner where "Nuestra Tierra" is located. How many blocks would you have to walk?

# Vocabulario

## PRIMERA PARTE

| Materias académicas | Academic subjects |
|---|---|
| la antropología | anthropology |
| la economía | economics |
| la física | physics |
| la literatura | literature |
| la música | music |
| la psicología | psychology |
| la química | chemistry |

| La vida universitaria | University life |
|---|---|
| la biblioteca | library |
| la cafetería | cafeteria |
| el centro estudiantil | student centre |
| la computadora | computer |

| | |
|---|---|
| el curso | course |
| el diccionario | dictionary |
| el ejercicio | exercise |
| el gimnasio | gymnasium |
| el horario (de clases) | (class) schedule |
| el laboratorio | laboratory |
| la materia | (academic) subject |
| el semestre | semester |
| la tarea | (homework) assignment |

| Verbos | Verbs |
|---|---|
| hacer | to do; to make |
| ir (a) | to go |
| (voy/ vas/ vamos) | (I go/ you go/ we go) |

| Otras palabras y expresiones | Other words and expressions |
|---|---|
| bastante | rather; quite |
| complicado/a | complicated |
| generalmente | generally |
| pues (conjunction) | well |
| si | if |
| solamente | only |
| ya | already |

## SEGUNDA PARTE

| Actividades | Activities |
|---|---|
| abrir | to open |
| aprender (a) | to learn (to) |
| beber | to drink |
| comer | to eat |
| comprender | to understand |
| creer | to believe; to think |
| decidir | to decide |
| escribir | to write |
| leer | to read |
| recibir | to receive |
| ver | to see; to watch (television) |
| vivir | to live |

| ¿Dónde está? | Where is it? |
|---|---|
| a la derecha (de) | to / on the right (of) |
| a la izquierda (de) | to / on the left (of) |
| al lado (de) | next to; beside |
| cerca (de) | near; close (to); nearby |
| delante (de) | in front (of) |
| detrás (de) | behind |
| enfrente (de) | in front (of); across (from) |
| entre | between |
| lejos (de) | far (from) |

| ¿Cómo estás? | How are you (feeling)? |
|---|---|
| aburrido/a | bored |
| cansado/a | tired |
| contento/a | happy |
| enfermo/a | sick |
| enojado/a | angry |
| nervioso/a | nervous |
| ocupado/a | busy |
| preocupado/a | worried |
| triste | sad |

| ¿Cómo está? | How is it? |
|---|---|
| abierto/a | open |
| cerrado/a | closed |
| limpio/a | clean |
| sucio/a | dirty |

| Adverbios | Adverbs |
|---|---|
| antes (de) | before |
| después (de) | after |
| siempre | always |

| Para comer y beber | To eat and drink |
|---|---|
| el agua | water |
| el almuerzo | lunch |
| el café | coffee |
| la cena | dinner; supper |
| la comida | food; meal |
| el desayuno | breakfast |
| la ensalada | salad |
| la hamburguesa | hamburger |
| el jugo | juice |
| la leche | milk |
| la merienda | (afternoon) snack |
| el refresco | soft drink |
| el sándwich | sandwich |

# Lección 4

# ¿Cómo es tu familia?

**OBJETIVOS COMUNICATIVOS**

- Talking about your family
- Expressing desires and preferences
- Planning activities

- Extending and responding to invitations
- Talking about who and what you know

La ciudad de Tikal en Guatemala es una ruina grande y antigua de la civilización maya.

# La América Central: Guatemala, El Salvador, Honduras, Nicaragua, Costa Rica, Panamá

ESTADOS UNIDOS

OCÉANO ATLÁNTICO

MÉXICO

Golfo de México

REPÚBLICA DOMINICANA

CUBA

PUERTO RICO

Bahía de Campeche

ifornia

HONDURAS

Mar Caribe

GUATEMALA

NICARAGUA

EL SALVADOR

PANAMÁ

COSTA RICA

OCÉANO PACÍFICO

AMÉRICA DEL SUR

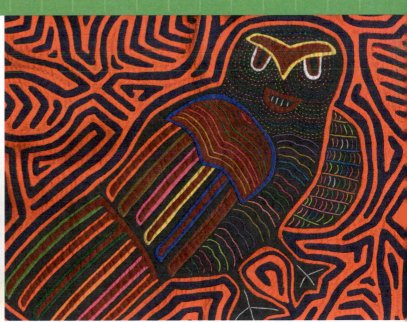

La mola es un bello textil típico de los indios Kuna de las islas de San Blas, cerca de Panamá.

## ¡Así lo decimos! Vocabulario

**Miembros de la familia**

4-1 to
4-4

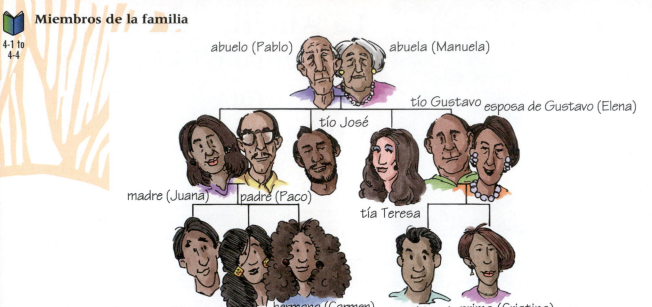

abuelo (Pablo)  abuela (Manuela)

tío Gustavo  esposa de Gustavo (Elena)

tío José

madre (Juana)  padre (Paco)

tía Teresa

hermano (Ernesto)  hermana (Carmen)  primo (Juan)  prima (Cristina)
Yo (Ana María)

| Otros miembros de la familia | Other members of the family |
|---|---|
| el/la hijo/a | son/daughter |
| la mamá | mom (mother) |
| el/la nieto/a | grandson/granddaughter |
| el/la niño/a | child |
| el papá | dad (father) |
| el pariente | relative |
| el/la sobrino/a | nephew/niece |

| Adjetivos | Adjectives |
|---|---|
| alegre | happy |
| amable | kind |
| atractivo/a | attractive |
| mayor | older; oldest |
| menor | younger; youngest |
| querido/a | dear |
| responsable | responsible |
| unido/a | close, close-knit |

| Verbos | Verbs |
|---|---|
| almorzar (ue) | to have lunch |
| ayudar | to help |
| conseguir (i) | to get, to obtain |

| | |
|---|---|
| decir (i) | to say; to tell |
| descansar | to rest |
| dormir (ue) | to sleep |
| empezar (ie) | to begin |
| encontrar (ue) | to find |
| entender (ie) | to understand |
| esperar | to hope; to expect |
| jugar (ue) | to play (a game or a sport) |
| pedir (i) | to ask for; to request |
| pensar (ie) (+ infin.) | to think; to intend (to do something) |
| perder (ie) | to lose |
| poder (ue) | to be able; may; can |
| poner | to put |
| preferir (ie) | to prefer |
| querer (ie) | to want; to like or love (someone) |
| recordar (ue) | to remember |
| repetir (i) | to repeat; to have a second helping |
| salir | to go out; to leave |
| seguir (i) | to follow; to continue |
| servir (i) | to serve |
| soñar (ue) (con) | to dream (about) |
| traer | to bring |
| venir (ie) | to come |
| volver (ue) | to return (go back) |

### Un correo electrónico[1]

4-5 to
4-6

Juan Antonio recibe un correo electrónico de su nueva amiga, Ana María Pérez, una joven guatemalteca que estudia en la universidad con él. Juan Antonio es costarricense y vive en San José. Ana María pasa las vacaciones de verano con su familia en la Ciudad de Guatemala.

Ana María escribe un correo electrónico.

---

**Saludos desde Guatemala**

enviar | enviar más tarde | guardar | añadir ficheros | firma | contactos | nombres de control

**De:** Ana María
**Asunto:** Saludos desde Guatemala
**Fecha:** 20 de junio, 2008

tamaño | medio |   B  I  U  T

**Querido Juan Antonio:**

Gracias por tu mensaje[2]. ¡Tienes una familia interesante y muy grande! Mi familia también es muy unida y un poco grande. Mi papá es profesor de la Universidad Nacional de Guatemala y mi mamá es dentista. Tengo dos hermanos. Mi hermana mayor se llama Carmen. Tiene 22 años y estudia biología en la universidad. Después voy yo, con 19 años, y luego mi hermano menor, Ernesto, con 15.

Mis abuelos—los padres de papá—viven con nosotros. Ayudan mucho en casa. Mis tíos Gustavo y Elena no viven muy lejos y pasan mucho tiempo aquí. Tienen dos hijos, mi primo Juan y mi prima Cristina. Mi tío José no tiene hijos. El domingo voy a ver a muchos parientes para celebrar el aniversario de mis abuelos.

Si vienes a Guatemala en julio, puedes ir con mi familia a visitar Tikal. Nosotros vamos a Costa Rica por dos semanas en agosto. Regresamos a Guatemala después de las vacaciones y yo vuelvo a la universidad el 2 de septiembre.

Hasta pronto.
Un abrazo[3],
Ana María

---

[1] e-mail message

[2] message

[3] hug

## Aplicación

**4-1 ¿Qué pasa?** Indicate whether each of the following statements is true (**cierto**) or false (**falso**), based on the **¡Así lo decimos!** vocabulary and reading, and correct any false statements.

1. Ana María está con su familia en Guatemala.
2. La madre de Ana María no trabaja.
3. Ernesto es el hermano mayor de Ana María.
4. Ana María vive con sus padres, sus hermanos y sus abuelos.
5. José es el padre de Juan y Cristina.
6. Tikal está en Guatemala.

La familia de Juan Antonio.

**4-2 ¿Quién es quién?** Look at the family tree of Ana María on the **¡Así lo decimos!** page and identify the relationships among the members of her family.

**MODELO:** Pablo es el *padre* de José.

1. Pablo es el _____ de Manuela.
2. Manuela es la _____ de Teresa.
3. Teresa es la _____ de José.
4. José es el _____ de Pablo y Manuela.
5. Pablo y Manuela son los _____ de Juana, José, Teresa y Gustavo.
6. Gustavo es el _____ de Ernesto, Ana María y Carmen.
7. Carmen es la _____ de Gustavo y Elena.
8. Gustavo y Elena son los _____ de Ernesto, Ana María y Carmen.
9. Carmen es la _____ de Juan y Cristina.
10. Juan y Cristina son los _____ de Pablo y Manuela.

**4-3 ¿Quién es?** Identify these family relationships.

**MODELO:** El padre de mi madre es mi *abuelo*.

1. La hermana de mi madre es mi _____.
2. El hijo de mi tía es mi _____.
3. La hija de mi hermano es mi _____.
4. La madre de mi padre es mi _____.

5. La hija de mis padres es mi _____.

6. El hijo de mi hijo es mi _____.

7. El hijo de mis abuelos es mi _____ o mi _____.

 **4-4 ¿Cómo es tu familia?** Take turns asking and answering questions about your families.

**MODELO:** E1: ¿Viven tus abuelos con tu familia?
E2: *Sí, viven con nosotros. ¿Y tus abuelos?*
E1: *No, mis abuelos no viven con nosotros.*

1. ¿Es grande o pequeña tu familia?

2. ¿Dónde vive tu familia?

3. ¿De dónde son tus padres?

4. ¿Cómo son tus padres?

5. ¿Cuántos/as hermanos/as (hijos/as) tienes?

6. ¿Tus hermanos son mayores o menores que tú?

7. ¿Trabajan o estudian tus hermanos?

8. ¿Tienes sobrinos?

9. ¿Cuántos tíos/ primos tienes?

10. ¿Viven cerca o lejos tus tíos/ primos?

**CD**
**Track 17**

## PRONUNCIACIÓN

### Sounds of *d* and *t*

1. The Spanish **d** has two distinct sounds: dental and interdental. At the beginning of a breath group or after the letters **l** or **n**, the **d** is dental. Pronounce it with the tip of the tongue pressed against the back of the upper front teeth. In all other cases, the **d** is interdental. Place the tip of the tongue between the upper and lower teeth, like the weak English *th* in *that*. Note the following examples:

   | | | | | | |
   |---|---|---|---|---|---|
   | *dental:* | *dar* | *andar* | *caldera* | *Daniel* | *falda* | *senda* |
   | *interdental:* | *modo* | *cada* | *verdad* | *edad* | *unida* | *cada* |

2. The Spanish **t** is pronounced by pressing the tip of the tongue against the upper front teeth rather than against the ridge above the teeth as in English. The Spanish **t** is also pronounced without the puff of air that normally follows the English *t*. Note the following examples:

   | | | |
   |---|---|---|
   | *torre* | *meta* | *tú* |
   | *Tomás* | *puerta* | *otoño* |
   | *tanto* | *octubre* | *taco* |

**CD**
**Track 18**

### Pronunciemos

**A. La *d* dental.** You will hear a series of Spanish words that contain the dental **d**. Repeat each word after the speaker.

**B. La *d* interdental.** Now you will hear a series of Spanish words and phrases that contain the interdental **d**. Repeat each word after the speaker.

**C. La *t*.** Now you will hear a series of Spanish words that contain the **t** sound. Repeat each word after the speaker.

## Comparaciones

## La familia hispana

**En tu experiencia.** ¿A quiénes consideras tu núcleo familiar? ¿Cuántos miembros de tu familia viven en casa? ¿Dónde viven los otros miembros de tu familia? Y tú, ¿vives en una residencia estudiantil, en tu casa o en un apartamento? ¿Por qué? En las familias que conoces (*you know*), ¿quién cuida (*looks after*) a los niños cuando los padres no están en casa? ¿Quién ayuda a los padres con los quehaceres (*chores*) de la casa? En el siguiente (*following*) artículo, ¿en qué consiste el concepto de familia para muchos hispanos?

Una familia guatemalteca.

El núcleo familiar generalmente incluye sólo a los padres y a los hijos pero el concepto hispano de familia puede incluir también a los abuelos, a los tíos y a los primos. Por lo general, los miembros de una familia hispana viven juntos más tiempo que los miembros de una familia canadiense. Los hijos solteros (*single*) generalmente viven en casa, aun (*even*) cuando trabajan o van a la universidad. En muchas casas hispanas, los padres, los hijos y un abuelo, tío o primo viven juntos. Las familias son muy unidas y forman un sistema de apoyo (*support*). Por ejemplo, un abuelo o una abuela puede cuidar a los niños de la casa mientras los padres trabajan. Un tío soltero o una tía viuda (*widowed*) ayuda en la casa y forma parte de la familia. Aunque (*Although*) la situación cambia poco a poco, los miembros de la familia que viven fuera de casa (*outside the home*) usualmente viven cerca, en la misma ciudad y frecuentemente en el mismo barrio (*neighbourhood*).

**¡A conversar!** ¿Qué piensan Uds.?

**MODELO:** E1: Me gusta vivir cerca de mi familia.
E2: *Estoy de acuerdo. (I agree.)/ No estoy de acuerdo./ No sé. (I don't know.)*

1. Para mí, el núcleo familiar consiste en los padres, los hijos, los abuelos y toda la familia política (*in-laws*).

2. Me gusta vivir cerca de mi familia.

3. Es bueno tener muchos hijos.

4. Tengo una buena relación con mis primos.

5. Para los recién casados (*newlyweds*), es bueno vivir lejos de los padres.

6. Me gusta ir de fiesta con mis padres.

7. Me gusta la idea de vivir con abuelos, tíos y primos.

8. Me gusta vivir en casa de mis padres.

# ¡Así lo hacemos! Estructuras

## 1. The present tense of stem-changing verbs: $e \rightarrow ie, e \rightarrow i, o \rightarrow ue$

4-7 to
4-14

You have already learned how to form regular **-ar**, **-er**, and **-ir** verbs, and a few irregular verbs. This group of stem-changing verbs requires a change in the stem vowel of the present indicative forms, excluding **nosotros/as** and **vosotros/as**.

¿Quiere un sándwich de pollo?

No señor, prefiero una hamburguesa.

### Los verbos $e \rightarrow ie$

| querer (*to want; to love*) | | | |
|---|---|---|---|
| yo | quiero | nosotros/as | queremos |
| tú | quieres | vosotros/as | queréis |
| Ud. él/ella | quiere | Uds. ellos/as | quieren |

■ Note that the changes occur in the first, second, and third persons singular, and in the third person plural.[1]

Other common **e → ie** verbs are:

| | |
|---|---|
| **empezar** | *to begin* |
| **entender** | *to understand* |
| **pensar (+ infin.)** | *to think; to intend (to do something)* |
| **perder** | *to lose* |
| **preferir** | *to prefer* |

**Quiero** volver a Guatemala.      *I **want** to return to Guatemala.*

**Pensamos** mucho en nuestro abuelo.      *We **think** about our grandfather a lot.*

**Pienso** ver una película esta noche.      *I **intend** to watch a movie tonight.*

¿A qué hora **empieza** la fiesta?      *At what time **does** the party **start**?*

■ Some common **e → ie** verbs, such as **tener** (which you learned in **Lección 2**) and **venir** (*to come*), have an additional irregularity in the first person singular.

| | tener | venir |
|---|---|---|
| yo | **tengo** | **vengo** |
| tú | tienes | vienes |
| Ud. él/ella | tiene | viene |
| nosotros/as | tenemos | venimos |
| vosotros/as | tenéis | venís |
| Uds. ellos/as | tienen | vienen |

**Tengo** que hacer mucha tarea hoy.      *I **have** to do a lot of homework today.*

Si Ester **viene** el viernes, yo **vengo** también.      *If Ester **comes** on Friday, I'll **come** too.*

---

[1] Note that in these forms the stem contains the stressed syllable.

¡Repito! ¡No estoy enojada contigo!

## Los verbos e → i

Another stem-changing pattern changes the stressed **e** of the stem to **i** in all forms except the first and second person plural.

| pedir (*to ask for; to request*) | | | |
|---|---|---|---|
| yo | pido | nosotros/as | pedimos |
| tú | pides | vosotros/as | pedís |
| Ud. él/ella | pide | Uds. ellos/as | piden |

- All **e → i** stem-changing verbs have the **-ir** ending. The following are some other common **e → i** verbs.

| | | | |
|---|---|---|---|
| **conseguir** | *to obtain* | **seguir** | *to follow; to continue* |
| **decir** | *to say; to tell* | **servir** | *to serve* |
| **repetir** | *to repeat* | | |

La chica **pide** un café. — *The girl **orders** a coffee.*

**Servimos** el desayuno a las ocho. — *We serve breakfast at eight o'clock.*

- Note that **decir** has an irregular first person singular form (like **tener** and **venir**): **digo**.

| | | | |
|---|---|---|---|
| yo | **digo** | nosotros/as | decimos |
| tú | dices | vosotros/as | decís |
| Ud. él/ella | dice | Uds. ellos/as | dicen |

- Note that **seguir** and **conseguir** drop the **u** in the first person: **sigo, consigo**.

El profesor **sigue** el programa. — *The professor **follows** the program.*

Nunca **consigo** las clases que necesito. — *I never **get** the classes I need.*

## Los verbos o → ue

Ella siempre sueña que está en la playa.

| volver (*to return; to come back*) | | | |
|---|---|---|---|
| yo | vuelvo | nosotros/as | volvemos |
| tú | vuelves | vosotros/as | volvéis |
| Ud. él/ella | vuelve | Uds. ellos/as | vuelven |

Another category of stem-changing verbs is one in which the stressed **o** changes to **ue**. As with **e → ie** and **e → i**, there is no stem change in the **nosotros/as** and **vosotros/as** forms.

- Other commonly used **o → ue** stem-changing verbs are:

| | | | |
|---|---|---|---|
| **almorzar** | *to eat lunch* | **jugar**[1] | *to play* |
| **costar** | *to cost* | **poder** | *to be able to* |
| **dormir** | *to sleep* | **recordar** | *to remember; to remind* |
| **encontrar** | *to find* | **soñar (con)** | *to dream (about)* |

¿Cuánto **cuesta** ir a Guatemala? — *How much **does it cost** to go to Guatemala?*

Mañana **juego** al tenis con mi tía. — *Tomorrow **I'm playing** tennis with my aunt.*

**Almorzamos** en el club todos los sábados. — *We have lunch at the club every Saturday.*

¿**Sueñas** con ser rico algún día? — *Do you dream about being rich one day?*

**Duermo** la siesta después de almorzar. — *I take a nap after having lunch.*

¿**Puedes** terminar la tarea para mañana? — *Can you finish the homework for tomorrow?*

---

[1] **Jugar** is not an **-o-** verb, but it follows the **o → ue** pattern.

## Aplicación

**4-5 Esta noche** (*Tonight*). Repeat the following sentences, changing the italicized verbs (**e → ie**) to agree with the subjects given in parentheses.

MODELO:   Esta noche no *quiero* estudiar. (él)
➤ *Esta noche no quiere estudiar.*

1.  Esta noche no *quiero* estudiar. (él, nosotros, Elena, Elena y Juan, tú, yo, Ud.)
2.  *Prefiero* ver la televisión. (ella, ellas, él, yo, nosotros, tú, mis amigos)
3.  Pero *tengo* que hacer la tarea. (él, nosotros, Ana y María, yo, ella, tú, Uds.)

**4-6 ¡Vamos a comer!** Repeat the following sentences, changing the italicized verbs (**e → i**) to agree with the subjects given in parentheses.

MODELO:   *Pido* agua para el almuerzo. (él)
➤ *Pide agua para el almuerzo.*

1.  *Pido* agua para el almuerzo. (él, nosotros, yo, tú, Pepe, ellas, mi familia)
2.  *Sirvo* la comida en casa. (mi madre, mis hermanos, nosotros, tú, él, Ud., mi hermana)
3.  *Sigo* las instrucciones para preparar la paella. (mis tíos, Ud., nosotros, tú, yo, mis primas, Ud. y Laura)

**4-7 Por la tarde.** Repeat the following sentences, changing the italicized verbs (**o → ue**) to agree with the subjects given in parentheses.

MODELO:   *Almuerzo* en la cafetería. (ellos)
➤ *Almuerzan en la cafetería.*

1.  *Almuerzo* en la cafetería. (ellos, ella, él, nosotros, tú, los estudiantes, Paco)
2.  Luego *duermo* la siesta. (él, nosotros, Ana y María, ella, tú, Uds., mi hermano)
3.  Más tarde *juego* al fútbol. (ella, ellos, mis amigas, Pedro, nosotros, yo, Ud.)

**4-8 Vamos a almorzar.** You and your friends decide to have lunch together in a restaurant. Complete each sentence with the correct form of the verb in parentheses.

Yo (1. pensar) _____ almorzar en la cafetería con mis amigos pero ellos (2. decir) _____ que la comida de la universidad (3. costar) _____ mucho y que ellos (4. preferir) _____ comer en un restaurante. Nosotros no (5. tener) _____ clases por la tarde y (6. encontrar) _____ un buen restaurante. Yo (7. pedir) _____ un sándwich y una ensalada y, luego, (8. recordar) _____ que no (9. poder) _____ comer mucho porque (10. tener) _____ que ir a una clase que (11. empezar) _____ a las dos y media. Una muchacha muy simpática (12. servir) _____ la comida y nosotros (13. conseguir) _____ un almuerzo bueno y barato. Luego yo (14. volver) _____ a la universidad en autobús pero mis amigos (15. tener) _____ sueño y (16. querer) _____ ir a casa a dormir la siesta.

**4-9 La vida universitaria.** Ask each other questions about your daily routine at the university.

MODELO:   E1: Generalmente, ¿a qué hora vienes a la universidad?
E2: *Generalmente, vengo a las nueve. ¿Y tú?*

1.  ¿Cómo vienes a la universidad? (¿en autobús? ¿en coche? ¿en bicicleta?)
2.  ¿A qué hora empiezan tus clases hoy?
3.  ¿Dónde almuerzas? (¿en la cafetería? ¿en casa? ¿en tu cuarto?)
4.  ¿Duermes la siesta después de almorzar?
5.  ¿Juegas a un deporte en tu tiempo libre? (¿al hockey? ¿al tenis? ¿al fútbol?)

6. ¿Puedes hacer ejercicio en el gimnasio durante el día?

7. ¿Dónde prefieres hacer la tarea? (¿en la biblioteca? ¿en tu cuarto?)

8. ¿Tienes que estudiar mucho por la noche?

**4-10 Una conversación.** Take turns asking one another questions about your daily routine at home with your family and friends.

**Modelo:** E1: *Generalmente, ¿a qué hora almuerzan Uds. con su familia?*
E2: *Generalmente, almuerzo a la una con mi familia. ¿Y tú?*
E3: *Nosotros almorzamos al mediodía.*

1. Generalmente, ¿a qué hora almuerzan Uds. con su familia?

2. ¿Quiénes duermen la siesta en su familia?

3. ¿A qué hora vuelven sus padres a casa durante la semana?

4. ¿Uds. sirven las comidas temprano o tarde en su casa?

5. ¿Uds. piden una comida especial cuando están en casa?

6. ¿Pueden ver la televisión todas las noches en casa?

7. ¿Dónde prefieren vivir, en casa con su familia o en un apartamento? ¿Por qué?

8. ¿Piensan ir a visitar a su familia este fin de semana?

4-15 to
4-19

## 2. The present tense of *poner (to put)*, *salir (to go out; to leave)*, and *traer (to bring)*

You have already learned some Spanish verbs which are irregular only in the first person singular form of the present indicative tense (**hacer – hago** and **ver – veo**). With these verbs, all other forms follow the regular conjugation patterns.

| (to bring) | poner (to put) | salir (to go out; to leave) | traer (to bring) |
|---|---|---|---|
| yo | **pongo** | **salgo** | **traigo** |
| tú | pones | sales | traes |
| Ud. } él/ella | pone | sale | trae |
| nosotros/as | ponemos | salimos | traemos |
| vosotros/as | ponéis | salís | traéis |
| Uds. } ellos/as | ponen | salen | traen |

Si ustedes **traen** los platos, yo **pongo** la mesa.  *If you **bring** the plates, I'll **set** the table.*

Siempre **salgo** al parque a las ocho.  *I always **go out** to the park at eight.*

**Salir**

Each of the following expressions with **salir** has its own meaning.

- **salir de:** *to leave a place, to leave on a trip*

  | | |
  |---|---|
  | **Salgo de** casa a las ocho. | *I leave home at eight.* |
  | **Salimos de** viaje esta noche. | *We are leaving on a trip tonight.* |

- **salir para:** *to leave for (a place), to depart*

  | | |
  |---|---|
  | Mañana **salen para** Managua. | *Tomorrow they leave for Managua.* |
  | ¿**Sales para** las montañas ahora? | *Are you leaving for the mountains now?* |

- **salir con:** *to go out with, to date*

  | | |
  |---|---|
  | Silvia **sale con** Jorge. | *Silvia goes out with Jorge.* |
  | Lucía **sale con** sus amigas esta tarde. | *Lucía is going out with her friends this afternoon.* |

- **salir a** (+ infinitive): *to go out (to do something)*

  | | |
  |---|---|
  | No **salen a** trabajar los sábados. | *They don't go out to work on Saturdays.* |
  | ¿**Sales a** almorzar hoy? | *Are you going out for lunch today?* |

## Aplicación

**4-11 En la universidad.** Repeat the following sentences, changing the italicized verbs to agree with the subjects given in parentheses.

**MODELO:** *Salgo* de casa a las ocho. (ella)
→ *Sale de casa a las ocho.*

1. *Salgo* de casa a las ocho. (ella, nosotros, sus amigos, tú, mi padre, Ud.)
2. *Pongo* la mochila en el piso. (ellas, él, nosotros, Mariana, tú, Uds.)
3. *Traigo* muchos libros a la universidad. (mis hermanos, nosotros, yo, tú, Ud., Pablo)

**4-12 ¿A qué hora salen Uds. de casa?** Complete these sentences with the correct forms of the irregular and stem-changing verbs in parentheses.

Generalmente, yo (1. salir) _____ de casa con mi hermana a las ocho y media de la mañana porque nuestras clases (2. empezar) _____ a las nueve. Antes de salir, nosotros (3. poner) _____ los libros en la mochila. Yo (4. poner) _____ jugo también pero ella (5. poner) _____ un refresco. Nosotros (6. traer) _____un sándwich para el almuerzo y mi hermana siempre (7. traer) _____ una ensalada también. Los días en que yo (8. jugar) _____ al fútbol, (9. traer) _____ una merienda para la tarde. Después de las clases, nosotros (10. salir) _____ de la universidad para volver a casa.

**4-13 En la universidad.** Take turns asking each other about your daily routine.

**MODELO:** E1: ¿A qué hora sales de tu casa (o tu cuarto) por la mañana?
E2: *Salgo a las nueve menos cuarto. ¿Y tú?*

1. ¿A qué hora sales para venir a la clase de español? ¿Vienes con tus amigos?
2. ¿Qué traes a la clase? ¿Traes tu computadora, un diccionario, agua o jugo?
3. ¿Qué trae nuestro/a profesor/a a la clase de español?
4. ¿Dónde pones tu mochila en la clase? ¿Y tu cuaderno?
5. ¿Para dónde sales después de la clase? ¿Con quiénes sales?

## ¡Así lo decimos! Vocabulario

### El tiempo libre

4-20 to 4-22

el café (al aire libre)

el cine

la orquesta

el parque

el teatro

| Actividades y pasatiempos | Activities and pastimes |
|---|---|
| asistir (a un partido) | to go (to a game) |
| conocer (zc) | to know or meet (someone); to be familiar with (something) |
| conversar (en un café) | to chat (at a cafe) |
| correr (por el parque) | to run (in the park) |
| dar un paseo | to take a stroll |
| ir (a la playa) | to go (to the beach) |
| ir (de compras) | to go (shopping) |
| pasear (por el centro) | to take a walk (downtown) |
| saber | to know (how to do) something |
| tomar el sol | to sunbathe |
| ver (una película) | to see (a movie) |
| visitar (a los amigos) | to visit (friends) |

| Hacer una invitación | How to extend an invitation |
|---|---|
| ¿Puedes ir a . . . ? | Can you go to . . . ? |
| ¿Quieres ir a . . . ? | Do you want to go to . . . ? |
| ¿Vamos a . . . ? | Shall we go to . . . ? |

| Aceptar una invitación | How to accept an invitation |
|---|---|
| Sí, claro. | Yes, of course. |
| De acuerdo. | Fine with me; Okay. |
| Paso por ti. | I'll pick you up. |
| Vamos. | Let's go. |

| Rechazar una invitación | How to turn down an invitation |
|---|---|
| Gracias, pero no puedo . . . | Thanks, but I can't . . . |
| Lo siento; tengo que . . . | I'm sorry; I have to . . . |

| Sustantivos | Nouns |
|---|---|
| el carro, el coche | car |
| el concierto | concert |
| el conjunto musical | (musical) group; band |
| el dinero | money |
| la entrada | admission ticket |
| la función | show |
| la sorpresa | surprise |

## ¡Así es la vida! El tiempo libre

4-25 to
4-27

### Una invitación

**Laura:** Aló.

**Raúl:** Sí, con Laura, por favor.

**Laura:** Habla Laura.

**Raúl:** Laura, habla Raúl. ¿Cómo estás?

**Laura:** Muy bien. ¡Qué sorpresa, Raúl!

**Raúl:** Pues, te llamo para ver si quieres ir al cine esta noche.

**Laura:** ¿Sabes qué película ponen?

**Raúl:** Sí, en el Cine Rialto pasan *Volver*, una película de Almodóvar.

**Laura:** ¡Qué bueno! Entonces vamos. ¿A qué hora es la función?

**Raúl:** Empieza a las siete. A las seis y media paso por ti.

**Laura:** De acuerdo, pero no tengo mucho dinero. ¿Cuánto cuesta la entrada?

**Raúl:** No hay problema; yo te invito.

### En una fiesta

## Aplicación

**4-14 Qué pasa?** Indicate whether each of the following statements is true (**cierto**) or false (**falso**), based on the **¡Así lo decimos!** vocabulary and reading, and correct any false statements.

1. Raúl llama por teléfono porque quiere hablar con Laura.
2. Él la invita a un concierto.
3. *Volver* es un cine.
4. Laura quiere ver la película en el Cine Rialto.
5. La película empieza a las seis y media.
6. Raúl va a comprar las entradas.

**4-15 Los pasatiempos.** Complete each sentence with a logical word or expression from **¡Así lo decimos!**.

1. Nosotros corremos por ____.
2. Alicia toma el sol en ____.
3. Voy al ____ para ver una película.
4. Yo paseo todos los días por ____.
5. Ellos toman refrescos en un ____.
6. Si quieres ir al cine, necesitas ____.
7. ¿Quieres ir al ____ de hockey?
8. Voy de ____ al centro.

**4-16 Una invitación.** Complete this telephone conversation. Try to incorporate vocabulary from **¡Así lo decimos!**. and practise it with your partner.

Suena el teléfono. Lo contesta Manuel.

| | |
|---|---|
| **Manuel:** | Aló. |
| **Concha:** | Hola, Manuel. Habla Concha. |
| **Manuel:** | Hola, Concha. ¿ . . . ? |
| **Concha:** | Muy bien, Manuel. ¿ . . . ? |
| **Manuel:** | También. |
| **Concha:** | Manuel, te llamo para invitarte a . . . |
| **Manuel:** | Sí, . . . ¿A qué hora . . . ? |
| **Concha:** | A las . . . |
| **Manuel:** | El cine está en el . . . , ¿verdad? ¿Vamos en . . . ? |
| **Concha:** | Sí, paso por ti . . . |
| **Manuel:** | De acuerdo, Concha. Hasta pronto. |
| **Concha:** | Hasta . . . , Manuel. |

**4-17 ¡Estoy aburrido/a!** Explain to your partner that you are bored, so that he/she will invite you to do something. Accept or reject the invitation. If you reject it, give excuses.

**MODELO:** E1: Estoy aburrido/a.
E2: *¿Quieres ir a bailar?*
E1: *Sí, claro. ¡Vamos!/ Gracias, pero no puedo. No tengo dinero.*

**Algunas actividades**

| | | |
|---|---|---|
| ir a un partido de básquetbol | salir a tomar un café | ir de compras al centro |
| jugar al hockey | dar un paseo por . . . | escuchar música |
| visitar a los amigos | ir al cine | ver la televisión |

**Algunas excusas**

| | | |
|---|---|---|
| estar cansado/a | no tener coche | tener mucho sueño |
| estar enfermo/a | no tener tiempo | tener mucha tarea |
| estar ocupado/a | no tener dinero | tener que estudiar |

**4-18 El fin de semana.** Make plans for this weekend. Use the activities and questions to guide your conversation.

**MODELO:** *Vamos a pasear por el centro . . .*

**Algunas actividades**

| | | |
|---|---|---|
| escuchar música | dar un paseo | ir a un partido de hockey |
| jugar al básquetbol | visitar a mi/tu familia | ir al cine |
| salir a comer | ir a una fiesta | ir de compras |

**Algunas preguntas**

| | |
|---|---|
| ¿Adónde quieren Uds. ir? | ¿Qué quieren hacer? |
| ¿Qué día? | ¿A qué hora empieza? |
| ¿Con quiénes van? | ¿Cuánto cuesta? |
| ¿Cómo van? | ¿A qué hora vuelven a casa? |

# Comparaciones

## La vida social de los hispanos

**En tu experiencia.** ¿Cómo pasas tu tiempo libre? ¿Sales mucho con tus amigos? ¿Adónde van Uds.? ¿Van de compras al centro? ¿Almuerzan en un restaurante? ¿Dan un paseo por el parque o el centro? ¿Qué actividades prefieren Uds. hacer los sábados por la noche? ¿Salen a comer? ¿Van al cine o al teatro? ¿Van a una fiesta? ¿A qué hora vuelven normalmente a casa? En el siguiente artículo, ¿cómo pasan los hispanos su tiempo libre?

Estos amigos juegan a la canasta al aire libre.

Los hispanos disfrutan de (*enjoy*) la vida y dedican mucho tiempo a las actividades recreativas y a sus pasatiempos favoritos. Generalmente estas actividades son de tipo social y ocurren por la noche: visitar a la familia y a los amigos, salir en grupo al cine, al teatro, a un concierto, o a dar un paseo por el parque, ir a un partido de fútbol, béisbol o básquetbol, o simplemente quedarse (*staying*) en la casa para ver la televisión o para jugar a la canasta o al ajedrez (*chess*) con la familia. Durante el fin de semana (*weekend*) muchas familias pasan el día en el club social, donde los padres y los hijos se reúnen (*get together*) con sus amigos para hacer actividades deportivas o sociales.

**¡A conversar!** Escribe (*Write*) una lista de ocho actividades que haces con tus amigos en orden de preferencia. Luego, compara (*compare*) tu lista con un/a compañero/a de clase para ver qué actividades tienen en común.

**MODELO:** *Número uno, corro por el parque.*
*Número dos . . .*

## PRONUNCIACIÓN

### Sounds of *j* and *g*

1. The Spanish **j** is pronounced like a forceful English *h* in the word *h*at.

   jamón     Ta**j**o     ca**j**a
   **j**ugar     **J**aime     **j**arra

2. The letter **g** has three distinct sounds. Before **e** and **i** it is pronounced like a forceful English *h* in *h*at. Note these examples:

   **gi**tano     **Ge**rmán     a**gi**tar     co**ge**r

   At the start of a breath group or after **n**, the combinations **ga**, **go**, **gu**, **gue**, and **gui** are pronounced like a weak English *g*, as in *g*ate. Note these examples:

   **gue**rra     **go**l     ma**ngo**
   **ga**nar     **gui**tarra     un **ga**to

   Everywhere else (except for the combinations **ge** and **gi**) the sound is weaker, with the breath continuing to pass between the palate and the back of the tongue. Note these examples.

   al**go**     a**g**ricultura     a**g**ua
   conti**go**     o**g**ro     ne**g**ro

### Pronunciemos

**A. La *j*.** You will hear a series of Spanish words that contain the letter **j**. Repeat each word after the speaker.

**B. La *g* con *e* o *i*.** You will now hear a series of Spanish words that contain the combinations **ge** and **gi**. Repeat each word after the speaker.

**C. La *g* con *a, o, u, ue* o *ui*.** You will now hear a series of Spanish words that contain the combinations **ga**, **go**, **gu**, **gue**, and **gui**. Repeat each word after the speaker.

**D. Más combinaciones con *g*.** You will now hear a series of words and phrases that contain the combinations **ga**, **go**, **gu**, **gue**, and **gui** within a breath group. Repeat each word or phrase after the speaker.

# ¡Así lo hacemos! Estructuras

## 3. Direct objects, the personal *a*, and direct object pronouns

4-28 to
4-37

### Los complementos directos

■ The direct object is the noun that generally follows the verb which acts upon it. The direct object is identified by asking *whom?* or *what?* about the verb. Note that the direct object can be either an inanimate object (**la televisión**, **un carro**) or a person (**Jorge**).

| Mi hermano ve **la televisión**. | *My brother watches **television**.* |
| Pablo va a comprar **un carro**. | *Pablo is going to buy **a car**.* |
| Anita llama **a su amigo Jorge**. | *Anita calls **her friend Jorge**.* |

### La *a* personal

■ When the direct object is a definite person or persons, an **a** precedes the noun in Spanish. This is known as the personal **a**. However, the personal **a** is omitted after the verb **tener** when it means *to have* or *possess*.

| Veo **a** Juan todos los días. | *I see Juan every day.* |
| Quiero mucho **a** mi papá. | *I love my father a lot.* |
| Marta y Ricardo tienen un hijo. | *Marta and Ricardo have a son.* |

■ The personal **a** is not used with a direct object that is an indefinite or unspecified person.

| Ana quiere **un novio inteligente**. | *Ana wants **an intelligent boyfriend**.* |

■ The preposition **a** followed by the definite article **el** contracts to form **al**.

| Llaman **al** doctor. | *They are calling **the** doctor.* |
| Alicia visita **al** profesor Rojas. | *Alicia visits Professor Rojas.* |

■ When the interrogative **quién(es)** requests information about the direct object, the personal **a** precedes it.

| ¿**A quién** llama Juanita? | ***Whom** is Juanita calling?* |

■ The personal **a** is required before every specific, human direct object in a series.

| Visito **a Jorge** y **a Elisa**. | *I'm visiting **Jorge** and **Elisa**.* |

### Los pronombres de complemento directo

A direct object noun is often replaced by a direct object pronoun. The chart below shows the forms of the direct object pronouns.

|  | Singular |  | Plural |
|---|---|---|---|
| **me** | *me* | **nos** | *us* |
| **te** | *you* (informal) | **os** | *you* (informal) |
| **lo** | *him, you, it* (masc.) | **los** | *you, them* (masc.) |
| **la** | *her, you, it* (fem.) | **las** | *you, them* (fem.) |

■ Direct object pronouns are generally placed directly before the conjugated verb. If the sentence is negative, the direct object pronoun goes between **no** and the verb.

| **La** quiero mucho. | *I love **her** a lot.* |
| ¿**Me** esperas? | *Will you wait for **me**?* |
| No, no **te** espero. | *No, I won't wait for **you**.* |

■ Third person direct object pronouns agree in gender and number with the noun that they replace.

| | | |
|---|---|---|
| Quiero **el dinero**. | → | **Lo** quiero. |
| Necesitamos **los cuadernos**. | → | **Los** necesitamos. |
| Llamo **a Teresa**. | → | **La** llamo. |
| Buscamos **a las chicas**. | → | **Las** buscamos. |

■ Direct object pronouns are commonly used in conversation when the object is established or known. When the conversation involves first and second persons (*me, us, you*), remember to make the proper transitions.

| | |
|---|---|
| ¿Dónde ves **a Jorge** y **a Adela**? | *Where do you see **Jorge** and **Adela**?* |
| **Los** veo en clase. | *I see **them** in class.* |
| ¿Visitas **a tu abuela**? | *Do you visit **your grandmother**?* |
| Sí, **la** visito mucho. | *Yes, I visit **her** a lot.* |
| ¿**Me** llamas esta noche? | *Will you call **me** tonight?* |
| Sí, **te** llamo a las ocho. | *Yes, I'll call **you** at eight.* |

■ In constructions that use the infinitive, direct object pronouns may either precede the conjugated verb or be attached to the end of the infinitive.

| | |
|---|---|
| Adolfo va a llamar **a Ana**. | *Adolfo is going to call **Ana**.* |
| Adolfo **la** va a llamar. ⎫ | *Adolfo is going to call **her**.* |
| Adolfo va a llamar**la**. ⎭ | |

■ In negative sentences, the direct object pronoun is placed between **no** and the conjugated verb. The object pronoun may also be attached to the end of the infinitive in negative sentences.

| | |
|---|---|
| Adolfo no **la** va a llamar. ⎫ | *Adolfo is not going to call **her**.* |
| Adolfo no va a llamar**la**. ⎭ | |

## Aplicación

**4-19 ¿A quién ves?** Write the preposition **a** wherever necessary.

**Teresa:** ¿(1.)_____ quién ves todos los días?

**Carlos:** Yo siempre veo (2.)_____ Tomás en la universidad. Tomás y yo tomamos (3.) _____ café juntos todas las tardes.

**Teresa:** ¿Ven (4.) _____ sus amigos allí?

---

### ●STUDY TIPS

**Para usar los pronombres de complemento directo**

Using the direct object pronoun in Spanish takes practice. The following general tips might be helpful.

■ In English, direct object pronouns are placed **after** the verb. In Spanish, direct object pronouns usually **precede** the conjugated verb.

■ The direct object pronouns **lo**, **la**, **los**, **las** can refer to both people (*him, her, them, you*) and objects (*it, them*).

■ In Spanish, as in English, a direct object pronoun should be used only after the noun to which it refers has been introduced. Otherwise, the use of a direct object pronoun creates ambiguity.

**Carlos:** Sí, claro. Siempre vemos (5.)____ Elisabet y (6.)____ Gustavo. A veces (*Sometimes*) los hermanos de Tomás toman (7.) ____ café con nosotros también.

**Teresa:** ¿Son interesantes sus hermanos?

**Carlos:** Sí, él tiene (8.)____ unos hermanos muy simpáticos. Esta noche todos vamos a ver (9.)____ una película muy buena, pero Gustavo no puede ir porque tiene que visitar (10.)____ la familia de su novia.

**4-20 Sustitución.** Replace the direct object nouns with the appropriate direct object pronouns.

**MODELO:** Pensamos hacer *ejercicio*.
→ *Lo* pensamos hacer./ Pensamos hacer*lo*.

1. Pensamos hacer *ejercicio*. (la tarea, los ejercicios, las lecciones de español, un café)

2. Compro *un libro*. (unos libros, dos bolígrafos, tres entradas, un coche nuevo)

3. Busco *mi calculadora*. (mis libros, la casa de José, a la profesora, a mis amigos)

4. No necesito *el dinero*. (tu coche, las entradas, más sorpresas, al doctor, a la secretaria)

**4-21 ¿Quién es quién?** In each of the following sentences, identify the subject (S) and the direct object (DO). Then, complete the question or statement that follows with the correct pronoun.

**MODELO:** <u>Mis amigos y yo</u> vamos a tomar <u>café</u> en el centro esta tarde.
　　　　　　　S　　　　　　　　　　　　DO
→ *Lo* tomamos allí todos los viernes.

1. Mis amigos piensan ver una película española. ¿____ quieres ver?

2. Carlos invita a su novia Amanda. Carlos siempre ____ invita a salir.

3. Amanda llama a Sara y a Pedro. ____ ve todos los días en clase.

4. Después de la película tomamos más café. ____ tomamos en un café al aire libre.

5. Visito mucho a mis abuelos. Voy a visitar ____ el domingo.

6. Carlos y Amanda prefieren escuchar música. ____ escuchan cuando corren por el parque.

7. Tomamos un taxi para la casa. ____ tomamos juntos porque es más barato.

8. Nosotros queremos invitarte a ti. ¿____ buscamos a las cuatro?

**4-22 Planes.** Match each question with the corresponding response.

1. ¿Dónde vemos *la película*?
2. ¿Quién sirve *la comida*?
3. ¿A qué hora *me* llamas?
4. ¿Tus amigos *te* invitan a tomar un café?
5. ¿Vas a visitar *a tus amigas*?
6. ¿Haces *la tarea* con Juana?
7. ¿Cuándo piensas visitar*nos*?
8. ¿Vas a comprar *las entradas*?

a. No, *me* invitan a almorzar.
b. Sí, voy a visitar*las* mañana.
c. Pienso visitar*los* el sábado.
d. Sí, voy a comprar*las* por la tarde.
e. *Te* llamo a las nueve.
f. *La* sirvo yo.
g. No, no *la* hago con ella.
h. *La* vemos en el Cine Rialto.

**4-23 ¿Qué haces por la mañana?** Answer each question and replace the direct object noun with its corresponding pronoun.

**MODELO:** ¿Escuchas *la radio* por la mañana?
→ *Sí, **la** escucho./ No, no **la** escucho.*

1. ¿Lees *el libro de español?*
2. ¿Preparas *las lecciones?*
3. ¿Bebes *café?*
4. ¿Aprendes *el vocabulario?*
5. ¿Escribes *los ejercicios?*
6. ¿Haces *la tarea?*
7. ¿Ves *la televisión?*
8. ¿Llamas *a tus amigos?*
9. ¿Buscas *tu mochila?*
10. ¿Tomas *el autobús?*

**4-24 ¿Qué vas a hacer esta noche?** Answer each question and replace the direct object noun with its corresponding pronoun.

**MODELO:** ¿Vas a escuchar *la radio* esta noche?
→ *Sí, **la** voy a escuchar./ No, no **la** voy a escuchar.*
→ *Sí, voy a escuchar**la**./ No, no voy a escuchar**la**.*

1. ¿Vas a leer *el libro de español?*
2. ¿Vas a preparar *las lecciones?*
3. ¿Vas a tomar *café?*
4. ¿Vas a escribir *los ejercicios?*
5. ¿Vas a practicar *el fútbol?*
6. ¿Vas a hacer *la tarea?*
7. ¿Vas a estudiar *español?*
8. ¿Vas a ver *la televisión?*
9. ¿Vas a llamar *a tus amigos?*
10. ¿Vas a escuchar *música?*

**4-25. Algunas actividades.** Take turns asking each other about some of your weekend activities.

**MODELO:** E1: *¿Practicas el fútbol?*
E2: *No, no lo practico. ¿Y tú?*
E1: *Sí, lo practico los sábados.*

| | | |
|---|---|---|
| llamar a tu novio/a | ver la televisión | dar un paseo |
| visitar a tus amigos | hacer la tarea | estudiar español |
| practicar el hockey | comprar la comida | escuchar música |

## 4. *Saber (to know)* and *conocer (to know)*

4-38 to 4-42

Although the verbs **saber** and **conocer** can both mean *to know*, they are not interchangeable.

| | saber (*to know*) | conocer (*to know*) |
|---|---|---|
| yo | **sé** | **conozco** |
| tú | sabes | conoces |
| Ud.<br>él/ella | sabe | conoce |
| nosotros/as | sabemos | conocemos |
| vosotros/as | sabéis | conocéis |
| Uds.<br>ellos/as | saben | conocen |

■ The verb **saber** means *to know a fact* or to have knowledge or information about someone or something.

¿**Sabes** dónde está el cine?  *Do you know where the movie theatre is?*
No, no **sé**.  No, *I don't know*.

■ With an infinitive, the verb **saber** means *to know how to do* something.

**Sabemos** bailar tango.  *We know how to dance the tango.*
Tía Teresa **sabe** escribir bien.  *Aunt Teresa knows how to write well.*

■ **Conocer** means *to be acquainted* or *to be familiar* with a person, thing, or place.

Tina **conoce** a mis abuelos.  *Tina knows my grandparents.*
**Conozco** San Salvador.  *I know (am familiar with) San Salvador.*

■ Use the personal **a** with **conocer** to express **that you know** a specific person.

La profesora **conoce a** mi tío.  *The professor knows my uncle.*

## Aplicación

**4-26 ¿Conoces bien la universidad?** Repeat the following sentences, changing the italicized verbs to agree with the subjects given in parentheses.

**MODELO:**  *Conozco* bien la universidad. (ellos)
➔ *Conocen bien la universidad.*

1. *Conozco* a muchos estudiantes. (él, ellas, nosotros, Uds., yo, mis amigos)

2. *Yo sé* nadar. (mi hermana, Carmen y Tomás, tú, nosotros, yo, Uds.)

**4-27 Una amiga.** Complete the following conversation between Marcela and Carmiña with the correct forms of **saber** and **conocer**.

**MODELO:**  Yo _conozco_ a Ligia Gómez.

**Marcela:** ¿Tú (1.) _____ a Ligia también?
**Carmiña:** No, no la (2.) _____, pero sí (3.) _____ que es salvadoreña.
**Marcela:** Luis (4.) _____ que ella está en su clase de química, pero no la (5.) _____ muy bien.
**Carmiña:** Ramona (6.) _____ que Ligia vive en San Salvador.
**Marcela:** Sí, es verdad. Julio y Ramona (7.) _____ a sus padres, pero no (8.) _____ dónde viven.
**Carmiña:** Roberto quiere invitar a Ligia a una fiesta, pero (9.) _____ que Ligia tiene novio. ¿Tú (10.) _____ al novio de Ligia?
**Marcela:** Sí lo (11.) _____, pero no (12.) _____ de dónde es.
**Carmiña:** ¿Tú (13.) _____ cuántos años tiene?
**Marcela:** No lo (14.) _____. Sólo (15.) _____ que estudia literatura.

STUDY TIPS

**Un resumen de**
*saber* **y** *conocer*

**saber**

■ knowing a fact, skill
■ knowing how to do something
■ knowing information
■ may be followed by an infinitive
■ may be followed by *que*

**conocer**

■ knowing people
■ knowing a place
■ meeting someone for the first time
■ may *not* be followed by an infinitive
■ not normally followed by *que*

**4-28 ¿Quién?** Take turns asking each other questions about the following information.

MODELOS: la fecha
E1: *¿Sabes la fecha?*
E2: *Sí, la sé. Es el 15 de noviembre.*
E1: *¿Conoces al novio de Ligia?*
E2: *No, no lo conozco.*

| | |
|---|---|
| la fecha | el número de teléfono del/de la profesor/a |
| una estudiante hispana | un restaurante salvadoreño |
| la ciudad de Edmonton | un estudiante de Centroamérica |
| dónde vivo yo | cuándo hay examen |
| jugar al béisbol | una ciudad interesante |
| la capital de Honduras | preparar café |
| bailar bien | un libro en español |
| el país de Guatemala | mi nombre |

**4-29 ¿Vamos al cine?** In your group, visit one of the following websites to see which movies are playing and decide which you would like to see:

http://es.movies.yahoo.com
http://www.todocine.com/estrenos.htm

# ¡A escribir!

4-43 to
4-44

**4-30 Una invitación.** In this activity, you are going to write a short letter to invite a friend to spend a weekend with you. Follow the steps below and see also the **Vocabulario** box for useful expressions in your letter.

| VOCABULARIO | |
|---|---|
| **Saludos** | *Greetings* |
| **Mi(s) querido/a(s) amigo/a(s)** | *My dear friend(s)* |
| **Queridísima familia** | *Dearest family* |
| **Querido/a(s) . . .** | *Dear . . .* |
| | |
| **Despedidas** | *Closings* |
| **Un abrazo (de)** | *A hug (from)* |
| **Un beso (de)** | *A kiss (from)* |
| **Cariñosamente** | *Love, Affectionately* |
| **Con todo el cariño** | *With all my love* |

**Modelo:**

> Tegucigalpa, 30 de mayo de 2008
>
> Querida Pilar:
>
> Hola, ¿cómo estás? Estoy aquí en Tegucigalpa para pasar las vacaciones con mi familia. Conoces a mi amigo, Pancho, ¿verdad? Pues, el 27 de junio es su cumpleaños y quiero invitarte a cenar a mi casa...

## Antes de escribir

■ Make a list based on the following information.

| | | |
|---|---|---|
| lugar, fecha | algunas actividades | ¿Por qué? |
| saludo | ¿Con quiénes? | ¿Por cuánto tiempo? |
| presentación | ¿Cuándo? | despedida |

## A escribir

■ **Saludo.** Use the format of the Modelo, beginning with a place, a date, and a greeting.

■ **Carta.** Incorporate the information from your list above. Use words such as **y**, **pero**, and **porque** to link your ideas.

■ **Despedida.** Close the letter with a farewell (e.g. **Un abrazo de . . .** or **Un saludo cordial de . . .**).

## Después de escribir

■ **Revisar.** Review the following elements in your letter:
   ❏ use of stem-changing verbs, as well as **poner**, **salir**, and **traer**
   ❏ use of direct objects, direct object pronouns, and the personal **a**
   ❏ use of **saber** and **conocer**
   ❏ agreement of nouns, articles, and adjectives
   ❏ correct spelling, including accents

■ **Intercambiar.** Exchange your letter with a classmate's. Make grammatical corrections and content suggestions. Then respond to the letter.

■ **Entregar.** Rewrite your original letter, incorporating your classmate's comments. Then submit your letter and the response from your classmate to your instructor.

## Panoramas

**4-51 to 4-53**

**Vistas culturales**

### La América Central: Guatemala, El Salvador, Honduras, Nicaragua, Costa Rica, Panamá

**4-31 ¿Qué sabes tú?** How many of the following questions can you answer?

1. ¿Cuáles son las capitales de Guatemala, Nicaragua y Honduras?
2. ¿Cuál es el país más pequeño de los seis países de la América Central?
3. ¿Cuál es el más grande?
4. ¿Qué país está más cerca de México?
5. ¿Qué país NO tiene costas en dos océanos o mares?
6. ¿Cuál es una civilización antigua de esta región?
7. ¿Qué dos mares son unidas por el Canal de Panamá?
8. ¿Qué país tiene un lago muy grande?

Rigoberta Menchú recibe el premio Nobel de la Paz en 1992 por su trabajo para mejorar la situación de los indígenas mayas guatemaltecos.

**Rigoberta Menchú**
www.rigobertamenchu.org

En el interior de El Salvador, donde el clima es más fresco que en la costa, el ecoturismo es una buena manera de conocer el país. En Cerro Verde, por ejemplo, puedes observar una gran variedad de flora y fauna, además del volcán Izalco. El volcán está activo desde 1722, y en la época de la colonización, los indígenas lo llaman "el infierno de los españoles".

**El Salvador: La esencia de Centroamérica**
www.elsalvadorturismo.gob.sv

El terreno selvático y montañoso de gran parte de Centroamérica dificulta la implementación de programas y servicios de salud (*health*). Sin embargo, los gobiernos centroamericanos y organizaciones canadienses como CIDA trabajan para hacer llegar al pueblo los avances de la medicina.

**CIDA en Guatemala**
www.acdi-cida.gc.ca/CIDAWEB/acdicida.nsf/En/NIC-223123752-NPA

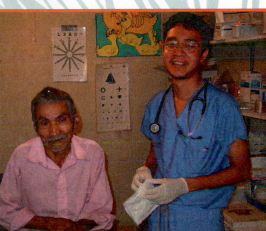

Estos niños indígenas llevan ropa que refleja las antiguas tradiciones artesanales de los tejidos (*woven goods*) mayas. Los tejidos también son muy populares entre los turistas.

**Centro de Textiles Tradicionales**
www.nimpot.com

*La Fundación Pro Iguana Verde de Costa Rica* se dedica a la protección de los animales en peligro de extinción, como la iguana verde y el guacamayo escarlata.

**Iguana Park**
www.cocori.com/library/eco/igprk.htm

Juventud Canadá Mundo (*Canada World Youth*) es una organización benéfica (*charitable*) que diseña e implementa programas internacionales de educación para los jóvenes de 17 a 29 años, enfocando el trabajo de voluntarios y el desarrollo (*development*) comunitario en un ambiente multicultural. Trabaja en el Canadá y en varios países hispanos incluido Nicaragua.

**Canada World Youth**
www.cwy-jcm.org

**4-32 ¿Dónde?** Identify the place or places on the map of Central America where you can find the following:

1. ecoturismo
2. niños mayas
3. montañas
4. Tegucigalpa

5. trabajadores de CIDA
6. voluntarios canadienses
7. protección de animales
8. el volcán de Izalco

**4-33 ¿Cierto o falso?** Indicate whether each sentence is true or false. Correct the false sentences.

1. Todas las regiones de la América Central tienen un clima tropical.
2. Juventud Canadá Mundo es una organización universitaria.
3. Rigoberta Menchú recibió el premio Pulitzer.
4. La iguana verde es un animal en peligro de extinción.
5. La artesanía indígena es muy popular entre los turistas.
6. La organización canadiense CIDA ayuda en proyectos de salud.

**4-34 El mapa.** Look over the map of Central America and indicate where the following places are located.

**MODELO:**   Paxbán
➤ *Paxbán está en el norte de Guatemala, cerca de México.*

en el oeste de . . .
en el este de . . .
en el centro de . . .
en la costa del Pacífico

en el norte de . . .
en el sur de . . .
al norte/ sur/ oeste/ este de . . .
en la costa del Caribe

1. Puerto Lempira
2. Bluefields
3. Tegucigalpa
4. Tikal
5. La Ciudad de Guatemala
6. Balboa

# Ritmos

**Track 4**

**4-54**

## "Marimba con punta" (Los Profesionales, Honduras)

"Marimba con punta" combines the marimba, a xylophone-like instrument derived from West Africa, with **punta rock**, a regional dance music that is popular in Central America. Originally, **punta** music was played at wakes by the Garifunas, descendants of West African people.

---

### Antes de escuchar

**4-35 Bailar punta.** Complete the following sentences that refer to the song by conjugating the stem-changing verbs in parentheses. Then rewrite the sentences using the appropriate direct object pronouns.

**MODELO:** Todo el mundo (poder) _____ bailar **punta**.
➜ *Todo el mundo* _puede_ *bailar punta.*
➜ *Todo el mundo* **la** *puede bailar.*

1. También yo _____ (querer) bailar **punta**.
2. Los cantantes (*singers*) _____ (repetir) **el coro** muchas veces.
3. ¿Uds. _____ (preferir) **esta música alegre**?
4. ¿Tú _____ (entender) **las palabras de la canción**?

---

### A escuchar

**4-36 Los amantes de punta rock.** What types of people do you think like **punta** rock music? Supply the missing adjectives for the following stanza with the correct word from the list as you listen to the song. *Note: In Lección 2 you learned about diminutives with names (**-ito/-ita**). Diminutives can also be used with adjectives like those listed below: **bajitos** and **gorditos**.*

> bajitos / altos / gorditos / ricos / pobres

**Marimba con punta**
Marimba con punta
Éste es un ritmo sabroso
Que el mundo lo baila ya.
Éste es un ritmo sabroso
Que el mundo entero lo baila ya.

Lo bailan los cocineros,
_____ y _____, ¡qué rico está!
Bailamos flacos, _____,
_____, _____, ¡oye mamá!

La marimba tiene su origen en África.

---

### Después de escuchar

**4-37 Mis amiguitos.** What diminutives would you use to describe your family members? Your friends? Using the adjectives in Activity **4-36**, and others that you know, write five complete sentences describing them.

# Observaciones

## ¡Pura vida! Episodio 4

**Episode 4**

In this episode you'll learn more about Felipe's family and an upcoming wedding.

**4-55 to 4-57**

### Antes de ver el video

**4-38 Una boda.** Marcela explains how weddings are celebrated in her town in Mexico. Read her description and answer the questions that follow in Spanish.

> En mi pueblo, cerca de Michoacán, una boda es un evento de tres días o más. Primero, hay fiestas familiares con amigos en las que los novios reciben regalos (*gifts*) para su nuevo hogar (*home*). La boda es muy solemne; generalmente se celebra en una iglesia con una misa (*mass*). Después hay una gran fiesta con música de mariachis, baile y grandes cantidades de comida. Se sirven tamales, mole y muchas cosas más. ¡Y claro, una torta (*cake*)! Esta fiesta dura hasta la madrugada (*dawn*) cuando todos desayunan juntos. Las bodas en México son fiestas alegres (*happy*) en las que todos disfrutan (*enjoy*) mucho.

1. ¿Dónde vive Marcela?

2. ¿Cuántos días dura una boda en su pueblo?

3. ¿Qué pasa después de la ceremonia en la iglesia?

Los mariachis tocan en una boda mexicana.

### A ver el video

**4-39 Hay una boda.** Watch the fourth episode of *¡Pura vida!*. You will hear Felipe and Marcela discuss an upcoming wedding. Complete the statements that follow.

Felipe recibe un traje (*suit*).

Marcela

Felipe

1. La boda es el _____ .
2. Claudia es la _____ de Felipe.
3. Marcela tiene una _____ , la hija de la segunda esposa de su papá.
4. En Madrid, Felipe tiene muchos _____.
5. Elvira es la _____ de Felipe.

### Después de ver el video

**4-40 Los mariachis.** Connect with **MySpanishLab** to see more photos of mariachis and to hear their music. What instruments do you hear?

# Vocabulario

## PRIMERA PARTE

| Miembros de la familia | Members of the family |
|---|---|
| el/la abuelo/a | grandfather/grandmother |
| el/la cuñado/a | brother-in-law/sister-in-law |
| el/la esposo/a | husband/wife |
| el/la hermano/a | brother/sister; sibling |
| el/la hijo/a | son/daughter |
| la madre | mother |
| la mamá | mom (mother) |
| el/la nieto/a | grandson/granddaughter |
| el/la niño/a | child |
| el padre | father |
| el papá | dad (father) |
| el pariente | relative |
| el/la primo/a | cousin |
| el/la sobrino/a | nephew/niece |
| el/la tío/a | uncle/aunt |

| Adjetivos | Adjectives |
|---|---|
| alegre | happy |
| amable | kind |

| | |
|---|---|
| atractivo/a | attractive |
| mayor | older; oldest |
| menor | younger; youngest |
| querido/a | dear |
| responsable | responsible |
| unido/a | close; close-knit |

| Verbos | Verbs |
|---|---|
| almorzar (ue) | to have lunch |
| ayudar | to help |
| conseguir (i) | to get, to obtain |
| decir (i) | to say; to tell |
| descansar | to rest |
| dormir (ue) | to sleep |
| empezar (ie) | to begin |
| encontrar (ue) | to find |
| entender (ie) | to understand |
| esperar | to hope; to expect |
| jugar (ue) | to play (a game or a sport) |
| pedir (i) | to ask for; to request |
| pensar (ie) (+ infin.) | to think; to intend (to do something) |

| | |
|---|---|
| perder (ie) | to lose |
| poder (ue) | to be able; may; can |
| poner | to put |
| preferir (ie) | to prefer |
| querer (ie) | to want; to like or love (someone) |
| recordar (ue) | to remember |
| repetir (i) | to repeat; to have a second helping |
| salir | to go out; to leave |
| seguir (i) | to follow; to continue |
| servir (i) | to serve |
| soñar (ue) (con) | to dream (about) |
| traer | to bring |
| venir (ie) | to come |
| volver (ue) | to return (go back) |

## SEGUNDA PARTE

| El tiempo libre | Spare time |
|---|---|
| asistir (a un partido) | to go (to a game) |
| conocer (zc) | to know or meet (someone); to be familiar with (something) |
| conversar (en un café) | to chat (at a cafe) |
| correr (por el parque) | to run (in the park) |
| dar un paseo | to take a stroll |
| ir (a la playa) | to go (to the beach) |
| ir (de compras) | to go (shopping) |
| pasear (por el centro) | to take a walk (downtown) |
| saber | to know (how to do) something |
| tomar el sol | to sunbathe |
| ver (una película) | to see (a movie) |
| visitar (a los amigos) | to visit (friends) |

| Hacer una invitación | How to extend an invitation |
|---|---|
| ¿Puedes ir a . . . ? | Can you go to . . . ? |
| ¿Quieres ir a . . . ? | Do you want to go to . . . ? |
| ¿Vamos a . . . ? | Shall we go to . . . ? |

| Aceptar una invitación | How to accept an invitation |
|---|---|
| Sí, claro. | Yes, of course. |
| De acuerdo. | Fine with me; Okay. |
| Paso por ti. | I'll pick you up. |
| Vamos. | Let's go. |

| Rechazar una invitación | How to turn down an invitation |
|---|---|
| Gracias, pero no puedo . . . | Thanks, but I can't . . . |
| Lo siento; tengo que . . . | I'm sorry; I have to . . . |

| Sustantivos | Nouns |
|---|---|
| el café (al aire libre) | (outdoor) café |
| el carro, el coche | car |
| el centro | downtown |
| el cine | movie theatre |
| el concierto | concert |
| el conjunto musical | (musical) group; band |
| el dinero | money |
| la entrada | admission ticket |
| la función | show |
| la orquesta | orchestra |
| el parque | park |
| el partido | game |
| la película | movie |
| la sorpresa | surprise |
| el teatro | theatre |

# Lección 5

# ¿Cómo pasas el día?

**OBJETIVOS COMUNICATIVOS**

- Talking about performing household chores
- Expressing what is going on at the moment

- Describing daily routines and habits
- Expressing needs related to personal care
- Expressing emotional changes

Las cataratas del Iguazú son cuatro veces más grandes que las del Niágara. Las cataratas son parte del patrimonio de la humanidad de la UNESCO.

# Los países del sur: Chile, la Argentina y el Uruguay

*Ajos y col* (1984) es una naturaleza muerta (*still life*) por el pintor chileno Claudio Bravo.

*Source:* Claudio Bravo, *Ajos y Col*, 1984, oil on canvas, 52.1 x 65.2 cm. © Claudio Bravo, courtesy Marlborough Gallery, New York

## ¡Así lo decimos! Vocabulario

**Los quehaceres domésticos** (*household chores*)

5-1 to 5-6

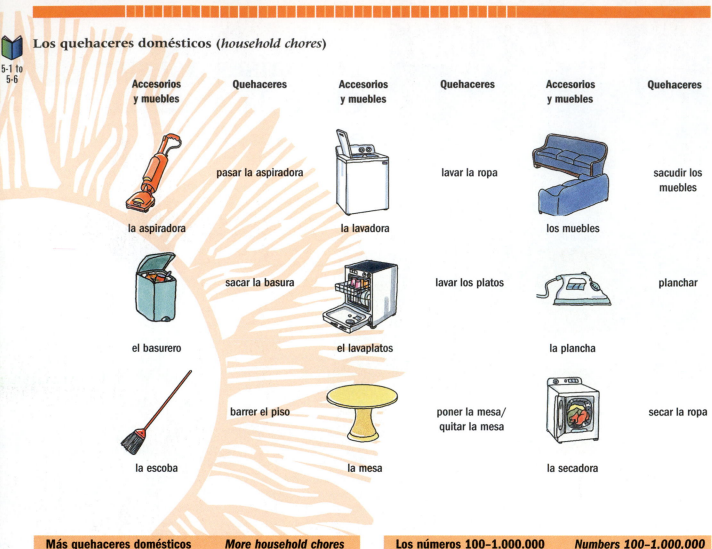

| Accesorios y muebles | Quehaceres | Accesorios y muebles | Quehaceres | Accesorios y muebles | Quehaceres |
|---|---|---|---|---|---|
| la aspiradora | pasar la aspiradora | la lavadora | lavar la ropa | los muebles | sacudir los muebles |
| el basurero | sacar la basura | el lavaplatos | lavar los platos | la plancha | planchar |
| la escoba | barrer el piso | la mesa | poner la mesa/ quitar la mesa | la secadora | secar la ropa |

| Más quehaceres domésticos | More household chores |
|---|---|
| comprar la comida | to buy groceries |
| hacer la cama | to make the bed |
| limpiar/ ordenar la casa | to clean the house |

| ¿Cuántas veces . . . ? | How many times . . . ? |
|---|---|
| a veces | sometimes; at times |
| dos (tres, cuatro . . .) veces (a la semana) | two (three, four . . .) times (a week) |
| frecuentemente | frequently |
| nunca | never |

| Preposiciones de lugar | Prepositions of place |
|---|---|
| contra | against |
| debajo de | under |
| dentro de | within; inside of |
| encima de | on top of |
| sobre | on |

| Los números 100–1.000.000 | Numbers 100–1,000,000 |
|---|---|
| cien | 100 |
| ciento uno/a | 101 |
| doscientos/as | 200 |
| trescientos/as | 300 |
| cuatrocientos/as | 400 |
| quinientos/as | 500 |
| seiscientos/as | 600 |
| setecientos/as | 700 |
| ochocientos/as | 800 |
| novecientos/as | 900 |
| mil | 1,000 |
| dos mil | 2,000 |
| un millón | 1,000,000 |

5-7 to
5-9

La familia Pérez Zamora es argentina y vive en Buenos Aires. Esta noche celebra en su casa el cumpleaños del señor Pérez. La señora Pérez tiene una lista de quehaceres para sus hijos que están en el sofá de la sala. Rosa está leyendo un libro, Antonio está escuchando música y Cristina está comiendo un sándwich. En este momento la señora Pérez entra en la sala para hablar con sus hijos sobre los quehaceres que tienen que hacer para la fiesta de su padre.

**Sra. Pérez:** Tenemos mucho que hacer hoy para la fiesta de papá. Antonio, tú vas a sacudir los muebles de la sala y pasar la aspiradora por toda la casa, especialmente debajo de la mesa del comedor. Cristina, tienes que lavar la ropa sucia y después secarla. También necesitas limpiar los baños y barrer el piso. Rosa, tú pones la mesa y ves si tenemos todo para los sándwiches. Vamos a hacer una lista de compras para ir al mercado. Yo voy a limpiar la cocina. Vamos a trabajar mucho ahora y después celebramos en la fiesta.

**Las partes de una casa**

el cuarto/dormitorio
el baño
la cama    la ducha
la lámpara
la mesa de noche
la cómoda
la sala    el jardín
el estante    el patio
el sillón
el sofá    el piso
el televisor
la alfombra
el armario
el pasillo
la cocina
el comedor
el garaje

## Aplicación

**5-1 ¿Qué pasa?** Indica si cada una de las siguientes oraciones es **cierta** o **falsa**, según el vocabulario y la lectura (*reading*) de **¡Así lo decimos!**. Luego, corrige (*correct*) la información **falsa**.

1. Esta noche la familia Pérez Zamora celebra el cumpleaños de Cristina.

2. La señora Pérez tiene una lista de quehaceres para sus hijos.

3. Antonio va a barrer el piso de la cocina.

4. Cristina tiene que lavar los platos.

5. Rosa va a poner la mesa.

6. Todos los hijos necesitan hacer las camas.

**5-2 ¿Qué necesitas?** ¿Qué necesitas para hacer los siguientes quehaceres domésticos?

**MODELO:** Para limpiar la casa, necesito *la aspiradora*.

1. Para preparar la cena, necesito (la sala/ la cocina/ el pasillo).

2. Para poner la mesa, necesito (los platos/ los cuadros/ los basureros).

3. Para barrer el piso, necesito (la plancha/ la escoba/ la aspiradora).

4. Para limpiar las alfombras, necesito (la plancha/ la escoba/ la aspiradora).

5. Para lavar los platos, necesito (la lavadora/ la secadora/ el lavaplatos).

6. Para lavar la ropa, necesito (la lavadora/ la secadora/ el lavaplatos).

7. Para secar la ropa, necesito (la lavadora/ la secadora/ la plancha).

8. Para planchar la ropa, necesito (la lavadora/ la secadora/ la plancha).

**5-3 La rutina diaria.** Completa las frases para indicar en qué parte de la casa hacemos estas actividades.

**MODELO:** Yo (poner) _pongo_ la mesa en el _comedor_ .

1. Mi hermana (preparar) _____ el desayuno en la _____ .

2. Nosotros (comer) _____ en el _____ pero mis amigos (preferir) _____ comer en la _____ .

3. Yo (lavar) _____ los platos en la _____ .

4. Mi madre (pasar) _____ la aspiradora en el _____ , en la _____ y en los _____ .

5. ¿Tú (barrer) _____ el piso en la _____ y en los _____ ?

6. Mi familia (ver) _____ la televisión en la _____ .

**5-4 En tu casa.** ¿En qué parte de tu casa están los siguientes muebles y accesorios?

**MODELO:** *Las mesas de noche están en los dormitorios.*

| | | | |
|---|---|---|---|
| los sillones | los teléfonos | la plancha | las lámparas |
| las cómodas | los televisores | la lavadora | las mesas |
| las camas | el basurero | la aspiradora | los estantes |

 **5-5 ¿Cómo es tu dormitorio?** Usen las siguientes preposiciones[1] para describir su dormitorio.

**MODELO:** *El escritorio está contra la pared.*

| | | | | | | |
|---|---|---|---|---|---|---|
| a la derecha de | al lado de | delante de | encima de | contra | cerca de | en |
| a la izquierda de | dentro de | detrás de | debajo de | entre | enfrente de | sobre |

1. La cama . . .          6. El estante . . .

2. El escritorio . . .     7. El sillón . . .

3. La silla . . .          8. La cómoda . . .

4. La mesa de noche . . .  9. El televisor . . .

5. La lámpara . . .       10. La ropa . . .

**5-6 División del trabajo.** Túrnense para indicar quiénes hacen los siguientes quehaceres domésticos en su casa.

**MODELO:** *En mi casa mi madre prepara la cena.*

| | | |
|---|---|---|
| limpiar la cocina | pasar la aspiradora | sacudir los muebles |
| hacer la cama | limpiar mi dormitorio | planchar la ropa |
| lavar la ropa | comprar la comida | sacar la basura |

**5-7 Los quehaceres domésticos.** Durante el año académico, ¿con qué frecuencia hacen Uds. los quehaceres domésticos del ejercicio **5-6**?

**MODELO:** *Yo barro el piso una vez a la semana.*

| | | |
|---|---|---|
| a veces | nunca | una vez (dos veces . . .) a la semana |
| frecuentemente | todos los días | |

---

[1] You have already learned some of these prepositions on p. 88 of **Lección 3**—Segunda parte.

## Comparaciones

### Los quehaceres domésticos

**En tu experiencia.** ¿Qué quehaceres domésticos haces tú en la casa de tu familia? ¿Qué quehaceres hacen tus padres? ¿Haces muchos quehaceres donde vives ahora? Por ejemplo, ¿planchas la ropa, sacudes los muebles, sacas la basura? En el siguiente artículo, ¿quiénes ayudan con la labor doméstica en muchos países del mundo hispano?

En la gran mayoría de los países hispanos el costo de la mano de obra (*manual labour*) todavía es bastante barato. Por eso, muchas familias pueden tener empleados domésticos en las casas. Los empleados domésticos o sirvientes ayudan en la cocina y en el jardín, lavan la ropa y limpian la casa. Estos empleados a veces viven con la familia.

En algunos países hispanos, ciertos electrodomésticos, como la lavadora, el lavaplatos y el horno microondas (*microwave*), son todavía un lujo (*luxury*) y los quehaceres los hacen a mano los empleados o los residentes de la casa.

Una familia hispana prepara el almuerzo.

 **¡A conversar!** Escribe una lista de los tres quehaceres que no te gusta hacer y los tres que prefieres. Luego compara tu lista con la de un/a compañero/a. ¿Tienen algunos quehaceres en común?

**MODELO:** *No me gusta limpiar el baño . . .*
*Prefiero planchar . . .*

---

### PRONUNCIACIÓN

#### Los sonidos *r* y *rr*

1. The Spanish **r** has two distinct sounds. The **rr** represents a strong trilled sound and is produced by striking the tip of the tongue against the ridge behind the upper front teeth in a series of rapid vibrations. When a single **r** appears at the beginning of a word or after the consonants **l**, **n**, and **s**, it is pronounced like the **rr**. Listen to and repeat the following words.

| | | | | |
|---|---|---|---|---|
| *Roberto* | *repetir* | *correr* | *alrededor* | *barrer* |
| *cerrar* | *ratón* | *enredo* | *Israel* | *terraza* |

2. In all other positions, the Spanish **r** is a tap, pronounced similarly to the **dd** in the English word *ladder*.

| | | | | |
|---|---|---|---|---|
| *cero* | *oro* | *arena* | *abrir* | *estéreo* |
| *ladra* | *mira* | *pero* | *cara* | *dentro* |

# ¡Así lo hacemos! Estructuras

### 1. The present progressive

5-10 to
5-14

The present progressive tense describes an action that is in progress at the time at which the statement is made (She **is talking** to her parents.). The present progressive is formed using the present indicative of **estar** as an auxiliary verb and the present participle (the **-ndo** form) of the main verb. The present participle is invariable. It never changes its ending, regardless of the subject. Only **estar** is conjugated when using the present progressive forms.

| Present progressive of *hablar* | | | |
|---|---|---|---|
| yo | estoy habl**ando** | nosotros/as | estamos habl**ando** |
| tú | estás habl**ando** | vosotros/as | estáis habl**ando** |
| Ud. él/ella | está habl**ando** | Uds. ellos/as | están habl**ando** |

■ To form the present participle of regular **-ar** verbs, add **-ando** to the verb stem.

> habla~~r~~ + -ando → **hablando**

| | |
|---|---|
| La señora Pérez **está limpiando** la cocina. | *Mrs. Pérez **is cleaning** the kitchen.* |

■ For **-er** and **-ir** verbs, add **-iendo** to the verb stem.

> com~~er~~ + -iendo → **comiendo**
> escrib~~ir~~ + -iendo → **escribiendo**

| | |
|---|---|
| Rosa **está poniendo** la mesa. | *Rosa **is setting** the table.* |
| Antonio **está sacudiendo** su escritorio. | *Antonio **is dusting** his desk.* |

■ **Leer** and **traer** have an irregular present participle: the **i** from **-iendo** changes to **y**.[1]

> le~~er~~ + -iendo → **leyendo**
> tra~~er~~ + -iendo → **trayendo**

| | |
|---|---|
| Cristina **está leyendo** un libro. | *Cristina **is reading** a book.* |
| Antonio **está trayendo** los platos. | *Antonio **is bringing** the plates.* |

---

[1] You will encounter other irregular present participles as you learn new verbs. The present participle for **creer** is also irregular: **creyendo**.

■ Stem-changing **-ir** verbs also have a stem change in the present participle (**-ndo**). This change is indicated in parentheses after the infinitive in the **¡Así lo decimos!** vocabulary lists.

| | | | | |
|---|---|---|---|---|
| d**o**rmir (**ue, u**) | to sleep | → | d**u**rmiendo | sleeping |
| p**e**dir (**i, i**) | to ask for | → | p**i**diendo | asking for |
| s**e**rvir (**i, i**) | to serve | → | s**i**rviendo | serving |

■ With the present progressive tense, object pronouns may either precede **estar** or be attached to the present participle (**-ndo**). Note that when the pronoun is attached to the participle, an accent is used on the vowel before **-ndo**.

¿Estás haciendo **la cama**?   *Are you making **the bed**?*

Sí, **la** estoy haciendo. ⎱
Sí, estoy haci**é**ndo**la**. ⎰   *Yes, I am making **it**.*

## EXPANSIÓN

**Para expresar el futuro**
Unlike English, the Spanish present progressive is not used to express the future. Spanish uses the present indicative or **ir + a +** infinitive.

**Lavamos** la ropa el domingo.   ***We're washing** the clothes on Sunday.*

**Compro** la comida esta tarde.   ***I am buying** groceries this afternoon.*

¿**Vas a sacar** la basura hoy?   ***Are you taking** out the garbage today?*

## Aplicación

**5-8 ¿Qué están haciendo?** Completa las siguientes oraciones con las actividades más lógicas.

1. La señora Pérez está en la cocina. Ella (está comprando la comida/ está lavando los platos).
2. Yo estoy en la sala. (Estoy pasando la aspiradora/ Estoy preparando la cena).
3. Rosa está en el comedor. Ella (está lavando la ropa/ está poniendo la mesa).
4. Cristina está en su dormitorio. Ella (está haciendo la cama/ está secando la ropa).
5. Antonio está en el garaje. Él (está sacando la basura/ está planchando la ropa).

**5-9 ¿Qué están haciendo hoy?** Completa la segunda oración con el verbo en cursiva (*italicized*) para indicar lo que está haciendo cada persona en este momento.

MODELO:   José *pone* la mesa para la cena. Ahora *está poniendo* los platos.

1. María *plancha* su ropa antes de salir para la universidad. Hoy _____ una blusa.
2. Nosotros *limpiamos* la casa todos los días. Hoy _____ la sala.
3. Yo *lavo* los platos después de comer. Ahora _____ los platos del desayuno.
4. Tú *barres* toda la casa los sábados. ¿Qué cuarto _____ ahora?
5. Raúl y Marcos *compran* la comida para la semana. Ahora _____ en el supermercado.
6. Uds. siempre *sacuden* los muebles de la sala. ¿_____ Uds. los estantes también?

**5-10 En el centro.** Mira el dibujo y completa las siguientes oraciones para describir lo que están haciendo estas personas en el centro.

**MODELO:** María (cambiar) _está cambiando_ una bombilla (*lightbulb*).

1. Gloria (trabajar) _____ en su oficina.

2. Manuela (conversar) _____ con su cliente.

3. Luis (traer) _____ una carta a la clínica.

4. Rubén (ayudar) _____ a un hombre enfermo.

5. Esteban (servir) _____ la cena en el restaurante.

6. Ana y Juan (comer) _____ una ensalada deliciosa.

7. Pedro (preparar) _____ un plato especial en la cocina.

8. Carlos (reparar) _____ un coche en la calle.

**5-11 ¿Qué estoy haciendo?** Mientras (*While*) actúas una de las siguientes actividades, tu pareja trata de adivinar (*guess*) lo que estás haciendo. Túrnense para actuar y adivinar.

**MODELO:** ver la televisión
E1: *(imita una persona que está viendo la televisión) ¿Qué estoy haciendo?*
E2: *Estás viendo la televisión.*

| | | | |
|---|---|---|---|
| beber | escribir | pasar la aspiradora | hacer la cama |
| abrir y cerrar el libro | pensar | planchar la ropa | barrer el piso |
| nadar | estudiar | lavar los platos | sacudir la mesa |

## 2. Numbers 100–1.000.000

| | | | |
|---|---|---|---|
| 100 | cien | 700 | **setecientos/as** |
| 101 | ciento uno/a | 800 | ochocientos/as |
| 200 | doscientos/as | 900 | **novecientos/as** |
| 300 | trescientos/as | 1.000 | mil |
| 400 | cuatrocientos/as | 2.000 | dos mil |
| 500 | **quinientos/as** | 1.000.000 | un millón (de) |
| 600 | seiscientos/as | 2.000.000 | dos millones (de) |

■ **Ciento** is used in compound numbers from **101** to **199**. **Cien** is used before nouns, as well as before **mil** and **millones**.

  **ciento** diez, **ciento** treinta y cuatro, etcétera
  **cien** estudiantes, **cien** mil, **cien** millones

■ When **200–900** modify a noun, they agree with it in number and gender.

  cuatrocient**os** lavaplat**os** (400)   quinient**as** lavador**as** (500)

■ **Mil** is not used with **un** and is never used in the plural for counting.

  **mil, dos mil, tres mil**, etcétera
  1985   **mil** novecientos ochenta y cinco
  2008   dos **mil** ocho

■ The plural of **millón** is **millones**, and when they are followed by a noun, both take the preposition **de**.

  un **millón de** pesos
  dos **millones de** dólares

■ In Spain and in most of Latin America, thousands are represented with a period, except for years. Decimals are represented with a comma.

*Quinientos, seiscientos, setecientos, ochocientos, novecientos, ¡mil!*

| **Canada/U.S.** | **Spain/Latin America** |
|---|---|
| $1,000 | $1.000 |
| $2.50 | $2,50 |
| $10,450.35 | $10.450,35 |
| $2,341,500 | $2.341.500 |

## Aplicación

**5-12 ¿Qué número es?** Escribe los siguientes números.

1. ciento dieciséis
2. quinientos ochenta y tres
3. mil setecientos dos
4. cien mil doscientos veinte
5. un millón trescientos mil ochocientos
6. cinco millones seiscientos treinta y tres mil doscientos quince

**5-13 ¡Muchos números!** Lee en voz alta (*aloud*) los siguientes números.

MODELO:   365

  → *trescientos sesenta y cinco*

| | | | |
|---|---|---|---|
| 1. | 115 | 5. | 1.359 |
| 2. | 226 | 6. | 66.014 |
| 3. | 498 | 7. | 900.835 |
| 4. | 764 | 8. | 5.600.150 |

**5-14 ¿En qué año?** Lee los años. ¿Con qué eventos históricos corresponden?

MODELO:   1867
    ➤ *mil ochocientos sesenta y siete; el año de la Confederación en el Canadá*

1.  1492
2.  1939
3.  2001
4.  2010
5.  ¿ . . . ?

a.  la Segunda Guerra mundial (*Second World War*)
b.  el nuevo milenio
c.  los Juegos Olímpicos en Vancouver
d.  Cristóbal Colón llega a Santo Domingo
e.  tu año de nacimiento (*year of birth*)

**5-15 ¿Cuántos hay?** Lee la lista del inventario de unas residencias estudiantiles. ¡Ojo con la concordancia! (*Be careful with agreement!*)

MODELO:   747 mesas
    ➤ *setecientas cuarenta y siete mesas*

1.  152 aspiradoras
2.  318 sofás
3.  965 sillones
4.  1.570 lámparas
5.  110.000 muebles
6.  2.700.000 libros

**5-16 ¿Cuánto cuesta?** Pregúntale a tu compañero/a cuánto cuestan los siguientes artículos y actividades. Luego, responde a su respuesta.

MODELO:   una aspiradora
    E1: *¿Cuánto cuesta una aspiradora?*
    E2: *Cuesta doscientos dólares.*
    E1: *Estoy de acuerdo. (o, ¡No! Cuesta . . .)*

1.  un buen sofá
2.  un lavaplatos
3.  un coche híbrido
4.  estudiar en la universidad por un año
5.  pasar una semana en Cuba

**5-17 ¿Qué casa compramos?** Tu grupo va a vivir en Argentina y quiere comprar una casa. Miren las casas en este sitio web y decidan cuál les interesa. ¿Cuánto cuesta su nueva casa?

http://listado.mercadolibre.com.ar/_CategID_1466

## ¡Así lo decimos! Vocabulario

Las actividades diarias (*daily*)

acostarse (ue)

afeitarse

bañarse

cepillarse (los dientes)

despertarse (ie)

dormirse (ue, u)

ducharse

lavarse (la cara)

levantarse

maquillarse

peinarse

quitarse (la camisa)

secarse (el pelo)

sentarse (ie)

vestirse (i, i)

| **Algunas partes del cuerpo** | *Some parts of the body* |
|---|---|
| la cara | *face* |
| los dientes | *teeth* |
| la mano | *hand* |
| la nariz | *nose* |
| el ojo | *eye* |
| el pelo | *hair* |

| **Algunas emociones** | *Some emotions* |
|---|---|
| divertirse (ie, i) | *to enjoy oneself* |
| ponerse contento/a | *to become happy* |
| furioso/a | *angry* |
| impaciente | *impatient* |
| nervioso/a | *nervous* |
| triste | *sad* |
| sentirse (ie, i) | *to feel* |

| **Artículos de uso personal** | *Personal care items* |
|---|---|
| el cepillo (de dientes) | *(tooth)brush* |
| el champú | *shampoo* |
| el desodorante | *deodorant* |
| el despertador | *alarm clock* |
| el espejo | *mirror* |
| el jabón | *soap* |
| el lápiz labial | *lipstick* |
| la máquina de afeitar | *electric razor* |
| el peine | *comb* |
| el secador | *hair dryer* |
| la toalla | *towel* |

### El arreglo personal

1. Rosa se maquilla.
2. Isabel se seca el pelo.
3. Julia se mira en el espejo.
4. María se ducha.
5. Graciela se peina.

6. Enrique se viste.
7. Alfredo se quita el suéter.
8. Pepe se cepilla el pelo.
9. Antonio se seca con una toalla.
10. Francisco se cepilla los dientes.

| | | | **¡Así es la vida!** Las actividades diarias | | | | | | | | | | | | | | | | | | | | | | | | | |

### El arreglo personal

5-26 to 5-27

Antonio y Beatriz viven en Santiago, Chile. Esta mañana se preparan para ir al trabajo.

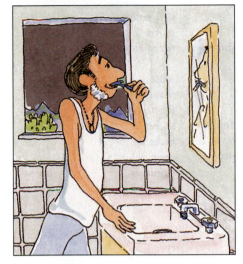

Antonio siempre se despierta a las seis de la mañana y se levanta temprano. Después de levantarse, va al baño donde se ducha, se viste y se afeita. Luego, prepara el desayuno y después, se cepilla los dientes.

Esta mañana Beatriz tiene prisa porque no funciona su despertador. Ahora tiene que lavarse la cara, vestirse rápidamente y salir de casa sin maquillarse. Se pone nerviosa porque no quiere llegar tarde a la universidad.

## Aplicación

**5-18 ¿Qué pasa?** Indica si cada una de las siguientes oraciones es **cierta** o **falsa**, según el vocabulario y la lectura de **¡Así lo decimos!**. Luego, corrige (*correct*) la información falsa.

1. Antonio y Beatriz viven en Montevideo, Uruguay.
2. Antonio se despierta a las seis de la mañana.
3. Después de levantarse, él se afeita en el baño.
4. Esta mañana Beatriz se levanta tarde.
5. Ahora ella tiene que ducharse y maquillarse rápidamente.
6. Beatriz se pone contenta porque no va a llegar tarde a la universidad.

**5-19 ¿Qué necesitas?** ¿Qué necesitas para hacer las siguientes actividades?

**MODELO:** Para despertarme, necesito *el despertador*.

1. Para ducharme, necesito (el jabón/ el lápiz labial/ el desodorante).
2. Para lavarme el pelo, necesito (el lápiz labial/ el jabón/ el champú).
3. Para secarme, necesito (la toalla/ el espejo/ el cepillo de dientes).
4. Para mirarme, necesito (el peine/ el espejo/ el despertador).
5. Para cepillarme el pelo, necesito (el cepillo/ el cepillo de dientes/ el peine).
6. Para maquillarme, necesito (el secador/ la toalla/ el lápiz labial).

7. Para afeitarme, necesito (la máquina de afeitar/ el champú/ el secador).

8. Para cepillarme los dientes, necesito (el peine/ el cepillo de dientes/ la máquina de afeitar).

**5-20 ¿Probable o improbable?** Explica si cada oración a continuación es probable o improbable. Corrige las oraciones improbables.

**MODELO:** Beatriz se mira en el despertador.
➤ *Improbable. Se mira en el espejo.*

1. Beatriz se maquilla después de lavarse la cara.
2. Antonio va a cepillarse los dientes con el lápiz labial.
3. Beatriz necesita jabón para bañarse.
4. Antonio compra un secador porque tiene que afeitarse.
5. Beatriz se seca después de bañarse.

**5-21 El arreglo personal.** Haz tres listas para el arreglo personal: una lista de actividades típicamente asociadas con las mujeres, otra para las actividades asociadas con los hombres y otra para las actividades asociadas con los dos.

**MODELO:** **para las mujeres**
➤ *maquillarse*

**para los hombres**  **para las mujeres**  **para los dos**

**5-22 La rutina diaria.** ¿Cuál es el contexto más lógico?

**MODELO:** Cuando tengo mucho sueño, *me duermo.*

1. A las once de la noche, (me acuesto/ me despierto/ me levanto).
2. A las ocho de la mañana, (me duermo/ me acuesto/ me despierto).
3. Después de despertarme, (me levanto/ me acuesto/ me duermo).
4. Luego voy al baño donde (me acuesto/ me baño/ me levanto).
5. Después de bañarme, (me lavo/ me seco/ me ducho).
6. Después de secarme, (me visto/ me ducho/ me baño).
7. Voy al espejo donde (me lavo las manos/ me seco la cara/ me cepillo el pelo).
8. Antes de salir del baño, (me maquillo/ me acuesto/ me levanto).
9. Salgo para la cocina donde (me despierto/ me siento/ me acuesto) a desayunar.
10. Después de desayunar, vuelvo al baño donde (me lavo el pelo/ me cepillo los dientes/ me lavo la cara).

 **5-23 Las emociones.** Túrnense para preguntarse cómo se sienten en las situaciones a continuación.

**MODELO:** llegas tarde a clase
E1: *¿Cómo te sientes cuando llegas tarde a clase?*
E2: *Me pongo nervioso. ¿Y tú?*

**Algunos cambios emotivos**

**ponerse** { cansado/a  feliz  nervioso/a
contento/a  furioso/a  tranquilo/a
curioso/a  impaciente  triste

1. te acuestas muy tarde
2. sacas una "A" en un examen
3. conoces a una persona importante

4. pierdes tu libro de texto
5. el/la profesor/a llega tarde para un examen
6. te despiertas tarde
7. ves una película excelente
8. te invitan a cenar en un restaurante bueno

## Comparaciones

### Las cataratas del Iguazú

**En tu experiencia.** ¿Te gustan las cataratas? En tu opinión, ¿cuáles son las cataratas más impresionantes del mundo? ¿Cuáles son las más famosas? ¿Las más altas? En el siguiente artículo, ¿cómo son las cataratas del Iguazú?

Las cataratas del Iguazú están ubicadas (*located*) en el norte de Argentina, dentro del Parque Nacional Iguazú, en la provincia de Misiones. El nombre de las cataratas del Iguazú viene de una palabra guaraní que significa "agua grande". Por su impresionante belleza natural y su inmenso interés ecológico, las cataratas del Iguazú se consideran como unas de las más espectaculares y notables del mundo. Las aguas turbulentas del río Iguazú descienden por 275 cascadas, formadas por numerosas islas pequeñas que dividen la corriente principal del río. Las cascadas tienen una altura (*height*) de hasta 82 metros y una anchura (*width*) de 4 kilómetros.

En Argentina las cataratas son una de las atracciones turísticas más populares. Los visitantes pueden ir en lancha bajo las cascadas o caminar por senderos (*paths*) en la selva (*rain forest*) subtropical, un ecosistema para 450 especies de aves (*birds*) y 80 mamíferos (*mammals*) que la habitan. Incluye el jaguar que es el felino más grande del continente americano y una gran variedad de anfibios, reptiles, invertebrados y peces (*fish*). Se recomienda el siguiente sitio web para ver fotos y un video de las cataratas: www.iguazuargentina.com

Las cataratas del Iguazú.

**¡A conversar!** ¿Cuáles son las semejanzas (*similarities*) y diferencias más evidentes entre las cataratas del Iguazú y las del Niágara?

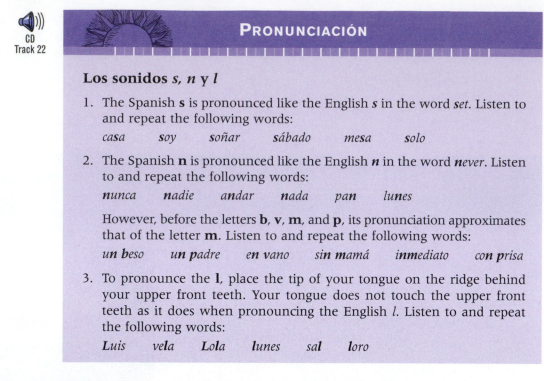

CD Track 22

## PRONUNCIACIÓN

### Los sonidos *s, n* y *l*

1. The Spanish **s** is pronounced like the English *s* in the word *set*. Listen to and repeat the following words:

   *casa    soy    soñar    sábado    mesa    solo*

2. The Spanish **n** is pronounced like the English *n* in the word *never*. Listen to and repeat the following words:

   *nunca    nadie    andar    nada    pan    lunes*

   However, before the letters **b**, **v**, **m**, and **p**, its pronunciation approximates that of the letter **m**. Listen to and repeat the following words:

   *un beso    un padre    en vano    sin mamá    inmediato    con prisa*

3. To pronounce the **l**, place the tip of your tongue on the ridge behind your upper front teeth. Your tongue does not touch the upper front teeth as it does when pronouncing the English *l*. Listen to and repeat the following words:

   *Luis    vela    Lola    lunes    sal    loro*

# ¡Así lo hacemos! Estructuras

## 3. Reflexive constructions: Pronouns and verbs

5-28 to 5-38

A reflexive construction is one in which the subject is both the performer and the receiver of the action expressed by the verb.

Isabel **se peina**.
*Isabel combs **her (own) hair**.*

Isabel **peina** a su hermana.
*Isabel combs **her sister's hair**.*

- The first drawing depicts a reflexive action (Isabel is combing her own hair); the second drawing depicts a non-reflexive action (Isabel is combing her sister's hair).

### Los pronombres reflexivos

- Reflexive constructions require reflexive pronouns.

| Subject pronouns | Reflexive pronouns | Verb (*lavarse*) |
|---|---|---|
| yo | **me** (*myself*) | **lavo** |
| tú | **te** (*yourself*) | **lavas** |
| Ud. | **se** (*yourself*) | **lava** |
| él/ella | **se** (*himself, herself*) | **lava** |
| nosotros/as | **nos** (*ourselves*) | **lavamos** |
| vosotros/as | **os** (*yourselves*) | **laváis** |
| Uds. | **se** (*yourselves*) | **lavan** |
| ellos/as | **se** (*themselves*) | **lavan** |

■ Reflexive pronouns have the same forms as direct object pronouns, except for the third person singular (**Ud., él/ella**) and plural (**Uds., ellos/ellas**). The reflexive pronoun of the third person singular and plural is **se**.

| | |
|---|---|
| Paco **se baña** por la mañana. | *Paco **bathes** in the morning.* |
| ¿**Se levantan** Uds. temprano? | ***Do you get up** early?* |

■ As with the direct object pronouns, reflexive pronouns are placed immediately before the conjugated verb. In Spanish, the definite article, not the possessive adjective, is used to refer to parts of the body and articles of clothing.

| | |
|---|---|
| **Me lavo las** manos. | ***I wash my** hands.* |
| Pedro **se pone el** suéter. | *Pedro **puts on his** sweater.* |

■ In progressive constructions and with infinitives, reflexive pronouns are either attached to the present participle (**-ndo**) or the infinitive, or placed in front of the conjugated verb. A written accent is required with the present participle if the pronoun is attached.

El niño **está peinándose.**
El niño **se está peinando.** } *The boy **is combing his hair**.*

Sofía **va a maquillarse** ahora.
Sofía **se va a maquillar** ahora. } *Sofía **is going to put her makeup on** now.*

■ In English, reflexive pronouns are frequently omitted but in Spanish, reflexive pronouns are required in all reflexive constructions.

| | |
|---|---|
| Pepe **se afeita** antes de **acostarse**.[1] | *Pepe **shaves** before **going to bed**.* |
| Marina siempre **se baña** por la noche. | *Marina always **takes a bath** at night.* |

## Los verbos reflexivos

■ Verbs that describe personal care and daily habits need a reflexive pronoun if the same person performs and receives the action.

| | |
|---|---|
| **Me voy a acostar** temprano. | ***I'm going to bed** early.* |
| Mis hermanos **se levantan** tarde. | *My brothers **get up** late.* |

■ Such verbs are used non-reflexively when someone other than the subject receives the action.

| | |
|---|---|
| Elena **acuesta** a su hija menor. | *Elena **puts** her youngest daughter **to bed**.* |
| ¿**Despiertas** a tu hermana? | ***Do you wake up** your sister?* |

■ Some verbs have different meanings when used with a reflexive pronoun.

| Non-Reflexive | | Reflexive | |
|---|---|---|---|
| acostar | to put to bed | acostarse | to go to bed |
| dormir | to sleep | dormirse | to fall asleep |
| enfermar | to make sick | enfermarse | to become sick |
| ir | to go | irse | to go away, to leave |
| levantar | to lift | levantarse | to get up |
| llamar | to call | llamarse | to be called |
| poner | to put, to place | ponerse | to put on |
| quitar | to remove | quitarse | to take off |
| vestir | to dress | vestirse | to get dressed |

[1] Remember that the infinitive form of the verb follows a preposition. In these cases, the infinitive translates as the present participle (*-ing*) in English: **antes de acostarse** = *before going to bed.*

¡Ay! Parece que se quieren mucho.

## Las construcciones recíprocas

■ The plural reflexive pronouns **nos**, **os** and **se** may be used with verbs that take direct objects to express reciprocal actions. The verbs can be reflexive or non-reflexive. These actions are expressed in English by *each other* or *one another*.

Luisa y Mariano **se quieren** mucho.　　*Luisa and Mariano **love each other** a lot.*

Los tres amigos **se ven** todos los días.　*The three friends **see one another** every day.*

## Aplicación

**5-24 ¿Te estás bañando?** Escoge la opción más apropiada.

**MODELO:**　A las ocho de la mañana, mi hermana y yo *nos despertamos*.

1. Tenemos que (acostarnos/ dormirnos/ levantarnos) temprano todas las mañanas.
2. Estoy en el baño. Me estoy (duchando/ acostando/ levantando).
3. Papá se afeita (la cara/ las manos/ el pelo) en el espejo.
4. Después de ducharme, (me duermo/ me baño/ me visto).
5. María va al baño donde (se cepilla los dientes/ se despierta/ se acuesta).
6. A las once de la noche (me acuesto/ me levanto/ me despierto).

**5-25 Por la mañana.** Repite las siguientes frases, sustituyendo los sujetos indicados.

**MODELO:**　*Me siento* muy bien. (él)
　　　　➡ *Se siente muy bien.*

1. *Me despierto* temprano. (Rosa, tú, mis amigas, nosotros, mi madre, ellos)
2. *Me levanto* a las nueve. (Cristina, nosotros, mis hermanos, tú, mis padres)
3. *Voy* al baño para *ducharme*. (Antonio, ellas, los estudiantes, nosotros, tú, Uds.)

**5-26 La rutina diaria.** Completa el párrafo con la forma correcta del verbo entre paréntesis.

Para ir a la escuela mis hermanos y yo (1. levantarse) _____ a las siete. Cuando yo (2. acostarse) _____ muy tarde la noche anterior, no (3. sentirse) _____ muy bien por la mañana. Después de (4. levantarse: yo) _____, voy al baño para (5. ducharse) _____. Luego, (6. secarse: yo) _____ el pelo y (7. vestirse: yo) _____. Después, voy a la cocina donde (8. sentarse) _____ a la mesa para comer y conversar con mi familia. Antes de salir de casa, vuelvo al baño donde (9. cepillarse) _____ los dientes y (10. mirarse) _____ en el espejo.

**5-27 ¿Qué tienen en común?** Háganse (*Ask each other*) preguntas sobre su rutina diaria para comparar sus horarios.

**MODELO:**　despertarse
　　　　E1: *¿A qué hora te despiertas?*
　　　　E2: *Me despierto a las seis. ¿Y tú?*

1. levantarse
2. bañarse/ ducharse
3. lavarse el pelo
4. vestirse
5. maquillarse
6. afeitarse
7. cepillarse los dientes
8. acostarse
9. dormirse

**5-28 ¿Qué estoy haciendo?** Túrnense (*Take turns*) para representar cada actividad de la lista mientras su compañero/a adivina qué hace.

**MODELO:** E1: (Se levanta.)
E2: *Te estás levantando./ Estás levantándote.*

Te duchas.

Te lavas el pelo.

Te afeitas.

Te peinas.

Te vistes.

Te pones el desodorante.

¿ . . . ?

**5-29 ¿Cuándo . . . ?** Comparen cuándo y por qué reaccionan de las siguientes maneras.

**MODELO:** ponerse triste
E1: *¿Cuándo te pones triste?*
E2: *Me pongo triste cuando veo una película triste.*
E1: *Pues, yo me pongo triste cuando mi abuela se pone enferma.*

1. ponerse contento/a
2. ponerse triste
3. ponerse nervioso/a
4. ponerse impaciente
5. divertirse
6. sentirse bien

# 4. Ordinal numbers

5-39 to
5-41

| | | | |
|---|---|---|---|
| **primero/a** | *first* | **sexto/a** | *sixth* |
| **segundo/a** | *second* | **séptimo/a** | *seventh* |
| **tercero/a** | *third* | **octavo/a** | *eighth* |
| **cuarto/a** | *fourth* | **noveno/a** | *ninth* |
| **quinto/a** | *fifth* | **décimo/a** | *tenth* |

■ Ordinal numbers in Spanish agree in gender and number with the noun that they modify.

Es la **primera** puerta a la derecha.
*It's the **first** door to the right.*

Agosto es el **octavo** mes del año.
*August is the **eighth** month of the year.*

■ **Primero** and **tercero** are shortened to **primer** and **tercer** before **masculine singular** nouns.

Los dormitorios están en el **tercer** piso.
*The bedrooms are on the **third** floor.*

El examen es el **primer** lunes del mes.
*The exam is the **first** Monday of the month.*

■ In Spanish, ordinal numbers are rarely used after **décimo**. The cardinal numbers are used instead and follow the noun.

La oficina de mi profesor está en el piso **doce**.
*My professor's office is on the **twelfth** floor.*

■ The masculine singular form is used when listing items.

**Primero**, necesito comprar jabón
y champú.

*First, I need to buy soap and shampoo.*

## Aplicación

**5-30 ¿En qué orden lo haces?** Pon (*Put*) estas actividades en orden lógico, según tu rutina diaria.

**MODELO:** Me despierto. *Primero*

| | | | |
|---|---|---|---|
| Me duermo. | _____ | Me peino/ cepillo. | _____ |
| Me lavo la cara. | _____ | Me ducho/ baño. | _____ |
| Me afeito. | _____ | Me cepillo los dientes. | _____ |
| Me acuesto. | _____ | Me despierto. | _____ |
| Me levanto. | _____ | Me visto. | _____ |

**5-31 En el almacén *VendeTodo*.** Usa la siguiente guía para completar las siguientes oraciones.

**MODELO:** Si quieres comprar una escoba para la cocina,
la vas a buscar en el *segundo piso*.

| Almacén *VendeTodo* | |
|---|---|
| **1er piso** | supermercado y farmacia |
| **2do piso** | muebles; artículos para la cocina |
| **3er piso** | accesorios para la casa; electrodomésticos; librería |
| **4to piso** | ropa para hombres, mujeres y niños |
| **5to piso** | restaurante |

1.  Si tienes hambre, puedes ir al _____.
2.  Si quiero leer una novela de Isabel Allende, voy al _____.
3.  Busco una plancha nueva en el _____.
4.  Necesito un lápiz labial. Voy al _____.
5.  Beatriz quiere un estante para su dormitorio. Lo busca en el _____.
6.  Antonio va a preparar la cena esta noche. Busca los ingredientes en el _____.

**5-32 Su orden de importancia.** Individualmente, pongan (*place*) los siguientes artículos en orden de importancia en este momento (de primero a décimo). Luego, comparen sus listas y expliquen el orden.

**MODELO:** el televisor
➡ *Primero. Lo necesito para ver la televisión todos los días.*

| | **MI LISTA** | **MI EXPLICACIÓN** |
|---|---|---|
| el televisor | _____ | |
| la radio | _____ | |
| la computadora | _____ | |
| el lavaplatos | _____ | |
| el coche | _____ | |
| el espejo | _____ | |

|  |  |  |
|---|---|---|
| los muebles | _____ | _____ |
| la aspiradora | _____ | _____ |
| la lavadora | _____ | _____ |
| el teléfono | _____ | _____ |

5-42 to
5-43

# ¡A escribir!

**5-33 Tu rutina diaria.** En esta actividad vas a describir en tres párrafos tu rutina diaria durante el año académico.

## Antes de escribir

Piensa en tus actividades de la mañana, la tarde y la noche.

## A escribir

Describe cómo pasas un día típico en la universidad. (Incluye varios verbos reflexivos y no reflexivos.)

MODELO:   (*párrafo 1) Por la mañana me despierto generalmente . . .*
          (*párrafo 2) Por la tarde almuerzo en . . .*
          (*párrafo 3) Por la noche como con mis amigos en . . .*

## Después de escribir

- **Revisar.** Revisa tus párrafos para verificar los siguientes puntos:
  - ❏ el uso correcto de los verbos reflexivos
  - ❏ el género de los sustantivos
  - ❏ la concordancia (*agreement*)
  - ❏ la ortografía

- **Intercambiar.** Intercambia tu descripción con la de un/a compañero/a para examinar el contenido.

- **Entregar.** Revisa tu descripción, incorporando las sugerencias de tu compañero/a. Después, entrega a tu profesor/a el trabajo y las sugerencias de tu compañero/a.

## Panoramas

**5-49 to 5-51**

**Vistas culturales**

### Los países del sur: Chile, la Argentina y el Uruguay

**5-34 ¿Qué sabes tú?** Trata de identificar o explicar lo siguiente.

1. las capitales de Chile, la Argentina y el Uruguay
2. una cordillera de montañas (*mountains*) importantes
3. un deporte muy popular en estos países
4. una novelista chilena
5. dónde trabajan los gauchos
6. los países en la frontera de la Argentina
7. dónde se origina el tango
8. un área popular para los turistas

Isabel Allende es una de las novelistas contemporáneas más importantes de las Américas. Es chilena pero hoy en día vive en los EE.UU. Ha escrito más de 14 novelas y libros de cuentos en español, que luego se traducen al inglés, para adultos y jóvenes. Una de sus novelas recientes es *Zorro*, publicada en 2005.

**Isabel Allende**
www.isabelallende.com/index.htm

Por sus 10.000 kms. de costas, Chile tiene una industria pesquera (*fishing*) muy importante. En los restaurantes se puede comer una gran variedad de pescados que también se exportan por todo el mundo.

**La pesca en Chile**
www.linea.cl/mar/portada.htm

La Cordillera de los Andes tiene bellas vistas, como este panorama de Bariloche en Patagonia, las cuales atraen a turistas y a aficionados a los deportes de todo el mundo.

**El turismo en Bariloche**
www.interpatagonia.com/bariloche/paseos.html

El tango, música y baile popular, tiene su origen en las calles de Buenos Aires en el siglo XIX. Es un baile sensual y exótico para dos personas, con pasos precisos y un ritmo y estilo románticos.

**El Portal del Tango**
www.elportaldeltango.com

El gaucho que vive en las pampas de la Argentina y el Uruguay lleva una vida que parece romántica pero, en realidad, es solitaria. La producción de carne es muy importante en los dos países. En la Argentina se consume más carne por persona que en cualquier otro país del mundo.

**Los gauchos**
www.travelsur.net/gauchos.htm

En Chile, la Argentina y el Uruguay, el fútbol es una pasión nacional.

**El fútbol en Argentina**
www.soccerway.es/teams/argentina/argentina

**5-35 ¿Dónde?** Identifica un lugar o unos lugares en el mapa donde puedes encontrar lo siguiente.

1. industria pesquera
2. clubes de fútbol
3. un lugar turístico
4. el país que tiene una autora muy famosa
5. los Andes
6. el río que marca la frontera entre la Argentina y el Uruguay

**5-36 ¿Cierto o falso?** Indica si las siguientes oraciones son **ciertas** o **falsas**. Si son **falsas**, explica por qué.

1. Chile es una nación estrecha (*narrow*) y larga.
2. Los turistas pueden practicar deportes en Bariloche.
3. El Uruguay es el país más pequeño de los tres.
4. Isabel Allende es la presidenta de Chile.
5. El tango es un baile uruguayo.
6. La producción de carne es una industria importante en Chile.
7. Los gauchos son los "cowboys" de la Argentina y el Uruguay.
8. Montevideo es la capital de Chile.

**5-37 Conexiones.** Busca la siguiente información en la biblioteca o el Internet.

1. la primera presidenta electa de América del Sur
2. Manuel Puig, Julio Cortázar o Jorge Luis Borges, escritores argentinos
3. las cataratas del Iguazú
4. los deportes de invierno en los Andes argentinos
5. la producción de vino en Chile y la Argentina
6. la región más seca del mundo, el desierto de Atacama
7. las ciudades en Chile y la Argentina más próximas al polo sur

 **Ritmos**

Track 6

5-52

## "Tren al sur" (Los prisioneros, Chile)

Esta canción del grupo chileno Los prisioneros, que cuenta de un viaje al sur, también puede ser una alegoría de los cambios que se producen en la vida.

### Antes de escuchar

**5-38 Los símbolos.** "Tren al sur" es un ejemplo de cómo la letra (*lyrics*) de una canción se puede considerar poesía. Antes de escuchar la canción, empareja los elementos para ver qué simbolizan o personifican.

1. el sur
2. el tren/ ferrocarril
3. el olor (*smell*) de las flores y los animales

a. la libertad
b. la felicidad
c. el paraíso

### A escuchar

**5-39 Tren al sur.** Ahora escucha la canción y completa las estrofas (*stanzas*) con las siguientes palabras.

| | | | |
|---|---|---|---|
| feliz | ferrocarril (tren) | alegrías | tierras |
| olor | contento | mañana | sur |

### Tren al sur

Siete y media de la (1.) _____
mi asiento toca la ventana
estación central segundo carro
del (2.) _____ que me llevará al (3.) _____.

Ya estos fierros (hierros) van andando
y mi corazón (*heart*) está saltando
porque me llevan a las (4.) _____
donde al fin podré de nuevo
respirar adentro y hondo (5.) _____ del corazón.
Y no me digas pobre por ir viajando así
no ves que estoy (6.) _____
no ves que estoy (7.) _____.

Doce y media de la mañana el (8.) _____se mete en la ventana.
Son flores y animales
que me dicen bienvenido al sur
[. . .]

### Después de escuchar

**5-40 Significados.** En grupos de tres, lean cuidadosamente la letra de "Tren al sur" y conversen sobre el significado de la canción.

## ¡Pura vida! Episodio 5

En este episodio hay conflicto entre Hermés y Marcela.

### Antes de ver el video

**5-41 Los quehaceres de la casa.** En muchas familias de clase media es común tener la ayuda de alguien (*someone*) en la casa. Lee la situación de la familia de Silvia y contesta brevemente las siguientes preguntas en español.

Vivimos en Madrid. Como (*Since*) mi padre y mi madre trabajan fuera (*outside*) de casa, tenemos una señora que nos ayuda con los quehaceres. Se llama Ana y viene todos los lunes, miércoles y viernes. Pasa tres o cuatro horas lavando la ropa, ordenando la casa, lavando los platos y limpiando los pisos. Algunas veces, también va al mercado y hace las compras para la cena, pero mi mamá siempre prepara la comida. Con frecuencia, tenemos visita (*guests*) los viernes por la noche: mis abuelos y mis tíos o algunos amigos de la oficina de mis padres. En esas ocasiones, Ana prepara algo especial, como una paella o una torta. Después, el sábado por la mañana tenemos que lavar los platos.

Una casa de apartamentos en Madrid.

1. ¿Dónde vive la familia de Silvia?
2. ¿Por qué necesitan a la señora que los ayuda a mantener la casa?
3. ¿Cuáles son los quehaceres de Ana?
4. ¿Quién normalmente prepara la cena?

### A ver el video

**5-42 Hay conflicto en casa.** Mira el quinto episodio de *¡Pura vida!* para identificar el conflicto entre Marcela y Hermés. Luego, empareja (*pair*) las frases para formar oraciones lógicas.

Marcela          Marcela y Hermés          La lista de quehaceres.

1. Hermés trabaja . . .
2. A Marcela le molestan . . .
3. Hermés dice que siempre . . .
4. Marcela dice que ella siempre . . .
5. Según Silvia, cada uno . . .

a. los papeles que están en el piso.
b. saca la basura.
c. plancha su ropa y hace su cama.
d. lavando platos en un restaurante.
e. limpia el baño.

### Después de ver el video

**5-43 Servicio de limpieza.** Conéctate con **MySpanishLab** para buscar servicio doméstico. Escoge uno que te guste y anota los servicios y el costo, si se incluye.

# Vocabulario

| Accesorios y muebles | Accessories and furniture |
|---|---|
| la alfombra | rug |
| el armario | closet |
| la aspiradora | vacuum cleaner |
| el basurero | garbage pail |
| la cama | bed |
| la cómoda | dresser |
| la escoba | broom |
| el estante | bookcase |
| la lámpara | lamp |
| la lavadora | washing machine |
| el lavaplatos | dishwasher |
| la mesa | table |
| la mesa de noche | bedside table |
| los muebles | furniture |
| la plancha | iron |
| la secadora | clothes dryer |
| el sillón | armchair |
| el sofá | sofa |
| el televisor | television set |

| Las partes de una casa | The parts of a house |
|---|---|
| el baño | bathroom |
| la casa | house |
| la cocina | kitchen |
| el comedor | dining room |
| el cuarto | room; bedroom |
| el dormitorio | bedroom |
| la ducha | shower |
| el garaje | garage |
| el jardín | garden |
| el pasillo | hallway |
| el patio | patio |
| el piso | floor |
| la sala | living room |

| Los quehaceres domésticos | Household chores |
|---|---|
| barrer el piso | to sweep the floor |
| comprar la comida | to buy groceries |
| hacer la cama | to make the bed |
| lavar los platos | to wash the dishes |
| lavar la ropa | to wash the clothes |
| limpiar/ ordenar la casa | to clean the house |
| pasar la aspiradora | to vacuum |
| planchar | to iron |
| poner la mesa | to set the table |
| quitar la mesa | to clear the table |
| sacar la basura | to take out the garbage |
| sacudir los muebles | to dust the furniture |
| secar la ropa | to dry the clothes |

| ¿Cuántas veces . . . ? | How many times . . . ? |
|---|---|
| a veces | sometimes; at times |
| dos (tres, cuatro . . .) veces (a la semana) | two (three, four . . .) times (a week) |
| frecuentemente | frequently |
| nunca | never |

| Preposiciones de lugar | Prepositions of place |
|---|---|
| contra | against |
| debajo de | under |
| dentro de | within; inside of |
| encima de | on top of |
| sobre | on |

| Los números 100–1.000.000 | Numbers 100–1,000,000 |
|---|---|
| cien | 100 |
| ciento uno/a | 101 |
| doscientos/as | 200 |
| trescientos/as | 300 |
| cuatrocientos/as | 400 |
| quinientos/as | 500 |
| seiscientos/as | 600 |
| setecientos/as | 700 |
| ochocientos/as | 800 |
| novecientos/as | 900 |
| mil | 1,000 |
| dos mil | 2,000 |
| un millón | 1,000,000 |

| Las actividades diarias | Daily activities |
|---|---|
| acostarse (ue) | to go to bed |
| afeitarse | to shave |
| bañarse | to bathe |
| cepillarse (los dientes/ el pelo) | to brush (one's teeth/ one's hair) |
| despertarse (ie) | to wake up |
| dormirse (ue, u) | to fall asleep |
| ducharse | to shower |
| lavarse (la cara) | to wash (one's face) |
| levantarse | to get up |
| maquillarse | to put on makeup |
| mirarse (en el espejo) | to look at oneself (in the mirror) |
| peinarse | to comb one's hair |
| quitarse (la camisa) | take off (one's shirt) |
| secarse (el pelo) | to dry (one's hair) |
| sentarse (ie) | to sit down |
| vestirse (i, i) | to get dressed |

| Algunas partes del cuerpo | Some parts of the body |
|---|---|
| la cara | face |
| los dientes | teeth |
| la mano | hand |
| la nariz | nose |
| el ojo | eye |
| el pelo | hair |

| Algunas emociones | Some emotions |
|---|---|
| divertirse (ie, i) | to enjoy oneself |
| ponerse contento/a | to become happy |
| furioso/a | angry |
| impaciente | impatient |
| nervioso/a | nervous |
| triste | sad |
| sentirse (ie, i) | to feel |

| Artículos de uso personal | Personal care items |
|---|---|
| el cepillo (de dientes) | (tooth)brush |
| el champú | shampoo |
| el desodorante | deodorant |
| el despertador | alarm clock |
| el espejo | mirror |
| el jabón | soap |
| el lápiz labial | lipstick |
| la máquina de afeitar | electric razor |
| el peine | comb |
| el secador | hair dryer |
| la toalla | towel |

# Lección 6

# ¡Buen provecho!

La fortaleza de El Morro en San Juan, Puerto Rico.

# Las islas hispanas del Caribe: Cuba, la República Dominicana y Puerto Rico

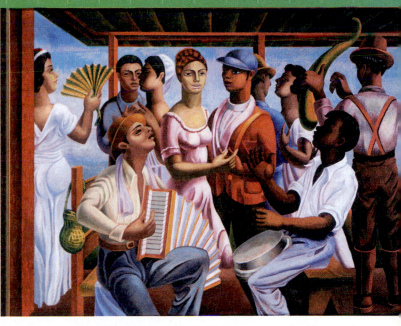

*Merengue* del artista dominicano Jaime González Colson representa los colores y el ritmo de este baile popular en las islas caribeñas.

## ¡Así lo decimos! Vocabulario

**En el mercado**

6-1 to
6-6

la lechuga | las judías | las papas | los tomates
el ajo
las zanahorias | las cebollas
los plátanos
las uvas
las naranjas | Las verduras y las frutas | las manzanas
el melón

el salmón | la langosta
los camarones
Los pescados | Los mariscos

el pollo | el jamón
el bistec | el cerdo
Las carnes

## ¡Buen provecho!

| Las bebidas | *Drinks* |
| --- | --- |
| **el café (con leche/ solo)** | coffee (with milk/black) |
| **la cerveza** | beer |
| **el jugo (de naranja/ manzana/ etc.)** | (orange/apple/etc.) juice |
| **el refresco** | soft drink |
| **el té** | tea |
| **el vino (tinto/ blanco)** | (red/white) wine |

| Las comidas y los condimentos | *Foods and seasonings* |
| --- | --- |
| **el ajo** | garlic |
| **el arroz** | rice |
| **la cebolla** | onion |
| **el cereal** | cereal |
| **los frijoles** | (kidney, pinto, red) beans |
| **los huevos** | eggs |
| **el pan tostado** | toast |
| **el plátano** | banana; plantain (green banana) |
| **el queso** | cheese |
| **la salsa (picante/ de tomate)** | (spicy/tomato) sauce |
| **la sopa** | soup |
| **el yogur** | yogurt |

**En la mesa**

| Los postres | Desserts |
|---|---|
| la galleta | cookie; cracker |
| el helado | ice cream |
| la tarta | pie; tart |
| la torta | cake |

| Para describir la comida | To describe the food |
|---|---|
| caliente | hot |
| crudo/a | raw |
| fresco/a | fresh |
| frío/a | cold |
| frito/a | fried |
| rico/a | delicious[1] |
| vegetariano/a | vegetarian |

| En el restaurante | In the restaurant |
|---|---|
| almorzar | to have lunch |
| ¡Buen provecho! | Enjoy your meal! |
| el/la camarero/a | waiter/waitress, server |

| | |
|---|---|
| cenar | to have dinner |
| el/la cliente | client |
| desayunar | to have breakfast |
| desear | to want; to desire |
| el menú | menu |
| pagar la cuenta | to pay the bill |
| el plato del día | the daily special |
| probar (ue) | to taste; to try |
| la propina | tip |

| Verbos | Verbs |
|---|---|
| caer bien/ mal | to like/dislike (a person) |
| dar | to give |
| encantar | to delight; to be extremely pleasing |
| fascinar | to be fascinating |
| gustar | to please (to like) |
| interesar | to be interesting |
| molestar | to be a bother, annoying |
| parecer | to seem |

---

[1] Used with **estar, rico/a** means *delicious*. Used with **ser**, it means *rich*.

## ¡Así es la vida! ¡Buen provecho!

6-7 to
6-8

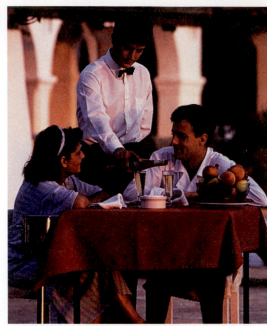

### En casa

**Marta:** Tengo mucha hambre, Arturo. ¿Quieres salir a almorzar?

**Arturo:** De acuerdo. ¿Adónde te interesa ir?

**Marta:** ¿Por qué no vamos al restaurante Don Pepe? Me encantan sus platos cubanos.

### En el restaurante Don Pepe

**Arturo:** Camarero, ¿nos trae una copa de vino tinto y una cerveza, por favor?

**Camarero:** Muy bien. ¿Ya saben qué van a pedir?

**Marta:** ¿Cuál es el plato del día?

**Camarero:** Es el arroz cubano. Lo servimos con carne, frijoles y plátanos fritos. ¿Ustedes lo quieren probar?

**Marta:** Me parece interesante. Voy a probarlo.

**Arturo:** Yo también. ¿Y puede traernos una ensalada de lechuga y tomates?

### El camarero les trae la comida

**Camarero:** ¡Buen provecho!

**Marta:** Gracias. Mmmm, ¡el arroz está muy rico! Me gusta mucho la comida aquí.

### Aplicación

**6-1 ¿Qué pasa?** Indica si cada una de las siguientes oraciones es **cierta** o **falsa**, según el vocabulario y la lectura de **¡Así lo decimos!**. Luego, corrige la información falsa.

1. Arturo no quiere salir a almorzar.
2. A Marta le encanta la comida cubana.
3. Arturo y Marta van a tomar un refresco.
4. El plato del día viene con carne y papas.
5. Arturo y Marta desean comer ensalada.
6. No le gusta a Marta la comida del restaurante Don Pepe.

**6-2 ¿Qué necesitas?** ¿Qué necesitas para hacer lo siguiente?

**MODELO:** Para cortar la carne, necesito *un cuchillo*.

1. Para cortar el pan, necesito (la pimienta/ una cuchara/ un cuchillo/ un plato).
2. Para beber vino, necesito (una taza/ un vaso/ una copa/ un cuchillo).
3. Para tomar sopa, necesito (una propina/ crema/ una taza/ una cuchara).
4. Para comer helado, necesito (una cucharita/ sal/ una servilleta/ un cuchillo).
5. Para beber leche, necesito (una copa/ una cuchara/ mantequilla/ un vaso).
6. Para comer papas fritas, necesito (un tenedor/ azúcar/ pan/ una cucharita).

7. Para ponerle mantequilla al pan, necesito (un plato/ una cuchara/ un vaso/ un cuchillo).

8. Para ponerle azúcar al café, necesito (un tenedor/ una cucharita/ una servilleta/ una copa).

**6-3 ¿Qué decimos?** ¿Cómo completas o respondes a los siguientes comentarios o preguntas?

MODELO:   Soy vegetariana. Voy a pedir . . .
➤ *Voy a pedir una ensalada de tomates.*

1. Es un buen restaurante. Toda la comida . . .
   a. está cruda.
   b. está muy picante.
   c. está muy rica.

2. A mí me gusta la sopa caliente. Esta sopa . . .
   a. está fría.
   b. está picante.
   c. tiene mucha sal.

3. No me gustan los mariscos. Voy a pedir . . .
   a. los camarones.
   b. la langosta.
   c. el salmón.

4. Quiero tomar el desayuno ahora. Voy a comer . . .
   a. pan tostado con café.
   b. arroz cubano.
   c. sopa de cebolla.

5. ¿Quiere usted pedir ahora?
   a. ¡Buen provecho!
   b. Sí, quiero el arroz con pollo.
   c. El plato del día es el bistec.

6. ¿Qué nos recomienda usted?
   a. El plato del día es el jamón.
   b. Están muy ricos.
   c. Solamente la cuenta, por favor.

**6-4 ¿Qué prefieres?** Completa las oraciones con palabras o expresiones de **¡Así lo decimos!**.

MODELO:   Prefiero beber *café* con el desayuno.

1. Prefiero beber _____ con el desayuno.
2. Bebo _____ con la cena.
3. Me gusta _____ en el café.
4. El/La _____ es mi carne favorita.
5. Pongo _____ en el bistec.
6. Me gusta comer el pan tostado con _____.
7. Mi fruta preferida es _____.
8. ¡No me gusta comer _____!

**6-5 ¿Qué están comiendo?** Indica lo que están comiendo o bebiendo estas personas.

**MODELO:**   *Antonio está comiendo una hamburguesa.*

1.

3.

5.

2.

4.

6.

   **6-6 La comida.** Túrnense para hacer preguntas sobre sus preferencias.

**MODELO:**   desayunar todos los días
E1: *¿Desayunas todos los días?*
E2: *Sí, desayuno todos los días./ No, ¡prefiero dormir! ¿Y tú?*

1. desayunar todos los días
2. ser vegetariano/a
3. comer poca comida frita
4. cenar tarde
5. comer mucha ensalada
6. tomar mucho café
7. comer mucha comida rápida
8. probar comidas nuevas

   **6-7 En el supermercado.** Uds. van al supermercado para comprar la comida. ¿Qué compran?

**MODELO:**   E1: ¿Qué pescados y mariscos compras en el supermercado?
E2: *Compro salmón y camarones. ¿Y tú?*

1. ¿Qué carnes compras?
2. ¿Qué frutas compras?
3. ¿Qué bebidas compras?
4. ¿Qué postres compras?

# Comparaciones

## ¡A comer!

**En tu experiencia.** ¿Cuáles son algunas diferencias entre las comidas del Canadá y las del mundo hispano? ¿En qué consiste el desayuno "típico" en el Canadá? ¿Cuál es la comida más importante en tu región del Canadá? Describe una cena típica. ¿Existe la merienda o su equivalente en el Canadá? ¿Es común la sobremesa? Este artículo describe las comidas en los países hispanohablantes.

Las comidas en los países hispanohablantes varían de país a país. El desayuno casi siempre es ligero (*light*) y consiste en café con leche o chocolate caliente, pasteles (*pastries*), o pan y mantequilla. En algunos países, como México y Chile, es común el desayuno fuerte (*heavy*), como por ejemplo huevos, pan tostado, frijoles y queso, o un bistec. La comida más importante del día en todos los países hispanohablantes es el almuerzo que se toma entre la una y las cuatro de la tarde. Un almuerzo típico comienza con sopa, después hay pescado o carne, verduras o arroz y para terminar hay fruta o un postre con café[1]. Por la tarde, a muchas personas les gusta tomar una merienda. La última comida es la cena, casi siempre ligera, que se toma entre las ocho y las once de la noche.

A los hispanos les gusta comer en la mesa con la familia. Hay restaurantes de comida rápida, pero no es típico comer en el coche o solo. Una costumbre en la mesa, especialmente durante el almuerzo y la cena, es la sobremesa, es decir, la conversación después de la comida. Muchas comidas duran (*last*) mucho más de una hora, porque la familia y los amigos continúan la conversación después de terminar de comer.

**¡A conversar!** ¿Cómo es la rutina en tu casa? Contesten (*Answer*) estas preguntas para comparar sus costumbres sobre las comidas.

1. ¿Quién/es prepara/n la comida en tu casa?
2. ¿Todos los miembros de la familia cenan juntos?
3. ¿Cuántas veces a la semana comen comida rápida?
4. ¿A veces ven la televisión mientras cenan?
5. ¿Hay sobremesa en tu casa? ¿Cuándo? ¿De qué hablan?

---

[1] In Spanish, **café** when used alone is often understood as referring to the type of coffee called "espresso" in Italian.

## EXPANSIÓN

### El uso de los artículos con las comidas

■ In Spanish, the article is omitted when the quantity of a food item is *unspecified* but it is retained when the quantity is *specified*.

| | |
|---|---|
| Quiero tomar leche. | *I want to drink (some) milk.* |
| Pido pescado para la cena. | *I order fish for dinner.* |
| Voy a comer **un** sándwich. | *I'm going to eat **a** sandwich.* |

■ As in English, some foods can be referred to either as an *unspecified* or as a *specified* quantity.

| | |
|---|---|
| Prefiero ensalada. | *I prefer (some) salad.* |
| Prefiero **una** ensalada. | *I prefer **a** salad.* |

■ The definite article is used, as it is in English, to indicate a specific food item.

| | |
|---|---|
| Voy a pedir **el** bistec. | *I'm going to order **the** steak.* |

■ The definite article is also used to indicate an entire category.

| | |
|---|---|
| A Juanita le encantan **las** verduras. | *Juanita loves (all) vegetables.* |

■ Remember that the definite article is included only when you are making a *specific* reference to a particular food item.

| | |
|---|---|
| Mario está comiendo pollo. | *Mario is eating chicken.* (an *indefinite* reference) |
| Mario está comiendo **el** pollo. | *Mario is eating **the** chicken.* (a *specific* reference) |

CD
Track 23

## PRONUNCIACIÓN

### Sounds of *y, ll,* and *ñ*

1. The Spanish **y** has two distinct sounds. At the beginning of a word or within a word, it is pronounced like the **y** in the English word *yes*, but with slightly more force.

   *yo       oye       Yolanda*
   *leyes     ya        arroyo*

2. When **y** is used to mean *and*, or appears at the end of a word, it is pronounced like the Spanish vowel **i**.

   *Jorge y María     hay     cantar y bailar     voy*

3. The Spanish double **l** (**ll**) is pronounced in many regions like the **y** in **yo**.

   *llamar     brilla     llorar     sello*

4. The **ñ** is pronounced by pressing the middle part of the tongue against the roof of the mouth or palate. Its sound is similar to the *ny* sound in the English word *onion*.

   *mañana     puño     niño     señal*

# PRONUNCIACIÓN (CONTINUED)

CD
Track 24

## Pronunciemos

**A.** You will hear a series of Spanish words which contain the letter **y**. Note that the **y** is either at the beginning of the word or within the word. Repeat each word after the speaker.

| | | |
|---|---|---|
| 1. **y**o | 5. a**y**er | 9. le**y**es |
| 2. o**y**e | 6. **y**a | 10. ha**y**a |
| 3. arro**y**o | 7. ma**y**o | |
| 4. jo**y**a | 8. **y**erba | |

**B.** You will now hear a series of words which contain the letter **y** either by itself or at the end of the word. In such cases the **y** will be pronounced like the vowel **i**. Repeat each word after the speaker.

| | | |
|---|---|---|
| 1. ho**y** | 3. re**y** | 5. ¡a**y**! |
| 2. **y** | 4. ha**y** | 6. le**y** |

**C.** You will now hear a series of words and phrases which contain the letter **ll**. Repeat each word or phrase after the speaker.

| | | |
|---|---|---|
| 1. me **ll**amo | 5. si**ll**a | 9. una vista be**ll**a |
| 2. **ll**uvia | 6. **ll**amar | 10. voy a **ll**evar |
| 3 a**ll**í | 7. la tabli**ll**a | |
| 4. **ll**over | 8. amari**ll**o | |

**D.** You will now hear a series of words which contain the letter **ñ**. Repeat each word after the speaker.

| | | |
|---|---|---|
| 1. ni**ñ**o | 5. monta**ñ**a | 9. **ñ**ato |
| 2. a**ñ**os | 6. espa**ñ**ol | 10. a**ñ**adir |
| 3. se**ñ**orita | 7. se**ñ**or | |
| 4. ma**ñ**ana | 8. ba**ñ**o | |

# ¡Así lo hacemos! Estructuras

**6-9 to 6-16**

## 1. The verb *dar* (*to give*), and the indirect object and indirect object pronouns

- **Dar** has an irregular first person singular form like **ser** and **estar**: **doy**.

| dar (*to give*) | | | |
|---|---|---|---|
| yo | **doy** | nosotros/as | damos |
| tú | das | vosotros/as | dais |
| Ud. } él/ella | da | Uds. } ellos/ellas | dan |

- **Dar** is often accompanied by an indirect object pronoun.

### Los complementos indirectos

- In Spanish, as in English, the **indirect object** is used to express **to whom** or **for whom** an action is carried out.

  ¡**Te** voy a preparar una cena deliciosa!   *I'm going to prepare a delicious supper for you!*

- The **indirect object** is also used to express **from whom** something is bought, borrowed or taken away.

  **Les** compro todas mis verduras.   *I buy all my vegetables **from them**.*

| Indirect object pronouns | | | |
|---|---|---|---|
| **Singular** | | **Plural** | |
| me | *(to/for/from) me* | nos | *(to/for/from) us* |
| te | *(to/for/from) you* (inf.) | os | *(to/for/from) you* (inf. Sp.) |
| le | *(to/for/from) you* (form.), *him, her* | les | *(to/for/from) you, them* |

- The forms of the indirect object pronouns are identical to those of the direct object pronouns, except for the third person singular and plural forms.

- Unlike the direct object pronouns, indirect object pronouns agree only in number (singular/plural) with the noun to which they refer. There is no gender agreement (masculine/feminine).

  | | |
  |---|---|
  | **Le** traigo café. | *I will bring coffee **for you/him/her**.* |
  | ¿**Les** pongo la mesa? | *Shall I set the table **for you/them**?* |

- Indirect object pronouns usually **precede** the conjugated verb.

  | | |
  |---|---|
  | **Te** pago la cuenta si quieres. | *I'll pay the bill **for you** if you want.* |
  | **Le** damos una propina. | *We give a tip **to you/him/her**.* |

- In negative sentences, the indirect object pronoun is placed between **no** and the conjugated verb.

  | | |
  |---|---|
  | ¡No **te** doy todo el helado! | *I won't give all the ice cream **to you**!* |

- In constructions with an infinitive or a present participle, the indirect object pronouns, like the direct object and reflexive pronouns, may either precede the conjugated verb or be attached to the infinitive or the present participle. Note that when you attach an indirect object pronoun to the present participle, you must also use a written accent mark over the vowel in the stressed syllable. The position of the indirect object pronoun makes no difference to the meaning.

  Mamá **nos** quiere enseñar
    a hacer el arroz con leche.
  Mamá quiere enseñar**nos**     } *Mom wants to teach **us** how to make rice pudding.*
    a hacer el arroz con leche.

  **Te** estoy preparando la cena.  } *I am making supper **for you**.*
  Estoy preparándo**te** la cena.

**EXPANSIÓN**

### Redundant indirect objects

When the **indirect object noun** refers to a specific person or group of people and is included in the sentence, the corresponding **indirect object pronoun** is also included. These are called redundant or repetitive object pronouns. They have no English equivalent, and are only used with third person objects.

| | |
|---|---|
| **Le** damos el menú **a Julia**. | *We give the menu **to Julia**.* |
| **Les** preparo el almuerzo **a mis amigos**. | *I prepare lunch **for my friends**.* |

### Use of the prepositional pronouns for clarification or emphasis

To emphasize or clarify an **indirect object pronoun**, you can also use the corresponding prepositional pronouns with a phrase beginning with the preposition **a**.

| | |
|---|---|
| La niña **le** pide un helado **a él**. | *The girl asks **him** for an ice cream.* |
| Laura **me** da la torta **a mí**, no **a ti**. | *Laura gives the cake **to me**, not **you**.* |

| indirect object pronouns | prepositional pronouns | indirect object pronouns | prepositional pronouns |
|---|---|---|---|
| me | a mí | nos | a nosotros |
| te | a ti | os | a vosotros |
| le | a Ud. | les | a Uds. |
| le | a él/ella | les | a ellos/as |

## Aplicación

**6-8 En el restaurante.** Junta las dos columnas para terminar las siguientes oraciones.

1. Luis y Laura no comen carne.
   A ellos . . .
2. ¿A Ud. . . .
3. A ti . . .
4. A la camarera . . .
5. A mí . . .
6. A mí y a ti . . .
7. A mi amigo Pedro . . .
8. A Uds. . . .

a. le traen el arroz con pollo?
b. le damos una buena propina.
c. nos traen el menú.
d. les traen unos platos vegetarianos.
e. le traen una cerveza fría.
f. les traen los bistecs.
g. te dan una copa de vino blanco.
h. me dan la cuenta.

**6-9 Sustitución.** Sustituye los pronombres de complemento indirecto.

**MODELO:** Mi madre *me* da muchas verduras. (a nosotros)
→ *Mi madre nos da muchas verduras.*

1. Mis padres *nos* compran la comida. (a mí/ a mi hermano/ a mis abuelos/ a ti/ a Uds.)
2. Yo *te* preparo la cena. (a mi amigo/ a nosotros/ a tus padres/ a mi familia/ a Ud.)
3. Nosotros *les* pagamos la cuenta. (a ti/ a tu madre/ a tus padres/ a Uds./ a tía Julia)

**6-10 ¿Qué te trae el camarero?** Completa las siguientes oraciones con el pronombre de complemento indirecto para describir lo que trae el camarero en el restaurante.

**MODELO:** A Luis _le_ trae un plato de pollo frito.

1. A mí _____ trae helado de chocolate.
2. A mi hermano Juan _____ trae una ensalada de frutas.
3. A Ud. _____ trae la cuenta.
4. A tus padres _____ trae una paella valenciana.
5. A Susana _____ trae un bistec con papas fritas.
6. A nosotros _____ trae frijoles con arroz.
7. A ti _____ trae un café con leche.
8. A mí y a ti _____ trae sopa de cebolla.

**6-11 ¡Camarera!** Tú trabajas en un restaurante y los clientes *te* hacen estas preguntas. ¿Cómo *les* respondes?

**MODELO:** ¿*Me* trae un tenedor limpio, por favor?
→ *Sí, le traigo un tenedor limpio.*

1. ¿*Me* describe los platos del día?
2. ¿*Le* da un vaso de agua *a mi hijo*?
3. ¿*Nos* pone la mesa cerca de la ventana?
4. ¿*Le* pregunta *al cocinero* si el pescado está fresco?
5. ¿*Me* están preparando más café?
6. ¿*Nos* va a explicar el menú?

7. *¿Me* pueden preparar la paella sin carne?

8. *¿Le* dice al cocinero que la comida está muy rica?

**6-12 La familia.** Conversen sobre cómo celebran las familias los días especiales, usando las siguientes preguntas como guía.

**MODELO:**   E1: ¿Les das regalos (*gifts*) de cumpleaños a tus padres?
E2: *Sí, les doy regalos. Les compro un/una . . . / No, no les doy regalos.*

1. ¿Le das un regalo de Navidad a tu hermano/ hermana?

2. ¿Qué te dan tus padres en tu cumpleaños?

3. ¿Te preparan una cena especial?

4. ¿Le das algo especial a tu madre/ padre el Día de la Madre/ Día del Padre?

5. ¿Le preparas una cena a tu abuelo/ abuela en su cumpleaños?

6. ¿Qué le das/ dices a tu novio/ novia/ esposo/ esposa el Día de San Valentín?

## 2. *Gustar* (*to like*) and similar verbs

6-17 to
6-23

| A mí | me | **gusta** el queso/ |
|---|---|---|
| A ti | te | **gusta** comer queso/ |
| | | **gustan** los quesos |
| A Ud., Juan, María, él, ella | le | |
| (no) | | |
| A nosotros | nos | **gusta** el queso/ |
| A vosotros | os | **gusta** comer queso/ |
| | | **gustan** los quesos |
| A Uds., los chicos, ellos, ellas | les | |

■ The verb **gustar,** used most commonly to express preferences, likes and dislikes, literally means *to be pleasing,* and is used with an **indirect object pronoun**.

**Me gusta** comer en los restaurantes.    *I like to eat in restaurants. (Eating in restaurants is pleasing to me.)*

No **le gustan** las sopas.    *He doesn't like soups. (Soups are not pleasing to him.)*

■ The subject of the verb **gustar** is whatever is pleasing to someone. Since we generally use **gustar** to indicate that something (singular) or some things (plural) are pleasing, **gustar** is most often conjugated in the third person singular or third person plural forms, **gusta** and **gustan**. The indirect object pronoun indicates who is being pleased.

**Me gusta** el pollo frito.    *I like fried chicken.*
**Nos gusta** el pollo frito.    *We like fried chicken.*
**No me gustan** los camarones.    *I don't like shrimp.*
**No nos gustan** los camarones.    *We don't like shrimp.*

■ To express the idea that one likes to do something, **gustar** is followed by an infinitive. In such cases the third person singular of **gustar** is used, even when you use more than one infinitive.

**Les gusta** cenar en casa siempre.    *They always **like** to have dinner at home.*

**Me gusta** desayunar y almorzar con mis amigos.    *I **like** to have breakfast and lunch with my friends.*

■ Some other verbs like **gustar** are listed. Note that the equivalent expressions in English are not direct translations.

| | |
|---|---|
| **caer bien/ mal** | *to like/dislike (a person)* |
| **encantar** | *to delight, to be extremely pleasing* |
| **fascinar** | *to be fascinating* |
| **interesar** | *to be interesting* |
| **molestar** | *to be a bother, annoying* |
| **parecer** | *to seem* |

**Me molestan** las cafeterías sucias.　*Dirty cafeterias **annoy me**.*
**Le fascina** el cocinero japonés del restaurante.　*The restaurant's Japanese chef **fascinates her**.*
**Nos parece** caro el restaurante cubano.　*The Cuban restaurant **seems** expensive **to us**.*

■ Remember to use a prepositional phrase beginning with **a** to emphasize or to clarify the indirect object pronoun.

**A mí me** fascina la comida caribeña pero **a ti** no **te** parece buena.　*Caribbean food fascinates **me** but it doesn't seem good **to you**.*
**A Óscar** y **a Teresa les** gusta el café.　*Oscar and Teresa like coffee.*

## Aplicación

Me cae mal el camarero.

**6-13 ¿Qué te gusta?** Repite las oraciones, haciendo las sustituciones indicadas con los cambios necesarios.

**MODELO:** Me gustan mucho *los camarones*. (el helado)
➤ *Me gusta mucho el helado.*

1. Me gustan mucho *los camarones*. (el helado/ la leche/ el jamón/ las frutas/ los postres)
2. Nos interesa *ese restaurante*. (conocer Puerto Rico/ los platos cubanos/ probar nuevas comidas/ salir a comer)
3. *A Juan le* molesta cenar muy tarde. (A nosotros/ A mí/ A los Gómez/ A Ud./ A ti)
4. ¿*A Ud. le* cae bien la camarera? (A Uds./ A María/ A los Sánchez/ A ti/ A nosotros)

**6-14 ¿Lógico o ilógico?** Decide si estas oraciones son **lógicas** (*logical*) o **ilógicas** (*illogical*) y corrige las ilógicas.

**MODELO:** A Juan le gustan los desayunos grandes. Come pan tostado y toma café solo.
➤ *Ilógico. A Juan le gustan los desayunos ligeros/ A Juan no le gustan los desayunos grandes.*

1. Lucía y Marta son vegetarianas. Les gusta comer mucha ensalada.
2. Me encantan los postres. Prefiero helado o torta.
3. Felipe no come mucha comida frita. Le gustan las papas fritas.
4. No como carne. Me encanta el cerdo.
5. Me cae muy bien el camarero. No le voy a dejar una propina.
6. Nos fascina la comida mexicana. Pedimos hamburguesas.
7. El restaurante les parece sucio y desagradable. Van a comer allí esta noche.
8. A Teresa no le caen bien los camareros del restaurante Don Pepe. Ella come allí todos los sábados.
9. Si te molesta cocinar, puedes salir a comer a un restaurante.
10. Me parece bueno el plato del día. Lo voy a pedir.

**6-15 Una carta de Ana.** Usa los pronombres de complemento indirecto y las formas correctas de los verbos entre paréntesis para completar la carta que Ana le escribe a su madre describiendo su trabajo en el restaurante Don Pepe.

> Querida Mamá:
>
> Como me pides, te escribo para describirte mi trabajo en el restaurante Don Pepe. ¡A mí (1. encantar) _____ el trabajo! Don Pepe es un hombre muy simpático y él (2. caer) _____ muy bien a todos nosotros. Él es paciente con nosotros y lo único que (3. molestar—a él) _____ es cuando Ramón, el cocinero, está de mal humor. El trabajo de camarera es exigente pero no es difícil, y (4. fascinar—a mí) _____ aprender de memoria todos los platos diferentes. Lo que no (5. parecer—a mí) _____ muy bien es cuando viene un grupo grande a cenar y nos toma mucho tiempo limpiar las mesas para los próximos clientes. Sin embargo, casi todos los clientes son simpáticos; (6. interesar—a ellos) _____ probar comidas nuevas y a mí (7. gustar) _____ explicarles cómo se preparan. Hay solamente un cliente que es antipático y (8. no caer bien) _____ a las otras camareras. Yo siempre tengo que servirle cuando viene a cenar los viernes porque soy nueva y él (9. molestar—a mí) _____ porque me habla de una manera desagradable. ¿A ti (10. interesar) _____ venir a cenar una noche? ¡Creo que te va a gustar!
>
> Un abrazo de tu hija,
>
> *Ana*

**6-16 ¿Qué te gusta hacer?** Túrnense para completar las frases de manera lógica, usando los verbos como **gustar**.

**MODELO:** Cuando tengo sed, . . .

    E1: *Cuando tengo sed, me gusta tomar un refresco. ¿Y a ti?*
    E2: *A mí no. A mí me gusta tomar té cuando tengo sed.*

1. Cuando tengo mucha hambre, . . .
2. Cuando tengo frío, . . .
3. Cuando estoy aburrido/a, . . .
4. Cuando estoy triste, . . .
5. Cuando estoy contento/a, . . .
6. Cuando estoy nervioso/a, . . .
7. Cuando estoy enfermo/a, . . .
8. Cuando tengo tiempo libre, . . .

**6-17 Sus gustos culinarios.** Túrnense para hacer y contestar preguntas sobre sus gustos culinarios.

**MODELO:** gustar/ el pescado

    E1: *¿Te gusta el pescado?*
    E2: *¡Sí, me encanta!/ No, no me gusta mucho. ¿Y a ti?*

1. gustar/ la comida mexicana, japonesa, italiana, francesa
2. interesar/ los restaurantes latinos, chinos, baratos, caros, al aire libre
3. fascinar/ las comidas exóticas, los cocineros japoneses, las cenas románticas
4. molestar/ la comida de la universidad, la comida frita, los restaurantes sucios
5. caer bien/ mal/ los camareros rápidos, antipáticos, simpáticos, arrogantes
6. gustar/ la comida frita, cruda, picante, vegetariana
7. encantar/ los postres, las tortas, las galletas, el helado

## ¡Así lo decimos! Vocabulario

### En la cocina

6-24 to 6-28

Los aparatos y utensilios de la cocina

- el refrigerador
- la cafetera
- el microondas
- la estufa
- la tostadora
- el fregadero
- la cazuela
- el recipiente
- la sartén
- el horno
- el congelador

| Las medidas | Measurements |
|---|---|
| la cucharada | tablespoon |
| la cucharadita | teaspoon |
| el kilo | kilogram |
| el litro | litre |
| el pedazo | piece |
| la taza | cup |

| Actividades | Activities |
|---|---|
| añadir | to add |
| batir | to beat |
| calentar (ie) | to heat |
| cocinar | to cook |
| cortar | to cut |
| echar | to add; to throw in |
| freír(i, i)[1] | to fry |
| hervir (ie, i) | to boil |
| mezclar | to mix; to stir |
| pelar | to peel |
| picar | to cut; to chop |
| tapar | to cover |

| Otras palabras y expresiones | Other words and expressions |
|---|---|
| el aceite | oil |
| a fuego alto/ medio/ bajo | on high/medium/low heat |
| aunque | although |
| el jugo de limón | lemon juice |
| el pimiento | green pepper |
| la receta | recipe |

| Expresiones adverbiales para hablar del pasado | Adverbial expressions to talk about the past |
|---|---|
| anoche | last night |
| anteayer | day before yesterday |
| ayer | yesterday |
| el año (mes, febrero, lunes, etcétera) pasado | last year (month, February, Monday, etc.) |
| la semana pasada | last week |

---

[1] frío, fríes, fríe, freímos, freís, fríen

6-29 to
6-30

| | |
|---|---|
| **Miguel:** | ¡Hola, Mónica! ¿Qué tal? ¿Te gustó tu primera semana en la escuela de cocina? |
| **Mónica:** | Sí, ¡me gustó mucho! Trabajamos mucho pero aprendimos a preparar unos platos exquisitos. |
| **Miguel:** | ¿Sí? ¿Qué cocinaron ustedes? |
| **Mónica:** | Bueno, mi amiga Julia y yo preparamos un rico arroz con pollo. Yo piqué las cebollas y el ajo y Julia calentó el aceite y añadió los otros ingredientes. |
| **Miguel:** | ¡Sabes que a mí me encanta el arroz con pollo! ¿Por qué no me invitaron a probarlo? |
| **Mónica:** | La verdad es que nosotras lo comimos todo en el almuerzo. Si te gusta tanto el arroz con pollo, ¡tú tienes que aprender a cocinarlo! |

## Aplicación

**6-18 ¿Qué pasa?** Indica si cada una de las siguientes oraciones es **cierta** o **falsa**, según el vocabulario y la lectura de **¡Así lo decimos!**. Luego, corrige la información falsa.

1. A Mónica le gustó mucho su primera semana en la escuela de cocina.
2. Mónica y Julia prepararon una sopa de verduras.
3. Mónica y Julia picaron las cebollas y el ajo.
4. Ellas cocinaron el pollo en mantequilla.
5. A Miguel le gusta mucho el arroz con pollo.
6. Mónica le va a preparar el arroz con pollo a Miguel.

**6-19 En la cocina.** Completa cada oración con la palabra correspondiente.

1. Voy a freír el pescado en . . .
2. Ella mezcla los huevos en . . .
3. Tú lavas los platos en . . .
4. Están tostando el pan en . . .
5. Hay una botella de agua en . . .
6. Preparamos el café en . . .
7. Cocino el arroz en . . .
8. Pongo el pastel en . . .

a. la cazuela.
b. la cafetera.
c. el refrigerador.
d. el horno.
e. la sartén.
f. la tostadora.
g. el recipiente.
h. el fregadero.

**6-20 ¿Qué necesitas?** ¿Qué necesitas para hacer las siguientes actividades? Completa las oraciones con palabras de **¡Así lo decimos!**.

1.  No tengo lavaplatos. Lavo los platos en _____.

2.  Pongo el helado en _____ para mantenerlo frío.

3.  ¡Tengo prisa! No tengo tiempo para usar el horno. Voy a usar _____.

4.  Quiero preparar café. Voy a usar _____.

5.  Para calentar el agua, pongo la cazuela en _____.

6.  Quiero freír un huevo. Lo pongo en _____.

7.  Mezclo los ingredientes para una torta en _____.

8.  Voy a preparar un plato complicado. No recuerdo las instrucciones. Necesito _____.

**6-21 ¿Qué hacen?** Describe lo que hace la persona en cada dibujo con expresiones de **¡Así lo decimos!**.

**MODELO:**  *Mario pone el pollo en el horno.*

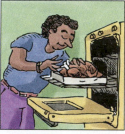

Mario

1.  Lola

3.  El señor Barroso

5.  Dolores

2.  Diego

4.  Estela

6.  Pilar

# Comparaciones

## La compra de la comida y la cocina hispana

**En tu experiencia.** Por lo general, ¿dónde se compra la comida en el Canadá? ¿Hay mercados? ¿Qué productos se venden en los mercados? ¿Qué tiendas especializadas hay en el Canadá? ¿Dónde compra tu familia la comida? ¿Cuántas veces por semana va de compras?

En el mundo hispano, la comida sirve una función social muy importante. Se dice que en los países hispanos se vive para comer, no se come para vivir. Cada región tiene sus especialidades o platos típicos. Los nombres y las descripciones de las comidas varían mucho, también; por ejemplo, la tortilla es un tipo de "omelette" en España pero en México y Centroamérica es un tipo de pan de maíz (*corn*) que se puede usar para preparar enchiladas y tacos.

Aunque los supermercados ya son muy populares, todavía es común ir al mercado dos o tres veces por semana para comprar los productos más frescos. El mercado típico es un edificio enorme y abierto, con tiendas (*shops*) pequeñas donde se vende todo tipo de comidas. En el mercado hay tiendas pequeñas que venden carne, pescado y frutas. En cada barrio (*district*) también hay tiendas especializadas donde se puede comprar pan, pasteles y helados.

Los mercados y las comidas típicas de cada región varían y dependen mucho de los productos típicos de esa región. Por ejemplo, la comida caribeña normalmente no es picante, y se sirve frecuentemente acompañada de arroz, frijoles y plátanos verdes fritos. Como Cuba, la República Dominicana y Puerto Rico son países marítimos, los pescados y mariscos son populares, aunque también se come mucho pollo y cerdo. El flan es un postre popular en todos los países hispanos.

**¡A conversar!** ¿Qué piensan Uds.? Conversen sobre las siguientes preguntas.

1. ¿Comen Uds. muchos mariscos y pescado donde vives? ¿Qué comidas son populares?

2. ¿Hay una especialidad de la región donde vives? ¿Cuándo la comen?

3. ¿Prefieres comprar la comida en un supermercado, en un mercado o en una tienda especializada? ¿Por qué?

¿Te gustan los mariscos? En el mundo hispano hay muchas comidas que no son comunes en el Canadá.

El flan es un postre popular.

# ¡Así lo hacemos! Estructuras

¿Les gustó la paella?

## 3. The preterit of regular verbs

So far you have learned to use verbs in the present indicative and the present progressive. In this lesson you will learn about the preterit, one of two simple past tenses in Spanish. In **Lección 9** you will be introduced to the imperfect, which is also used to refer to events in the past.

|  | -ar<br>tomar | -er<br>comer | -ir<br>vivir |
|---|---|---|---|
| yo | tom**é** | com**í** | viv**í** |
| tú | tom**aste** | com**iste** | viv**iste** |
| Ud.<br>él/ella | tom**ó** | com**ió** | viv**ió** |
| nosotros/as | tom**amos** | com**imos** | viv**imos** |
| vosotros/as | tom**asteis** | com**isteis** | viv**isteis** |
| Uds.<br>ellos/as | tom**aron** | com**ieron** | viv**ieron** |

- The preterit tense is used to report actions completed at a given point in the past and to narrate past events.

  **Trabajé** por nueve horas el sábado pasado.

  Ayer **comimos** en la cafetería.

  *I **worked** for nine hours last Saturday.*

  *Yesterday **we ate** at the cafeteria.*

- The preterit endings for the -**er** and -**ir** verbs are the same.

- The preterit forms for **nosotros** of -**ar** and -**ir** verbs are identical to the corresponding present tense forms. The situation or context of the sentence will clarify the meaning.

  *Siempre* **hablamos** de recetas.

  *La semana pasada* **hablamos** de tu receta de pollo.

  **Vivimos** aquí *ahora*.

  **Vivimos** allí *el año pasado*.

  *We always **talk** about recipes.*

  *Last week **we talked** about your chicken recipe.*

  *We **live** here now.*

  *We **lived** there last year.*

- Always use an accent mark over the final vowel for the first and third person singular forms of regular verbs, unless the verb is only one syllable.

  **Compré** aceite de oliva.

  Ana Luisa **picó** las verduras.

  *I **bought** olive oil.*

  *Ana Luisa **chopped** the vegetables.*

  All -**ar** and -**er** stem-changing verbs are regular in the preterit.

  Generalmente **vuelvo** a casa a las cinco, pero ayer **volví** a las seis.

  Usualmente, Jorge **almuerza** en la cafetería, pero el lunes **almorzó** en un restaurante.

  *I generally **get** home at five, but yesterday **I got** home at six.*

  *Usually, Jorge **has lunch** in the cafeteria, but on Monday **he had lunch** in a restaurant.*

- The verbs **leer, caer** and **creer** are slightly irregular in the preterit, in the third person forms only. These are: *leyó/ leyeron; cayó/ cayeron; creyó/ creyeron*.

## EXPANSIÓN

**Los verbos que terminan en *-car, -gar* y *-zar***
Verbs that end in **-car**, **-gar**, and **-zar** have the following spelling changes in the **first person singular** of the preterit. All other forms of these verbs are conjugated regularly.

| c → qu | buscar | yo **busqué** |
| g → gu | llegar | yo **llegué** |
| z → c | almorzar | yo **almorcé** |

**Bus*qué*** el programa en la tele.    *I **looked for** the program on TV.*
**Lle*gué*** tarde a clase.    *I **arrived** late for class.*
**Almor*cé*** poco hoy.    *I **had** little for **lunch** today.*

The following verbs follow this pattern as well.

| **abrazar** | *to embrace; hug* | **obligar** | *to force* |
| **comenzar** | *to begin* | **pagar** | *to pay* |
| **empezar** | *to begin* | **practicar** | *to practise* |
| **explicar** | *to explain* | **tocar** | *to touch; to play* |
| **jugar (a)** | *to play (a game)* | | *(a musical instrument)* |

## Aplicación

**6-22 ¿Qué pasó?** Indica si cada una de las siguientes oraciones es **cierta** o **falsa** y corrige la información falsa.

1. **Tomé** café en el desayuno esta mañana.
2. **Cené** en el comedor de la universidad anoche.
3. **Comí** pescado la semana pasada.
4. **Compré** leche en el supermercado ayer.
5. Mi mamá/ papá **preparó** una torta para mi cumpleaños.
6. Mi mamá/ papá **cocinó** una comida especial para mi cumpleaños.

**6-23 ¿Qué pasó ayer?** Repite las siguientes oraciones, sustituyendo los sujetos indicados.

**MODELO:**    Anoche *tomé* jugo con la comida. (él)
→ Anoche *tomó* jugo con la comida.

1. *Compré* fruta para el almuerzo. (él, nosotros, Ana y María, ella, tú, Uds.)
2. *Comí* pescado el domingo pasado. (ella, Ud., ellos, nosotros, tú, mis amigos)
3. *Salí* tarde de casa esta mañana. (Uds., Juan, tú y yo, tu familia, yo, ella)

**6-24 Una tortilla española.** Conjuga los verbos en el pretérito para explicar cómo preparaste la tortilla.

**MODELO:**    (escribir) *Escribí* una lista.

Yo (1. salir) _____ para el mercado a las ocho. (2. Comprar) _____ seis huevos, dos cebollas y cinco papas. (3. Lavar: yo) _____ y (4. pelar) _____ las papas. (5. Cortar) _____ las papas y las cebollas en pedazos muy pequeños. (6. Echar) _____ un poco de aceite de oliva en una sartén. Lo (7. calentar) _____ y (8. cocinar) _____ las papas y las cebollas. (9. Batir) _____ los huevos en un plato. (10. Añadir) _____ un poco de sal y (11. echar) _____ los huevos a la sartén. (12. Mezclar) _____ los ingredientes con la espátula. (13. Cocinar) _____ la tortilla por diez minutos. ¡Qué rico!

**6-25 Un restaurante inolvidable.** Usa el pretérito de los verbos entre paréntesis para completar el párrafo.

El sábado pasado yo (1. visitar) _____ un restaurante que me (2. gustar) _____ mucho. Nosotros (3. encontrar) _____ el nombre del restaurante en la guía telefónica. Nosotros (4. salir) _____ a las siete de la tarde y (5. llegar) _____ al restaurante a las siete y media. La comida estuvo (*was*) muy buena. Yo (6. comer) _____ pescado y mis amigos (7. comer) _____ arroz con pollo. Todos nosotros (8. tomar) _____ agua mineral y después, café. A la hora de salir, yo (9. buscar) _____ mi tarjeta de crédito y (10. pagar) _____ la cuenta.

**6-26 ¿Qué pasó?** Túrnense para preguntar si tu compañero/a hizo estas actividades ayer.

MODELO: **cenar en la cafetería**
E1: *¿Cenaste en la cafetería ayer?*
E2: *Sí, cené en la cafetería. ¿Y tú?*
E1: *Cené en casa.*

**levantarte temprano**
E1: *¿Te levantaste temprano ayer?*
E2: *Sí, me levanté a las siete y media. ¿Y tú?*
E1: *Yo no, me levanté a las nueve.*

1. estudiar en la biblioteca
2. hablar por teléfono
3. comer con tus amigos
4. escuchar música
5. limpiar tu cuarto
6. terminar la tarea
7. bañarte por la mañana
8. acostarte tarde

**6-27 ¿Qué hicieron Uds. ayer?** Túrnense para describir sus actividades de ayer.

MODELO: E1: *Ayer me desperté a las ocho.*
E2: *Me levanté a las ocho y media.*
E3: *Me lavé las manos y la cara en el baño.*
E4: *Desayuné en la cocina/ en la cafetería.*

1. despertarse . . .
2. levantarse . . .
3. lavarse . . .
4. desayunar . . .
5. bañarse . . .
6. vestirse . . .
7. salir para . . .
8. ver a . . .
9. escribir . . .
10. leer . . .
11. almorzar . . .
12. comer . . .

**6-28 ¿Quiénes comieron mejor?** En sus grupos, hagan una lista de todo lo que cada persona comió y bebió ayer (¡honestamente!). Luego comparen su lista con la de otro grupo para ver qué grupo comió mejor (*better*).

MODELO: E1: *En el desayuno, comí cereal y tomé café con leche.*
E2: *Yo comí huevos y ensalada de frutas.*
E3: *Me levanté tarde. ¡No tomé el desayuno!*

1. el desayuno
2. el almuerzo
3. la cena
4. la merienda

**6-29 ¿Qué cocinamos esta noche?** En su grupo, busquen recetas interesantes y decidan qué van a cocinar para la cena esta noche. ¿Algo fácil o complicado? ¿Carne, pollo o pescado? ¿Van a preparar una sopa o una ensalada? ¿Les gusta comer postre?

**(comida cubana)**
http://cocina.cuba.cu

**(comida mexicana)**
http://cocina-mexico.com

6-39 to
6-40

## ¡A escribir!

**6-30 Una reseña (*review*) de un restaurante.** Puedes encontrar reseñas de restaurantes en el periódico, en una revista culinaria, o en el Internet. La reseña te ayuda a decidir si te interesa visitar el restaurante. Lee la reseña sobre el restaurante El Santiago para ver la información que se incluye.

### Antes de escribir

■ Busca un restaurante en el Internet. Inventa una visita y escribe una reseña del restaurante, describiendo dónde está, la comida que sirven, y por qué lo recomiendas o no lo recomiendas.

> **http://www.meetpuertorico.com/espanol/about_pr/dining.asp**
> **http://www.paseosporlahabana.com/cats.asp?CID=68**

■ Contesta las siguientes preguntas para organizar tus ideas:

¿Cuántos tenedores tiene (1-económico 5-caro)?

¿Cuáles son sus especialidades?

¿Qué días y a qué hora está abierto?

¿Se aceptan reservaciones?

¿Dónde está?

¿Cuál es su número de teléfono?

¿Tiene alguna cocina en especial?

¿Tiene música?

¿Cuál es tu recomendación?

¿Quieres cocinar o prefieres salir a cenar?

### A escribir

■ Escribe un párrafo basado en tus respuestas y la reseña de El Santiago.

---

### El Mercurio

# Gastronomía

**El Santiago**
12 de diciembre de 2007

El ambiente de El Santiago te invita a cenar.

Restaurante de cocina chilena en el centro de la ciudad, cerca de los teatros y la ópera. La carta incluye algunos arroces, pastas y carnes, pero se especializa en pescados y mariscos con unas ofertas únicas. Sus especialidades incluyen el ceviche (pescado crudo "cocido" en jugo de limón); las tapas (tortilla española, queso, calamares), la corvina (*sea bass*) fresca preparada al gusto y los mejores vinos chilenos. De entrada, hay varios pescados a la parrilla de $7.000 a $8.000. Recomendamos la corvina. De postres, hay sorbetes ($2.200), un rico pastel vasco con almendras ($2.900) y una torta de chocolate ($3.700).

Todas las noches a partir de las 9:00, Los Chavales (grupo musical del norte de Chile) tocan música andina. El lugar es hermoso con varios patios y pequeñas mesas alrededor de una fuente (*fountain*) en medio. Las pequeñas luces que decoran los árboles y las plantas contribuyen al ambiente (*atmosphere*) romántico. El servicio es bueno, aunque no excepcional (esperamos media hora para recibir nuestras tapas), pero el ambiente y la música compensaron la demora (*delay*). Cuando por fin nos llegó la comida, valió la pena esperar (*it was worth waiting for*). La cuenta para dos personas, que incluyó tapas, comida, una botella de vino tinto, postre y propina, llegó a $35.000. Les recomendamos este lindo restaurante para una ocasión especial, o para una cena después del teatro. Se aceptan reservaciones.

José M. Infante 55, teléfono 3653458 y 3376872, Santiago.

—Mariana Escobar

---

### Después de escribir

■ **Revisar.** Revisa tu reseña para verificar los siguientes puntos.
❏ el uso del pretérito ❏ la concordancia de adjetivos y sustantivos
❏ la ortografía

■ **Intercambiar.** Intercambia tu reseña con la de un/a compañero/a para examinar el contenido.

■ **Entregar.** Revisa tu reseña, incorporando las sugerencias de tu compañero/a. Después, entrega a tu profesor/a el trabajo y las sugerencias de tu compañero/a.

## Panoramas

6-48 to
6-49

Vistas
culturales

### Las islas hispanas del Caribe:
### Cuba, la República Dominicana y Puerto Rico

**6-31 ¿Qué sabes tú?** Trata de identificar y/o explicar las siguientes cosas y personas.

1. las dos naciones de la isla de la Española (*Hispaniola*)
2. un producto agrícola de las islas del Caribe
3. la capital de Puerto Rico
4. la música que se toca en las islas hispanas
5. un atractivo turístico de todas las islas del Caribe
6. la relación política entre Puerto Rico y los EE.UU.

La isla de Cuba, un paraíso visual y cultural, es el lugar preferido de muchos canadienses que van al país a disfrutar de su agradable clima y de sus playas. Su rica historia se refleja en su gente, su arquitectura, su música y su arte.
**Cuba.cu**
http://www.cuba.cu/

Muchos de los puros habanos que se fabrican en Cuba están hechos a mano. Se dice que el tabaco cubano que se cultiva en la zona de Pinar del Río es el mejor del mundo.
http://cubacultura.org/default.asp?mID=1

© Photographer Håkan Rönnblad

Se siente el ritmo afrocaribeño en la música de la República Dominicana. Este baile es el merengue.
**WebDominicana**
http://www.godominicanrepublic.com

Las aguas cristalinas, el sol y las bellas playas atraen a miles de turistas a la República Dominicana todos los años.

Puerto Rico mantiene sus raíces españolas a pesar de ser estado libre asociado (*commonwealth*) de los EE.UU. La isla también se conoce como Borinquen, su nombre indígena. El viejo San Juan conserva el ambiente de la colonia española.
**Los Balcones de San Juan**
http://www.members.aol.com/ednj/

El turismo es una industria importante en todas las islas del Caribe. Este mercado en San Juan vende comida y artesanía.

**6-32 ¿Cierto o falso?** Corrige las oraciones falsas.

1. Cuba es la isla más grande de las Antillas.

2. Cuba es popular entre los turistas canadienses.

3. La República Dominicana comparte (*shares*) la isla de La Española con Puerto Rico.

4. El tango es un baile famoso de la República Dominicana.

5. El nombre indígena de Puerto Rico es Borinquen.

6. La República Dominicana es famosa por su tabaco.

**6-33 El mapa.** Explica dónde está cada lugar en relación al otro lugar mencionado.

**MODELO:**   Haití y la República Dominicana
→ *Haití está al oeste de la República Dominicana. La República Dominicana está al este de Haití.*

| | | | |
|---|---|---|---|
| al este de . . . | al norte de . . . | al oeste de . . . | al sur de . . . |
| a . . . kilómetros de | cerca de . . . | entre . . . | lejos de . . . |

1. Cuba y la Florida

2. Puerto Rico y La Española

3. Pinar del Río y La Habana

4. Jamaica y Puerto Rico

5. La Républica Dominicana y las Bahamas

**6-34 Conexiones.** Consulta la biblioteca o el Internet para encontrar información sobre los siguientes temas:

1. la música de Cuba

2. la política de Cuba

3. la asociación de Puerto Rico con los Estados Unidos

4. la historia de la esclavitud (*slavery*) en las islas caribeñas

5. el turismo en las islas hispánicas

6. la fabricación de los puros cubanos

# Ritmos

## "El pregonero" (Tito Nieves, Puerto Rico)

Track 7

6-50

En esta canción Tito Nieves canta sobre el trabajo del pregonero, un trabajo que en estos tiempos modernos no existe. En los países hispanos del Caribe los pregoneros iban (*used to go*) de pueblo en pueblo para vender sus productos, particularmente frutas y verduras.

### Antes de escuchar

**6-35 El pregonero.** Lee las siguientes estrofas de la canción y con un/a compañero/a busca en un diccionario bilingüe las palabras de la siguiente lista. Todos son productos que vende el pregonero.

| | | |
|---|---|---|
| la piña | la naranja | la caña |
| el coco | el mango | el bacalao |

**El pregonero**

Yo soy el pregonero          Casera, así que cómpreme un poco (*se repite*).
Que pasa por las mañanas;    Ay, casera, ven y cómpreme un poco
Vendiendo la fruta fresca,   Aquí te traigo un mango y el coco sabroso;
Guindando de la vara.        Ay, casera de mi vida aprovecha la ocasión;
                             Le traigo fruta sabrosa de mi pueblo.
Ay, casera                   Caserita de mi vida no me digas no
Llevo la piña fresca,        Casera, así que cómpreme un poco (*se repite*).
La naranja madura;           Llevo la piña fresca
Llevo la caña dulce          También te traigo la naranja madura,
Y el coco seco, cáscara dura. Tengo la cola de bacalao pa' la fritura
[ . . . ]                    [ . . . ]

### A escuchar

**6-36 ¿Cómo te parece la canción?** Mientras escuches, indica con **R** (ritmo) y con **L** (letra) qué palabras y expresiones caracterizan estos dos elementos de la canción en tu opinión.

| | | |
|---|---|---|
| _____ triste | _____ bueno para bailar | _____ divertido |
| _____ alegre | _____ nostálgico | _____ interesante |
| _____ rápido | _____ serio | _____ melancólico |

La salsa es popular entre personas de todas las edades.

**6-37 ¡Vamos a bailar salsa!** *El pregonero* es un ejemplo de música **salsa,** un estilo musical muy popular en las islas hispanas del Caribe. La salsa tiene un ritmo alegre y muy bailable. No importa si el tema de una canción de salsa es feliz o serio, a todos les gusta bailar salsa. Mira el diagrama de los pasos de salsa y con los compañeros de clase trata de seguirlos con la música.

**Salsa**

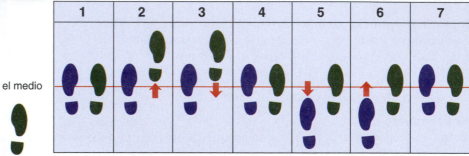

el medio

izquierda (left)   derecha (right)

1. Both feet in middle
2. Right foot forward; left foot in middle
3. Step in place with left foot, then move right foot back to middle
4. Both feet in middle
5. Left foot back; right foot in middle
6. Step in place with right foot, then move left foot back to middle
7. Both feet in middle

6-51

# Páginas

## "Versos sencillos"
## José Martí (1853–1895), Cuba

José Martí fue (*was*) un político y escritor cubano del siglo XIX. En este tiempo, Cuba era (*was*) todavía una colonia de España, y el joven Martí participó en actividades revolucionarias, esperando conseguir la independencia de Cuba. A los diecisiete años lo condenaron a seis años de prisión por su colaboración con grupos independentistas y luego lo deportaron a España, donde él desarrolló un fuerte amor por ese país pero no así por su política. Martí vivió varios años en los Estados Unidos, donde en 1892 fundó el Partido Revolucionario Cubano. En 1895 regresó a Cuba para luchar (*fight*) por la independencia de Cuba, donde lo mataron (*killed*) las tropas españolas.

## Antes de leer

**6-38 Las imágenes.** La poesía depende muchas veces de imágenes para comunicar las ideas y los sentimientos. A veces un color o un objeto puede representar un tema o una emoción. Los temas de la obra de José Martí son muy variados. En estos versos él expresa su amor por su tierra (*land; country*) y por los cubanos, especialmente la gente pobre. ¿Qué ideas o imágenes sugieren los siguientes colores?

    verde        carmín (*crimson*)        blanca

    ¿y los siguientes lugares?

    el monte        la sierra        el mar

## A leer

**6-39 ¿Sabías?** Muchas personas conocen la canción popular *Guantanamera,* que combina una melodía de la música tradicional cubana con algunos de los versos de Martí. La letra del coro es "guajira Guantanamera", o sea, una mujer del campo (*country*) de la provincia cubana de Guantánamo; la letra de la canción viene de varios de los poemas en la colección de "Versos sencillos". Ahora se canta en todas partes. Mientras leas estos fragmentos de los versos de Martí, piensa en la melodía de la canción.

Yo soy un hombre sincero  
De donde crece° la palma.      *grows*  
Y antes de morirme° quiero      *I die*  
Echar mis versos del alma°.      *soul*

Mi verso es de un verde claro  
Y de un carmín encendido°      *flaming*  
Mi verso es un ciervo herido°      *wounded deer*  
Que busca en el monte amparo°.      *refuge*

Cultivo una rosa blanca,  
En julio como en enero,  
Para el amigo sincero  
Que me da su mano franca.

Con los pobres de la tierra  
Quiero yo mi suerte° echar:      *fate*  
El arroyo° de la sierra      *stream, brook*  
Me complace° más que el mar.      *pleases*

## Después de leer

**6-40 Un héroe nacional.** Además de ser un gran poeta, Martí es ahora un héroe nacional en Cuba por sus actividades revolucionarias. Si quieres saber más de su vida, puedes buscar información en este sitio web:

**www.josemarti.org**

Episode 6

6-52 to 6-54

## ¡Pura vida! Episodio 6

En este episodio hay una sorpresa (*surprise*) en la comida.

### Antes de ver el video

**6-41 Las empanadas.** Cada país tiene sus especialidades culinarias; en la Argentina, entre otras, son las empanadas. Lee la receta siguiente y haz una lista de los ingredientes.

En la Argentina, la empanada es una de las entradas (*appetizers*) más populares en un restaurante, en un picnic o como merienda. Se prepara con masa de harina (*flour*) rellena de una mezcla de carne, huevos, aceitunas (*olives*), cebollas y pasas (*raisins*). Se sirve con una salsa que se llama chimichurri. La chimichurri es una mezcla de aceite de oliva, jugo de limón, perejil (*parsley*), ajo, cebolleta (*shallots*), orégano y una pizca (*pinch*) de sal y pimienta.

Empanadas argentinas

### A ver el video

**6-42 Hay una sorpresa en la comida.** Mira el sexto episodio de *¡Pura vida!* para identificar la sorpresa que hay en la comida. Luego, completa las oraciones siguientes con palabras lógicas según el video.

El picnic

La comida

¡Felipe se quedó sin propina!

postre     tacos de pollo     serpiente     tortilla de patatas

1. Silvia preparó una _____ , un plato español.
2. Marcela compró unos _____ en un restaurante mexicano.
3. Hermés preparó un _____ : arroz con leche de coco.
4. Las empanadas de Felipe llevan un ingrediente sorpresa: carne de _____ .

### Después de ver el video

**6-43 Los otros platos.** Conéctate con **MySpanishLab** para buscar recetas para los otros platos del picnic. Escoge una que te guste e indica los ingredientes que ya tienes en casa y los que tienes que comprar para poder preparar el plato.

# Vocabulario

| Las bebidas | Drinks |
|---|---|
| el café (con leche/ solo) | coffee (with milk/black) |
| la cerveza | beer |
| el jugo (de naranja/ manzana/ etc.) | (orange/apple/etc.) juice |
| el refresco | soft drink |
| el té | tea |
| el vino (tinto/ blanco) | (red/white) wine |

| Las comidas y los condimentos | Foods and seasonings |
|---|---|
| el ajo | garlic |
| el arroz | rice |
| el bistec | steak |
| los camarones | shrimp |
| la carne | meat |
| la cebolla | onion |
| el cerdo | pork |
| el cereal | cereal |
| los frijoles | (kidney, pinto, red) beans |
| las frutas | fruits |
| los huevos | eggs |
| el jamón | ham |
| las judías | green (string) beans |
| la langosta | lobster |
| la lechuga | lettuce |
| las manzanas | apples |
| los mariscos | shellfish |
| el melón | melon |
| las naranjas | oranges |
| el pan tostado | toast |
| las papas | potatoes |
| el pescado | fish |
| el plátano | banana; plantain (green banana) |

| | |
|---|---|
| el pollo | chicken |
| el queso | cheese |
| el salmón | salmon |
| la salsa (picante/ de tomate) | (spicy/tomato) sauce |
| la sopa | soup |
| los tomates | tomatoes |
| las uvas | grapes |
| las verduras | vegetables |
| el yogur | yogurt |
| las zanahorias | carrots |

| Los postres | Desserts |
|---|---|
| la galleta | cookie; cracker |
| el helado | ice cream |
| la tarta | pie; tart |
| la torta | cake |

| Para describir la comida | To describe the food |
|---|---|
| caliente | hot |
| crudo/a | raw |
| fresco/a | fresh |
| frío/a | cold |
| frito/a | fried |
| rico/a | delicious |
| vegetariano/a | vegetarian |

| En la mesa | On the table |
|---|---|
| el azúcar | sugar |
| la copa | wine glass |
| la crema | cream |
| la cuchara | spoon |
| la cucharita | teaspoon |
| el cuchillo | knife |
| la mantequilla | butter |

| | |
|---|---|
| el pan | bread |
| la pimienta | pepper |
| el plato | plate; dish |
| la sal | salt |
| la servilleta | napkin; serviette |
| la taza | cup |
| el tenedor | fork |
| el vaso | glass |

| En el restaurante | In the restaurant |
|---|---|
| almorzar | to have lunch |
| ¡Buen provecho! | Enjoy your meal! |
| el/la camarero/a | waiter/waitress, server |
| cenar | to have dinner |
| el/la cliente | client |
| desayunar | to have breakfast |
| desear | to want; to desire |
| el menú | menu |
| pagar la cuenta | to pay the bill |
| el plato del día | the daily special |
| probar (ue) | to taste; to try |
| la propina | tip |

| Verbos | Verbs |
|---|---|
| caer bien/ mal | to like/dislike (a person) |
| dar | to give |
| encantar | to delight; to be extremely pleasing |
| fascinar | to be fascinating |
| gustar | to please (to like) |
| interesar | to be interesting |
| molestar | to be a bother, annoying |
| parecer | to seem |

| Los aparatos y utensilios de la cocina | Kitchen appliances and utensils |
|---|---|
| la cafetera | coffee maker |
| la cazuela | saucepan |
| el congelador | freezer |
| la estufa | stove |
| el fregadero | sink |
| el horno | oven |
| el microondas | microwave oven |
| el recipiente | bowl; container |
| el refrigerador | fridge |
| la sartén | frying pan |
| la tostadora | toaster |

| Las medidas | Measurements |
|---|---|
| la cucharada | tablespoon |
| la cucharadita | teaspoon |
| el kilo | kilogram |
| el litro | litre |
| el pedazo | piece |
| la taza | cup |

| Actividades | Activities |
|---|---|
| añadir | to add |
| batir | to beat |
| calentar (ie) | to heat |
| cocinar | to cook |
| cortar | to cut |
| echar | to add; to throw in |
| freír (i, i) | to fry |
| hervir (ie, i) | to boil |
| mezclar | to mix; to stir |
| pelar | to peel |
| picar | to cut; to chop |
| tapar | to cover |

| Otras palabras y expresiones | Other words and expressions |
|---|---|
| el aceite | oil |
| a fuego alto/ medio/ bajo | on high/ medium/ low heat |
| aunque | although |
| el jugo de limón | lemon juice |
| el pimiento | green pepper |
| la receta | recipe |

| Expresiones adverbiales para hablar del pasado | Adverbial expressions to talk about the past |
|---|---|
| anoche | last night |
| anteayer | day before yesterday |
| ayer | yesterday |
| el año (mes, febrero, lunes, etcétera) pasado | last year (month, February, Monday, etc.) |
| la semana pasada | last week |

# Lección 7
# ¡A divertirnos!

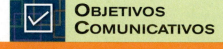

## OBJETIVOS COMUNICATIVOS

- Talking about pastimes
- Talking about the weather
- Describing with negative and indefinite expressions

- Describing sports and outdoor activities
- Reporting past events and activities

El ecuatoriano Oswaldo Guayasamín fue uno de los pintores latinoamericanos más importantes del siglo XX. Muchas de sus obras tienen un tema social.

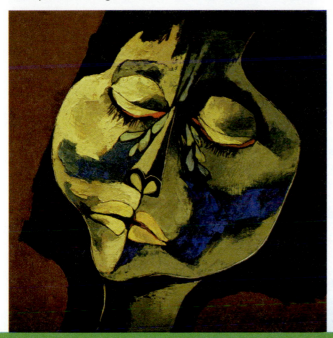

# El reino inca: el Perú y el Ecuador

Machu Picchu, en el Perú, fue un centro importante de la civilización inca.

## ¡Así lo decimos! Vocabulario

**El tiempo libre**

7-1 to
7-6

la toalla · la sombrilla · el mar · el traje de baño · el hielo · la playa · la heladera · la bolsa

WWW  El tiempo: http://ar.weather.yahoo.com

| Los pasatiempos | *Pastimes* | ¿Qué tiempo hace? | *What is the weather like?* |
|---|---|---|---|
| **dar un paseo** | *to go for a stroll* | **Está despejado.** | *It's (a) clear (day).* |
| **hacer una excursión** | *to take a day trip/excursion/tour* | **húmedo.** | *(a) humid (day).* |
| **hacer un picnic** | *to have a picnic* | **nublado.** | *(a) cloudy (day).* |
| **ir a un concierto** | *to go to a concert* | **Hace buen/ mal tiempo.** | *It's good/bad weather.* |
| **una discoteca** | *a club* | **(mucho) calor.** | *(very) hot.* |
| **un partido** | *a game* | **(mucho) fresco.** | *(very) cool.* |
| **leer una novela** | *to read a novel* | **(mucho) frío.** | *(very) cold.* |
| **un periódico** | *a newspaper* | **(mucho) sol.** | *(very) sunny.* |
| **nadar en el mar** | *to swim in the sea* | **(mucho) viento.** | *(very) windy.* |
| **una piscina** | *a swimming pool* | **Hay (mucha) neblina.** | *There is (a lot of) fog.* |
| **pasarlo bien** | *to have a good time* | **llover (ue)** | *to rain* |
| **ver una película** | *to watch a movie* | **nevar (ie)** | *to snow* |

7-7 to
7-8

### El fin de semana

Ricardo y Susana son del Ecuador. Viven en la costa del norte,
cerca de Esmeraldas y la playa de Tonsupa en el Pacífico. Es
sábado y hace buen tiempo.

| | |
|---|---|
| **Ricardo:** | Susana, ¿qué quieres hacer hoy? Hace sol y mucho calor. |
| **Susana:** | ¿Por qué no vamos a Tonsupa? Podemos nadar en el mar, tomar el sol y hacer un picnic. Hoy no hace mucho viento y no va a llover. |
| **Ricardo:** | ¡Buena idea! ¿Llamamos a Elena y a Carlos para ver si también quieren ir? |
| **Susana:** | ¡Perfecto! A ellos les gusta mucho ir a la playa. |
| **Ricardo:** | Bueno. ¿A quién le interesa hacer los sándwiches? Tú los hiciste la última vez y estuvieron muy buenos. |
| **Susana:** | Pues, bien. Los hago yo. Entonces, ¿tú vas a comprar los refrescos y el hielo para la heladera? ¿Y dónde están las sombrillas? Le diste la amarilla a tu hermana cuando fue a Atacames. |
| **Ricardo:** | Está bien. Primero compro los refrescos y luego llamo a mi hermana pero creo que ella tuvo que trabajar esta mañana. |
| **Susana:** | No importa. (*It doesn't matter.*) La sombrilla roja está bien. A propósito (*By the way*), esta noche, si no hace fresco, ¿quieres ir a Atacames para dar un paseo por el mercado y luego probar los ceviches de camarón que me encantan? |
| **Ricardo:** | Muy bien. ¡Vamos a prepararnos! |

## Aplicación

**7-1 ¿Qué pasa?** Indica si cada una de las siguientes
oraciones es **cierta** o **falsa**, según el vocabulario y la
lectura de **¡Así lo decimos!**. Luego, corrige la información falsa.

1. Ricardo y Susana son del Ecuador. Viven en la
   ciudad de Quito.

2. Es sábado y es un día perfecto para ir a la playa.

3. Susana quiere ir a la playa de Tonsupa para hacer
   un picnic.

4. A Elena y a Carlos no les gusta ir a la playa.

5. Ricardo va a hacer los sándwiches y comprar los
   refrescos para el picnic.

6. A Susana le encantan los ceviches de langosta.

Un plato especial que se sirve en el Perú y en el Ecuador es el ceviche,
pescado fresco "cocinado" en jugo de limón.

**7-2 ¿Qué hacer?** Algunos amigos están haciendo planes para el fin de semana. Completa las oraciones con una palabra o expresión de **¡Así lo decimos!**.

**MODELO:** No quiero tomar el sol. ¿Hay *sombrillas* en la playa?

1. Queremos ir a escuchar música. Vamos a un _____.
2. Hace buen tiempo. ¿Por qué no vamos al parque? Llevamos sándwiches y hacemos un _____.
3. Hoy hace sol. Vamos a hacer una _____ a la playa de Tonsupa.
4. Los refrescos están en la _____.
5. El sábado va a hacer mucho calor. ¿Por qué no vamos a nadar en _____?
6. El domingo hay un _____ de básquetbol en el gimnasio.
7. Hoy hace muy mal tiempo: está _____.
8. Si hace mal tiempo, vamos a _____.

**7-3 ¿Qué tiempo hace hoy?** Mira en el mapa el tiempo que hace para decidir si las siguientes oraciones son **ciertas** o **falsas**. Corrige la información falsa.

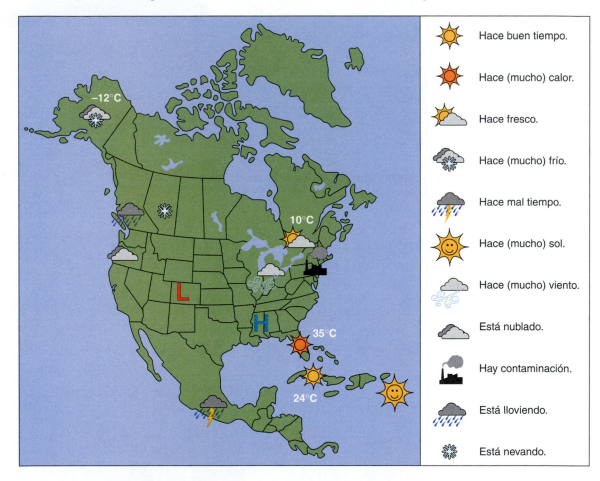

1. Hace mucho frío hoy en Fairbanks (Alaska).
2. Está nevando en Vancouver.
3. Hace mucho frío en Edmonton.
4. Hace fresco en Montreal.
5. Está nublado en Detroit.
6. Hace mucho calor en Miami.

7. Está lloviendo en La Habana.

8. Hace buen tiempo en la Ciudad de México.

**7-4 El tiempo.** Describe el tiempo que hace en los dibujos, usando expresiones de **¡Así lo decimos!**.

1.　　　　2.　　　　3.

4.　　　　5.

**7-5 El clima.** Hablen del clima en varios lugares del mundo durante diferentes meses del año. Mencionen por lo menos seis lugares.

MODELO:　E1: *¿Qué tiempo hace en enero en Lima?*
　　　　　E2: *En enero probablemente hace sol y calor.*

**7-6 ¿Qué te gusta hacer cuando . . . ?** Túrnense para preguntarse qué les gusta hacer, según el tiempo que hace.

MODELO:　E1: *¿Qué te gusta hacer cuando nieva?*
　　　　　E2: *Me gusta leer una novela.*

**Algunas actividades**

dar un paseo/ una fiesta　　　　leer un libro/ un periódico/
dormir una siesta　　　　　　　　　una revista (*magazine*)
hacer un picnic　　　　　　　　nadar en la piscina/ en el mar
ir a un partido/ a un concierto　salir con los amigos
ir de compras　　　　　　　　　tomar el sol/ un refresco
　　　　　　　　　　　　　　　　ver una película/ la televisión

¿Qué te gusta hacer cuando . . .

1. hace calor?

2. llueve?

3. hace frío?

4. hace mucho sol?

5. hace buen tiempo?

6. hace mal tiempo?

# Comparaciones

## El clima del Perú

**En tu experiencia.** ¿Cómo es el clima del Canadá? En el Canadá, ¿hay áreas climáticas que corresponden a zonas geográficas? Por ejemplo, ¿hay muchas diferencias climáticas entre Vancouver, Winnipeg y Halifax? ¿Tú crees que las actividades recreativas del invierno son diferentes en estas tres partes del país? En el siguiente artículo, ¿cómo es el clima del Perú?

El clima del Perú es moderado, sin grandes lluvias (*rainfalls*) en el invierno ni excesivo calor en el verano, menos en la selva (*rainforest*) donde hace calor y es húmedo todo el año. Lima tiene una temperatura media (*average*) de 25°C en el verano y de 12° a 15°C en el invierno cuando hay muchos días nublados y húmedos. Aquí están las fechas de las estaciones en el Perú:

Verano:      del 22 de diciembre al 21 de marzo

Otoño:       del 22 de marzo al 21 de junio

Invierno:    del 22 de junio al 21 de septiembre

Primavera:   del 22 de septiembre al 21 de diciembre

El valle del río Urubamba

Las tres áreas climáticas del país corresponden a las tres zonas geográficas:

- En **la costa** hace calor en el verano. En el invierno llueve bastante y es húmedo.

- **La sierra** (*mountain range*) tiene un clima frío y seco. La temperatura varía entre 2° o 3° bajo 0° y 18°C, según la estación y el momento del día. Hace sol todas las mañanas del año pero por la noche hace fresco.

- En **la selva** el clima es tropical, caluroso y húmedo. La temperatura media es de 25° a 28°C.

En la sierra y en la selva las lluvias empiezan en diciembre y terminan en abril.

Por las condiciones climáticas y geográficas en el Perú, se ofrecen muchas oportunidades para disfrutar de (*enjoy*) los deportes y la naturaleza.

**¡A conversar!** Escribe una lista de cinco actividades que haces en tu tiempo libre, según el tiempo que hace. Luego, compara tu lista con la de tu compañero/a.

# ¡Así lo hacemos! Estructuras

## 1. Verbs with irregular preterit forms (I)

7-9 to
7-14

| Irregular preterit forms | | | | | |
|---|---|---|---|---|---|
| | **ser/ir** | **estar** | **tener** | **dar** | **hacer** |
| yo | fui | estuve | tuve | di | hice |
| tú | fuiste | estuviste | tuviste | diste | hiciste |
| Ud. él/ella | fue | estuvo | tuvo | dio | hizo |
| nosotros/as | fuimos | estuvimos | tuvimos | dimos | hicimos |
| vosotros/as | fuisteis | estuvisteis | tuvisteis | disteis | hicisteis |
| Uds. ellos/as | fueron | estuvieron | tuvieron | dieron | hicieron |

■ The verbs **ser** and **ir** have the same forms in the preterit. The context of the sentence or the situation will clarify the meaning.

| Mis abuelos **fueron** profesores. | *My grandparents **were** professors.* |
|---|---|
| **Fuimos** al parque a dar un paseo. | *We **went** to the park for a walk.* |

■ Note that **estar** and **tener** have the same irregularities in the preterit.

| Anoche **estuve** en casa. | *Last night **I was** at home.* |
|---|---|
| Gloria **tuvo** que salir temprano. | *Gloria **had** to leave early.* |

■ The preterit forms of **dar** are the same as for regular **-er** and **-ir** verbs. However, since the first and third persons have only one syllable, they do not require an accent mark. The same is true of **ver**.

| Víctor me **dio** una película excelente. | *Victor **gave** me an excellent movie.* |
|---|---|
| **Vi** a Alicia en el partido. | *I **saw** Alicia at the game.* |

■ **Hacer** changes the stem vowel from **a** to **i**, and the **c** to **z** in the third person singular.

| **Hice** sándwiches para el picnic. | *I **made** sandwiches for the picnic.* |
|---|---|
| **Hizo** mucho frío anoche en el concierto. | *It **was** very cold last night at the concert.* |

## Aplicación

**7-7 Anoche.** Repite las siguientes oraciones, sustituyendo los sujetos indicados.

**MODELO:** Anoche *estuve* en casa. (él)
➤ *Anoche estuvo en casa.*

1. Ayer *estuve* en casa. (nosotros, mi familia, tú, Uds., Juan y Esteban, ellas)
2. *Hice* la tarea después de almorzar. (María, los chicos, nosotros, yo, Ud., Uds.)
3. *Tuve* que preparar un ensayo. (él, nosotros, mis amigos, tú, yo, Rosa y yo)
4. Luego *di* un paseo por el centro. (ellos, tú, Laura, nosotros, yo, Uds.)
5. Después *fui* al cine. (Mario, Maribel y yo, mis padres, yo, tú, ella)

**7-8 En la discoteca.** Completa el párrafo con la forma correcta del pretérito del verbo entre paréntesis.

El fin de semana pasado mis amigos y yo (1. ir) _____ a una discoteca donde (2. tener) _____ que esperar en la calle. Por fin un agente nos (3. dar) _____ las entradas. Los músicos (4. ser) _____ muy buenos, así que (5. nosotros: estar) _____ bailando por horas. En el restaurante nos (6. ellos: hacer) _____ unas fajitas que (7. estar) _____ excelentes. (8. Ser) _____ una noche muy divertida. Al salir de la discoteca (9. nosotros: ir) _____ al parque donde (10. dar) _____ un paseo.

**7-9 El fin de semana pasado.** Túrnense para hacerse preguntas sobre sus actividades del fin de semana pasado.

**MODELO:** salir con los amigos
E1: *¿Saliste con los amigos?*
E2: *Sí, salí con ellos. (No, no salí con ellos.) ¿Y tú?*

| | | |
|---|---|---|
| estar en la biblioteca | ver una película | hacer mucha tarea |
| ir a una discoteca | tener que leer mucho | dar un paseo |

## 2. Indefinite and negative expressions

7-15 to
7-20

| Afirmativo | | Negativo | |
|---|---|---|---|
| algo | something, anything | nada | nothing, not anything |
| alguien | someone, anyone | nadie | nobody, no one |
| algún, alguno/a(s) | any, some | ningún, ninguno/a | none, not any |
| siempre | always | nunca, jamás | never, not ever |
| también | also, too | tampoco | neither, not either |
| o . . . o | either . . . or | ni . . . ni | neither . . . nor |

■ In Spanish, verbs are made negative through the use of **no** or a negative expression. There can be more than one negative expression (a double or triple negative) in a single sentence in Spanish. When **no** is used in a sentence, a second negative (e.g., **nada, nadie, nunca**) can either immediately follow the verb or be placed at the end of the sentence.

| | |
|---|---|
| **No** fuimos **nunca** a la playa con Esteban. | We **never** went to the beach with Esteban. |
| **No** le di la bolsa a **nadie**. | I didn't give the bag to **anyone**. |

■ When the negative expression precedes the verb, **no** is omitted.

| | |
|---|---|
| **Nunca** fuimos a la playa con Esteban. | We **never** went to the beach with Esteban. |
| **Nadie** me dio la bolsa. | No one gave the bag to me. |

■ The expressions **alguien and nadie** refer only to persons and require the personal **a** when they appear as direct objects of the verb.

| | |
|---|---|
| ¿Viste **a alguien** especial anoche en la discoteca? | Did you see **anyone** special last night at the club? |
| **No**, no vi **a nadie** especial. | No, I didn't see **anyone** special. |

■ The adjectives **alguno** and **ninguno** drop the **-o** before a masculine singular noun in the same way that the number **uno** shortens to **un**. Note the use of a written accent when the **-o** is dropped.

| | |
|---|---|
| ¿Bebiste **algún** tipo de refresco? | Did you drink **any** type of soft drink? |
| **No**, no bebí **ningún** tipo de refresco. | No, I didn't drink **any** type of soft drink. |

■ **Ninguno** is almost always used in the singular form.

| | |
|---|---|
| ¿Compraste **algunas** entradas? | Did you buy **any** tickets? |
| **No**, no compré **ninguna** entrada. | No, I didn't buy **any** tickets. |
| **No**, no compré **ninguna**. | No, I didn't buy **any**. |
| ¿Encontraste los regalos? | Did you find the gifts? |
| **No**, no encontré **ningún** regalo. | No, I didn't find **any** gifts. |
| **No**, no encontré **ninguno**. | No, I didn't find **any**. |

■ Once a sentence is negative, all other indefinite words are also negative.

| | |
|---|---|
| **No** conseguí **ningúna** entrada para **ninguno** de los partidos. | I didn't get **any** tickets for **any** of the games. |
| Lucía **no** conoce a **nadie tampoco**. | Lucía doesn't know **anybody either**. |
| **No** voy a traer **ni** refrescos **ni** sándwiches para **nadie**. | I'm **not** bringing **either** refreshments **or** sandwiches for **anyone**. |

## Aplicación

**7-10 No.** Completa estas respuestas con las expresiones negativas apropiadas.

**MODELO:** ¿Hay *alguien* en el coche?
→ *No, no hay nadie en el coche.*

1. ¿Tienes *algo* en la mano? No, no tengo (nadie/ nada) en la mano.

2. ¿Yo tengo *algo* en la mano? No, no tienes (nada/ algo) en la mano (tampoco/ también).

3. ¿Ves *a alguien* en la calle? No, no veo (a alguien/ a nadie) en la calle.

4. ¿Hay *algún* peruano en la clase? No, no hay (ningún/ ninguno) peruano en la clase.

5. ¿Tienes *alguna* entrada para el concierto? No, no tengo (ningún/ ninguna) entrada para el concierto.

6. ¿Ves *a alguna* chica en el pasillo? No, no veo (a ninguna/ a alguna) chica en el pasillo.

7. ¿Tú conoces *a alguno* de mis amigos? No, no conozco (a alguno/ a ninguno) de ellos.

8. ¿Vienes *siempre* en autobús a la universidad? No, no vengo (nunca/ siempre) en autobús.

**7-11 En la playa.** Mira el dibujo de la playa para decidir si las siguientes oraciones son **ciertas** o **falsas**. Corrige la información falsa.

1. Nadie está nadando en el mar.
2. Alguien está cocinando en la playa.
3. Alguno de los hombres está leyendo una novela.
4. No hay ninguna sombrilla en la playa.
5. La chica rubia tiene una sombrilla.
6. Hay algo en la toalla de rayas (*striped*).

**7-12 Una entrevista.** Entrevístense para saber algo de sus experiencias. Usen expresiones afirmativas o negativas en sus respuestas, según el contexto.

**MODELO:** E1: Alguno de tus amigos vive en Halifax?
E2: *No, ninguno de mis amigos vive en Halifax. ¿Y tú?*
E1: *No, ninguno de ellos vive allí tampoco.*

1. ¿Tienes que preparar algo importante hoy para tus clases?
2. ¿Vas a salir esta noche con algún/alguna amigo/a especial?
3. ¿Conoces algún restaurante peruano en esta ciudad?
4. ¿Alguno de tus amigos trabaja para la universidad?
5. ¿Vas a algún partido este fin de semana?
6. ¿Conoces a alguna chica ecuatoriana?
7. ¿Vas a visitar a alguien después de cenar esta noche?
8. ¿Vienen algunos amigos a tu casa este fin de semana?

**7-13 Ayer.** Háganse preguntas sobre sus actividades de ayer. Usen expresiones afirmativas o negativas en sus respuestas, según el contexto.

**MODELOS:** E1: ¿Llamaste a alguien ayer?
E2: *No, no llamé a nadie ayer. ¿Y tú?*
E1: *No, no llamé a nadie tampoco.*

1. ¿Visitaste a alguien anoche?
2. ¿Viste algún programa en la televisión?
3. ¿Estudiaste o escuchaste música?
4. ¿Le escribiste a algún amigo?
5. ¿Cenaste con alguien?
6. ¿Leíste algo?
7. ¿Viste alguna película?
8. ¿Fuiste a alguna fiesta anoche?

## ¡Así lo decimos! Vocabulario

### Los deportes[1]

7-22 to 7-26

el atletismo

el ciclismo

el esquí (acuático)

la gimnasia

el golf

la natación

el voleibol

| Términos deportivos | Sports terms |
|---|---|
| el/la aficionado/a | fan |
| el árbitro | referee |
| el/la atleta | athlete |
| el balón (de básquetbol) | (basket)ball |
| la bicicleta | bicycle |
| la cancha (de fútbol) | (soccer) field |
| (de tenis) | (tennis) court |
| el/la entrenador/a | coach, trainer |
| el equipo | team; equipment |
| los esquís | skis |
| el guante (de béisbol) | (baseball) glove |
| los patines (en línea) | (inline) skates |
| la pelota (de béisbol) | (base)ball |
| la pista (de atletismo) | (running) track |
| la raqueta (de tenis) | (tennis) racket |

| Actividades deportivas | Sporting Activities |
|---|---|
| animar (a los jugadores) | to encourage; to cheer (the players) |
| batear (la pelota) | to bat (the ball) |
| competir (i, i) | to compete |
| correr | to run |
| empatar | to tie (the score) |
| entrenar | to train |
| esquiar (esquío) | to ski (I ski) |
| ganar (el partido) | to win (the game) |
| gritar | to shout |
| hacer ejercicio | to exercise |
| levantar pesas | to lift weights |
| patear (el balón) | to kick (the ball) |
| patinar | to skate |

### EXPANSIÓN

#### Los deportistas

Generalmente identificamos a la persona que participa en un deporte con el sufijo **-ista**[2]. Otro sufijo posible es **-dor/a.** Una persona que practica deportes es **deportista** o **jugador/a.** ¿Qué deporte practican los siguientes deportistas?

| | | | |
|---|---|---|---|
| basquetbolista | esquiador/a | golfista | tenista |
| beisbolista | futbolista | jugador/a de hockey | patinador/a |
| ciclista | gimnasta | nadador/a | voleibolista |

[2] The ending -ista is used for both masculine and feminine nouns.

[1] See Lección 2 to review other sports.

7-27 to
7-29

**Los deportistas**

María Elena Salazar (futbolista)

Daniel Sánchez Ramírez (beisbolista)

Es muy bueno hacer ejercicio todos los días. Durante el verano, cuando hace calor, juego al fútbol. En el invierno, cuando hace fresco, me gusta nadar en la piscina de mi club. Hoy hice ejercicio y nadé por una hora. Hay deportes que me gustan y hay otros que no. Me fascina el tenis pero no me interesa mucho el golf. No entiendo el hockey pero me gustó el partido que vi anoche en la televisión.

Aunque el deporte más popular en mi país es el fútbol, mi deporte favorito es el béisbol. Juego de noviembre a diciembre en el equipo de la universidad. No soy un jugador muy bueno pero generalmente bateo bastante bien. Mi equipo favorito son los Blue Jays de Toronto de la Liga Americana. El año pasado quise ir a Toronto para verlos jugar pero no pude porque me puse enfermo.

## Aplicación

**7-14 ¿Qué pasa?** Indica si cada una de las siguientes oraciones es **cierta** o **falsa**, según el vocabulario y la lectura de **¡Así lo decimos!**. Luego, corrige la información falsa.

1. María Elena Salazar juega al fútbol en el verano.
2. En el invierno le gusta jugar al básquetbol en su club.
3. A María le fascinan el tenis y el golf.
4. Daniel Sánchez Ramírez juega al béisbol en la universidad.
5. Vio jugar a su equipo favorito en Toronto.
6. Su equipo favorito en la Liga Americana son los Marlins de la Florida.

**7-15 Los deportes.** ¿Con qué deportes asocias estos términos deportivos?

**MODELO:**   el guante, la pelota, la cancha
→ *el béisbol*

1. el balón, patear, la cancha
2. la raqueta, la pelota, la cancha
3. el traje de baño, el agua, la piscina
4. los esquís, la nieve, la pista
5. el balón, el árbitro, el gimnasio
6. la bicicleta, el entrenador, la pista

**7-16 Los deportistas.** Identifica a los/las deportistas e indica lo que están haciendo en los dibujos.

MODELO:   *La gimnasta está practicando gimnasia.*

la gimnasia

1. el básquetbol

2. el voleibol

3. el esquí (acuático)

4. el ciclismo

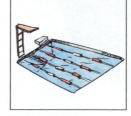
5. la natación

6. el golf

**7-17 ¿Qué les interesa?** Completen estas oraciones y luego comparen sus intereses. ¿Qué tienen en común?

1. Soy aficionado/a al/ a la . . .
2. Mi equipo favorito son los/las . . .
3. Mi jugador/a favorito/a es . . .
4. Me gusta practicar/ jugar al . . .
5. No me gusta practicar/ jugar al . . .

**7-18 Consejos.** Explíquense cómo se sienten y pidan consejos (*ask advice*) sobre lo que deben hacer. Pueden aceptar o rechazar (*reject*) los consejos, pero es necesario dar excusas si no los aceptan.

MODELO:   E1: *Estoy aburrido/a. ¿Qué hago?*
E2: *¿Por qué no das un paseo?*
E1: *No, no quiero porque estoy cansado/a también.*
E2: *¿Por qué no lees un libro?*

| Situaciones | Sugerencias | Reacciones |
|---|---|---|
| Estás aburrido/a. | ir a un partido de . . . | ¡Estupendo! |
| Estás cansado/a. | salir con tus amigos | No me gusta(n) . . . |
| Estás enfermo/a. | dar un paseo | ¡Ideal! |
| Necesitas aire fresco. | ir a la cama | ¡Qué buena idea! |
| Necesitas hacer ejercicio. | jugar al tenis | No quiero porque . . . |
| Tienes mucha tarea. | nadar en la piscina | Tienes razón. |
| Tienes mucho calor. | ver la televisión | No puedo porque . . . |
| No tienes nada que hacer. | ir a la biblioteca | ¡Vamos! |

## Comparaciones

# El fútbol en el mundo hispano y en el Canadá

**En tu experiencia.** ¿Te gusta el fútbol? ¿Lo practicas? ¿Te interesa el Toronto FC de la MLS? ¿Hay jugadores hispanos en el equipo de Toronto? ¿Sabes de dónde son? Según el siguiente artículo, ¿qué deporte en el Canadá tiene el número de jugadores más alto?

Un partido de fútbol de la MLS.

El fútbol en el mundo hispano representa el deporte más popular entre los hispanohablantes de todas las edades y esferas sociales. Los países de habla hispana son bien representados en el campeonato mundial de fútbol (la Copa Mundial) que se realiza cada cuatro años. En 2010 va a ser en Sudáfrica y el equipo nacional canadiense aspira a participar si tiene éxito en los partidos eliminatorios.

El fútbol en el Canadá es el deporte que cuenta con el número de jugadores más alto en comparación con los otros deportes practicados en este país. No sólo se practica en el verano sino también durante los fríos inviernos dentro de coliseos cerrados sobre césped artificial. Toronto FC es el club que representa al fútbol canadiense en la MLS (*Major League Soccer*). En 2007 la Copa Mundial Sub-20, para jugadores jóvenes, se celebró en seis ciudades canadienses.

**¡A conversar!** ¿Por qué creen Uds. que el fútbol es el deporte más popular en el mundo hispano? ¿Cuáles son los deportes favoritos de Uds.? ¿Qué deportes practican? ¿Son aficionados/as a varios deportes? ¿Quiénes son los/las atletas canadienses que admiran más? ¿Son beisbolistas, basquetbolistas, jugadores de hockey o de otro deporte? ¿Creen Uds. que se justifican los salarios tan altos que reciben muchos/as atletas profesionales?

# ¡Así lo hacemos! Estructuras

### 3. Verbs with irregular preterit forms (II)

7-30 to
7-34

¿Dónde pusiste el balón?

| | poder | poner | saber | venir | querer | decir | traer |
|---|---|---|---|---|---|---|---|
| **Irregular preterit forms** | | | | | | | |
| yo | pude | puse | supe | vine | quise | dije | traje |
| tú | pudiste | pusiste | supiste | viniste | quisiste | dijiste | trajiste |
| Ud. él/ella | pudo | puso | supo | vino | quiso | dijo | trajo |
| nosotros/as | pudimos | pusimos | supimos | vinimos | quisimos | dijimos | trajimos |
| vosotros/as | pudisteis | pusisteis | supisteis | vinisteis | quisisteis | dijisteis | trajisteis |
| Uds. ellos/as | pudieron | pusieron | supieron | vinieron | quisieron | dijeron | trajeron |

■ The preterit forms of **poder, poner,** and **saber** have a **u** in the stem. (See also **estar → estuve** and **tener → tuve** on p. 203.)

No **pude** ir a la piscina.
¿Dónde **pusiste** la toalla?
Anoche **supimos** quién ganó.

*I wasn't **able** to go to the pool.*
*Where **did you put** the towel?*
*Last night **we found out** (**learned about**) who won.*

■ The preterit form of **hay** (from the verb **haber**) is **hubo,** for both singular and plural.

Ayer **hubo** un partido de fútbol en el estadio.
**Hubo** más de 50.000 espectadores.

*Yesterday **there was** a football game in the stadium.*
***There were** more than 50,000 spectators.*

■ The preterit forms of **venir, querer** and **decir** have an **i** in the stem. (See also **hacer → hice** on p. 203.)

**Vinimos** para esquiar en las montañas.
El entrenador le **dijo** la verdad al equipo.
**Quise** ir al partido contigo, pero no **pude**.

***We came** to ski in the mountains.*
*The coach **told** the truth to the team.*
*I **tried** to go to the game with you, but I **wasn't able to**.*

- Since the stem of the preterit forms of **decir** and **traer** ends in **j,** the third person plural form of these verbs ends in **-eron,** not **-ieron.**

| | |
|---|---|
| Los futbolistas **dijeron** cosas buenas del entrenador. | *The soccer players **said** good things about the coach.* |
| Me **trajeron** los esquís que pedí. | *They **brought** me the skis that I asked for.* |

## EXPANSIÓN

### Significados especiales en el pretérito

Certain Spanish verbs have different meanings when used in the preterit.

| | Present | Preterit |
|---|---|---|
| **conocer** | *to know* | *to meet someone (the beginning of knowing)* |
| **poder** | *to be able (have the ability)* | *to manage (to do something)* |
| **no poder** | *to not be able (without necessarily trying)* | *to fail (after trying to do something)* |
| **querer** | *to want* | *to try* |
| **no querer** | *to not want* | *to refuse* |
| **saber** | *to know* | *to find out, to learn* |

| | |
|---|---|
| Mario **conoció** a una tenista muy buena. | *Mario **met** a very good tennis player.* |
| **Supimos** que el futbolista está muy grave. | *We **learned** that the soccer player is in very serious condition.* |
| **Quisimos** ganar, pero no **pudimos.** | *We **tried** to win, but we **failed.*** |

## Aplicación

**7-19 Hoy.** Repite las siguientes oraciones, sustituyendo los sujetos indicados.

**MODELO:** Hoy *vine* temprano a la universidad. (ella)
➤ *Hoy vino temprano.*

1. *Traje* la mochila a clase hoy. (ella, él, ellos, nosotros, Ana, tú, Ud., las chicas)
2. *Puse* la mochila en el piso. (ellas, él, ella, nosotros, ellos, tú, Uds., Ana y María)
3. No *pude* terminar la tarea. (él, ellos, ella, mis amigas, nosotros, tú, Uds.)
4. *Supe* hoy que mañana hay examen. (nosotros, ellos, ella, él, los estudiantes, tú, Uds., María)
5. Hoy no *dije* nada en clase. (ellos, él, ella, ellas, tú, yo, Uds., nosotros)

**7-20 Un partido.** Completa el siguiente artículo con el pretérito de los verbos entre paréntesis.

Hoy (1. ser) _____ el último partido de fútbol entre Alianza Lima y Universitario. Los aficionados (2. venir) _____ al estadio con grandes expectativas pero había (*there were*) tantos espectadores que no (3. poder) _____ entrar todos. Muchos padres (4. traer) _____ a sus hijos que (5. ponerse) _____ muy contentos cuando (6. ver) _____ a sus jugadores favoritos. Alianza Lima (7. ganar) _____ 2 a 1 y al final del partido el entrenador me (8. decir) _____ que fue el partido más emocionante de la serie.

**7-21 Un concierto memorable.** Completa la entrada en el diario de Encarnación usando el pretérito de los verbos irregulares y regulares entre paréntesis.

---

Querido diario:

Manuel y yo (1. tener) _____ mucha suerte la semana pasada cuando yo (2. poder) _____

comprar dos entradas para un buen concierto de música andina. El concierto (3. ser) _____

anoche en el Teatro Municipal. Nosotros (4. salir) _____ de casa a las seis y media y (5. llegar)

_____ al teatro a las siete en punto. El concierto no (6. empezar) _____ hasta las ocho,

así que (7. poder: nosotros) _____ dar un paseo por el centro. Cuando (8. entrar: nosotros)

_____ en el teatro, Manuel (9. ir) _____ a comprar un programa y yo le (10. dar) _____

dinero para una bebida. Al principio del concierto, cuando los músicos peruanos (11. salir) _____

con su variedad de instrumentos tradicionales, todo el mundo se (12. poner) _____ contento.

El concierto (13. ser) _____ muy impresionante y cuando (14. terminar) _____ , (15. comprar:

nosotros) _____ un CD del grupo.

---

**7-22 Pero ayer no . . .** Completa las oraciones indicando por qué ayer fue un día excepcional. Usa pronombres de complemento directo cuando sea apropiado.

**MODELO:**   Casi siempre **hago** ejercicio antes de salir para mis clases, pero ayer no . . .
➤ *Casi siempre hago ejercicio antes de salir para mis clases, pero ayer no lo hice.*

1. Generalmente los jugadores **pueden** hablar con el árbitro, pero ayer no . . .
2. Todas las mañanas **estamos** en el gimnasio, pero ayer no . . .
3. Muchas veces el entrenador **dice** algo después del partido, pero ayer no . . .
4. Todas las semanas mis padres **quieren** asistir a los partidos, pero ayer no . . .
5. Todas las tardes los deportistas **hacen** gimnasia, pero ayer no . . .
6. Generalmente los aficionados **se ponen** contentos, pero ayer no . . .
7. Casi siempre el entrenador **viene** a comer con los jugadores, pero ayer no . . .
8. Generalmente **sé** quién gana el partido, pero ayer no . . .

**7-23 Hoy.** Túrnense para contestar estas preguntas sobre sus actividades de hoy.

**MODELO:**   E1: ¿A qué hora viniste hoy a la universidad?
E2: *Hoy vine a . . . ¿Y tú?*

1. ¿Adónde fuiste primero hoy?
2. ¿Qué hiciste allí?
3. ¿Qué trajiste en tu mochila hoy?
4. ¿Dónde pusiste tu chaqueta?
5. ¿Pudiste terminar tu tarea para hoy?
6. ¿Le dijiste algo al/ a la profesor/a antes de clase hoy?
7. ¿Supiste algo interesante hoy?

# 4. Impersonal and passive *se*

7-35 to 7-39

Por fin se construyó la cancha de tenis.

### El *se* impersonal y pasivo

■ In English, the impersonal subjects *people, one, we, you* and *they* are used when *one* wishes to express an idea in an *impersonal* way, that is, without making reference to any specific person or persons. To express the same *impersonal* idea in Spanish, *one* uses the impersonal pronoun **se**.

| | |
|---|---|
| **Se dice** que el fútbol es el deporte más popular. | *They say that soccer is the most popular sport.* |
| ¿**Se puede** jugar al tenis aquí? | *Can one (Can you) play tennis here?* |
| No **se sabe** si ganó o perdió el equipo peruano. | *We don't know if the Peruvian team won or lost.* |
| ¿**Se come** bien en el restaurante andino? | *Is the food good (Does one eat well) at the Andean restaurant?* |

■ In Spanish, the pronoun **se** is also used in a *passive* way with a third person form of the verb when the person who does the action is not identified. Use **se** + *the third person* **singular** *form of the verb* when the noun acted upon is singular, and **se** + *the third person* **plural** *form of the verb* when the noun acted upon is plural. Notice the agreement below between the verb form and the noun that follows it.

| | |
|---|---|
| **Se vende** comida en el estadio. | *Food **is sold** in the stadium.* |
| **Se pierden** muchas pelotas de golf en el agua. | *A lot of golf balls **are lost** in the water.* |
| **Se practican** varios deportes en nuestra universidad. | *Several sports **are played** at our university.* |

SE VENDE
Raqueta de tenis en excelentes condiciones, sólo **$15,00**
Llamar a Pedro Fernández, Tel. 272-1787.

## Aplicación

**7-24 Un concierto al aire libre.** Aquí tienes información sobre un concierto de música andina. Indica el **se** impersonal y el **se** pasivo, y luego, indica si las siguientes frases son **ciertas** o **falsas**. Corrige la información falsa.

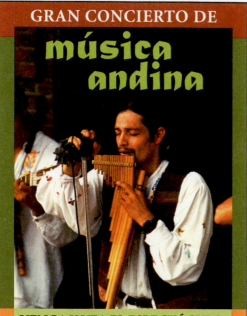

GRAN CONCIERTO DE

## música andina

VENGA Y VEA EL ESPECTÁCULO

sábado, 13 de octubre • a las ocho de la noche
Teatro Municipal

Si usted quiere asistir a un concierto de música andina este fin de semana, le damos la bienvenida a este gran concierto. Se dice que este concierto es uno de los mejores del mundo. La taquilla, donde se venden las entradas, se abre a las nueve de la mañana y se cierra a las ocho de la noche. Además, se ofrece un descuento si se compran más de cinco entradas. En el concierto se oye la música más típica del Perú y del Ecuador. También se venden programas con bellas fotos de los músicos. Después del concierto, se puede pasear por los jardines, tomar una copa de champán y conocer a algunos de los músicos.

1. Se anuncia un concierto de música andina.
2. Se venden las entradas en la librería.
3. Se puede comprar las entradas entre las ocho de la mañana y las siete de la noche.
4. Se ofrece un descuento si se compran cuatro entradas.
5. En este concierto se va a oir música típica española.
6. Después del concierto se puede pasear por los jardines y conocer a los músicos.

**7-25 Algunos deportes canadienses.** ¿En qué estaciones se practican estos deportes en el Canadá?

**MODELO:**   *Se practica el golf en el verano.*

| | | |
|---|---|---|
| el atletismo | el esquí acuático | el hockey |
| el básquetbol | el fútbol | la natación |
| el béisbol | la gimnasia | el tenis |
| el ciclismo | el golf | el voleibol |

**7-26 ¿Se hace . . . ?** Pregúntense si se hacen las siguientes cosas.

**MODELO:**   practicar la natación en el gimnasio
E1: *¿Se practica la natación en el gimnasio?*
E2: *No, no se practica en el gimnasio. Se practica en la piscina.*

1. correr mucho en el hockey
2. necesitar un árbitro en el voleibol
3. practicar el golf con un balón
4. practicar el básquetbol en el gimnasio
5. patear la pelota en el béisbol
6. patinar sobre el agua en el esquí acuático

**7-27 ¿Qué se hace?** Túrnense para hacer comentarios impersonales o pasivos sobre las actividades que se hacen en los siguientes lugares.

**MODELO:**   *Se nada en la piscina. / Se leen libros en la biblioteca.*

| | |
|---|---|
| el gimnasio | la universidad |
| la cancha | la cafetería |
| el estadio | el laboratorio de lenguas |
| las montañas | la biblioteca |
| la playa | la clase de español |
| el parque | el centro estudiantil |

WWW

**7-28 ¿Les gusta el fútbol?** El fútbol es un deporte muy popular en los países hispanohablantes. En su grupo, busquen información sobre la próxima Copa Mundial, dónde va a ser y qué países van a participar.

http://www.fifa.com/es/index.html

7-40 to
7-41

# ¡A escribir!

**7-29 Una entrada en tu diario.** Cuando escribes en tu diario, relatas algo interesante, curioso o significativo que te ha pasado ese día (por eso se llama **diario**). Contesta las preguntas a continuación para escribir una entrada.

## Antes de escribir

■ Piensa en lo que hiciste hoy. Escribe una lista de frases que describen brevemente tus actividades, por ejemplo, **asistir a clase, ver a mis amigos, hablar por teléfono con . . . ,** etcétera.

■ Pon tus actividades en orden cronológico.

## A escribir

■ Comienza tu entrada con la oración que resume tu día, por ejemplo,

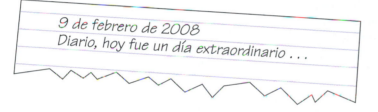

9 de febrero de 2008
Diario, hoy fue un día extraordinario . . .

■ Escribe sobre cuatro o cinco actividades que hiciste, o eventos que ocurrieron.

■ Utiliza expresiones de entrada y transición, como **primero, segundo, entonces, después, por eso, aunque,** etcétera.

■ Recuerda que debes usar el pretérito.

■ Cierra tu entrada con una oración de despedida.

## Después de escribir

■ **Revisar.** Revisa tu entrada para ver si fluye bien. Luego revisa la mecánica.

  ❑ ¿Incluiste una variedad de vocabulario?

  ❑ ¿Conjugaste bien los verbos en el pretérito?

  ❑ ¿Verificaste la ortografía y la concordancia?

■ **Intercambiar.** Intercambia tu entrada con la de un/a compañero/a para examinar el contenido.

■ **Entregar.** Revisa tu entrada, incorporando las sugerencias de tu compañero/a. Después entrega a tu profesor/a el trabajo y las sugerencias de tu compañero/a.

## Panoramas

7-47 to 7-48

Vistas culturales

### El reino inca: el Perú y el Ecuador

**7-30 ¿Qué sabes tú?** Identifica o explica lo siguiente.

1. las capitales del Perú y del Ecuador
2. dónde están las Islas Galápagos
3. el científico inglés que hizo investigaciones en las Islas Galápagos
4. una civilización antigua de la América del Sur
5. el nombre del río que pasa por Brasil, el Perú y el Ecuador
6. los países en las fronteras del Perú y del Ecuador

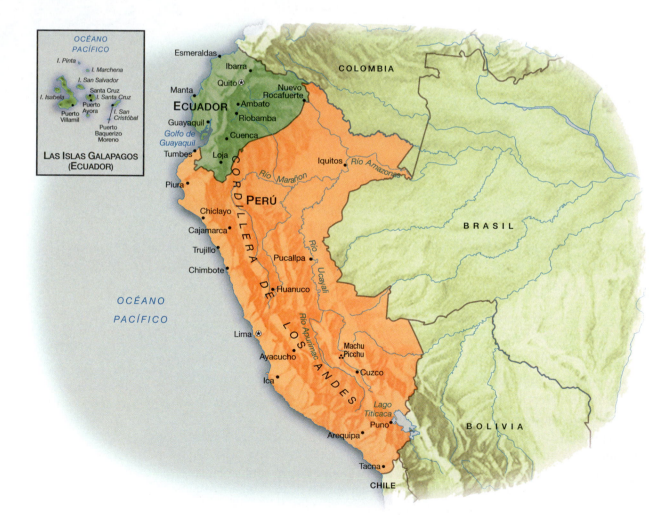

Se conoce el archipiélago de las Islas Galápagos por su exquisita variedad de vida marítima y terrestre. Aquí también se ubica el Centro de Investigación Charles Darwin, nombrado en honor del famoso científico inglés que visitó las islas y allí formuló su teoría sobre la evolución de las especies. Hoy en día, el gobierno ecuatoriano coopera con el movimiento ecológico para estudiar y proteger las especies únicas, como el galápago (*giant tortoise*), el booby con patas azules (*blue-footed booby*) y la iguana marina.

**Fundación Charles Darwin**
http://darwinfoundation.org/es/galapagos

Según la leyenda, el Padre Sol (que se llamaba Tayta Inti) creó la civilización incaica en el Lago Titicaca. Los habitantes de esta región conservan sus antiguas tradiciones.
http://es.wikipedia.org/wiki/Titicaca

Los Andes, con sus altas montañas y activos volcanes, dominan el paisaje del Ecuador.

La alpaca es un precioso animal camélido (*of the camel family*) que vive en las altas sierras (*highlands*) de Suramérica. La alpaca fue importante en la civilización inca, que la usó en sus ceremonias religiosas y para hacer tejidos de lana. La lana de la alpaca es más fuerte y mucho más calurosa que la de la oveja, y se produce en 22 colores naturales distintos.

**Canadian Llama and Alpaca Association**
http://www.claacanada.com/

Si quieres tener una experiencia inolvidable, debes seguir el Camino Inca a Machu Picchu en el Perú en un viaje de cuatro días. La mejor estación del año para hacer esta excursión es durante la temporada seca: de mayo a octubre. Antes de empezar la excursión, es importante acostumbrarse a la altura de 2.380 metros.

**7-31 ¿Qué es?** Empareja las expresiones de la columna de la izquierda con las de la derecha.

1. la alpaca
2. el lago Titicaca
3. el Camino Inca
4. los Andes
5. Charles Darwin
6. el galápago
7. Tayta Inti
8. las Islas Galápagos

a. el Padre Sol de los incas
b. una tortuga gigantesca en peligro de extinción
c. el científico conocido por su teoría de la evolución de las especies
d. un antiguo sendero (*trail*) por las montañas del Perú
e. lugar de la creación de la civilización inca
f. el archipiélago donde viven muchas especies únicas
g. un animal de la sierra que produce lana
h. dominan el paisaje del Ecuador

**7-32 ¿Cierto o falso?** Indica si las siguientes oraciones son **ciertas** o **falsas**. Si son falsas, explica por qué.

1. El Perú tiene un solo clima.
2. Las alpacas viven en las Islas Galápagos.
3. El lago Titicaca se encuentra en la frontera del Perú y del Brasil.
4. De mayo a octubre se puede hacer una excursión por el Camino Inca.
5. Los incas fueron una civilización importante en el Perú antes de la llegada de los españoles.
6. La lana de la alpaca se produce en dos colores naturales.
7. Charles Darwin visitó el Perú.

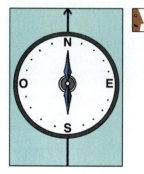

**7-33 El mapa.** Consulten el mapa de Suramérica y túrnense para indicar dónde se encuentran las ciudades y los lugares a continuación.

en el centro      en la costa del Pacífico      en las montañas (*mountains*)

**MODELO:**   Lima
➤ *Lima es la capital del Perú. Está en la costa del país.*

1. Machu Picchu
2. Quito
3. Esmeraldas
4. las Islas Galápagos
5. el lago Titicaca
6. Cuzco

**7-34 Recomendaciones.** Háganles recomendaciones a personas que piensan hacer un viaje al Perú y al Ecuador. Recomiéndenles lugares para visitar, según sus intereses.

**MODELO:**   E1: Estudio arqueología.
E2: *¿Por qué no vas a Machu Picchu?*

1. Quiero estudiar ecología.
2. Me gusta escalar montañas.
3. Me fascinan las civilizaciones antiguas.
4. Me gustan los mariscos.
5. Quiero observar las alpacas.
6. Quiero hacer una excursión en las montañas.

**7-35 Investigar.** Investiga uno de los siguientes temas en la biblioteca o en el Internet.

1. la papa
2. el fútbol peruano
3. la iguana marina
4. el quechua (idioma andino)
5. la música andina

6. la artesanía andina
7. Atahualpa
8. Pizarro
9. la zona amazónica del Ecuador
10. Machu Picchu

# Ritmos

Track 8

7-49

## "Junto a ti" (Yawar[1], Perú)

Este grupo musical, conocido por todo el Perú y Bolivia, toma su nombre *Yawar* de una antigua tradición de los incas. Una vez al año, los descendientes de este gran pueblo suben los altos picos de los Andes para cazar (*hunt*) un cóndor. Lo atan (*tie*) a un toro durante la celebración de su independencia. El grupo Yawar se conoce por su original mezcla de ritmos andinos y contemporáneos, en los cuales predominan instrumentos como la zampoña (*panpipe*) y la quena (tipo de flauta).

### Antes de escuchar

**7-36 ¿Qué género?** Al ver los instrumentos que se tocan en esta canción, "Junto a ti", ¿qué género de música crees tú que representa la canción?

rock     música folklórica     clásica     romance (*ballad*)     jazz

### A escuchar

**7-37 "Junto a ti".** Mientras escuches la canción, completa las oraciones con las palabras de la lista siguiente.

amor     feliz     labios     llegar     río     nubes

Busco siempre en tus (1.) _____
un gesto y una sonrisa
que siembre (*spreads*) en este instante
la palabra (2.) _____.
Juntos ayer crecimos (*we grew up*)
jugando cerca del (3.) _____
y ya veo tus trenzas (tu pelo)
seguir al viento.
Siempre te tuve
cerca a las (4.) _____.
Hoy volé junto a ti.
Cuando soñamos
(5.) _____ a los cielos
soy (6.) _____ junto a ti.

La quena y la zampoña se originaron en los pueblos indígenas de los Andes. Son los instrumentos típicos de toda la música andina.

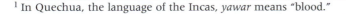

[1] In Quechua, the language of the Incas, *yawar* means "blood."

## Después de escuchar

**7-38 Un momento especial.** Usa el pretérito para completar la siguiente carta de la persona que escribió la letra de la canción.

Amor:

Ayer, cuando nosotros nos (1. encontrar) _____, me (2. poner) _____ muy contento. (3. Ir: nosotros) _____ a un lugar donde sólo (4. estar) _____ nosotros, el aire, el viento y el sol. Allí (5. escuchar: nosotros) _____ el canto de los pájaros (*birds*) y (6. sentir: nosotros) _____ el calor del sol. Yo (7. mirar) _____ tus ojos negros, tu pelo lindo y tu sonrisa angelical y (8. saber) _____ en ese instante que te quería (*I loved*). (9. querer: yo) _____ declararte mi amor pero no (10. encontrar) _____ palabras. Luego te (11. levantar: tú) _____ y te (12. ir: tú) _____. Quiero estar junto a ti.

Tu admirador

# Páginas

7-50

## "Los rivales y el juez" (Ciro Alegría, Perú)

Ciro Alegría nació en Huamachuco, Perú en 1909 y murió en 1967. Vivió muchos años entre los indígenas y muchas de sus obras dan vida y validez a sus tradiciones y a su folklore. "Los rivales y el juez" es una fábula.

### Antes de leer

**7-39 El género de la obra.** Si sabes el género (*genre*), puedes anticipar el estilo. Sabiendo que esta obra es una fábula, ¿qué características crees tú que se aplican a "Los rivales y el juez"?

_____ Tiene una lección.          _____ Es algo que realmente pasó.

_____ Los personajes son seres          _____ Generalmente los personajes
humanos.                                         son animales.

**7-40 ¿Quiénes son?** Aquí tienes los personajes de esta fábula. Empareja el personaje con su descripción.

El sapo (*toad*)

La cigarra (*cicada*)

La garza (*heron*)

1. el sapo
2. la cigarra
3. la garza

a. pequeña, negra, seis patas (*legs*)
b. alta, gris, elegante, pico (*beak*) largo
c. bajo, verde o pardo (*brown*), cuatro patas, feo

**7-41 Para pensar.** Piensa en una fábula en inglés y da la información a continuación.

1. el nombre de un escritor de fábulas
2. el nombre en inglés de una fábula famosa
3. el nombre de un personaje ufano (*conceited*)

## A leer

**7-42 La historia.** Lee la siguiente fábula para saber qué les pasó al sapo, a la cigarra y a la garza.

> ### "Los rivales y el juez (*judge*)"
>
> Un sapo estaba (*was*) muy ufano de su voz y toda la noche se la pasaba (*spent*) cantando: toc, toc, toc . . .
> Y una cigarra estaba más ufana de su voz, y se pasaba toda la noche y también todo el día cantando: chirr, chirr, chirr . . .
> Una vez se encontraron y el sapo le dijo: "Mi voz (*voice*) es mejor".
> Y la cigarra contestó: "La mía (*mine*) es mejor".
> Se armó una discusión que no tenía cuándo acabar (*had no end*).
> El sapo decía (*was saying*) que él cantaba toda la noche.
> La cigarra decía que ella cantaba día y noche.
> El sapo decía que su voz se oía (*could be heard*) a más distancia y la cigarra que su voz se oía siempre.
> Se pusieron a cantar alternándose: toc, toc, toc . . .; chirr, chirr, chirr . . . y ninguno se convencía (*would give in*).
>
> Y el sapo dijo: "Por aquí a la orilla (*bank*) de la laguna, se para (hay) una garza. Vamos a que haga de juez (*be the judge*)".
> Y la cigarra dijo: "Vamos". Saltaron (*They hopped*) y saltaron hasta que vieron a la garza . . .
> Y la cigarra gritó: "Garza, queremos únicamente que nos digas (*you tell*) cuál de nosotros dos canta mejor".
> La garza respondió: "Entonces acérquense (vengan cerca) para oírlos bien" . . .
> El sapo se puso (empezó) a cantar, indiferente a todo . . . y mientras tanto la garza se comió a la cigarra.
> Cuando el sapo terminó, dijo la garza: "Ahora seguirá la discusión en mi buche (*belly*)", y también se lo comió. Y la garza, satisfecha de su acción, encogió una pata (*drew up a leg*) y siguió mirando tranquilamente el agua.

## Después de leer

**7-43 ¿En qué orden?** Pon estos eventos en orden cronológico.

____ Termina mal para los dos rivales.   ____ La garza quiere oír cantar a los dos.
____ El sapo y la cigarra discuten.   ____ La cigarra es muy ufana.
____ El sapo canta toda la noche.   ____ Piden a la garza que haga de juez.

**7-44 ¿Comprendiste?** Contesta brevemente en español.

1. ¿Quiénes son los tres personajes de esta fábula?
2. ¿Cuál de los personajes canta mejor?
3. ¿Cuál es el más inteligente?
4. En tu opinión, ¿cuál es la moraleja (*moral*) de esta fábula?
5. Compara la moraleja de esta fábula con la de otra que conoces.

# Observaciones

**Episode 7**

7-51 to 7-53

## ¡Pura vida! Episodio 7

En este episodio los amigos hablan de los deportes.

### Antes de ver el video

**7-45 Un evento histórico.** En el mundo hispano el fútbol es el juego que más atrae a los aficionados. Lee la descripción de los últimos minutos de un partido importante y contesta las siguientes preguntas.

Una rivalidad histórica

El último partido de la Copa América 2004 tuvo lugar en el Estadio Nacional del Perú en Lima. En un final dramático, que tuvo goles en los últimos minutos, la Argentina y el Brasil empataron dos a dos. Un gol de Adriano Leite Ribeiro, en el último minuto del partido, forzó la decisión de la Copa América a la definición por penales. Desde los doce pasos, Julio César le detuvo el penal a Andrés D'Alessandro y Gabriel Heinze desvió (*deflected*) el suyo, y el Brasil se quedó con la 41ª edición de la Copa América. Ahora la Argentina tiene que esperar hasta 2008 para participar en la próxima Copa América en Venezuela.

1. ¿Dónde fue la competencia?
2. ¿En qué año fue?
3. ¿Qué equipo ganó?

### A ver el video

**7-46 Los deportes.** Mira el séptimo episodio de *¡Pura vida!* para emparejar los intereses y las características de cada personaje según el video.

Marcela            Felipe            Silvia

**F:** Felipe      **H:** Hermés      **M:** Marcela      **S:** Silvia

1. Le encanta surfear.
2. Está triste porque perdió su equipo favorito.
3. Sale mucho al cine, a conciertos, a bailar y más.
4. Prefiere el boxeo al fútbol.
5. Su hermana tenía un novio futbolista.

### Después de ver el video

**7-47 ESPN Deportes.** Conéctate con **MySpanishLab** para buscar una noticia deportiva que te interese. Escribe un párrafo en que incluyas esta información:

- el evento
- dónde fue
- los personajes
- el resultado

# Vocabulario

| En la playa | At the beach |
|---|---|
| la bolsa | bag |
| la heladera | cooler |
| el hielo | ice |
| el mar | sea |
| la playa | beach |
| la sombrilla | (beach) umbrella |
| la toalla | towel |
| el traje de baño | bathing-suit |

| Los pasatiempos | Pastimes |
|---|---|
| dar un paseo | to go for a stroll |
| hacer una excursión | to take a day trip/ excursion/tour |
| hacer un picnic | to have a picnic |
| ir a un concierto | to go to a concert |
| una discoteca | a club |
| un partido | a game |
| leer una novela | to read a novel |
| un periódico | a newspaper |
| nadar en el mar | to swim in the sea |
| una piscina | a swimming pool |
| pasarlo bien | to have a good time |
| ver una película | to watch a movie |

| ¿Qué tiempo hace? | What is the weather like? |
|---|---|
| Está despejado. | It's (a) clear (day). |
| húmedo. | (a) humid (day). |
| nublado. | (a) cloudy (day). |
| Hace buen/ mal tiempo. | It's good/bad weather. |
| (mucho) calor. | (very) hot. |
| (mucho) fresco. | (very) cool. |
| (mucho) frío. | (very) cold. |
| (mucho) sol. | (very) sunny. |
| (mucho) viento. | (very) windy. |
| Hay (mucha) neblina. | There is (a lot of) fog. |
| llover (ue) | to rain |
| nevar (ie) | to snow |

| Términos deportivos | Sports terms |
|---|---|
| el/la aficionado/a | fan |
| el árbitro | referee |
| el/la atleta | athlete |
| el atletismo | track and field |
| el balón (de básquetbol) | (basket)ball |
| la bicicleta | bicycle |
| la cancha (de tenis) (de fútbol) | (tennis) court (soccer) field |
| el ciclismo | cycling |

| | |
|---|---|
| el/la entrenador/a | coach, trainer |
| el equipo | team; equipment |
| el esquí (acuático) | (water) skiing |
| los esquís | skis |
| la gimnasia | gymnastics |
| el golf | golf |
| el guante (de béisbol) | (baseball) glove |
| la natación | swimming |
| los patines (en línea) | (inline) skates |
| la pelota (de béisbol) | (base)ball |
| la pista (de atletismo) | (running) track |
| la raqueta (de tenis) | (tennis) racket |
| el voleibol | volleyball |

| Actividades deportivas | Sporting Activities |
|---|---|
| animar (a los jugadores) | to encourage; to cheer (the players) |
| batear (la pelota) | to bat (the ball) |
| competir (i, i) | to compete |
| correr | to run |
| empatar | to tie (the score) |
| entrenar | to train |
| esquiar (esquío) | to ski (I ski) |
| ganar (el partido) | to win (the game) |
| gritar | to shout |
| hacer ejercicio | to exercise |
| levantar pesas | to lift weights |
| patear (el balón) | to kick (the ball) |
| patinar | to skate |

# Lección 8

# ¿En qué puedo servirle?

## OBJETIVOS COMUNICATIVOS

- Shopping at a department store

- Talking about what happened

- Describing a product

- Making comparisons

En el Paraguay, el ñandutí es una artesanía popular.

# Los países sin mar:
# Bolivia y el Paraguay

En la cultura aymara de Bolivia y del Perú, el dios creador se llama Viracocha. Cerca de La Paz, Bolivia, se encuentran los restos de la ciudad Tiahuanaco y su famosa Puerta del Sol, con una imagen del dios creador.

## ¡Así lo decimos! Vocabulario

**De compras**

8-1 to
8-5

**Todo para el trabajo**
- la corbata
- el traje
- el saco
- la blusa
- la bolsa
- la falda
- el calcetín
- los zapatos
- la billetera

**Para la vida activa**
- la chaqueta
- la camisa
- el gorro
- la bufanda
- el abrigo
- el suéter
- el cinturón
- los pantalones
- los vaqueros

**Para el verano**
- la gorra
- la camiseta
- el sombrero
- el vestido
- los pantalones cortos
- las sandalias
- las botas
- los zapatos deportivos

## La ropa[1]

| Lugares donde vamos a comprar | Places where we go to shop |
|---|---|
| el almacén | department store |
| el centro comercial | shopping centre; mall |
| la tienda | store |

| En una tienda | In a store |
|---|---|
| la caja | cash register |
| la calidad | quality |
| el precio | price |
| el probador | fitting room |
| la rebaja | sale |
| el regalo | present; gift |

| Telas | Fabrics |
|---|---|
| el algodón | cotton |
| el cuero | leather |
| la lana | wool |
| el nilón | nylon |

| Descripciones | Descriptions |
|---|---|
| de manga corta/ larga/ sin manga | short-/long-sleeved sleeveless |
| la talla (grande/ mediana/ pequeña) | size (large/medium/ small) |

| Verbos | Verbs |
|---|---|
| estar de moda | to be in style |
| ir de compras | to go shopping |
| llevar | to wear |
| pagar en efectivo/ con tarjeta de crédito/ tarjeta de débito | to pay cash/ with a credit card/ a debit card |
| probarse (ue)[2] | to try on |
| quedarle (a alguien) | to fit; suit (someone) |
| regatear | to bargain; haggle |

[1] Unlike English usage, "ropa" (*clothes, clothing*) is normally used only in the singular in Spanish.

[2] In general, **probar** means *to try*. In **Lección 6** you learned **probar** in the context of food: *to try* or *to taste* food. In the reflexive construction, **probarse** is used to express *to try something on*, usually referring to clothing.

8-6 to
8-7

El viernes pasado, Victoria y su hermano Manuel no pudieron ir de compras porque Manuel se sintió mal. El sábado fueron a las tiendas del centro donde Manuel prefirió ir al almacén Saga Falabella, donde las rebajas siguieron todo el fin de semana.

### En el almacén Saga Falabella

Manuel busca una camisa y un suéter para su trabajo.

**Dependiente:** Buenos días. ¿En qué puedo servirle?

**Manuel:** Busco las camisas y los suéteres que están en rebaja.

**Dependiente:** Aquí tenemos varios modelos. ¿Qué le parecen éstos? ¿Qué talla lleva Ud.?

**Manuel:** Llevo talla mediana. Hmm, me gustan esas camisas de algodón.

(Él toma una camisa.) ¿Puedo probarme ésta?

**Dependiente:** Sí, claro. Allí está el probador.

Unos minutos más tarde . . .

**Manuel:** ¿Qué tal me queda? ¿No me queda un poco pequeña?

**Dependiente:** No, le queda muy bien.

**Manuel:** Entonces, la compro.

**Dependiente:** Favor de presentar esta cuenta en la caja.

## EXPANSIÓN

### Las monedas

Las monedas (*currencies*) de los países hispanohablantes varían de país a país. Muchos países usan **pesos**, pero el valor del peso en un país es diferente al valor del peso en otro país. Los países que usan el peso son la Argentina, Chile, Colombia, Cuba, México, la República Dominicana y el Uruguay. Los otros países hispanohablantes usan las monedas indicadas a continuación. Para saber el tipo de cambio (*exchange rate*) de las monedas, busca la página del Banco del Canadá:

**http://www.bankofcanada.ca/en/rates/exchform.htm**

| | |
|---|---|
| Bolivia | el boliviano |
| Costa Rica | el colón |
| Ecuador | el dólar estadounidense |
| El Salvador | el colón |
| España | el euro |
| Guatemala | el quetzal |
| Honduras | el lempira |
| Nicaragua | el córdoba |
| Panamá | el balboa |
| Paraguay | el guaraní |
| Perú | el nuevo sol |
| Puerto Rico | el dólar estadounidense |
| Venezuela | el bolívar |

CD
Track 25

# PRONUNCIACIÓN

## Repaso de la acentuación

En la **Lección 1** de este texto, aprendiste las reglas para los acentos.

## Pronunciemos

Escucha cada palabra y escribe un acento cuando sea necesario.

**MODELO:** sueter

→ *suéter (termina en una consonante que no es ni n ni s, pero se acentúa la primera sílaba)*

| | | |
|---|---|---|
| 1. almacen | 9. esparragos | 17. Mexico |
| 2. siempre | 10. dias | 18. deportes |
| 3. filete | 11. simpatico | 19. apartamento |
| 4. esqui | 12. natacion | 20. jamon |
| 5. mayor | 13. jovenes | 21. futbol |
| 6. filosofia | 14. aqui | 22. universidad |
| 7. credito | 15. utensilios | 23. Paris |
| 8. articulos | 16. examen | 24. español |

## Aplicación

**8-1 ¿Qué pasa?** Indica si cada una de las siguientes oraciones es **cierta** o **falsa**, según el vocabulario y la lectura de **¡Así lo decimos!**. Luego, corrige la información falsa.

1. Manuel se sintió mal el sábado pasado.
2. La rebaja en Saga Falabella siguió hasta el viernes.
3. Manuel prefirió ir de compras al centro.
4. Ahora, Manuel está buscando ropa deportiva.
5. Él encuentra un suéter que le gusta.
6. La camisa que se prueba le queda bien.

**8-2 ¿Qué decimos?** Escoge el término lógico para completar cada frase.

**MODELO:** No cuesta mucho; es un buen *precio*.

1. Compré una blusa nueva en (el probador/ el almacén/ el precio).
2. No me gustan mucho las camisas de (manga corta/ calidad/ crédito).
3. Este vestido es perfecto para el verano porque es de (algodón/ cuero/ lana).
4. Pagué todas mis compras con (billetera/ tarjeta de crédito/ rebajas).
5. Hay muchas tiendas en el (dependiente/ probador/ centro comercial).
6. Estas botas me quedan muy (cuero/ grandes/ calidad).
7. Favor de pagar la cuenta en la (rebaja/ caja/ gorra).
8. ¡Este artículo cuesta mucho! Voy a (comprarlo/ pagar en efectivo/ regatear).

**8-3 ¿Dónde están?** Junta las dos partes para indicar dónde estan las siguientes personas.

1. La Sra. García lleva un vestido negro con zapatos negros y un sombrero elegante . . .
2. Raúl lleva pantalones cortos, una camiseta y zapatos deportivos . . .
3. Marina lleva sandalias y un traje de baño y tiene un sombrero grande . . .
4. Carolina lleva vaqueros, un suéter y una chaqueta de cuero . . .
5. El Sr. Castañeda lleva un traje azul y una camisa blanca . . .

a. en un parque en octubre.
b. en un restaurante elegante.
c. en un banco.
d. en una playa.
e. en un partido de tenis.

**8-4 ¿Qué prefieres?** Completa las oraciones con palabras o expresiones de **¡Así lo decimos!**.

MODELO: Llevo blusas de talla _pequeña_.

1. Busco pantalones de talla ___.
2. Generalmente, voy de compras a ___.
3. En el verano me gusta llevar___.
4. Llevo un/a ___ para ir a clase.
5. En el invierno siempre llevo ___.
6. Generalmente, pago ___.
7. Prefiero ropa de ___.
8. No me gusta llevar ___.

**8-5 ¿Qué llevas cuando . . . ?** Pregúntense qué ropa llevan en diferentes ocasiones.

MODELO: E1: _¿Qué llevas cuando tienes examen?_
E2: _Llevo vaqueros y una camiseta. ¿Y tú?_
E1: _Pues, yo llevo . . ._

### Ocasión

| | |
|---|---|
| vas a un restaurante elegante | practicas un deporte |
| limpias tu casa | invitas a tus compañeros a una fiesta en tu casa |
| vas a clase | hace mucho frío |
| trabajas como camarero/a | vas al cine |
| hace muchísimo calor | vas de vacaciones a Cuba |

## Comparaciones

## De compras

**En tu experiencia.** ¿Qué horarios tienen los almacenes en el Canadá? ¿las tiendas pequeñas? ¿los bancos? ¿Se puede regatear en algunas tiendas en el Canadá? ¿Dónde se puede regatear? ¿Te gusta regatear? ¿Se cierran las tiendas durante las vacaciones? En el siguiente artículo, ¿qué diferencias hay entre el Canadá y el mundo hispano cuando se va de compras?

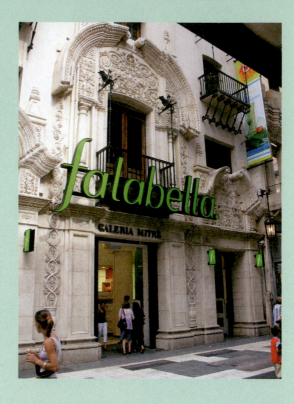

Las tiendas y los bancos en los países hispanos no tienen los mismos horarios que las tiendas y los bancos en el Canadá. En España, las tiendas se abren generalmente a las nueve o las diez de la mañana y se cierran a la una o las dos de la tarde durante dos o tres horas para el almuerzo. Se vuelven a abrir a las cinco de la tarde y se cierran a las ocho o las nueve de la noche. Las tiendas están abiertas de lunes a viernes y los sábados por la mañana. En las ciudades principales de Latinoamérica, las tiendas tienen horarios más amplios. Por lo general, las tiendas grandes tienen precio fijo, pero casi todas las ciudades y los pueblos tienen mercados al aire libre en los que se puede regatear el precio de un artículo. También es posible regatear con los vendedores ambulantes (*street vendors*).

En España muchas tiendas pequeñas se cierran en el verano por las vacaciones, a veces durante todo el mes de agosto, pero en Latinoamérica esto no es común. El turista que va a España en los meses de verano va a encontrar muchas tiendas y restaurantes cerrados.

**¡A conversar!** Conversen sobre dónde prefieren comprar los siguientes artículos, por ejemplo, en una tienda especializada, en un almacén grande, en un mercado al aire libre, a un vendedor ambulante, en una tienda de artículos de segunda mano, etcétera.

1. unos vaqueros
2. unos zapatos deportivos
3. un traje de baño
4. una camisa de manga larga
5. unos zapatos de cuero
6. un saco para el trabajo
7. un vestido
8. un gorro

# ¡Así lo hacemos! Estructuras

## 1. The preterit of stem-changing verbs: e → i and o → u

**8-8 to 8-11**

¿Qué talla pidió?

|  | pedir (*to ask for*) | dormir (*to sleep*) |
|---|---|---|
| yo | pedí | dormí |
| tú | pediste | dormiste |
| Ud. }<br>él/ella } | p**i**dió | d**u**rmió |
| nosotros/as | pedimos | dormimos |
| vosotros/as | pedisteis | dormisteis |
| Uds. }<br>ellos/as } | p**i**dieron | d**u**rmieron |

■ Stem-changing **-ir** verbs in the present also have stem changes in the preterit: **e → i** and **o → u**. They occur only in the third person singular and plural forms.

| | | | |
|---|---|---|---|
| **conseguir (i, i)** | **pedir (i, i)** | **repetir (i, i)** | **sentir(se) (ie, i)** |
| **dormir (ue, u)** | **preferir (ie, i)** | **seguir (i, i)** | **servir (i, i)** |

La dependienta **repitió** el precio.　　*The clerk **repeated** the price.*
Adela **consiguió** el vestido por un　*Adela **got** the dress for a good price.*
　buen precio.
Los chicos **durmieron** hasta tarde　*The boys **slept** until late on Saturday.*
　el sábado.

## Aplicación

**8-6 En el almacén.** Junta las dos columnas para completar las siguientes oraciones.

1. Juanita se puso contenta cuando . . .
2. Eduardo estuvo cansado hoy porque . . .
3. Los clientes pidieron una rebaja . . .
4. Se repitió el programa sobre Paraguay . . .
5. La camarera sirvió los platos . . .
6. Carlos no se sintió bien ayer . . .

 

a. pero el dependiente no quiso bajar el precio.
b. y prefirió no ir de compras con su hermana.
c. consiguió todos los artículos en rebajas.
d. que Luis y Raúl pidieron.
e. porque mucha gente no lo vio la primera vez.
f. durmió sólo cinco horas anoche.

**8-7 ¿Qué pasó ayer?** Repite las siguientes oraciones, sustituyendo los sujetos indicados.

**MODELO:** *Susana repitió* el vocabulario nuevo. (los estudiantes)
　　　　➤ *Los estudiantes repitieron el vocabulario nuevo.*

1. *Susana siguió* a la dependienta. (Susana y yo, Marcos, la clienta, nosotros, yo, Ud.)
2. ¿Cuántas horas *durmieron los niños* anoche? (Raúl, tus compañeros de casa, tú, Uds., ella, ellos)
3. *Juana se sintió* mal ayer. (Enrique, Ud., los niños, yo*, tú*, Uds.)

*¡Cuidado!

**8-8 En el mercado.** Usa el pretérito de los verbos irregulares y regulares entre paréntesis para completar la narración sobre dos turistas que visitaron un mercado en Bolivia.

Cuando los señores García (1. hacer) _____ un viaje a Bolivia el año pasado, (2. visitar) _____ un pueblo pequeño cerca de La Paz. Cuando (3. llegar) _____ en autobús, (4. ir) _____ directamente al mercado. Los dos se (5. poner) _____ contentos cuando (6. ver) _____ todos los puestos (*stalls*) con ropa y otros artículos de lana y cuero. Ellos (7. almorzar) _____ en un restaurante al lado del mercado. Los dos (8. pedir) _____ café con la comida. La cocinera les (9. servir) _____ dos platos de comida típica de la región. Los señores García (10. seguir) _____ comiendo hasta las tres de la tarde cuando (11. decidir) _____ hacer sus compras. (12. Comprar) _____ algunos suéteres de alpaca y billeteras de cuero. Los dos (13. regatear) _____ con los vendedores y (14. conseguir) _____ los artículos por precios muy buenos. A las seis de la tarde (15. volver) _____ al hotel y (16. dormir) _____ una siesta antes de cenar.

 **8-9 En casa.** Completa las oraciones para describir lo que pasó en tu casa la última vez que visitaste a tu familia y compara tus experiencias con las de tu compañero/a de clase.

1. Mi mamá/ papá (servir) . . .
2. Mi hermano/a (pedir) . . .
3. Mis hermanos/ padres (dormir) . . .
4. Mi hermano/a (conseguir) . . .
5. Mi mamá/ papá (preferir) . . .
6. Mi amigo/a (sentirse) . . .

## 2. Demonstrative adjectives and pronouns

8-12 to
8-17

### Adjetivos demostrativos

**Demonstrative adjectives** point out people and objects and the relative position and distance between the speaker and the object or person modified.

|  | Singular | Plural |  | Related Adverbs |
|---|---|---|---|---|
| masculine | **este** | **estos** | *this/these (here; close to me)* | **aquí** (*cerca*) |
| feminine | **esta** | **estas** |  |  |
| masculine | **ese** | **esos** | *that/those (there; close to you)* | **ahí** (*menos cerca*) |
| feminine | **esa** | **esas** |  |  |
| masculine | **aquel** | **aquellos** | *that/those* |  |
| feminine | **aquella** | **aquellas** | *(over there; away from both of us)* | **allí; allá** (*lejos*) |

■ Demonstrative adjectives are usually placed before the modified noun and agree with it in number and gender.

¿De quién son **esos** zapatos?     *To whom do **those** shoes belong?*
**Esta** blusa es de Dulce.     *This blouse belongs to Dulce.*

■ Note that the **ese/esos** and **aquel/aquellos** forms, as well as their feminine counterparts, are equivalent to the English *that/those*. In normal, day-to-day usage, there is not much distinction between these forms, but the **aquel** forms are generally preferred to point out objects and people that are relatively farther away than others.

Yo voy a comprar **esa** blusa y     *I am going to buy **that** blouse and*
    **aquella** falda.     ***that** skirt (over there).*

■ Demonstrative adjectives are usually repeated before each noun in a series.

**Estas** camisetas y **estos** sombreros     ***These** T-shirts and **these** hats are my*
    son mis favoritos.     *favourites.*
**Este** saco, **ese** suéter y **aquel** abrigo     ***This** jacket, **that** sweater and **that***
    son míos.     *coat are mine.*

### Pronombres demostrativos

To avoid repetition, the **demonstrative pronouns** are often used. Note that when you omit the noun, the demonstrative adjective becomes a pronoun and carries a written accent over the stressed vowel.

| Masculine | | Feminine | | Neuter |
|---|---|---|---|---|
| éste | éstos | ésta | éstas | esto |
| ése | ésos | ésa | ésas | eso |
| aquél | aquéllos | aquélla | aquéllas | aquello |

Esta tienda y **aquélla** son muy buenas. *This store and **that one** are very good.*
No me gustan aquellos vaqueros,     *I don't like those jeans, but I love*
    pero me encantan **éstos**.     *these.*

■ The neuter forms **esto, eso,** and **aquello** do not take a written accent nor do they have plural forms. They are used to point out ideas, actions, or concepts, or to refer to unspecified objects or things.

**Aquello** no me gusta.     *I don't like **that**.*
No dije **eso**.     *I didn't say **that**.*
**Esto** está mal.     ***This** is wrong.*

■ These forms are also used to ask or to define what something is.

| | |
|---|---|
| ¿Qué es **eso**? | *What's **that**?* |
| Es un gorro. | *It's a toque.* |
| ¿Qué es **esto**? | *What's **this**?* |
| Es un pedazo de jabón. | *It's a piece of soap.* |

## Aplicación

**8-10 De compras en la librería.** Lee la conversación entre Ana y el dependiente, indicando los **adjetivos y pronombres demostrativos**.

| | |
|---|---|
| **Ana:** | ¿Qué es esto? ¿Un diccionario? |
| **Dependiente:** | Sí, señorita. Ése es el mejor que tenemos. ¿Lo quiere ver? |
| **Ana:** | No, prefiero ver aquél que está allí. |
| **Dependiente:** | ¿Aquél? Está en rebaja. |
| **Ana:** | Muy bien, y también quiero comprar estos cuadernos de aquí, en este estante. ¿Cuánto cuestan? |
| **Dependiente:** | ¿Ésos? Son baratos y se venden en paquetes de tres. |
| **Ana:** | Está bien. Y necesito una calculadora. Me gusta ésa que tiene Ud. |
| **Dependiente:** | Lo siento, ¡pero ésta es mi calculadora! |

**8-11 ¿Cuál es?** Da las formas apropiadas de los **adjetivos demostrativos** según los adverbios entre paréntesis.

**MODELO:**  las tiendas (aquí)
  ➤ *Estas tiendas.*

1. la billetera (aquí)
2. los trajes (ahí)
3. el suéter (allá)
4. las gorras (aquí)
5. el vestido (ahí)

6. los pantalones (allá)
7. la bolsa (ahí)
8. las rebajas (ahí)
9. la camiseta (allá)
10. los vaqueros (aquí)

**8-12 ¿Dónde se puede comprar?** Basándote en el dibujo, indica en cuál de estas tiendas se puede comprar los siguientes artículos, usando los **adjetivos y pronombres demostrativos**.

1. Se compran perfumes en _____ tienda.
2. Quiero comprar unas botas. Voy a _____ tienda, no a _____.
3. Se puede comprar un reloj en _____ tienda.
4. No se compra champú ni en _____ tienda ni en _____.
5. Es nuestro aniversario de bodas. Voy a comprar un regalo para mi esposa en _____ tienda.
6. Si quiero sandalias, no voy ni a _____ tienda ni a _____.

**8-13 En el mercado.** Completa la conversación entre Carlos (el vendedor) y Amanda, su clienta, con los adjetivos y pronombres demostrativos correspondientes. *(En Bolivia la moneda es el boliviano.)*

**Carlos:** Buenas tardes, señorita. ¿Qué desea?

**Amanda:** Hmmm . . . No sé. Tal vez un suéter . . . ¿Es de buena calidad (1.) _____ suéter pequeño de color azul? ¿O es mejor (2.) _____ grande, el morado que está cerca de Ud.?

**Carlos:** ¡Todos (3.) _____ suéteres son buenos! ¿Quiere usted probarse (4.) _____ que tengo aquí?

**Amanda:** No, no es para mí. Es para mi amiga. ¿Cuánto cuesta?

**Carlos:** Para usted, 140 bolivianos.

**Amanda:** ¡Es mucho! . . . pero, a ver. Las camisas de colores. Quiero ver una de (5.) _____ grandes.

**Carlos:** Sí, las camisas son de primera calidad.

**Amanda:** Y, ¿cuánto cuesta (6.) _____ camisa pequeña que tengo aquí?

**Carlos:** (7.) _____ que tiene usted ahí . . . cuesta 90 bolivianos.

**Amanda:** ¡Uf! Es mucho también. ¿Qué tal si le doy 180 bolivianos por todo (8.) _____ que tengo aquí?

**Carlos:** ¡Ay, señorita! Pero, mire usted la calidad, los colores . . . Pero como usted es tan amable, le puedo dejar todo (9.) _____ que tiene ahí en 200 bolivianos.

**Amanda:** Perfecto. ¡Muchas gracias!

**8-14 ¿Qué vas a comprar?** Imagínense que están en este almacén para hacer y contestar preguntas sobre lo que van a comprar.

**MODELO:** E1: *¿Vas a comprar esa camisa mediana?*
E2: *No, voy a comprar aquel saco grande de color azul.*

## ¡Así lo decimos! Vocabulario

¿Qué compraste?

8-18 to
8-21

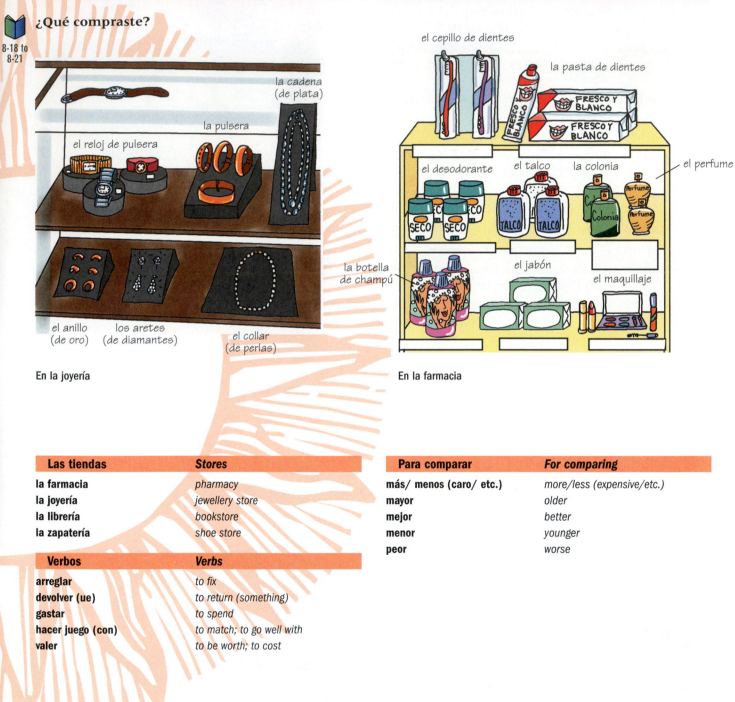

la cadena
(de plata)

la pulsera

el reloj de pulsera

el anillo
(de oro)

los aretes
(de diamantes)

el collar
(de perlas)

En la joyería

el cepillo de dientes

la pasta de dientes

FRESCO Y BLANCO

el desodorante        el talco        la colonia        el perfume

SECO

TALCO

Colonia

Perfume

la botella
de champú

el jabón

el maquillaje

En la farmacia

| Las tiendas | Stores |
|---|---|
| **la farmacia** | pharmacy |
| **la joyería** | jewellery store |
| **la librería** | bookstore |
| **la zapatería** | shoe store |

| Para comparar | For comparing |
|---|---|
| **más/ menos (caro/ etc.)** | more/less (expensive/etc.) |
| **mayor** | older |
| **mejor** | better |
| **menor** | younger |
| **peor** | worse |

| Verbos | Verbs |
|---|---|
| **arreglar** | to fix |
| **devolver (ue)** | to return (something) |
| **gastar** | to spend |
| **hacer juego (con)** | to match; to go well with |
| **valer** | to be worth; to cost |

8-22 to
8-23

Victoria y su hermano Manuel ya volvieron a casa y Victoria está mirando sus compras cuando Lucía la llama por teléfono.

**Victoria:** ¿Aló?

**Lucía:** Hola, Victoria. Te habla Lucía. ¿Cómo estás?

**Victoria:** Muy bien. ¿Qué tal, Lucía?

**Lucía:** Oye, te llamé antes y nadie contestó. ¿Dónde estuviste?

**Victoria:** Fui de compras al centro y estuve allí todo el día.

**Lucía:** ¡Ah sí! . . . ¿Encontraste algo?

**Victoria:** Compré un vestido rojo fabuloso en Falabella. También le compré una pulsera a mamá para su cumpleaños y algunos artículos en la farmacia.

**Lucía:** ¿Gastaste mucho?

**Victoria:** Gasté menos que la semana pasada. Ahora que pago en efectivo tengo mucho más cuidado. Por ejemplo, el artículo más caro que compré fue el vestido, pero como lo encontré en rebaja, sólo me costó 350 bolivianos.

**Lucía:** ¿Cómo es el vestido?

**Victoria:** ¡Es el más elegante del mundo! Es mucho más bonito que mi vestido negro y necesito algo bueno para la fiesta de Ana.

**Lucía:** Sí, es verdad. Ella da las mejores fiestas de todas.

## EXPANSIÓN

Muchas tiendas especializadas terminan en **-ería**. Para comprar carne, por ejemplo, puedes ir a la carnicería. ¿Qué puedes comprar en las siguientes tiendas?

| | | |
|---|---|---|
| droguería | heladería | pescadería |
| florería | panadería | pollería |
| frutería | pastelería | verdulería |

¿Qué compras en la florería?

## Aplicación

**8-15 ¿Qué pasa?** Indica si cada una de las siguientes oraciones es **cierta** o **falsa**, según el vocabulario y la lectura de **¡Así lo decimos!**. Luego, corrige la información falsa.

1. Lucía fue de compras con Victoria.
2. Lucía llamó a la casa de Victoria y habló con su mamá.
3. Victoria compró artículos en el almacén y en la farmacia.
4. Victoria encontró un regalo para su mamá.
5. Victoria gastó más que la semana pasada.
6. Las fiestas de Ana son las mejores.

**8-16 ¿Dónde se compra?** Empareja estas tiendas con los artículos que venden.

1. la farmacia
2. la joyería
3. la librería
4. la zapatería

a. un collar de oro
b. un cuaderno
c. un perfume
d. unas sandalias

e. un anillo de diamantes
f. unos zapatos deportivos
g. una botella de champú
h. una novela de Isabel Allende

**8-17 ¿Hacen juego?** Decidan si estos artículos hacen juego. Si no, cámbienlos.

MODELO:   traje, sombrero y zapatos deportivos
➤ *No hacen juego. Es mejor llevar zapatos de cuero con un traje.*

1. un traje de baño y botas de cuero
2. un traje de poliéster y una camisa de nilón
3. pantalones cortos y un abrigo de invierno
4. anillos de plástico y una pulsera de diamantes
5. vaqueros y zapatos deportivos
6. una falda y pantalones
7. una camisa morada y pantalones rojos
8. una pulsera de plata y una cadena de oro

**8-18 Fui de compras.** Túrnense para contestar estas preguntas sobre la última vez que fueron de compras.

MODELO:   E1: ¿Cuándo fuiste de compras?
E2: *Fui de compras el sábado pasado.*

1. ¿Cuándo fuiste de compras?
2. ¿Adónde fuiste?
3. ¿Fuiste con alguien o fuiste solo/a?
4. ¿Compraste algo?
5. ¿Regateaste?
6. ¿Gastaste mucho?

# Comparaciones

## Los mercados artesanales

**En tu experiencia.** ¿Hay artesanía (*handicrafts*) típica de la región donde vives?¿Dónde se puede comprar? ¿Los artículos son más o menos caros que los artículos similares que se producen en fábricas (*factories*)? ¿Qué tipos de personas venden artesanía en el Canadá? ¿Qué tipos de personas la compran? ¿Es común regatear en el Canadá? En el siguiente artículo, ¿cómo son los mercados en Latinoamérica?

En el mundo hispano y especialmente en los países de Latinoamérica, los mercados donde se puede comprar todo tipo de artesanía son muy comunes y son populares entre los turistas. En estos mercados se encuentran tejidos (*weavings*) de lana, los cuales incluyen suéteres, bufandas y gorros en los países más fríos, artículos de cerámica, aretes, pulseras y cadenas de oro, plata o turquesa, pinturas, bolsas y cinturones de cuero, y mucho más. Frecuentemente es posible comprar todo tipo de ropa y artículos para la casa en el mismo mercado.

A veces los mismos vendedores fabrican sus productos y otras veces los traen de las comunidades donde viven para venderlos en el mercado. Todos los artículos se hacen a mano y por lo general son de excelente calidad. El vendedor o la vendedora sabe el valor de sus productos pero casi nunca hay un precio fijo. Aunque los precios son mucho más bajos que los que se pagan por artículos similares en el Canadá, es común regatear con los vendedores para conseguir un precio aun más bajo.

Una mujer teje ñandutí.

**¡A conversar!** Conversen sobre las siguientes preguntas para comparar lo que prefieren hacer cuando van de compras.

1. ¿Te gusta comprar artesanía o prefieres comprar artículos manufacturados?

2. ¿Te gusta regatear? ¿Dónde y cuándo regateas?

3. ¿Qué te gusta comprar cuando vas de viaje?

4. ¿Te gusta comprar en los mercados o prefieres ir a los almacenes?

5. ¿Cuándo fue la última vez que compraste alguna artesanía?

# ¡Así lo hacemos! Estructuras

### 3. Comparisons of equality and inequality

¡Tengo tantos globos como tú!

**8-24 to 8-30**

### Comparaciones de igualdad

■ In Spanish, you may make **comparisons of equality** with **adjectives** (e.g., *as good as*) and **adverbs** (e.g., *as quickly as*) by using the following construction.

> **tan** + adjective/adverb + **como**

| | |
|---|---|
| La pulsera es **tan** cara **como** la cadena. | *The bracelet is **as** expensive **as** the chain.* |
| María no va de compras **tan** frecuentemente **como** su hermana. | *María doesn't go shopping **as** often **as** her sister.* |

■ Make comparisons of equality with **nouns** (e.g., *as much money as; as many friends as*) by using the following construction. Notice that **tanto** is an adjective and agrees in gender and number with the noun or pronoun that it modifies.

> **tanto/a(s)** + noun + **como**

| | |
|---|---|
| Marta tiene **tantos** zapatos **como** tú. | *Marta has **as many** shoes **as** you.* |
| Tú tienes **tanto** dinero **como** Eugenio. | *You have **as much** money **as** Eugenio.* |

■ Make comparisons of equality with **verbs** (e.g., *works as much as*) by using the following construction.

> verb + **tanto como**

| | |
|---|---|
| Marilú gasta **tanto como** su papá. | *Marilú spends **as much as** her father.* |
| Mis hermanos no regatean **tanto como** tú. | *My brothers don't bargain **as much as** you.* |

## Comparaciones de desigualdad

■ A **comparison of inequality** expresses *more than* or *less than*. Use this construction with **adjectives**, **adverbs**, or **nouns**.

> **más/menos** + adjective/adverb/noun + **que**

**Adjective:**
El almacén es **menos** caro
que la farmacia.

*The department store is **less** expensive **than** the pharmacy.*

**Adverb:**
Yo me pruebo la ropa **más**
rápidamente **que** tú.

*I try on the clothes fast**er** **than** you.*

**Noun:**
Tengo **menos** compras **que** Anita.

*I have **fewer** purchases **than** Anita.*

■ Make comparisons of inequality with **verbs**, using this construction.

> verb + **más/menos** + **que**

Tú gastas **más que** yo.

*You spend **more than** I (do).*

■ With numerical expressions, use **de** instead of **que**.

Tengo **más de** cinco buenas camisas.  *I have **more than** five good shirts.*

### Summary of Comparisons of Equality and Inequality

**Equal Comparisons**

| | |
|---|---|
| nouns: | **tanto/a(s)** + noun + **como** + noun or pronoun |
| adjectives/adverbs: | **tan** + adj./adv. + **como** + noun or pronoun |
| verbs: | verb + **tanto como** + noun or pronoun |

**Unequal Comparisons**

| | |
|---|---|
| adj./adv./noun: | **más/menos** + adj./adv./noun + **que** + noun or pronoun |
| verbs: | verb + **más/menos** + **que** + noun or pronoun |
| with numbers: | **más/menos** + **de** + number |

### EXPANSIÓN

### Los adjetivos comparativos irregulares

Some Spanish adjectives have both regular and irregular comparative forms:

| Adjective | Regular Form | Irregular Form | |
|---|---|---|---|
| bueno/a | más bueno/a | mejor | *better* |
| malo/a | más malo/a | peor | *worse* |
| viejo/a | más viejo/a | mayor | *older* |
| joven | más joven | menor | *younger* |

■ The irregular forms **mejor** and **peor** are more commonly used than the regular forms. **Más bueno** and **más malo** are primarily used to refer to character, not quality.

Esta farmacia es **mejor** que ésa.
Pedro es **peor** que Luis en regatear.
La señora Dávila es **más buena** que el señor Dávila.

*This pharmacy is **better** than that one.*
*Pedro is **worse** than Luis at bargaining.*
*Mrs. Dávila is **a better person** than Mr. Dávila.*

*(continued)*

■ **Mayor, menor,** and **más joven** are commonly used with people; **más viejo** may be used with inanimate objects.

| | |
|---|---|
| Manuel es **menor** que Beba, y yo soy **mayor** que Manuel. | *Manuel is **younger** than Beba, and I am **older** than Manuel.* |
| Estos zapatos son **más viejos** que ésos. | *These shoes are **older** than those.* |

## Aplicación

**8-19 ¿Es más atractivo?** Escoge la opción apropiada para completar lógicamente las siguientes oraciones.

**MODELO:** Un abrigo de cuero *es tan atractivo como* un abrigo de lana.

1. Una camisa de algodón . . . una blusa de algodón.

    a. es tan cara como
    b. es menos cara que
    c. es más cara que

2. Los aretes de oro . . . los aretes de plata.

    a. son tan baratos como
    b. son menos baratos que
    c. son más baratos que

3. Halifax tiene . . . Toronto.

    a. tantas tiendas como
    b. menos tiendas que
    c. más tiendas que

4. Las tiendas pequeñas . . . los almacenes grandes.

    a. venden tanto como
    b. venden menos que
    c. venden más que

5. Los hombres . . . las mujeres.

   a. compran tantos aretes como
   b. compran menos aretes que
   c. compran más aretes que

6. Los estudiantes tienen . . . los profesores.

   a. tanto dinero como
   b. menos dinero que
   c. más dinero que

7. En Bolivia, se regatea . . . en el Canadá.

   a. tanto como
   b. menos que
   c. más que

8. Los bolivianos hablan español . . . los franceses.

   a. tan bien como
   b. peor que
   c. mejor que

**8-20 De compras.** Completa la conversación entre dos amigos que van de compras al centro.

   **Clave:** comparación igual (=); comparación desigual (+/−)

**MODELO:** Creo que el champú que usas no es _tan_ bueno _como_ el que uso yo. (=)

**Ángel:** Sí, y tu pelo es (1.) _____ bonito _____ mi pelo. (1)
Creo que tu champú es (2.) _____ _____ el que uso yo. (_bueno_) (+)

**Carlota:** No me gusta este talco (3.) _____ _____ ése. (=) ¿Qué piensas?

**Ángel:** Tienes razón. Ése es (4.) _____ elegante _____ éste, (+) pero ¡también es mucho (5.) _____ caro! (+)

**Carlota:** Ah, aquí hay unos artículos en rebaja. Estos perfumes son (6.) _____ caros _____ ésos, (−), pero creo que son (7.) _____ buenos _____ los otros. (=)

**Ángel:** Vamos a la farmacia. Las cosas allí son (8.) _____ caras _____ en esta tienda. (−)

**Carlota:** Sí, pero no tienen (9.) _____ selección _____ aquí. (=)

**Ángel:** ¿Por qué no vamos al Almacén Vigo? Hay muchos (10.) _____ artículos _____ en esta tienda, (+) y los precios son (11.) _____ buenos. (=)

**Carlota:** Yo pienso que los precios allí son (12.) _____ _____ aquí. (_bueno_) (+) Tienen muchas rebajas. Pero, el Almacén Vigo no tiene (13.) _____ rebajas _____ Falabella. (=) Y los artículos que venden allí son de (14.) _____ calidad _____ en Falabella. (_bueno_) (−) Falabella es una (15.) _____ tienda _____ el Almacén Vigo, ¿no crees? (_bueno_) (+)

**Ángel:** Muy bien. ¡Pues vamos a Falabella!

**8-21 ¡Es más atractivo!** Forma comparaciones de **igualdad** usando la siguiente información.

**MODELO:** Esta camisa es barata. Esa camisa es barata también.
→ *Esta camisa es tan barata como ésa.*

1. Estos zapatos son caros. Aquellos zapatos son caros también.
2. La joyería está cerca. La perfumería también está cerca.
3. María compró tres artículos. Jorge compró tres artículos también.
4. A Jorge le gusta regatear. A Sandra le gusta regatear también.

Ahora, forma comparaciones de **desigualdad** usando la siguiente información.

**MODELO:** Esta camisa cuesta $25. Esa camisa cuesta $30.
→ *Esta camisa cuesta menos que ésa. (Esta camisa es menos cara que ésa.)*

5. Esas sandalias cuestan $75. Aquéllas cuestan $60.
6. Saga Falabella está cerca. El Almacén Vigo está lejos.
7. Julia compró tres artículos. Mario compró seis.
8. Julia gastó poco dinero. Mario gastó mucho dinero.

 **8-22 ¡A debatir!** Comparen sus opiniones sobre las siguientes afirmaciones.

**MODELO:** El precio de un artículo es tan importante como la calidad.
E1: *Estoy de acuerdo.*
E2: *¡No estoy de acuerdo! La calidad es más importante que el precio.*

1. Los profesores trabajan tanto como los estudiantes.
2. Los canadienses regatean tan bien como los bolivianos.
3. Estudiar es tan interesante como trabajar.
4. Las chicas gastan más dinero que los chicos.
5. Los mercados son más interesantes que los almacenes.
6. Los estudiantes de ciencias estudian más que los estudiantes de lenguas.

 ## 4. Superlatives

8-31 to 8-35

■ A superlative statement expresses the highest or lowest degree of a quality; for example, the most, the greatest, the least, or the worst. To express the superlative in Spanish, the **definite article** is used with **más** or **menos**. Note that the preposition **de** is the equivalent of *in* or *of* after a superlative.

> definite article + **más** or **menos** + adjective + **de**

| | |
|---|---|
| Esta tienda es **la más elegante de** la ciudad. | *This store is **the most elegant in** the city.* |
| Estos zapatos son **los menos cómodos de** todos. | *These shoes are **the least comfortable of** all.* |

■ When a noun is used with the superlative, the article precedes the noun in Spanish.

| | |
|---|---|
| Mi lápiz labial es **el** lápiz labial **más** caro que venden aquí. | *My lipstick is **the most** expensive lipstick they sell here.* |
| La Cenicienta es **la** zapatería **más** popular del barrio. | *Cinderella is **the most** popular shoe store in the neighbourhood.* |

■ Adjectives and adverbs that have irregular forms in the comparative use the same irregular forms in the superlative.

| | |
|---|---|
| La Cueva de Aladino es **la mejor de** las joyerías. | *Aladdin's Cave is **the best of** the jewellery stores.* |
| Tío Iván es **el mayor de** mis tíos. | *Uncle Ivan is **the oldest of** my uncles.* |

## Aplicación

**8-23 ¡Somos los mejores!** Con un/a compañero/a, completen las siguientes oraciones.

**MODELO:**   La clase más interesante de todas es . . .
  ➤ *¡La clase más interesante de todas es la clase de español!*

1. La tienda más cara de esta ciudad es . . .
2. El mejor restaurante es . . .
3. El país más bonito del mundo es . . .
4. La ciudad más contaminada del mundo es . . .
5. La ciudad más interesante del Canadá es . . .
6. La mejor película de este año es . . .
7. La peor película del año es . . .
8. El mejor día del año es . . .

**8-24 De compras en Bolivia.** Usa la información a continuación para completar los comentarios, usando la construcción superlativa.

**MODELO:**   Estos aretes de plata (bonito) de la joyería.
  ➤ Estos aretes de plata *son los más bonitos* de la joyería.

1. Esta bolsa de cuero (bonito) de la tienda.
2. Estas gorras de alpaca (bueno) del mercado.
3. Esta bufanda de lana (elegante) del almacén.
4. Esta colonia (caro) de la farmacia.
5. Estas cadenas de oro (impresionante) de la joyería.
6. Estos sombreros de Panamá (barato) del mercado.
7. Este suéter de lana (bueno) de la tienda.
8. Estas camisas de algodón (cómodo) del almacén.

**8-25 ¿Cómo es tu familia?** Túrnense para preguntarse sobre su familia y sus amigos.

MODELO:    más trabajador/a
        E1: *¿Quién es el más trabajador de tu familia?*
        E2: *Mi hermana es la más trabajadora de mi familia.*

1. más alegre
2. más alto/a
3. menos responsable
4. menor
5. más deportivo/a
6. más simpático/a

**8-26 ¿Cuál es el mejor?** Túrnense para identificar y hablar de las siguientes cosas, usando comparaciones y superlativos.

MODELO:    el mejor coche
        E1: *¿Cuál es el mejor coche?*
        E2: *Pues, el Ford es bueno, pero los coches japoneses son mejores que los Ford.*
        E3: *Bueno, el VW es uno de los más caros, pero creo que es el mejor.*
        E1: *No estoy de acuerdo . . .*

1. la mejor tienda
2. la mejor película
3. el mejor libro
4. el peor restaurante
5. el peor programa de televisión
6. el peor deporte

**8-27 ¡Vamos de compras!** En su grupo, busquen información sobre algunos artículos que se venden en estas tiendas en línea, y decidan qué quieren comprar. Pueden buscar artesanía en México o visitar el Corte Inglés (un almacén español), donde se vende una gran variedad de artículos:

http://artesaniasqr.qroo.gob.mx/
http://www.elcorteingles.es/

# ¡A escribir!

8-36 to
8-37

**8-28 Un diálogo.** En esta actividad vas a escribir un diálogo sobre dos personas que van de compras.

---

### Antes de escribir

■  Decide dónde están las dos personas, quiénes son y qué quieren comprar.

■  Decide qué va a pasar en el diálogo, si las personas tienen que regatear y si encuentran lo que buscan.

## A escribir

■ Empieza el diálogo en el momento en que las dos personas entran en la tienda o el mercado, por ejemplo:

> **Sandra:** ¿Entramos en el mercado, Marisol? El sábado pasado vi unas sandalias muy bonitas en una de las tiendas.
>
> **Marisol:** Bueno, yo necesito algo para el cumpleaños de mamá.

■ Escribe diez líneas de diálogo entre las dos personas en el mercado o la tienda.

■ Incorpora algunas comparaciones de igualdad y de desigualdad y con el superlativo.

■ Termina el diálogo en el momento en que una de las personas compra algo o decide no comprar nada.

## Después de escribir

■ **Revisar.** Revisa el diálogo para ver si fluye bien. Luego revisa la mecánica.

❏ ¿Incluiste una variedad de vocabulario?

❏ ¿Conjugaste bien los verbos en el pretérito?

❏ ¿Usaste bien las frases de comparación?

■ **Intercambiar.** Intercambia tu diálogo con el de un/a compañero/a para examinar el contenido.

■ **Entregar.** Revisa tu diálogo, incorporando las sugerencias de tu compañero/a. Después, entrega a tu profesor/a el trabajo y las sugerencias de tu compañero/a.

# NUESTRO MUNDO

## Panoramas

### Los países sin mar: Bolivia y el Paraguay

8-44 to 8-45 · Vistas culturales

**8-29 ¿Qué sabes tú?** Identifica o explica lo siguiente.

1. las capitales de Bolivia y del Paraguay
2. los países en las fronteras de Bolivia y el Paraguay
3. la región de Bolivia cuyos productos principales son minerales
4. los países por donde pasa el río Paraná
5. un país que mantiene las tradiciones indígenas

El embalse (*dam*) de Itaipú en el río Paraná proporciona toda la electricidad que necesita el Paraguay y el 25% de la electricidad que usa el Brasil. La construcción del embalse les costó más de 20 mil millones de dólares a los dos países. Estos proyectos grandes a veces causan problemas para la conservación de la naturaleza.

**Los embalses y la conservación**
http://www.itaipu.gov.py/

Los instrumentos de viento son importantes para la música andina.

**Instrumentos andinos**
http://kuntur_huasi.en.eresmas.com/instrumentos/instrumentos.htm

Bolivia tiene ricos depósitos de plata, cinc y otros minerales. Muchas personas trabajan en las minas del altiplano (*high plateau*) pero lamentablemente, su vida es muy difícil.

**La mina de Potosí**
http://www.embajadadebolivia.com.ar/turismo/deptos/potosi.htm

La ropa de colores vívidos y los sombreros tipo *bowler* son típicos entre las mujeres indígenas de Bolivia. La Paz está a una altura de 3.510 metros.

**La Paz**
http://www.bolivia.com/Turismo/ciudades/la_paz/

La cría de ganado es importante para la gente que vive en el altiplano de Bolivia.

Durante los siglos XVII y XVIII, los jesuitas españoles construyeron una cadena de misiones en el Paraguay para educar y cristianizar a los indígenas. La Santísima Trinidad de Paraná se considera "la más grande y la mejor de todas las misiones". Ahora es parte del patrimonio mundial de las Naciones Unidas.

**La Santísima Trinidad**
http://www.redparaguaya.com/elpais/patrimonio.asp

**8-30 ¿Cierto o falso?** Indica si las siguientes oraciones son **ciertas** o **falsas**. Corrige las oraciones falsas.

1. Los jesuitas trajeron la cristianidad a los indígenas del Paraguay.
2. La extracción de minerales es importante en el Paraguay.
3. Las indígenas bolivianas usan ropa tradicional.
4. El Paraguay y Bolivia tienen acceso al Lago Titicaca.
5. Los bolivianos que viven en el altiplano gozan de (*enjoy*) un clima bastante templado.
6. Los instrumentos de viento son muy populares en los Andes.
7. El embalse de Itaipú está en el río Amazonas.
8. Hay minas de plata en las zonas tropicales de Bolivia.

**8-31 Conexiones.** Consulta la biblioteca o el Internet para encontrar información sobre los siguientes temas:

1. la conservación de la naturaleza en el Paraguay
2. los idiomas indígenas de Bolivia
3. las ruinas de Tiahuanaco
4. la música andina
5. las misiones jesuitas del Paraguay

# Ritmos

## "Sol de primavera" (Inkuyo, Bolivia)

Esta canción es representativa del ritmo **taquirari,** que se originó en el oriente de Bolivia, donde representa la mezcla de las culturas y tradiciones musicales indígenas y españolas. En las ocasiones festivas, las mujeres llevan vestidos de colores brillantes y adornan sus cabezas con flores para bailar este tipo de música.

### Antes de escuchar

**8-32 Instrumentos.** Aunque muchas canciones de taquirari tratan del tema del amor, "Sol de primavera" es una canción instrumental que no tiene letra. En grupos de tres contesten las siguientes preguntas.

1. ¿Qué estilos de música típicamente no tienen letra y son instrumentales?
2. ¿Qué prefieres, música con letra o música instrumental?
3. ¿En qué ocasiones te gusta escuchar música con letra? ¿música instrumental? ¿Por qué?

### A escuchar

**8-33 Asociación libre.** Ahora escucha la canción. ¿En qué piensas o qué te hace sentir "Sol de primavera"? Escribe por lo menos cinco palabras o expresiones en español que se te ocurran mientras escuches la canción. Después compara tu lista con las de tus compañeros/as.

### Después de escuchar

**8-34 Las emociones.** Se dice que la música nos afecta emocionalmente. En tu opinión, ¿qué tipos de música son buenos en las siguientes situaciones? Compara tus respuestas con las de un/a compañero/a.

**MODELO:** Estás cansado/a.
> E1: *Escucho la música clásica.*
> E2: *Yo prefiero . . .*

1. Estás estudiando.
2. Estás haciendo ejercicio.
3. Estás de compras.
4. Estás en una fiesta.

# Páginas

8-47

## "El ñandutí" (una leyenda paraguaya)

### Antes de leer

**8-35 ¿Qué es una leyenda?** Lee la introducción a continuación y luego indica si las siguientes oraciones son **ciertas** o **falsas**. Corrige las falsas.

Las leyendas como tradición oral son populares en todo el mundo hispano. Sirven para transmitir la historia, la cultura y los valores de una generación a la siguiente. Aunque la leyenda se basa en un evento histórico, se hace propiedad de la persona que la cuenta. Por eso, existen muchas versiones de la misma leyenda, y puede transformarse a través de los años. A continuación tienes una leyenda paraguaya que se originó durante la colonia española. Representa una mezcla (*blending*) de la cultura indígena y la española. Explica el origen del encaje (*lace*) especial que se llama *ñandutí*, una palabra guaraní. Esta versión la cuenta Aitor Bikandi-Mejías, un joven español.

La tela de la araña es a la vez artística y funcional.

1. Una leyenda tiene base histórica.
2. Las leyendas no tienen valor cultural.
3. La leyenda de "El ñandutí" se originó durante la época de los incas en Bolivia.

**8-36 Anticipa.** Ahora, escribe tres preguntas que quieres contestar con relación a esta leyenda.

**MODELO:** *¿Quiénes son los personajes?*

**A leer**

**8-37 La leyenda.** Lee ahora la siguiente leyenda hispana. A ver si puedes contestar las preguntas que escribiste en la actividad **8-36**.

## El ñandutí

Antes de salir para América —en la época de la colonia— Manuela, la esposa de un joven oficial del ejército (*army*) español destinado al Paraguay, fue a decir adiós a su madre. El encuentro fue muy doloroso (*painful*), pues no sabían cuándo iban a volver a verse. Entre las muchas cosas que la madre le dio en aquella ocasión para su nueva casa, había una de especial belleza: una mantilla de un encaje (*lace*) exquisito.

—Cuídala (*Take care of it*), porque es mi regalo a ti —le dijo su madre abrazándola—. Si así lo haces, vas a tener abundantes años de felicidad y prosperidad.

Manuela prometió cuidar la mantilla, besó a su madre y se despidió de ella, tal vez para siempre. Ella y su esposo salieron de España al día siguiente.

Una vez en América, la joven pareja se estableció en el pueblecito de Itauguá. Vivían en una casa grande en el centro del pueblo. Poco después, empezó a vivir con ellos una muchacha guaraní, Ibotí. Ibotí ayudaba a Manuela con las tareas de la casa. Pronto nació entre ellas una amistad sincera y un cariño profundo. Se sentaban las dos en el patio por la tarde y Manuela le confesaba a Ibotí sus recuerdos de su casa en España. ¡Qué gran consuelo (*consolation*) era para ella poder hablarle a Ibotí!

En cierta ocasión, el esposo de Manuela tuvo que irse de la casa, con motivo de una expedición militar. La casa ahora parecía más grande y vacía (sin gente). Como no tenía mucho que hacer, un día Manuela decidió revisar (inspeccionar) todo lo que trajo de España. Ibotí participaba en esta labor. Muchas cosas hermosas aparecieron: tejidos (*weavings*), vestidos, manteles, joyas. Entre tantos objetos bellos, el recuerdo más íntimo era la mantilla de su mamá.

Sin embargo, por el tiempo, la mantilla estaba amarilla y un poco gastada (*worn*). Manuela le pidió a Ibotí que la lavara con agua y jabón. La muchacha la lavó cuidadosamente; sin embargo, al sacarla del agua, vio que la mantilla estaba completamente deshecha (*unravelled*). Cuando Manuela supo lo ocurrido, sintió que una parte de su memoria se había perdido (*had been lost*), y lloró con angustia. Esa noche soñó que su mamá estaba muerta.

Pasaron muchos días en que tampoco recibió noticias de su esposo. Ibotí trataba de animar (*to comfort*) a su señora. Era imposible.

Una noche, Ibotí soñó con el encaje de la mantilla. Se despertó agitada. —¡Voy a tejer (*to knit; to weave*) una mantilla igual que la de la señora!—, se dijo.

Empezando esa misma noche, Ibotí se dedicó a tejer una nueva mantilla. Pero cada mañana, estaba desilusionada. Nada de lo que hacía era como la mantilla original. Y Manuela estaba más y más triste, más y más enferma.

Una noche de hermosa luna, Ibotí salió al patio a dar un paseo. Ya no sabía qué hacer. De pronto, por la luz de la luna vio la tela que una arañita (*small spider*) hacía. El corazón de la buena Ibotí palpitó violentamente. ¡Las líneas que aquella araña dibujaba eran como las de la mantilla de Manuela! Durante las siguientes semanas, todas las tardes Ibotí salía al patio y observaba la tela de la araña (*spider's web*). Tan pronto como llegaba la noche, corría a su habitación y se ponía a tejer la mantilla. Tejía y tejía, y no se cansaba. Por fin, una mañana muy temprano, el trabajo estuvo completo.

Aquella mañana, cuando se despertó Manuela, vio ante sus ojos una mantilla prácticamente idéntica a la que se había perdido. Creía estar soñando.

—¡Ibotí! ¿qué es esto? —preguntó asombrada—. ¿De dónde salió esta mantilla?

—Es "ñandutí", tela de araña. La tejí yo misma —contestó Ibotí sonriendo.

Manuela recuperó gran parte de su alegría. Se sentía casi feliz. Y aquella misma tarde su felicidad fue completa, pues tuvo noticias de que su querido esposo estaba bien y pronto vendría a casa.

Ibotí, por su parte, encontró su camino. Siguió tejiendo y fabricó otras muchas mantillas maravillosas. También les enseñó a hacerlas a las jóvenes guaraníes del lugar. Desde entonces, el pueblo de Itauguá es conocido por sus bellos tejidos de ñandutí o "tela de araña".

**Después de leer**

**8-38 ¿Comprendiste?** Pon las oraciones en orden según la cronología de la leyenda.

_____ Manuela e Ibotí decidieron revisar los objetos que Manuela trajo de España.

_____ Manuela quedó asombrada cuando vio la nueva mantilla.

_____ Se hizo amiga de Ibotí, una joven guaraní que vivía en su casa.

_____ Una joven señorita vivía en España durante la época de la colonia.

_____ Ibotí se dedicó a tejerle a Manuela una mantilla nueva.

_____ Se casó con un joven militar, quien la iba a llevar al Paraguay.

_____ Ese mismo día Manuela recibió noticias de que su esposo estaba bien y que venía a casa.

_____ Ibotí la lavó cuidadosamente pero se deshizo.

_____ Las mujeres del pueblo todavía tejen el bello encaje que se llama ñandutí.

_____ Antes de salir de España, su madre le dio una bella mantilla de encaje.

_____ Por fin, Ibotí vio una tela de araña y la usó como modelo para la mantilla.

_____ Al ver la mantilla deshecha, Manuela se puso muy triste.

_____ Le dijo: —Si cuidas la mantilla, vas a tener muchos años de felicidad.

**8-39 Valores.** Las leyendas transmiten los valores de una sociedad. ¿Cuáles de estos figuran en esta leyenda? Expliquen por qué.

1. la amistad
2. el amor
3. la diligencia
4. la fidelidad

# Observaciones

## ¡Pura vida! Episodio 8

Episode 8

8-48 to 8-51

En este episodio Silvia y Marcela van de compras.

### Antes de ver el video

**8-40 El regateo (*bargaining*) en los mercados.** Lee la explicación de cómo es el regateo en Latinoamérica y contesta las siguientes preguntas.

En Costa Rica existe la costumbre de regatear el precio de los productos que se venden en los mercados centrales: hamacas (*hammocks*), zapatos de cuero, platos de cerámica, sombreros, joyas, ropa y hasta verduras y comida. El regateo es especialmente intenso en las tiendas de artesanías (*crafts*), en las que se venden pequeñas carretas pintadas de colores vivos y otros objetos de madera (*wood*). Es importante no mostrar mucho interés en el producto que deseas comprar y ofrecer un precio bajo para negociar con el vendedor el precio del producto. El precio final depende de la habilidad de cada cliente.

1. ¿Qué se regatea en Costa Rica?
2. ¿Qué productos se regatean?
3. ¿Qué es importante hacer cuando se regatea?

**En Costa Rica se pintan las carretas (*oxcarts*) de colores vivos.**

### A ver el video

**8-41 Las compras.** Mira el octavo episodio de *¡Pura vida!* para identificar qué compran Silvia y Marcela y para quién lo compran, según el video.

| El artículo | ¿Lo compra? | | ¿Para quién? |
|---|---|---|---|
| un arco y una flecha | sí | no | |
| unos aretes | sí | no | |
| una pieza de madera | sí | no | |
| sandalias de cuero | sí | no | |
| una blusa | sí | no | |

La vendedora      De compras      Marcela y Silvia

### Después de ver el video

**8-42 Los mercados.** Conéctate con **MySpanishLab** para ver imágenes de mercados en el Ecuador y Costa Rica. Escribe un párrafo de por lo menos siete líneas en que describas los artículos que veas.

# Vocabulario

| La ropa | Clothes |
|---|---|
| el abrigo | coat; overcoat |
| la billetera | wallet |
| la blusa | blouse |
| la bolsa | bag; handbag |
| las botas | boots |
| la bufanda | scarf |
| el calcetín | sock |
| la camisa | shirt |
| la camiseta | T-shirt |
| la chaqueta | jacket |
| el cinturón | belt |
| la corbata | tie |
| la falda | skirt |
| la gorra | visored cap |
| el gorro | toque |
| los pantalones | pants; trousers |
| los pantalones cortos | shorts |
| el saco | suit jacket |
| las sandalias | sandals |
| el sombrero | hat |
| el suéter | sweater |
| el traje | suit |
| los vaqueros | jeans |

| el vestido | dress |
|---|---|
| los zapatos | shoes |
| los zapatos deportivos | running shoes |

| Lugares donde vamos a comprar | Places where we go to shop |
|---|---|
| el almacén | department store |
| el centro comercial | shopping centre |
| la tienda | store |

| En una tienda | In a store |
|---|---|
| la caja | cash register |
| la calidad | quality |
| el precio | price |
| el probador | fitting room |
| la rebaja | sale |
| el regalo | present; gift |

| Telas | Fabrics |
|---|---|
| el algodón | cotton |
| el cuero | leather |
| la lana | wool |
| el nilón | nylon |

| Descripciones | Descriptions |
|---|---|
| de manga corta/ larga/ sin manga | short-/long-sleeved/ sleeveless |
| la talla (grande/ mediana/ pequeña) | size (large/medium/small) |

| Verbos | Verbs |
|---|---|
| estar de moda | to be in style |
| ir de compras | to go shopping |
| llevar | to wear |
| pagar en efectivo/ con tarjeta de crédito/ tarjeta de débito | to pay cash/ with a credit card/ a debit card |
| probarse (ue) | to try on |
| quedarle (a alguien) | to fit; suit (someone) |
| regatear | to bargain; haggle |

| En la joyería | In the jewellery store |
|---|---|
| el anillo (de oro) | (gold) ring |
| los aretes (de diamantes) | (diamond) earrings |
| la cadena (de plata) | (silver) chain |
| el collar (de perlas) | (pearl) necklace |
| la pulsera | bracelet |
| el reloj de pulsera | wristwatch |

| En la farmacia | In the pharmacy |
|---|---|
| la botella de champú | bottle of shampoo |
| el cepillo de dientes | toothbrush |
| la colonia | cologne |
| el desodorante | deodorant |
| el jabón | soap |
| el maquillaje | makeup |

| la pasta de dientes | toothpaste |
|---|---|
| el perfume | perfume |
| el talco | talcum powder |

| Las tiendas | Stores |
|---|---|
| la farmacia | pharmacy |
| la joyería | jewellery store |
| la librería | bookstore |
| la zapatería | shoe store |

| Verbos | Verbs |
|---|---|
| arreglar | to fix |
| devolver (ue) | to return (something) |
| gastar | to spend |
| hacer juego (con) | to match; to go well with |
| valer | to be worth; to cost |

| Para comparar | For comparing |
|---|---|
| más/ menos (caro/ etc.) | more/less (expensive/etc.) |
| mayor | older |
| mejor | better |
| menor | younger |
| peor | worse |

# Lección 9
# Vamos de viaje

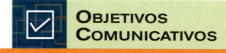

El Salto Ángel, en Venezuela, es la caída de agua más alta del mundo.

# Los países caribeños de Suramérica: Venezuela y Colombia

Fernando Botero, pintor y escultor colombiano, es conocido por sus figuras voluptuosas. Esta pintura se llama *La familia presidencial*.

## ¡Así lo decimos! Vocabulario

9-1 to
9-5

### En el aeropuerto

las maletas

el avión

el/la inspector/a
de aduanas

ADUANA

LLEGADAS/SALIDAS
ARRIVALS/DEPARTURES

AVIANCA

el/la asistente de vuelo

el/la piloto

## ¡Buen viaje!

| En la agencia de viajes y en casa | In the travel agency and at home |
|---|---|
| el folleto | brochure |
| la guía (turística) | guidebook |
| hacer la(s) maleta(s) | to pack |
| el hospedaje | lodging |
| incluido/a | included |
| el pasaje (de ida y vuelta) | (round-trip) fare; ticket |
| la reserva | reservation |
| viajar | to travel |
| el viaje | trip; journey |
| el vuelo | flight |

| En el aeropuerto | In the airport |
|---|---|
| el equipaje (de mano) | (hand/carry-on) luggage |
| facturar | to check in |
| hacer cola | to stand in line |
| la puerta de salida | boarding gate |
| la sala de espera | waiting room |

| En el avión | On the plane |
|---|---|
| abrocharse (el cinturón de seguridad) | to fasten (one's seatbelt) |
| el asiento (de ventanilla/ de pasillo) | (window/aisle) seat |
| la clase turista | coach class |
| subir al avión | to board the plane |
| la tarjeta de embarque | boarding pass |
| volar (ue) | to fly |

9-6 to 9-7

## En la agencia de viajes

Mauricio y Susana son dos estudiantes venezolanos. Tienen una semana de vacaciones y van a una agencia de viajes para conseguir información sobre la Isla de Margarita. Están mirando algunos folletos.

En la agencia de viajes

| | |
|---|---|
| **Mauricio:** | ¿Te interesa regresar al hotel donde estuvimos el año pasado? Era muy bueno. |
| **Susana:** | Sí, y se podía hacer muchas excursiones, pero había muchos turistas y no estaba muy cerca de la playa. |
| **Mauricio:** | Tienes razón. |
| **La agente:** | (Les da un folleto.) Bueno, si quieren algo diferente, ofrecemos un viaje de una semana a Colombia. |
| **Susana:** | Qué está incluido en el viaje? |
| **La agente:** | Pasaje de ida y vuelta, hospedaje, comidas y excursiones por tres días y dos noches en la isla de San Andrés, que tiene una playa fabulosa, y cinco días y cuatro noches en la ciudad colonial de Cartagena de Indias. ¡Todo esto por sólo 912.000 bolívares por persona! |
| **Susana:** | Bueno, ¿qué te parece si vamos a Colombia? |
| **Mauricio:** | ¡Fenomenal! |

## En el aeropuerto

Un mes más tarde Mauricio y Susana salen para Colombia en su viaje de vacaciones. Están en la sala de espera de AVIANCA, en el aeropuerto internacional de Caracas.

| | |
|---|---|
| **Agente:** | Buenas tardes, señores pasajeros. AVIANCA anuncia la salida del vuelo 79 con destino a San Andrés. Favor de pasar por la puerta de salida número 8. ¡Buen viaje! |

## Aplicación

**9-1 ¿Qué pasa?** Indica si cada una de las siguientes oraciones es **cierta** o **falsa**, según el vocabulario y la lectura de **¡Así lo decimos!**. Luego, corrige la información falsa.

1. Susana y Mauricio trabajan en una agencia de viajes.
2. Miran los folletos sobre Cartagena de Indias.
3. El hotel donde estuvieron el año pasado no estaba en la playa.
4. La agencia ofrece un viaje a Colombia.
5. El viaje a Colombia les va a costar menos de un millón de bolívares.
6. Su vuelo sale de la puerta número 8.

**9-2 ¿Lógico o ilógico?** Indica si cada una de las siguientes oraciones es **lógica** o **ilógica** y corrige las ilógicas.

1. Busco folletos en la agencia de viajes si pienso ir de vacaciones.
2. Tengo que facturar mi equipaje de mano.

3. Pasamos por la puerta de salida para subir al avión.

4. Al entrar a otro país es necesario pasar por la aduana.

5. Si me gusta el hotel, voy a hacer una reserva.

6. El agente de viajes abre nuestras maletas.

7. Es necesario abrocharse los cinturones en la sala de espera.

8. El piloto nos pide las tarjetas de embarque.

**9-3 ¿Qué dijo?** Escoge la opción apropiada para responder lógicamente a las siguientes oraciones o preguntas.

**MODELO:**   Buenos días. ¿En qué puedo servirle?
➤ *Gracias. Busco información sobre los vuelos a Cartagena de Indias.*

1. ¿Tienen información sobre excursiones de una semana?

   a.   Es necesario hacer una reserva.
   b.   Sí, aquí tiene algunos folletos.
   c.   Hay vuelos todos los días.

2. ¿Todo está incluido en este paquete?

   a.   No, sólo el vuelo y el hospedaje.
   b.   No, el desayuno está incluido.
   c.   No, hay excursiones todos los días.

3. ¿Uds. quieren hacer una reserva?

   a.   Es necesario mostrar su tarjeta de embarque.
   b.   No hay vuelos los sábados.
   c.   Sí, nos parece interesante el paquete.

4. ¿Cuál es nuestra puerta de salida?

   a.   Está en la sala de espera.
   b.   El vuelo toma dos horas y media.
   c.   Es la número 23.

5. Hay muchas personas esperando para facturar.

   a.   Vamos a tener que hacer cola.
   b.   Vamos a tener que pasar por la aduana.
   c.   Vamos a tener que subir al avión.

**9-4 ¿Adónde vas este verano?** Conversa con tu compañero/a sobre sus planes para el verano, usando las siguientes preguntas como guía.

1. ¿Qué ciudad/ país vas a visitar?
2. ¿Por cuánto tiempo vas?
3. ¿Cuánto va a costar el pasaje?
4. ¿Dónde te vas a hospedar (*to stay in a hotel, etc.*)

5. ¿Qué ropa vas a llevar?
6. ¿Piensas hacer algunas excursiones?
7. ¿Vas a viajar solo/a o con amigos?

# Comparaciones

## El turismo canadiense en los países hispanos

**En tu experiencia.** ¿Sabes cuáles son los lugares canadienses más populares entre los visitantes hispanos al Canadá? ¿Cuántos turistas vienen al Canadá de los países hispanohablantes? En tu opinión, ¿cuáles son las ciudades, los parques y otros lugares en el Canadá que los hispanos visitan más? En el siguiente artículo, ¿adónde van los canadienses de vacaciones?

Millones de turistas, entre ellos muchos canadienses, visitan países hispanos todos los años. Ciertos países son más populares que otros. Aquí tienes una pequeña descripción de los cuatro países más visitados por los canadienses.

**México:** Casi un millón de canadienses visitan México todos los años. Las ciudades preferidas son Acapulco, Cancún, Puerto Vallarta y Ciudad de México. Como México tiene un clima cálido (*warm*) durante todo el año, es un sitio ideal para escaparse del invierno. La combinación de belleza natural, una rica historia y centros turísticos acogedores (*welcoming*) hace que México sea el destino principal de los vacacionistas canadienses.

**Cuba:** Cuba está en segundo lugar, con más de medio millón de visitantes del Canadá cada año. Esta isla tropical, con sus playas de arena fina, la generosidad de su gente y la riqueza de su música y cultura, atrae a algunos turistas a regresar año tras año.

**La República Dominicana:** Muchos canadienses también visitan esta isla en el Mar Caribe. Además de sus hermosos balnearios (*beach resorts*), se puede apreciar ciudades coloniales como Santo Domingo, considerada la capital más antigua del Nuevo Mundo.

**España:** Por la distancia, son menos los canadienses que llegan a España, pero los que sí van se llevan muy buenos recuerdos de este maravilloso país por su variedad y su riqueza de atracciones culturales. Miles de estudiantes de muchos países también participan en programas de verano ofrecidos por universidades españolas.

**¡A conversar!** Pongan en orden de preferencia estos aspectos de sus vacaciones y comparen sus gustos. Luego, decidan qué país hispano prefieren visitar y por qué.

___ hacer deportes

___ hacer excursiones

___ visitar museos

___ estar cerca del agua

___ tomar el sol

___ ir al teatro

___ comer en restaurantes típicos

___ estudiar en un programa especial

___ visitar los barrios (*neighbourhoods*) viejos

___ ¿ . . . ?

**RUTAS TURÍSTICAS DE CASTILLA-LA MANCHA**

¿En qué país está esta ruta turística?

La playa de Guardalavaca, en Cuba

# ¡Así lo hacemos! Estructuras

9-8 to
9-14

## 1. The imperfect of regular and irregular verbs

CAMINÁBAMOS, SUBÍAMOS CERROS
Y NOS SENTÍAMOS LOS DUEÑOS DEL MUNDO.
**JEEP.**

### El imperfecto de los verbos regulares

You have already studied the preterit tense in **Lecciones 6, 7,** and **8.** Here you will be introduced to the imperfect, the other simple past tense in Spanish.

■ The imperfect of regular verbs is formed as follows:

|  | hablar | comer | escribir |
|---|---|---|---|
| yo | habl**aba** | com**ía** | escrib**ía** |
| tú | habl**abas** | com**ías** | escrib**ías** |
| Ud. } él/ella | habl**aba** | com**ía** | escrib**ía** |
| nosotros/as | habl**ábamos** | com**íamos** | escrib**íamos** |
| vosotros/as | habl**abais** | com**íais** | escrib**íais** |
| Uds. } ellos/as | habl**aban** | com**ían** | escrib**ían** |

■ With **-ar** verbs, only the first person plural form has a written accent. All **-er** and **-ir** verbs have the same imperfect endings, and all forms have a written accent.

■ The Spanish imperfect has three common English equivalents: the simple past, the past progressive, and the *used to* + infinitive construction.

Rosario **trabajaba** en la agencia. } *Rosario **worked** at the agency.*
*Rosario **was working** at the agency.*
*Rosario **used to work** at the agency.*

■ Use the imperfect to describe **repeated**, **habitual**, or **continuous** actions in the past with no reference to the beginning or ending.

Cuando yo **viajaba** a Colombia, **volaba** en Avianca.
*When I **travelled** to Colombia, **I used to fly** Avianca.*

Susana y Mauricio **consultaban** la guía todos los días.
*Susana and Mauricio **consulted** the guide book every day.*

Mauricio **pensaba** todo el tiempo en el viaje.
*Mauricio **was thinking (thought)** about the trip all the time.*

■ Use the imperfect to describe an **event or action in progress** when another event or action took place (in the preterit) or was occurring (in the imperfect).

**Estaban** en la sala de espera cuando llegaron los asistentes de vuelo.
*They were in the waiting room when the flight attendants arrived.*

Mientras Rosario **hablaba** con Susana, Mauricio **miraba** el folleto.
*While Rosario was talking with Susana, Mauricio was looking at the brochure.*

■ The imperfect is used to describe **characteristics** or **states of being** (health, emotions, etc.) in the past when no particular beginning or ending is implied in the statement.

Mi abuela **era** muy activa. **Tenía** mucha energía.
*My grandmother was very active. She had a lot of energy.*

Mis padres **estaban** muy contentos en la Isla de Margarita.
*My parents were very happy on Isla Margarita.*

## Verbos irregulares en el imperfecto

There are only three verbs that are irregular in the imperfect.

Cuando yo era joven, veía a mis abuelos todas las semanas. Vivían cerca y yo iba en bicicleta a visitarlos.

■ Only the first person plural forms of **ir** and **ser** have written accent marks; all forms of **ver** require a written accent.

|  | ir | ser | ver |
|---|---|---|---|
| yo | iba | era | veía |
| tú | ibas | eras | veías |
| Ud. él/ella | iba | era | veía |
| nosotros/as | íbamos | éramos | veíamos |
| vosotros/as | ibais | erais | veíais |
| Uds. ellos/as | iban | eran | veían |

## Aplicación

**9-5 ¿Qué hacíamos en el aeropuerto?** Junta las dos columnas para completar las siguientes oraciones.

1. Manuel estaba en la sala de espera . . .
2. Yo quería facturar dos maletas . . .
3. Nosotros tomábamos café . . .
4. Los asistentes de vuelo subían al avión . . .
5. ¿Qué comprabas tú . . .
6. ¿Adónde iban ustedes . . .

a. pero el dependiente me dijo que sólo podía llevar una.
b. cuando la inspectora los llamó?
c. cuando se anunció su vuelo.
d. cuando estabas en la tienda?
e. pero nosotros teníamos que esperar un poco más.
f. y comíamos unos sándwiches.

**9-6 Cuando éramos niños.** Repite las siguientes oraciones, sustituyendo los sujetos indicados.

**MODELO:** *Yo iba* de vacaciones a las montañas. (Juan)
➔ *Juan iba de vacaciones a las montañas.*

1. *Juan iba* de vacaciones a la playa. (nosotros, tú, Uds., los Sánchez, yo)
2. *Yo no veía* mucho a los primos. (ellos, Ud., nosotros, tú, Marta)
3. *Tú siempre pedías* un asiento de ventanilla. (yo, los niños, Carmen, nosotros, él)
4. *Pensábamos* en el fin de semana. (yo, tú, ellos, Uds., Marcos)
5. Cuando *yo era* joven, *tenía* muchos juguetes. (tú, nosotros, Ud., Carmen y Luisa, Juan)

**9-7 En el Museo del Oro.** Usa el imperfecto de los verbos entre paréntesis para completar este párrafo sobre una visita al Museo del Oro en Bogotá.

**MODELO:** Nosotros (visitar) _visitábamos_ a nuestros abuelos en Bogotá todos los años.

Cuando Alicia y José (1. vivir)_____ en Bogotá, (2. ir) _____ frecuentemente al Museo del Oro. Para llegar al museo ellos (3. pasar) _____ por el parque, especialmente cuando (4. hacer) _____ buen tiempo. A José siempre le (5. gustar) _____ tomar un refresco en un café al lado del museo si ellos (6. tener) _____ tiempo. En el museo, José se (7. sentar) _____ en los bancos y (8. leer) _____ toda la información sobre las piezas, y Alicia (9. ver) _____ sus objetos favoritos. Después de la visita, ellos (10. volver) _____ a casa en autobús.

**9-8 Cuando iba de viaje.** Mira los dibujos y describe lo que hacía Carlos cuando iba de viaje.

**MODELO:** Cuando Carlos iba de viaje, siempre _consultaba_ con el agente de viajes.

1. Después, (comprar) su pasaje.

3. Siempre (leer) algunos folletos.

5. Frecuentemente, (tener) que hacer cola para facturar.

7. Después, (subir) al avión.

2. Luego, (hacer) las maletas.

4. Entonces, (tomar) un taxi al aeropuerto.

6. Por lo general, (facturar) dos maletas.

8. A menudo, (dormir) durante el vuelo.

**9-9 En la escuela secundaria.** Contesten estas preguntas para comparar su rutina diaria cuando iban a la escuela secundaria.

**MODELO:** E1: ¿A qué hora te levantabas por la mañana?
E2: *Yo me levantaba a las siete. ¿Y tú?*
E1: *Yo también me levantaba a las siete.*

1. ¿Te duchabas por la mañana?
2. ¿A qué hora salías de casa para ir a la escuela?
3. ¿Cómo ibas a la escuela? ¿Caminando, en bicicleta, en coche, en autobús o en el metro?
4. ¿Qué hacías cuando llegabas a la escuela?
5. ¿Cuántas clases tenías por la mañana? ¿Qué clase preferías?
6. ¿Dónde almorzabas? ¿Con quiénes? ¿Te gustaba la comida de la cafetería?
7. ¿Practicabas algún deporte? ¿Estabas en algún club estudiantil?
8. ¿Qué hacías después de tus clases?

**9-10 ¿Qué hacían a las nueve?** Conversen sobre lo que hacían a las horas indicadas.

**MODELO:** ayer al mediodía
E1: *¿Qué hacías ayer al mediodía?*
E2: *Ayer al mediodía yo almorzaba.*

1. ayer al mediodía
2. ayer a las cinco de la tarde
3. anoche a las ocho
4. anoche a las doce
5. esta mañana a las ocho
6. hace media hora (*half an hour ago*)

## 2. *Por* or *para*

9-15 to
9-20

Although the prepositions **por** and **para** may sometimes both be translated as *for* in English, they are not interchangeable. Each word has a distinctly different use in Spanish.

**Por**

■ expresses the time during which an action takes place, or its duration (*during, for*).

| | |
|---|---|
| Vamos al aeropuerto **por** la tarde. | *We are going to the airport **during** the afternoon.* |
| Pienso estudiar en Caracas **por** un semestre. | *I am planning to study in Caracas **for** a semester.* |

■ expresses *because of, in exchange for, on behalf of*.

| | |
|---|---|
| Tuve que cancelar el vuelo **por** una emergencia. | *I had to cancel the flight **because of** an emergency.* |
| ¿Cuánto pagaste **por** esa guía? | *How much did you pay **for** that guidebook?* |
| ¿Lo hiciste **por** mí? | *Did you do it **for** me?* |
| ¡Gracias **por** comprarme el pasaje! | *Thanks **for** buying the ticket for me!* |

■ expresses the object/goal of an action, person being sought after (*for*).

| | |
|---|---|
| Pasamos **por** usted a las dos. | *We'll come by **for** you at two.* |
| Los estudiantes fueron **por** su equipaje. | *The students went **for** their luggage.* |

■ expresses motion (*through, by, along, around*).

| | |
|---|---|
| Pasé **por** la agencia ayer. | *I went **by** the agency yesterday.* |
| Las chicas salieron **por** la puerta de salida. | *The girls went out **through** the boarding gate.* |

■ expresses means by or manner in which an action is accomplished (*by, for*).

| | |
|---|---|
| ¿Mandaron los pasajes **por** correo electrónico? | *Did they send the tickets **by** e-mail?* |
| Hicimos las reservaciones **por** teléfono. | *We made the reservations **by** telephone.* |

■ is used in many common idiomatic expressions.

| | | | |
|---|---|---|---|
| **por ahora** | *for now* | **por favor** | *please* |
| **por aquí** | *around here* | **por fin** | *finally* |
| **por Dios** | *for God's sake* | **por lo general** | *in general* |
| **por ejemplo** | *for example* | **por supuesto** | *of course* |
| **por eso** | *that's why* | **por último** | *finally* |

**Para**

■ expresses the purpose of an action (*in order to* + infinitive) or an object (*for*).

| | |
|---|---|
| Vamos a Colombia **para** conocer el país. | *We're going to Colombia **in order to** get to know the country.* |
| La cámara es **para** sacar fotos. | *The camera is **for** taking pictures.* |

■ expresses destination (a place or a recipient).

| | |
|---|---|
| Mañana salimos **para** Caracas. | *Tomorrow we're leaving **for** Caracas.* |
| Este pasaje es **para** ti. | *This ticket is **for** you.* |

■ expresses work objective.

| | |
|---|---|
| Raúl estudia **para** agente de viajes. | *Raúl is studying **to be** a travel agent.* |

■ expresses time limits or specific deadlines (*by, for*).

| | |
|---|---|
| Necesito el pasaporte **para** esta tarde. | *I need the passport **for** this afternoon.* |
| Pienso estar en Cartagena **para** las tres de la tarde. | *I plan to be in Cartagena **by** three in the afternoon.* |

■ expresses comparison with others (stated or implicit).

| | |
|---|---|
| **Para** diciembre, hace buen tiempo. | *For December, the weather is nice.* |
| **Para** ser tan nueva, la agente da buenas recomendaciones. | *For someone so new, the agent gives good recommendations.* |

## EXPANSIÓN

**Para usar *por* y *para***

The uses of **por** and **para** have apparent similarities, which sometimes cause confusion. In some cases it may be helpful to link their uses to the questions **¿para qué?** (*for what purpose?*) and **¿por qué?** (*for what reason?*).

| | |
|---|---|
| **¿Por qué** viniste? | ***Why*** *(For what reason) did you come?* |
| Vine **porque** necesitaba los boletos. | *I came **because** I needed the tickets.* |
| **¿Para qué** viniste? | ***For what purpose** did you come?* |
| Vine **para** pedirte un favor. | *I came (in order) **to** ask you a favour.* |

In many instances the use of either **por** or **para** will be grammatically correct, but the meaning will be different. Compare the following sentences.

| | |
|---|---|
| Mario viaja **para** Cartagena. | *Mario is traveling **to** (toward) Cartagena. (destination)* |
| Mario viaja **por** Cartagena. | *Mario is traveling **through** (in) Cartagena. (motion)* |

## Aplicación

**9-11 El viaje de Susana.** Lee el párrafo que describe el viaje de Susana a Venezuela y luego explica los usos de **por** y **para**.

Susana trabaja **para** la agencia de viajes Omega. El año pasado estuvo de vacaciones **por** una semana. Compró un pasaje de ida y vuelta **para** Caracas, la capital de Venezuela. Se quedó en la capital **por** dos días, y luego fue a la Isla de Margarita. Fue a la isla **para** descansar. Pasó mucho tiempo caminando **por** la playa y el mercado. En el mercado, compró una bolsa de cuero **para** su amiga Berta. Regateó y **por** fin consiguió la bolsa **por** un buen precio. Susana tuvo que regresar al trabajo **para** el cinco de abril. Berta le dio las gracias **por** su bonito regalo.

**9-12 Planes para un viaje a La Isla de Margarita.** Completa el párrafo con **por** o con **para**.

En enero Carmen y yo decidimos hacer un viaje a la Isla de Margarita. Queríamos ir (1.)\_\_\_\_\_ una semana en la primavera. El día que hicimos los planes, yo pasé (2.)\_\_\_\_\_ Carmen a las tres y luego nosotras salimos (3.)\_\_\_\_\_ la agencia de viajes. Carmen y yo caminamos (4.)\_\_\_\_\_ el parque, la plaza y, (5.)\_\_\_\_\_ fin, (6.)\_\_\_\_\_ la Calle Central. En la agencia le dijimos a la agente que íbamos a tener vacaciones y que (7.)\_\_\_\_\_ eso, queríamos hacer el viaje en abril. Con la agente hicimos los planes. Íbamos a viajar (8.)\_\_\_\_\_ Caracas en avión y luego ir a la Isla de Margarita en barco. Pensábamos hacer una excursión (9.)\_\_\_\_\_ el parque nacional. Esperábamos pasar una semana en la isla. ¿Cuánto pagamos (10.)\_\_\_\_\_ un viaje tan bonito? ¡Sólo $1.250!

¡(11.)\_\_\_\_\_ mí era muy barato! La agente nos dijo, "Estos boletos de avión son (12.)\_\_\_\_\_ ustedes. Pero tienen que pasar (13.)\_\_\_\_\_ la librería (14.)\_\_\_\_\_ comprar una guía de la isla". Y entonces, con todo listo, ¡sólo teníamos que esperar (15.)\_\_\_\_\_ tres meses!

**9-13 Un viaje a un lugar interesante.** Ustedes piensan visitar un lugar interesante este verano. Háganse preguntas para planear el viaje y después hagan un resumen de sus planes. Luego, intercambien sus planes con otro grupo.

1. ¿**Para** qué hacemos el viaje?
2. ¿Salimos **por** la mañana o **por** la tarde?
3. ¿Cuánto dinero vamos a necesitar **para** el viaje?
4. ¿**Por** cuánto tiempo vamos?
5. ¿Es necesario cambiar dólares **por** moneda extranjera (*foreign currency*) antes de salir?

**9-14 Un viaje a Cartagena de Indias.** Usen el sitio web: **http://www. cartagenacaribe.com/index.htm** (u otros sitios) para contestar las siguientes preguntas sobre un posible viaje a Cartagena de Indias, en Colombia.

1. ¿Cuál es la mejor estación **para** visitar Colombia? ¿**Por** qué?
2. ¿Hay vuelos **para** ir directamente a Colombia desde alguna ciudad canadiense o tienen que pasar **por** otro país **para** llegar?
3. ¿Qué opciones hay **para** hospedarse en Cartagena?
4. ¿Qué sitios de interés hay **para** los visitantes?
5. ¿Adónde se va **para** ir de compras?
6. Si están en un hotel en la zona La Matuna, ¿**por** dónde hay que pasar **para** llegar al mar?
7. ¿Cuántos pesos colombianos vas a recibir **por** un dólar canadiense?
8. ¿Se puede llegar a Cartagena **por** mar? ¿Qué formas de transporte se puede tomar **para** viajar **por** Colombia?

## ¡Así lo decimos! Vocabulario

9-21 to
9-23

**Las vacaciones**

| En el hotel | In the hotel |
|---|---|
| el cuarto/ la habitación (doble/ sencillo/a) | (double/single) room |
| la estadía | stay |
| el hotel (de lujo) | (luxury) hotel |
| el servicio de habitación | room service |
| la vista | view |

| Actividades típicas de los viajeros | Typical activities of travellers |
|---|---|
| bucear | to scuba dive |
| comprar recuerdos | to buy souvenirs |
| explorar | to explore |
| montar a caballo/ en bicicleta/ en el campo | to go horseback/bicycle riding/ in the country(side) |
| pescar | to fish |
| planear | to plan |
| quedarse | to stay (somewhere) |
| sacar fotos | to take pictures |

| Accesorios para viajar | Accessories for travelling |
|---|---|
| los binoculares | binoculars |
| la cámara (digital) | (digital) camera |
| la cámara de video | video camera |
| las gafas de sol | sunglasses |
| el mapa | map |
| el rollo de película | roll of film |

| Atracciones turísticas | Tourist attractions |
|---|---|
| el castillo | castle |
| la catedral | cathedral |
| el monumento | monument |
| el museo | museum |

9-24 to
9-25

## Un correo electrónico de Susana

**¡Saludos desde Cartagena, Colombia!**

enviar | enviar más tarde | guardar | añadir ficheros | firma | contactos | nombres de control

**A:** rmejias@yahoo.col.com
**De:** schavez@yahoo.col.com
**Asunto:** ¡Saludos desde Cartagena, Colombia!
**Fecha:** 25 de abril de 2008

tamaño | medio | B I U T

Hola, Raquel,

¡Saludos desde Cartagena, Colombia!

Llegamos aquí después de tres días en la Isla de San Andrés, donde lo pasamos maravillosamente bien. Nuestro hotel era grande y bonito y estaba a sólo dos minutos de la playa. Nos quedamos en un cuarto muy grande con una buena vista al mar. Nadábamos en el mar y también en la piscina del hotel. Todos los días salíamos para hacer esquí acuático y bucear en las aguas cristalinas del Caribe. El último día hicimos una excursión por toda la isla en bicicleta. El hotel tenía un buen restaurante y probamos algo nuevo cada día.

Ahora estamos en la ciudad antigua en un hotel colonial con un jardín lleno de flores tropicales. Ayer llovió y fuimos al museo para aprender un poco sobre la historia de la ciudad. Anoche cenamos en un restaurante en el centro, donde había música tradicional colombiana. Nos gustó mucho el ambiente y nos quedamos hasta tarde.

Te mando unas fotos digitales de Colombia.

Un abrazo de tu amiga,
Susana

## Aplicación

**9-15 ¿Qué pasa?** Indica si cada una de las siguientes oraciones es **cierta** o **falsa**, según el vocabulario y la lectura de **¡Así lo decimos!**. Luego, corrige la información falsa.

1. Susana está en la Isla de San Andrés.
2. El hotel donde se quedó en San Andrés era muy bueno.
3. Ella nadó en el mar Caribe.
4. Ella montó a caballo en la isla.
5. Hizo buen tiempo ayer.
6. Susana escuchó música colombiana en el restaurante.

**9-16 Fuera de serie.** Indica los términos que no van con los otros y explica por qué.

MODELO:  a. el mar    b. las flores    c. el bosque    d. las fotos
➜ *Las fotos, porque las otras palabras son cosas naturales.*

1. a. el lago
   b. la montaña
   c. la cámara
   d. el río

2. a. quedarse
   b. explorar
   c. montar
   d. pescar

3. a. el lago
   b. los binoculares
   c. la foto
   d. el rollo de película

4. a. el cuarto doble
   b. el servicio de habitación
   c. las gafas de sol
   d. la vista al mar

5. a. el museo
   b. el monumento
   c. el castillo
   d. el volcán

6. a. sacar fotos
   b. bucear
   c. montar en bicicleta
   d. planear

**9-17 ¿Qué te gusta hacer?** Háganse preguntas para comparar lo que prefieren hacer cuando están de vacaciones.

1. ¿Prefieres estar en el campo o en la ciudad?
2. ¿Te quedas en un hotel de lujo?
3. ¿Te gusta visitar museos?
4. Si estás en la playa, ¿te gusta bucear?
5. ¿Pasas mucho tiempo en el hotel o te gusta explorar?
6. ¿Compras recuerdos para tu familia y tus amigos?
7. ¿Sacas muchas fotos?
8. ¿Prefieres caminar o montar en bicicleta?

**Un Caribe muy privado**

La felicidad es una isla privada en el mar Caribe, cerca de la costa venezolana.

Imagínese un mundo aparte para usted en una zona residencial muy cerca de la isla de Margarita, una terraza o balcón exclusivo, amplios jardines, piscinas junto al mar, playas de arena blanca, canchas de tenis, parques infantiles y todas las habitaciones renovadas con vistas al mar.

Ideal para los deportes náuticos y cercano al campo de golf del Club Real, el Hotel Luz del Mar, un hotel de cinco estrellas, le ofrece una excelente gastronomía, el confort y servicio que usted merece. Elija su propia isla de lujo, una isla privada, exclusivamente para usted.

Para mayor información, acuda a su agente de viajes y pida nuestros Programas Especiales, o llámenos al **900 14 44 44.**

**Luz del Mar**
Isla Bella, Venezuela

## ¡Vamos a estudiar en el extranjero!

**En tu experiencia.** ¿Hay estudiantes de tu universidad que estudian en el extranjero? ¿A qué países van? Por lo general, ¿es una experiencia positiva para ellos? ¿Cuáles son las ventajas de estudiar en otro país? En este artículo, vas a leer sobre tres estudiantes que estudiaron en un país hispanohablante como parte de su programa de estudios hispánicos.

Cada año muchos estudiantes canadienses viajan a países hispanohablantes para pasar un semestre o un año académico estudiando en un ambiente universitario. Para ellos los programas en el extranjero representan una magnífica oportunidad de mejorar su español y conocer una parte del mundo hispano.

Estos tres estudiantes describen los aspectos de su experiencia en el extranjero que consideran los más valiosos.

**¡A conversar!** ¿Uds. piensan ir a estudiar al extranjero? ¿Adónde les interesa ir? ¿Por qué? ¿Qué aspectos de un programa de estudios en otro país consideran los más interesantes? ¿Creen que estudiar en el extranjero debería ser uno de los requisitos (*requirements*) de un programa de lenguas?

Jacob y Miranda

"Yo fui a La Rioja, España, para estudiar un año dentro de la cultura española. Aprendí la lengua, pero más que nada, me acostumbré a vivir en una cultura con miles de años de civilización e historia. La cosa más preciosa que me llevo de España es el entendimiento de que entre varias culturas, lenguas y puntos de vista, siempre hay una base común y rica. Estudiar lenguas es ponerte en contacto íntimamente con un mundo más grande y abierto." Jacob

"El año pasado yo estudié en la República Dominicana, en la Universidad PUCMM. Para mí, la experiencia más valiosa fue vivir con mi familia dominicana. Ellos me ayudaron mucho con mi español y me sumergieron en la cultura dominicana. Me llevaron a las casas de sus familiares, diciendo que yo era su hija, o hermana dominicana. También me hicieron conocer la comida y los bailes dominicanos. Sin mi familia dominicana no hubiese podido tener una experiencia tan 'jebi' (*"cool" en la R.D.*)." Miranda

Andrea

"Estoy en Heredia, Costa Rica, este año, estudiando en la Universidad Nacional de Costa Rica. Viajar por Costa Rica, conocer gente de todo el mundo, aprender una lengua que siempre me ha encantado, son todas experiencias valiosas. Sin embargo, lo más especial ha sido la oportunidad de vivir con una familia que consiste en padres, hijos y abuelos. He conocido la cultura desde un punto de vista que abarca varias generaciones y he aprendido que tener abuelos puede ser la mejor clase de historia." Andrea

# ¡Así lo hacemos! Estructuras

## 3. Preterit vs. imperfect

9-26 to
9-32

¿Te gustó la película?

Creía que te gustaban las películas de horror.

In Spanish, the use of the preterit or the imperfect reflects the way in which the speaker views the action or event being expressed. The uses of these two tenses are compared as follows:

**The preterit . . .**

1. narrates actions or events in the past that the speaker views as completed or finished.

   Susana y Mauricio **estuvieron** en la agencia por dos horas.
   *Susana and Mauricio **were** at the agency for two hours.*

2. expresses the beginning or end of a past event or action.

   El avión **llegó** a las tres y cinco.
   *The flight **arrived** at 3:05.*

   La excursión **terminó** a la una.
   *The tour **ended** at 1:00.*

3. narrates completed events that occurred in a series.

   Carlos **vio** la catedral, **tomó** su cámara y **sacó** la foto.
   *Carlos **saw** the cathedral, **got** his camera and **took** the photo.*

**The imperfect . . .**

1. describes what was happening in the past, usually in relation to another event or at a given time, with no reference to the beginning or end of an action.

   Mientras **caminaban** por el parque, **hablaban**.
   *While **they were walking** in the park, **they were talking**.*

2. expresses habitual actions or events in the past.

   Pedro **comía** en ese restaurante todos los sábados.
   *Pedro **used to eat** at that restaurant every Saturday.*

   Ina **tomaba** el sol todo el tiempo.
   *Ina **used to sunbathe** all the time.*

3. expresses time and dates in the past.

   **Eran** las cuatro de la tarde.
   *It **was** 4:00 p.m.*

4. expresses changes in mental, physical, and emotional conditions or states in the past.

> Paula **se puso** furiosa cuando vio el cuarto sucio.
> *Paula **became** furious when she saw the dirty room.*

> **Estuve** nerviosa durante el vuelo.
> *I **was** nervous during the flight (but now I'm not).*

4. expresses mental, physical, and emotional conditions or states in the past.

> Paula **estaba** contenta durante la excursión.
> *Paula **was** happy during the tour.*

> Nos **sentíamos** mal cuando no comíamos bien.
> *We **felt** ill when we didn't eat well.*

5. describes weather and scenes as events or within specific time parameters.

> Ayer fue un día horrible. **Llovió** e **hizo** mucho viento.
> *Yesterday was a horrible day. It **rained** and **was** very windy.*

5. sets the scene (weather, activities in progress, etc.) for other actions and events that take place.

> **Hacía** muy mal tiempo y **llovía**. Yo **leía** en mi cuarto y **esperaba** la llamada.
> *The weather **was** bad and **it was raining**. I **was reading** in my room and **waiting for** the call.*

The preterit and the imperfect are often used together. In the following examples, the imperfect describes what was happening or in progress when another action (in the preterit) interrupted and took place.

> **Conversábamos** con el asistente de vuelo cuando Cristina **subió** al avión.

> Las chicas **subían** la montaña cuando Jorge las **vio** con los binoculares.

> *We **were talking** with the flight attendant when Cristina **boarded** the plane.*

> *The girls **were climbing** the mountain when Jorge **saw** them with the binoculars.*

## ● STUDY TIPS

### Para distinguir entre el pretérito y el imperfecto

1. Analyze the context in which the verb will be used and ask yourself: does the verb describe the way things were or does it tell what happened? Use the imperfect to describe and the preterit to tell what happened.

> **Era** de noche cuando **llegaron** al aeropuerto.
> **Era**: describes → It was nighttime.
> **llegaron**: tells what happened → They arrived.

2. In many instances, both tenses produce a grammatical sentence. Your choice will depend on the message you are communicating.

| | |
|---|---|
| Así **fue**. | *That's how it **happened**.* |
| Así **era**. | *That's how it **used to be**.* |
| Ayer **fue** un día horrible. | *Yesterday **was** a horrible day (this is the point, it's not background information).* |
| **Era** un día horrible. | *It **was** a difficult day (this is background information for the actions that will be narrated).* |

3. Here are some temporal expressions that are frequently associated with the imperfect and the preterit. Note that the ones that require imperfect generally imply repetition or habit and those that take preterit refer to specific points in time.

| Imperfect | Preterit | Imperfect | Preterit |
|---|---|---|---|
| a menudo | anoche | todos los lunes/ martes/ | el mes pasado |
| con frecuencia | anteayer | etcétera | el lunes/ martes/ |
| de vez en cuando | ayer | todas las semanas | etcétera pasado |
| muchas veces | esta mañana | todos los días/ meses | una vez |
| frecuentemente | el fin de semana pasado | | |

## Aplicación

**9-18 ¿Pretérito o imperfecto?** Explica el uso del pretérito o del imperfecto, o de los dos, en las siguientes oraciones.

1. El verano pasado **fui** a Venezuela por una semana con una amiga.
2. Cuando **llegamos** a Caracas, **llovía** pero **hacía** calor.
3. **Tomamos** un taxi a nuestro hotel que **estaba** en el centro.
4. Nuestro cuarto **era** grande pero no **tenía** vista a la calle.
5. **Estábamos** cansadas y por eso **dormimos** una siesta antes de salir a almorzar.
6. **Queríamos** conocer la ciudad y **salimos** del hotel.
7. **Encontramos** un restaurante que **servía** comida típica venezolana.
8. Nos **sirvieron** pabellón criollo, un plato delicioso de arroz, carne y plátano frito, que nos **gustó** mucho.

**9-19 Un día en la playa.** Completa la descripción de lo que les pasó a Marta y a Cecilia en la playa con la forma correcta del pretérito o del imperfecto de cada verbo entre paréntesis.

Ayer Cecilia y yo (1. pasamos/ pasábamos) el día en la playa de la Isla de Margarita. El mar (2. estuvo/ estaba) verde claro y (3. estuvo/ estaba) muy tranquilo. La playa (4. estuvo/ estaba) llena de palmeras y (5. tuvo/ tenía) arena blanca. (6. Hubo/ Había) mucha gente de nuestra edad y nosotros (7. jugamos/ jugábamos) al voleibol toda la mañana. Por la tarde, nosotras (8. fuimos/ íbamos) a pasear en el bote de Carlos, un amigo de la universidad. Cecilia y yo (9. conocimos/ conocíamos) a un joven paraguayo que nos (10. invitó/ invitaba) a bailar salsa en un bar de la playa. Por la tarde (11. fuimos/ íbamos) a ver los partidos de tenis. Después nosotras (12. volvimos/ volvíamos) a la playa a tomar el sol y por la noche (13. cenamos/ cenábamos) en un restaurante al lado del mar. Ayer (14. fue/ era) un día maravilloso para nosotras y vamos a tratar de volver a la playa la semana próxima.

**9-20 En el mercado.** Imagínate que fuiste con unos amigos a un mercado de artesanías en Cartagena de Indias. Completa las oraciones para describir el mercado y lo que pasó, usando el **imperfecto** del verbo en la primera parte y el **pretérito** del segundo verbo.

**MODELO:** *Era* temprano cuando *llegamos*.

1. (Llover) _____ un poco y por lo tanto nosotros (entramos) _____ rápidamente.
2. Ana (querer) _____ comprar algo para su mamá y ella (ir) _____ a ver unas bolsas de cuero.
3. Carlos y Juan (regatear) _____ con un vendedor cuando Alicia (conseguir) _____ un precio mucho mejor en otro puesto.
4. Nosotros (caminar) _____ por el mercado cuando yo (ver) _____ unas cerámicas muy bonitas.
5. Las cerámicas le (gustar) _____ mucho a Ana y (decidir) _____ comprar unas para su mamá.
6. Todos nosotros (tener) _____ mucha hambre y (irnos) _____ a almorzar a un restaurante típico.

**9-21 En la playa.** Completa el párrafo con la forma correcta del verbo entre paréntesis en el pretérito o el imperfecto, según el contexto.

En la playa (1. haber) _____ mucha actividad: algunos niños (2. nadar) _____, una chica (3. tomar) _____ el sol y varios chicos (4. jugar) _____ al voleibol. De repente (*Suddenly*), el cielo se (5. poner) _____ muy gris. (6. Empezar) _____ a llover violentamente. Cuando (7. venir) _____ la lluvia, todos (8. correr) _____ para el hotel. La tormenta (9. pasar) _____ rápidamente y todo (10. volver) _____ a la normalidad.

**9-22 Mi primer viaje solo en avión.** Cambia los verbos de esta narración al pretérito o al imperfecto, según el contexto.

1. Bueno, *viajo* solo por primera vez cuando *tengo* doce años.
2. *Voy* de Montreal a Madrid.
3. Como *soy* menor de edad, un asistente de vuelo me *acompaña* al avión.
4. Nos *abrochamos* los cinturones y el avión *sale*.
5. *Tengo* un poco de miedo al principio porque *hay* mucha turbulencia y el avión se *mueve*.
6. Luego los asistentes de vuelo nos *traen* la cena y *ponen* una película.
7. Yo no la *miro* porque la *veo* en el cine el mes pasado.
8. No *estoy* muy cómodo porque el avión *es* pequeño pero al fin *puedo* dormir.
9. Al llegar a Madrid, una asistente de vuelo me *ayuda* en el control de inmigración y la aduana.
10. *Me siento* muy contento cuando *veo* a mi padre esperándome.
11. En fin, *es* una experiencia muy interesante.

**9-23 ¿Qué hiciste ayer?** Túrnense para hacer preguntas sobre lo que hicieron ayer, prestando atención al uso del pretérito o del imperfecto.

> **MODELO:** E1: *¿A qué hora te levantaste ayer?*
> E2: *Me levanté a las ocho y media. ¿Y tú?*
> E1: *Me levanté tarde, a las once.*

1. ¿A qué hora te levantaste ayer? ¿Cómo te sentías?
2. ¿Desayunaste? ¿Qué comiste?
3. ¿Qué tiempo hacía?
4. ¿Qué hiciste en la universidad?
5. ¿Qué hora era cuando regresaste a casa?
6. ¿Qué hiciste al regresar a casa?
7. ¿Qué hora era cuando cenaste?
8. ¿Alguien te llamó por teléfono? ¿Qué hacías cuando sonó el teléfono?
9. ¿Tuviste que hacer alguna tarea anoche? ¿Estabas cansado/a?
10. ¿A qué hora te acostaste?

**9-24 Un viaje inolvidable** (*unforgettable*). Descríbanse su último viaje, usando estas preguntas como guía.

> **MODELO:** *El verano pasado fui a España con mi amigo Pepe . . .*
> *Cuando llegamos, hacía un calor tremendo . . .*

1. ¿Adónde fuiste?
2. ¿Cómo? ¿En avión? ¿En coche? ¿ . . . ?
3. ¿Con quiénes fuiste?

4.  ¿Qué tiempo hacía cuando llegaste?

5.  ¿Cómo era el lugar?

6.  ¿Dónde te quedaste?

7.  ¿Qué recuerdos compraste?

8.  ¿Cómo estaban los precios?

9.  ¿Qué actividades hiciste y qué lugares visitaste?

10. ¿Cuándo volviste?

# 4. Adverbs ending in *-mente*

9-33 to 9-37

■ In Spanish many adverbs are formed by adding **-mente** to the **feminine singular** form of the adjectives that end in **-o** or **-a**. Adjectives that have only one form simply add **-mente**. Note that the ending **-mente** is equivalent to the English ending *-ly*. Also note that if the adjective requires an accent mark, the accent remains on the adverb.

| | | | | | |
|---|---|---|---|---|---|
| alegre | → | alegremente | fácil | → | fácilmente |
| lento | → | lentamente | rápido | → | rápidamente |

Lucrecia canceló el viaje
**inmediatamente**.
Esteban camina muy **lentamente**.

*Lucrecia cancelled the trip*
***immediately***.
*Esteban walks very **slowly**.*

■ Remember that you already know a number of adverbs that do **not** end in *-ly*: bien, mal, aquí, ahí, allí, muy, siempre, ahora, tarde, temprano, cerca, lejos, and so on.

Se quieren enormemente.

## Aplicación

**9-25 ¿Cómo lo hacías?** Escoge el adverbio apropiado para describir cómo hacías estas cosas cuando eras joven.

**MODELO:**  Cuando era joven, iba *frecuentemente* a visitar a mis tíos.

1.  Yo caminaba . . . a la escuela por la mañana.
    a.  lentamente
    b.  rápidamente
    c.  maravillosamente

2.  Yo . . . regresaba a la casa a la hora del almuerzo.
    a.  frecuentemente
    b.  usualmente
    c.  raramente

3.  Regresaba . . . de la escuela por la tarde.
    a.  tristemente
    b.  rápidamente
    c.  alegremente

4.  Después de la escuela, yo terminaba la tarea . . .
    a.  difícilmente.
    b.  fácilmente.
    c.  inmediatamente.

5. Yo jugaba con mis amigos . . .
   a. alegremente.
   b. nerviosamente.
   c. tranquilamente.

6. Por la noche, yo . . . miraba un poco de televisión.
   a. frecuentemente
   b. usualmente
   c. raramente

**9-26 ¿Cómo se hace?** Cambia los adjetivos a adverbios.

**MODELO:** lento
   ➤ *lentamente*

1. enorme
2. cómodo
3. regular
4. único
5. amable
6. tranquilo

7. difícil
8. alto
9. animado
10. frecuente
11. nervioso
12. fácil

**9-27 ¿Cómo lo haces?** Túrnense para hacerse preguntas. Contesten cada una con un adverbio terminado en **-mente,** basado en un adjetivo de la lista.

**MODELO:** E1: ¿Qué tal lees en español?
   E2: *Leo lentamente en español. ¿Y tú?*

| | | | | | |
|---|---|---|---|---|---|
| alegre | animado | difícil | fácil | profundo | tranquilo |
| amable | cuidadoso | elegante | lento | rápido | triste |

1. ¿Qué tal escribes en español?
2. ¿Qué tal duermes cuando hace frío?
3. ¿Cómo te vistes cuando sales con tus amigos?
4. ¿Cómo bailas el tango?
5. ¿Qué tal montas en bicicleta?
6. ¿ . . . ?

**9-28 Vacaciones caribeñas.** Busquen información sobre hoteles en la Isla de Margarita. Decidan en cuál de ellos prefieren hospedarse y expliquen por qué. Pueden usar los siguientes sitios web o buscar otros:

http://www.porlamar.com/spanish/
http://www.ilemargarita-venezuela.com/hoteles.esp/hoteles.htm

9-38

# ¡A escribir!

**9-29 Una entrada en tu diario de viajes.** En esta actividad vas a escribir una entrada en tu diario de viajes.

## Antes de escribir

■ **Ideas.** Piensa en un viaje o un evento que te gustaría recordar por escrito. Haz una lista de los datos importantes. Vas a escribir la entrada como si acabaras de experimentarla (*as if you had just experienced it*).

| | |
|---|---|
| ¿Cuándo fue? | ¿Qué pasó? |
| ¿Qué hiciste? | ¿Cómo te sientes ahora? |
| ¿Quiénes estuvieron? | ¿Qué hicieron los otros? |
| ¿Cómo te sentías después? | |

## A escribir

■ **Lugar.** Escribe la fecha y el lugar.

■ **Descripción.** Escribe dos o tres oraciones para dar información de fondo (*background*) y explicar el contexto.

■ **Acción.** Escribe qué pasó, quiénes participaron, etcétera.

■ **Resumen.** Escribe cómo te sientes ahora (un poco después del viaje o evento) y cómo vas a seguir el viaje o qué vas a hacer ahora.

## Después de escribir

■ **Revisar.** Revisa tu entrada para verificar los siguientes puntos.

❑ el uso del pretérito e imperfecto

❑ el uso de **por** y **para**

❑ el uso de los adverbios terminados en **-mente**

❑ la ortografía y la concordancia

■ **Intercambiar.** Intercambia tu diario con el de un/a compañero/a para examinar el contenido.

■ **Entregar.** Revisa tu entrada, incorporando las sugerencias de tu compañero/a. Después, entrega a tu profesor/a el trabajo y las sugerencias de tu compañero/a.

MODELO:   El Salto Ángel, 6 de abril de 2008
*Aquí estamos después de cuatro días de viaje en canoa por el río Orinoco. Es la temporada de lluvia y por eso llovió todo el día. Estoy completamente mojado/a (wet). Pero no importa porque hoy disfruté de (enjoyed) la vista más espectacular de mi vida, el Salto Ángel . . .*

## Panoramas

**9-47 to 9-48**

**Vistas culturales**

### Los países caribeños de Suramérica: Venezuela y Colombia

**9-30 ¿Qué sabes tú?** Identifica o explica las siguientes cosas.

1. las capitales de Colombia y Venezuela
2. un lago grande en Venezuela
3. un país importante por su petróleo
4. la profesión de Gabriel García Márquez
5. el país que tiene costa en el Mar Caribe y en el Océano Pacífico
6. un mineral brillante que se mina en Colombia

Cartagena de las Indias fue fundada en la costa del Caribe en 1533. En pocos años su excelente puerto era el más importante para España en el Nuevo Mundo y Cartagena se convirtió en una de las ciudades más ricas del imperio. Hoy día esta acogedora (*welcoming*) ciudad, situada en la costa del Caribe, es el centro turístico más importante de Colombia.

**Turismo en Cartagena de Indias**
http://www.cartagenacaribe.com/index.htm

Gabriel García Márquez (1928– ), de Colombia, es uno de los mejores escritores del siglo XX. En 1982 ganó el Premio Nóbel de Literatura por sus novelas y cuentos. *Cien años de soledad* (1969), la novela que inició su fama, es una de sus novelas más populares e importantes, y uno de los mejores ejemplos del realismo mágico latinoamericano.

http://sololiteratura.com/ggm/marquezprincipal.htm

El petróleo es un producto importante para la economía de Venezuela. Con el descubrimiento de una gran reserva de petróleo en el subsuelo del lago de Maracaibo, Venezuela llegó a tener el PIB (producto interior bruto) más alto de Hispanoamérica.

En Colombia, tanto como en el Brasil, hay vastos depósitos de oro y piedras preciosas, especialmente de esmeraldas. Estas riquezas se usaban en las joyas que llevaban los caciques (*chiefs*) de los indígenas. Los conquistadores españoles sacaron y se llevaron muchas de estas riquezas, pero todavía se puede ver algunos objetos preciosos en museos en Bogotá y en otras ciudades.

**El Museo del Oro, Bogotá**
http://www.banrep.gov.co/museo/home4.htm

Fernando Botero (1932– ) es un pintor y escultor latinoamericano muy prestigioso. Su estilo de formas redondas e infladas refleja su deseo de dar forma y presencia a la realidad, una realidad basada en temas medievales, renacentistas, coloniales y del siglo XX. Aunque nació en Colombia, hoy vive en Europa y en EE.UU, donde se puede ver muchas de sus obras.

**Museo Botero**
http://www.lablaa.org/museobotero.htm

La Isla de Margarita, de 920 km², es la mayor de las islas que bordean Venezuela y que forman lo que muchos llaman "un bello collar de perlas" en el Mar Caribe. Margarita, con su zona franca (*duty-free zone*), magníficos hoteles y restaurantes y espléndidas playas, es un paraíso tropical para el turista. En las playas de Margarita se practican varios deportes acuáticos como el *jet ski*, el *surf*, el buceo, la pesca y el *windsurf*.

**Tour de Venezuela**
http://www.venezuelatuya.com/tour/

**9-31 ¿Dónde?** Identifica dónde se puede encontrar lo siguiente.

1. industria petrolera
2. las esculturas de Botero
3. deportes de verano
4. museos
5. arquitectura colonial
6. clima templado
7. una isla buena para el turismo

**9-32 ¿Cierto o falso?** Indica si las siguientes oraciones son **ciertas** o **falsas**. Si son falsas, explica por qué.

1. Gabriel García Márquez se conoce más por su poesía.
2. Los conquistadores españoles se llevaron mucha riqueza de Colombia.
3. Cartagena es una ciudad colonial.
4. La Isla de Margarita atrae a muchos turistas por sus deportes invernales.
5. Fernando Botero es colombiano.
6. El petróleo es el producto más importante de Venezuela.
7. Venezuela y Colombia tienen muchas atracciones para los viajeros.
8. Las figuras que pinta y esculpe Fernando Botero son grandes y voluptuosas.

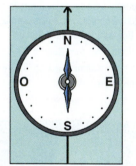

**9-33 El mapa.** Consulten el mapa de Suramérica y túrnense para indicar dónde se encuentran estas ciudades y lugares.

| al norte de . . . | al sur de . . . | al este de . . . | al oeste de . . . |
|---|---|---|---|
| en el centro | en el interior | en las montañas | en la costa del Caribe |
| en la costa del Pacífico | | en el Caribe | |

**MODELO:** Santa Fé de Bogotá
→ *Santa Fé de Bogotá es la capital de Colombia. Está en el interior del país, en las montañas.*

| | | |
|---|---|---|
| Cartagena | la Isla de Margarita | el Lago Maracaibo |
| Caracas | Medellín | el Río Orinoco |
| Cali | la Cordillera de los Andes | |

**9-34 Conexiones.** Consulta la biblioteca o el Internet para encontrar información sobre los siguientes temas.

1. el café colombiano
2. el ecoturismo en Colombia
3. los indios chibchas
4. Simón Bolívar
5. los contrastes geográficos en Colombia o Venezuela
6. la obra de Gabriel García Márquez

# Ritmos

Track 9

9-49

## "Tu ausencia" (Los Tupamaros, Colombia)

En esta canción del famoso grupo colombiano Los Tupamaros, un hombre lamenta la partida de su novia y pregunta por qué se fue.

### Antes de escuchar

**9-35 Música para bailar.** "Tu ausencia" es un ejemplo de **cumbia**, un estilo musical típico de Colombia y es el ritmo favorito del colombiano para bailar. ¿Conoces otros estilos musicales de Latinoamérica que tienen un buen ritmo para bailar? ¿del Canadá? Entrevista a varios/as compañeros/as para ver qué tipos de música les gusta bailar cuando van a una fiesta o a una discoteca.

### A escuchar

**9-36 Relaciones.** Lee las siguientes estrofas de "Tu ausencia" para familiarizarte con el tema de la canción, y luego empareja las palabras y expresiones de la lista de la columna de la derecha con un sinónimo o expresión de la canción de la columna izquierda.

**Tu ausencia**

No soporto ya tu ausencia
Me destroza el corazón
Son tan lindos tus recuerdos
Me hacen perder la razón
Pasan y pasan los días
Y no sé nada de ti
Lloro y lloro tu partida
Siento que voy a morir
[ . . . ]
Vuelve ya mi vida
Calma mi dolor
Me duele tu ausencia
Me duele tu amor

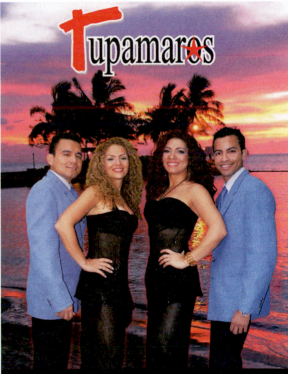

www.tupamaros.com.co     contacto: 6231523

| | |
|---|---|
| 1. recuerdos | a. destruir |
| 2. ausencia | b. no vivir |
| 3. me duele | c. amor |
| 4. destrozar | d. memorias |
| 5. adoración | e. me siento triste |
| 6. morir | f. no está |

### Después de escuchar

**9-37 Por qué y para qué.** Completa esta descripción del tema de la canción con **por** o con **para** según el caso.

1. El novio quiere saber ___ qué se fue su novia.
2. ____ él es triste la ausencia de su novia.
3. Él canta ___ decirle a su novia que está triste.
4. Su novia se fue y, ____ eso, él está triste.
5. ¡___ Dios, se fue la novia!
6. Ella era todo ___ él.

# Páginas

9-50

### Antes de leer

**9-38 Un folleto turístico.** De estas actividades, ¿cuáles normalmente encuentras en un folleto turístico? ¿Cuáles te interesan más a ti?

| Normal (N) | | Me interesa (I) | |
|---|---|---|---|
| _____ actividades deportivas | | _____ comida | |
| _____ fiestas y ferias | | _____ excursiones | |
| _____ compras | | _____ economía | |

### A leer

**9-39 Los folletos.** Los folletos dan información para que puedas decidir si quieres saber más acerca de algún lugar. Las imágenes son para estimularte la imaginación. Pueden ser exóticas, hermosas o simplemente diferentes. Ve las imágenes en el folleto y trata de identificar de qué se trata sin leer el texto.

**¡Fiestas Colombianas!**

**Carnaval** (febrero)

Las fiestas de carnaval fueron iniciadas por los españoles y portugueses durante la época de la Colonia, como fiestas de esclavos. El festival más vistoso y colorido es sin duda el de Barranquilla. La palabra "carnaval" proviene de la práctica de poder comer carne antes de empezar la época de Cuaresma (*Lent*), porque en esta época los católicos se abstenían de comerla.

**Corpus Cristi** (mayo–junio)

En ciertas regiones se observa una síntesis de tradiciones indígenas y cristianas.

**¡Visite Colombia en cualquier época del año para pasarlo bien!**

**Semana Santa** (marzo–abril)

Las celebraciones de Semana Santa más famosas de Colombia tienen lugar en Popayán y Mompox, donde los colonizadores españoles construyeron muchas iglesias y capillas, todas importantes en los eventos de Semana Santa. Popayán fue fundada en 1536, y la celebración de Semana Santa es tan tradicional como la de Sevilla, España.

**Día de la Independencia** (20 de julio)

En 1810, el pueblo colombiano, bajo el liderazgo de Simón Bolívar, se liberó de España. Hoy en día se celebra con fuegos artificiales y es un día festivo.

**¡Y en cualquier mes del año hay ferias y festivales por todo el país!**

## Despues de leer

**9-40 Lo normal y lo exótico.** Da tus impresiones sobre la información contenida en el folleto.

1. ¿Qué imágenes te parecen más exóticas?
2. ¿Cuáles te parecen similares a celebraciones que ya conoces?
3. ¿Cuáles de las fiestas se celebran en el Canadá?
4. Si algún día visitas Colombia, ¿cuáles prefieres conocer?

**9-41 En su experiencia.** Las fiestas reflejan la cultura de su gente. Por ejemplo, mucha gente de origen ucranio celebra el día de la Epifanía el 6 de enero con música y comida especial. Escojan una fiesta que se celebre en su ciudad o su pueblo y expliquen el origen de la fiesta, cuándo y cómo se celebra. ¿Participan Uds. en la fiesta? ¿Cómo?

# Observaciones

## ¡Pura vida! Episodio 9

En este episodio Patricio les sirve de guía a Felipe, a Silvia y a David Ortiz-Smith.

### Antes de ver el video

**9-42 En peligro de extinción.** Lee el siguiente artículo y escribe cinco características del guacamayo.

El guacamayo es un pájaro de hermoso plumaje. La belleza (*beauty*) de sus plumas (*feathers*) lo ha puesto (*has put*) en peligro de extinción durante años. Sus colores predominantes, azul, rojo y amarillo, atraen la admiración de todos los que lo ven. Estos bellos animales, que pasan la mayor parte del día comiendo y tomando el sol, son los loros (*parrots*) más grandes y los más coloridos.

Su hábitat en la América tropical se extiende desde el sur de México hasta el Paraguay. Algunas de sus características físicas más sobresalientes (*distinctive*), además de su bello plumaje, son su enorme pico (*beak*) largo y curvado, y sus ojos redondos (*round*) y negros.

En particular, las plumas de los guacamayos eran unos de los objetos más apreciados por las culturas indígenas, ya que las utilizaban para adornar sus vestimentas y accesorios. Incluso, las usaban para comerciar o como regalo de amistad.

El *ara macao* (guacamayo) habita las selvas de México al Paraguay.

### A ver el video

**9-43 La excursión.** Mira el noveno episodio de *¡Pura vida!* y completa cada oración con la expresión más lógica, según el video.

**Patricio**

**David Ortiz-Smith**

**Felipe y Silvia**

| los guacamayos | El Niño | la puerta de embarque | jaguar |

1. Cuando tiene lugar (*occurs*) _____, ciertos lugares reciben más lluvia; otros reciben menos.
2. El señor David Ortiz-Smith casi pierde el vuelo porque cambiaron _____.
3. Panchito es un joven _____ que duerme en los árboles durante el día.
4. Al final, todos observan _____.

### Después de ver el video

**9-44 Un centro de rescate (rescue).** Conéctate con **MySpanishLab** para aprender más sobre un centro de rescate. Luego escribe una carta al centro en que expreses tu interés en ser voluntario/a en ese centro.

# Vocabulario

PRIMERA PARTE

| En la agencia de viajes y en casa | In the travel agency and at home |
|---|---|
| el folleto | brochure |
| la guía (turística) | guidebook |
| hacer la(s) maleta(s) | to pack |
| la maleta | suitcase |
| el hospedaje | lodging |
| incluido/a | included |
| el pasaje (de ida y vuelta) | (round-trip) fare; ticket |
| la reserva | reservation |
| viajar | to travel |
| el viaje | trip; journey |
| el vuelo | flight |

| En el aeropuerto | In the airport |
|---|---|
| el equipaje (de mano) | (hand/carry-on) luggage |
| facturar | to check in |
| hacer cola | to stand in line |
| el/la inspector/a de aduanas | customs officer |
| la puerta de salida | boarding gate |
| la sala de espera | waiting room |

| En el avión | On the plane |
|---|---|
| abrocharse (el cinturón de seguridad) | to fasten (one's seatbelt) |
| el asiento (de ventanilla/ de pasillo) | (window/aisle) seat |
| el/la asistente de vuelo | flight attendant |
| la clase turista | coach class |
| el/la piloto | pilot |
| subir al avión | to board the plane |
| la tarjeta de embarque | boarding pass |
| volar (ue) | to fly |

SEGUNDA PARTE

| Los viajes | Trips; Journeys |
|---|---|
| el bosque | woods; forest |
| la flor | flower |
| la isla | island |
| el lago | lake |
| el mar | sea; ocean |
| las montañas | mountains |
| el río | river |
| el salto | waterfall |
| el volcán | volcano |

| En el hotel | In the hotel |
|---|---|
| el cuarto/ la habitación (doble/ sencillo/a) | (double/single) room |
| la estadía | stay |
| el hotel (de lujo) | (luxury) hotel |
| el servicio de habitación | room service |
| la vista | view |

| Actividades típicas de los viajeros | Typical activities of travellers |
|---|---|
| bucear | to scuba dive |
| comprar recuerdos | to buy souvenirs |
| explorar | to explore |
| montar a caballo/ en bicicleta/ en el campo | to go horseback/ bicycle riding/ in the country(side) |
| pescar | to fish |
| planear | to plan |
| quedarse | to stay (somewhere) |
| sacar fotos | to take pictures |

| Accesorios para viajar | Accessories for travelling |
|---|---|
| los binoculares | binoculars |
| la cámara (digital) | (digital) camera |
| la cámara de video | video camera |
| las gafas de sol | sunglasses |
| el mapa | map |
| el rollo de película | roll of film |

| Atracciones turísticas | Tourist attractions |
|---|---|
| el castillo | castle |
| la catedral | cathedral |
| el monumento | monument |
| el museo | museum |

## Lección 10

# ¡Tu salud es lo primero!

**OBJETIVOS COMUNICATIVOS**

El edificio de Simcoe Place, diseñado por el arquitecto uruguayo Carlos Ott, se construyó en 1995 en Toronto. Es un bloque de oficinas, tiendas y restaurantes.

# Los hispanos en el Canadá

Un ejemplo del arte indígena canadiense. Esta escultura es de los haida de la costa occidental del Canadá y data del siglo diecinueve.

## ¡Así lo decimos! Vocabulario

### Las partes del cuerpo humano

10-1 to
10-5

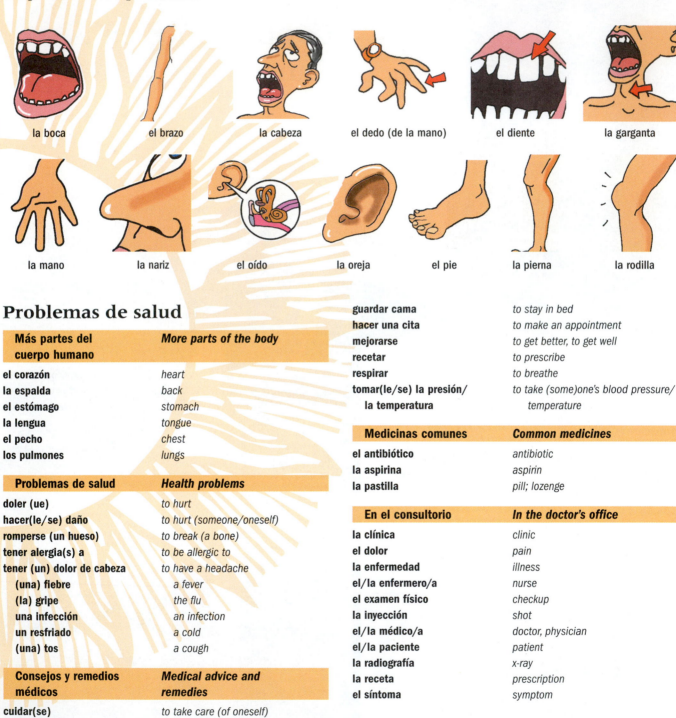

la boca — el brazo — la cabeza — el dedo (de la mano) — el diente — la garganta

la mano — la nariz — el oído — la oreja — el pie — la pierna — la rodilla

## Problemas de salud

| Más partes del cuerpo humano | More parts of the body |
|---|---|
| el corazón | heart |
| la espalda | back |
| el estómago | stomach |
| la lengua | tongue |
| el pecho | chest |
| los pulmones | lungs |

| Problemas de salud | Health problems |
|---|---|
| doler (ue) | to hurt |
| hacer(le/se) daño | to hurt (someone/oneself) |
| romperse (un hueso) | to break (a bone) |
| tener alergia(s) a | to be allergic to |
| tener (un) dolor de cabeza | to have a headache |
| (una) fiebre | a fever |
| (la) gripe | the flu |
| una infección | an infection |
| un resfriado | a cold |
| (una) tos | a cough |

| Consejos y remedios médicos | Medical advice and remedies |
|---|---|
| cuidar(se) | to take care (of oneself) |
| dejar de fumar[1] | to quit smoking |

| | |
|---|---|
| guardar cama | to stay in bed |
| hacer una cita | to make an appointment |
| mejorarse | to get better, to get well |
| recetar | to prescribe |
| respirar | to breathe |
| tomar(le/se) la presión/ la temperatura | to take (some)one's blood pressure/ temperature |

| Medicinas comunes | Common medicines |
|---|---|
| el antibiótico | antibiotic |
| la aspirina | aspirin |
| la pastilla | pill; lozenge |

| En el consultorio | In the doctor's office |
|---|---|
| la clínica | clinic |
| el dolor | pain |
| la enfermedad | illness |
| el/la enfermero/a | nurse |
| el examen físico | checkup |
| la inyección | shot |
| el/la médico/a | doctor, physician |
| el/la paciente | patient |
| la radiografía | x-ray |
| la receta | prescription |
| el síntoma | symptom |

[1] **Dejar de** is followed by an infinitive in Spanish, whereas the present participle (-ing) is used after to quit in English. **Fumar** means to smoke.

| Verbos que expresan recomendaciones | Verbs that express recommendations |
|---|---|
| aconsejar | to advise |
| insistir (en) | to insist |
| mandar | to order |

| permitir | to permit |
|---|---|
| prohibir[1] | to prohibit; to forbid |
| recomendar (ie) | to recommend |
| sugerir (ie, i) | to suggest |

## ¡Así es la vida! Problemas de salud

### En el consultorio

10-6 to 10-7

**Dra. Estrada:** Buenas tardes, Sr. Gómez. ¿Cómo se siente? ¿Qué tiene? ¿Qué le duele hoy?

**Sr. Gómez:** Buenas tardes, doctora. Hoy me duele mucho la garganta y me duelen también el pecho y el estómago.

**Dra. Estrada:** Vamos a ver . . . Pues, lo que usted tiene es una infección en la garganta. Le voy a recetar un antibiótico.

**Sr. Gómez:** Bueno, pero espero que no me moleste el estómago, ¿eh?

**Dra. Estrada:** No le va a hacer ningún daño. Ahora, quiero que vuelva a casa, que guarde cama, y que se cuide. Le aseguro que se va a sentir mucho mejor, pero si tiene cualquier problema, espero que me llame inmediatamente.

**Sr. Gómez:** De acuerdo, doctora. Muchísimas gracias. Hasta luego.

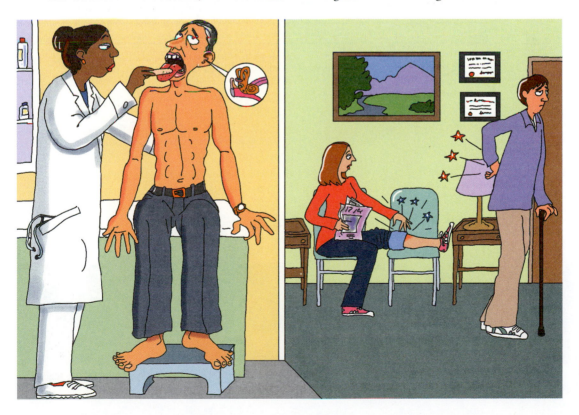

[1] prohíbo, prohíbes . . .

## Aplicación

**10-1 ¿Qué pasa?** Indica si cada una de las siguientes oraciones es **cierta** o **falsa**, según el vocabulario y la lectura de **¡Así lo decimos!**. Luego, corrige la información falsa.

1. El Sr. Gómez va al consultorio de la Dra. Estrada por la mañana.
2. Al Sr. Gómez le duele mucho la garganta.
3. La médica le explica que tiene una infección en la garganta.
4. El Sr. Gómez espera que el antibiótico no le moleste la boca.
5. La Dra. Estrada quiere que el Sr. Gómez guarde cama y que se cuide.
6. Le dice también que la llame si no se siente bien.

**10-2 Categorías.** Clasifica las siguientes partes del cuerpo y añade (*add*) una más al final.

| Partes del cuerpo | Tengo uno | Tengo dos | Tengo más de dos | Órgano interno |
|---|---|---|---|---|
| el dedo | | | X | |
| el corazón | | | | |
| la nariz | | | | |
| el ojo | | | | |
| el pulmón | | | | |
| la oreja | | | | |
| el brazo | | | | |
| el estómago | | | | |
| la pierna | | | | |
| el diente | | | | |
| ¿...? | | | | |

**10-3 ¿Qué les duele?** ¿Qué parte del cuerpo les duele a estas personas?

MODELO:

Alicia

➤ *A Alicia le duele el estómago.*

1. Alberto

2. Samuel y Ricardo

3. Ana María

4. Ramiro y Marta

**10-4 ¿Cuándo consultas al médico?** Pregúntense si consultan al médico en las siguientes circunstancias.

**MODELO:** Te duele la cabeza.
E1: *¿Consultas al médico si te duele la cabeza?*
E2: *No, generalmente tomo dos aspirinas y me siento mejor. ¿Y tú?*

1. Tienes tos.
2. Tienes una fiebre muy alta.
3. Te duele la espalda.
4. Te rompes un hueso.
5. Necesitas un examen físico para el trabajo.
6. Te duele la garganta.
7. Tienes un resfriado.
8. Tienes una infección en el oído.

**10-5 Consejos médicos.** Túrnense para describir sus síntomas y dar consejos médicos.

**MODELO:** E1: *Me duelen los pulmones.*
E2: *Debes dejar de fumar.*

**Síntomas**

1. Tengo gripe.
2. Creo que tengo fiebre.
3. Me hice mucho daño en la espalda.
4. No tengo mucha energía.
5. Tengo una infección en el pecho.
6. Me duele el estómago.

**Consejos médicos**

a. tomar un antiácido
b. ir a la clínica
c. hacer una cita con el médico
d. guardar cama y tomar aspirinas
e. comer mejor
f. tomarte la temperatura

En muchos países hispanos es posible pedirle antibióticos directamente al farmacéutico.

## Comparaciones

### El ejercicio y la dieta

**En tu experiencia.** ¿Qué importancia tienen el ejercicio y la dieta en tu vida? ¿Haces ejercicio todos los días? ¿Te mantienes en forma? ¿Qué tipo de dieta sigues? En el siguiente artículo, ¿tienen mucha importancia el ejercicio y la dieta en el mundo hispano?

La preocupación por seguir una dieta saludable y por mantenerse en forma (*to stay in shape*) es un fenómeno reciente en los países hispanos. Muchos de los postres tradicionales de la cocina hispana contienen azúcar o grasa animal. . . . Afortunadamente, los hispanos preparan sus comidas con ingredientes naturales y frescos. Según los expertos, los alimentos naturales son mucho más saludables y su consumo resulta en menos casos de cáncer y otras enfermedades. Otro beneficio de la dieta hispana es el equilibrio de platos. Típicamente una comida incluye verduras, algún tipo de arroz y distintas variedades de frijoles. El postre es casi siempre alguna fruta, y hoy en día los hispanos comen menos carne de res (*beef*) que antes. Un delicioso y saludable aspecto de la comida hispana es el uso del aceite de oliva que no contiene colesterol.

Los hispanos tienen la costumbre de caminar, una actividad excelente, pero generalmente no tienen un régimen de ejercicio para mantenerse en forma. Esto va cambiando entre los jóvenes de las ciudades que hoy en día hacen footing (*jog*) por los parques o van a clases de ejercicio aeróbico en los gimnasios.

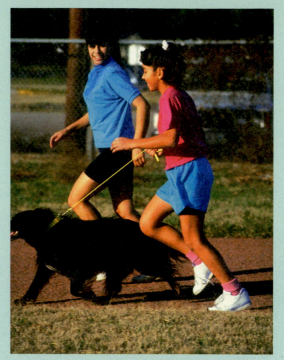

Estas jóvenes hacen footing en el parqué.

**¡A conversar!** Primero hagan una lista de las ventajas y desventajas de cada tratamiento. Luego, comparen sus opiniones sobre la utilidad de estos tratamientos.

**MODELO:** una copa de vino diaria para proteger el corazón

E1: *Creo que es una buena idea tomar una copa de vino todos los días para proteger el corazón. Me parece muy saludable.*

E2: *No estoy de acuerdo. No me gusta el vino, y creo que la gente toma demasiado.*

1. la quiropráctica para aliviar el dolor de espalda
2. el té de hierbas para dar energía
3. la acupuntura para aliviar el dolor muscular
4. los antibióticos para las infecciones
5. la aspirina para proteger el corazón

# ¡Así lo hacemos! Estructuras

## 1. The Spanish subjunctive: an introduction

10-8 to
10-12

Up until now, you have been using verb tenses (present, preterit, and imperfect) in the **indicative mood**. The **indicative** is used to express real, definite, or factual actions or states of being.

In this lesson, you will learn about the **subjunctive mood** which is used to express the hypothetical or subjective, such as a speaker's attitudes, wishes, feelings, emotions, or doubts. Unlike the **indicative**, which states facts, the **subjunctive** describes reality subjectively.

| | |
|---|---|
| **Creo** que Luis **va** a ver al médico. | *I **believe** that Luis **is going** to see the doctor. (Certainty = indicative)* |
| **No creo** que Luis **vaya** a ver al médico. | *I **don't believe** that Luis **is going** to see the doctor. (Uncertainty = subjunctive)* |

### Los verbos regulares del presente de subjuntivo

The present subjunctive is formed by deleting the final **-o** of the first person singular of the present indicative and adding the subjunctive endings. Note that **-ar** verbs in the subjunctive use **-e** endings and that **-er** and **-ir** verbs use **-a** endings.

| | | | |
|---|---|---|---|
| **hablar** | habl~~o~~ | → habl + **e** | → **hable** |
| **comer** | com~~o~~ | → com + **a** | → **coma** |
| **vivir** | viv~~o~~ | → viv + **a** | → **viva** |

*Quiero que tome dos pastillas y que descanse por unos días.*

■ The following chart shows the present subjunctive forms of regular verbs. Note that the endings of **-er** and **-ir** verbs are identical.

| | hablar | comer | vivir |
|---|---|---|---|
| yo | habl**e** | com**a** | viv**a** |
| tú | habl**es** | com**as** | viv**as** |
| Ud. } él/ella | habl**e** | com**a** | viv**a** |
| nosotros/as | habl**emos** | com**amos** | viv**amos** |
| vosotros/as | habl**éis** | com**áis** | viv**áis** |
| Uds. } ellos/as | habl**en** | com**an** | viv**an** |

■ Verbs that are irregular in the **yo** form of the present indicative use the same spelling changes in the present subjunctive. These forms are not considered irregular in the subjunctive.

| Infinitive | Present Indicative (yo) | Present Subjunctive |
|---|---|---|
| conocer | **conozco** | **conozca**, conozcas, conozca, conozcamos, conozcáis, conozcan |
| decir | **digo** | **diga**, digas, diga, digamos, digáis, digan |
| hacer | **hago** | **haga**, hagas, haga, hagamos, hagáis, hagan |
| oír | **oigo** | **oiga**, oigas, oiga, oigamos, oigáis, oigan |
| poner | **pongo** | **ponga**, pongas, ponga, pongamos, pongáis, pongan |
| salir | **salgo** | **salga**, salgas, salga, salgamos, salgáis, salgan |
| tener | **tengo** | **tenga**, tengas, tenga, tengamos, tengáis, tengan |
| traer | **traigo** | **traiga**, traigas, traiga, traigamos, traigáis, traigan |
| venir | **vengo** | **venga**, vengas, venga, vengamos, vengáis, vengan |
| ver | **veo** | **vea**, veas, vea, veamos, veáis, vean |

- The following spelling changes occur in all forms of the present subjunctive with infinitives that end in **-car, -gar,** and **-zar**.

| | | | |
|---|---|---|---|
| **-car:** | c → qu | **buscar:** | busque, busques, busque, busquemos, busquéis, busquen |
| **-gar:** | g → gu | **llegar:** | llegue, llegues, llegue, lleguemos, lleguéis, lleguen |
| **-zar:** | z → c | **empezar:** | empiece, empieces, empiece, empecemos, empecéis, empiecen |

- The subjunctive forms of **-ar** and **-er** stem-changing verbs have the same pattern as the present indicative.

| pensar (ie) | | volver (ue) | |
|---|---|---|---|
| piense | pensemos | vuelva | volvamos |
| pienses | penséis | vuelvas | volváis |
| piense | piensen | vuelva | vuelvan |

- **-Ir** stem-changing verbs reflect the stem changes of both the present indicative and the preterit. The preterit stem changes occur in the **nosotros/as** and **vosotros/as** forms, where the unstressed **–e–** changes to **–i–**, and the unstressed **–o–** changes to **–u–**. The other persons follow the present-tense pattern.

| sentir (ie, i) | | pedir (i, i) | | dormir (ue, u) | |
|---|---|---|---|---|---|
| sienta | sintamos | pida | pidamos | duerma | durmamos |
| sientas | sintáis | pidas | pidáis | duermas | durmáis |
| sienta | sientan | pida | pidan | duerma | duerman |

## Los verbos irregulares del presente de subjuntivo

- The following verbs are irregular in the present subjunctive, since they do not use the stem of the **yo** form of the present indicative.[1]

| dar | estar | ir | saber | ser |
|---|---|---|---|---|
| dé | esté | vaya | sepa | sea |
| des | estés | vayas | sepas | seas |
| dé | esté | vaya | sepa | sea |
| demos | estemos | vayamos | sepamos | seamos |
| deis | estéis | vayáis | sepáis | seáis |
| den | estén | vayan | sepan | sean |

## El subjuntivo en cláusulas nominativas (noun clauses)

- A **main clause** is a construction that consists of at least a **subject** and a **conjugated verb form** and, as such, may stand on its own as a **complete sentence**. Here are examples of **main clauses** in Spanish and English.

| Subject + Conjugated Verb | Subject + Conjugated Verb |
|---|---|
| Yo + espero. | I + hope. |
| Él + prefiere. | He + prefers. |

---

[1] The subjunctive forms for **haber** are: **haya, hayas, haya**, etc.

■ A **dependent clause** also consists of at least a **subject** and a **conjugated verb form** but only exists in relation to a **main clause**, often acting as the **direct object** of the **main verb**. This type of clause is called a **dependent noun clause**. Notice that the conjunction **que** is used in Spanish to connect the **dependent noun clause** to the **main clause**.

Espero que te mejores pronto.

| Main Clause + Dependent Noun Clause | | Main Clause + Dependent Noun Clause | |
|---|---|---|---|
| Yo espero | + **que** tú te mejores pronto. | I hope | + **that** you are better soon. |
| Él prefiere | + **que** comamos juntos. | He prefers | + **that** we eat together. |

■ Notice, however, that the English equivalents of the Spanish **dependent noun clauses** are often different in structure. In the two examples above, both Spanish and English use **dependent noun clauses**, whereas in the examples below, you see that the **infinitive** is used in English.

| Main Clause + Dependent Noun Clause | | Main Clause + Infinitive | |
|---|---|---|---|
| Ella quiere | + **que** yo la acompañe. | She wants + me **to accompany** her. | |
| Yo necesito | + **que** tú llegues temprano. | I need + you **to arrive** early. | |

■ In the Spanish examples above, the **subjunctive mood** is used in the **dependent noun clause**, since the action or state expressed has yet to occur and may not occur at all. For instance, in the first example above, even though *she wants me to accompany her*, there is no indication that *I will accompany her*, and, in the second example, even though *I need you to arrive early*, there is no guarantee that *you will arrive* early.

## Aplicación

**10-6 Cuestiones de la salud.** Repite las frases, sustituyendo los sujetos indicados.

**MODELO:**   Espero que *tú hables* con el médico. (él)
➜ *Espero que él hable con el médico.*

1. Rosa quiere que *yo llame* a la clínica. (ellas, nosotros, Andrés, tú, los chicos, Ud.)

2. El médico recomienda que *nosotros comamos* mejor. (ella, tú, yo, ellos, Uds., mi padre)

3. La enfermera sugiere que *yo haga* ejercicio. (ellos, ella, mis amigas, nosotros, tú, Uds.)

4. La doctora Suárez espera que *yo tenga* cuidado. (él, ella, ellos, nosotros, tú, Uds.)

5. Yo recomiendo que *ellos busquen* un buen médico. (tú, ella, tus amigos, nosotros, Uds.)

6. Los médicos desean que *yo duerma* más. (ellas, tú, Uds., nosotros, los estudiantes, Ud.)

7. Todos esperan que *Uds. se sientan* mejor. (ella, tú, Marisa, tu primo, tus padres, nosotros)

8. La enfermera quiere que *tú vayas* a la clínica. (Uds., nosotros, yo, él, ellas, Ud., Juan)

**10-7 Consejos médicos.** Completa los consejos que la doctora García les da a sus pacientes, usando la forma correcta de los verbos indicados.

— Marisa, yo sé que Ud. quiere que le (1. escribo/ escriba) _____ una receta pero prefiero que primero usted (2. empieza/ empiece) _____ a hacer ejercicio.

— Juan y Carlos, Uds. saben que yo no permito que mis pacientes (3. fuman/ fumen) _____ en el consultorio. Si quieren fumar, prefiero que (4. salen/ salgan) _____ al patio.

— Doña María, sugiero que Ud. (5. va/ vaya) _____ directamente al hospital y que (6. pide/ pida) _____ información sobre el programa cardíaco.

— Señores Echevarría, recomiendo que Uds. (7. duermen/ duerman) _____ más de siete horas todas las noches. Prefiero que Uds. (8. toman/ tomen) _____ café descafeinado.

— Señor Gómez, si Ud. quiere que (yo) le (9. doy/ dé) _____ pastillas para la tos, yo insisto en que (10. sigue/ siga) _____ mis consejos.

**10-8 En el consultorio.** ¿Qué quiere la doctora Medina que haga su recepcionista en el consultorio? Usa el verbo querer.

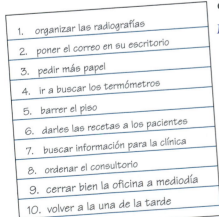

1. organizar las radiografías
2. poner el correo en su escritorio
3. pedir más papel
4. ir a buscar los termómetros
5. barrer el piso
6. darles las recetas a los pacientes
7. buscar información para la clínica
8. ordenar el consultorio
9. cerrar bien la oficina a mediodía
10. volver a la una de la tarde

**MODELO:**   llamar al laboratorio
➜ *La doctora Medina quiere que su recepcionista llame al laboratorio.*

**10-9 Quiero que . . .** Escribe cinco actividades que quieres que hagan tú y tu compañero/a. Luego, intercambia tu lista con la de tu compañero/a y, entre los/las dos, respondan si quieren hacer las actividades o no.

**MODELO:**    E1: *Quiero que juguemos al tenis. ¿Qué te parece?*
                        E2: *Sí, es una buena idea./ No, no quiero jugar al tenis.*

**Algunas actividades**

| | | |
|---|---|---|
| ir de compras | salir con los amigos | nadar en la piscina |
| ver una película | dar una fiesta | preparar la cena |
| comer en un restaurante | leer el periódico | poner la televisión |
| tomar un café | pedir una pizza | hacer la tarea |

## 2. The subjunctive to express volition

10-13 to
10-16

- Verbs of volition express the wishes, preferences, suggestions, requests, and implied commands of the speaker. When the verb in the main clause expresses volition, the verb of the dependent noun clause is expressed in the subjunctive mood. The following are verbs of volition.

| | | | |
|---|---|---|---|
| aconsejar | insistir (en) | pedir (i, i) | querer (ie) |
| decir (i) | mandar | permitir | recomendar (ie) |
| desear | necesitar | prohibir | sugerir (ie, i) |

- Note that the subject of the verb in the main clause tries to influence the subject of the dependent noun clause.

    Carmen **querer** + yo **ir** →

    Carmen **quiere** que yo **vaya** con ella        *Carmen **wants** me **to go** with her*
        al consultorio.                                                      *to the doctor's office.*

    ustedes **necesitar** + yo **llevar** →

    ¿**Necesitan** que los **lleve** al hospital?        ***Do you need me to take** you to*
                                                                                    *the hospital?*

- When there is no change of subject for the two verbs, there is no dependent noun clause. Use the infinitive.

    Sofía **desear** + Sofía **ir** →

    Sofía **desea ir** a la clínica.                        *Sofía **wants to go** to the clinic.*

    yo **querer** + yo **dejar de** fumar →

    Yo **quiero dejar de** fumar.                        *I **want to stop** smoking.*

■ Sentences using verbs such as **aconsejar**, **decir**, **pedir**, **recomendar**, and **sugerir** require an indirect object pronoun. This indirect object refers to the subject of the dependent noun clause and is understood as the subject of the subjunctive verb.

**Le aconsejo a usted** que **se cuide**.

*I advise you to take care of yourself.* (Literally, *I advise you that* ***you take care of yourself***.)

**Nos piden** que **hagamos** más ejercicio.

*They ask us to exercise more.* (Literally, ***They ask us*** *that* ***we exercise*** *more*.)

■ When verbs of communication such as **decir** and **escribir** are used in the main clause, and the subject of the verb is simply reporting information (telling someone something), the indicative is used in the dependent noun clause. If the verb in the main clause is used in the sense of a command (telling someone to do something), the subjunctive is used.

**Information:**

Le **dice** a Juan que **tenemos** cuidado.

*She* ***tells*** *Juan that* ***we are being*** *careful.*

Les **escribo** que **volvemos** el sábado.

*I'm writing them that* ***we're returning*** *on Saturday.*

**Command:**

Le **dice** a Juan que **tenga** cuidado.

*She* ***tells*** *Juan* ***to be*** *careful.*

Les **escribo** que **vuelvan** el sábado.

*I'm writing (to ask)* ***them to return*** *on Saturday.*

## Aplicación

**10-10 En el consultorio médico.** Completa el párrafo con las formas correctas de los verbos indicados.

**MODELO:** El médico **quiere** que yo *guarde* cama.

Nuestro médico es el doctor Medina y es muy bueno. Por ejemplo, le **aconseja** a mi padre que (1. comer) _____ y (2. beber) _____ menos. Le **prohíbe** a mi madre que (3. fumar) _____ y siempre le **sugiere** que (4. ir) _____ a hacerse un examen físico todos los años. A mi hermana, Rosalía, le **recomienda** que (5. hacer) _____ una dieta saludable y que (6. dormir) _____ ocho horas todas las noches. Finalmente, a mí me **pide** que (7. ser) _____ más tranquilo y que (8. seguir) _____ sus consejos. Tenemos mucha confianza en el doctor Medina.

**10-11 Consejo médico.** Completa las frases con las formas correctas de los verbos indicados.

**MODELO:** Rosalía *recomienda* que su esposo *vaya* a ver al médico.

1. El enfermero nos (aconsejar) _____ que (tomar) _____ las pastillas tres veces al día.
2. El paciente (desear) _____ que el médico le (hacer) _____ un examen físico.
3. La enfermera me (sugerir) _____ que (caminar) _____ todos los días.
4. La doctora Reyes le (recomendar) _____ a mi hermana que (comer) _____ más.
5. Yo (necesitar) _____ que tú me (llevar) _____ al hospital.

6. El médico (insistir) _____ en que nosotros (dejar) _____ de fumar.

7. La recepcionista nos (decir) _____ que (pagar) _____ la cuenta en la caja.

8. El hospital les (prohibir) _____ a los enfermos que (fumar) _____ dentro de los edificios.

**10-12 ¿Qué hacer?** Imagínate que necesitas pedirle consejos a tu compañero/a. Explícale tu problema y luego reacciona a su recomendación.

**MODELO:**    Tienes un examen de química mañana.
E1: *Tengo un examen de química mañana.*
E2: *Te recomiendo que estudies mucho.*
E1: *Buena idea./ No tengo tiempo.*

1. Tienes gripe y fiebre.

2. Te duele mucho la cabeza.

3. Tienes un resfriado.

4. Te hiciste daño en la espalda.

5. Necesitas dinero.

6. Tu trabajo no te deja tiempo para estudiar.

7. Tu casa está en desorden y este fin de semana te visita tu familia.

8. Quieres un trabajo más interesante para el verano.

## ¡Así lo decimos! Vocabulario

**Los alimentos**

10-17 to
10-21

las bebidas alcohólicas          los carbohidratos          el colesterol

las grasas          los productos lácteos          las proteínas

## Mejora tu salud

| Las enfermedades y el bienestar | Illnesses and well-being |
|---|---|
| el centro naturista | health store |
| la diabetes | diabetes |
| los ejercicios aeróbicos | aerobics |
| el peso | weight |
| el riesgo | risk |

| Tu línea y tu salud | Your figure and your health |
|---|---|
| adelgazar; bajar de peso | to lose weight |
| engordar; subir de peso | to gain weight |
| estar a dieta/ | to be on a diet/ |
|   bien/ mal de salud/ |   in good/bad health/ |
|   en (buena) forma |   in (good) shape |

| | |
|---|---|
| guardar la línea | to stay trim, to watch one's figure |
| hacer jogging/ footing | to jog |
| levantar pesas | to lift weights |
| padecer (zc) (de) | to suffer (from) |
| ponerse a dieta/ | to go on a diet/ |
|   en forma |   to get into shape |

| Verbos que expresan emoción | Verbs that express emotion |
|---|---|
| enojar(se) | to anger; to get angry |
| lamentar | to regret |
| sentir (ie, i) | to regret; to feel sorry |
| sorprender(se) | to surprise; to be surprised |
| temer | to fear |

10-22 to
10-23

### Una buena dieta para un corazón saludable

Muchas de las enfermedades cardíacas tienen su origen en problemas de la dieta y en la manera en que vivimos. Según las estadísticas, debemos alimentarnos con una dieta equilibrada (*balanced*) y variada que contenga suficientes carbohidratos, proteínas, vitaminas, minerales, sal y grasa para que el corazón funcione bien.

Las enfermedades del corazón son la principal causa de muerte en los países desarrollados (*developed*) y en los que están en vías de desarrollo. Esto no debe ocurrir. Para mantener un buen estado de salud es necesario cuidar la alimentación y tener en cuenta (*keep in mind*) que hay alimentos que contribuyen a las enfermedades del corazón. Los cambios en nuestra dieta pueden reducir efectivamente el riesgo de las enfermedades cardíacas. Para disminuir estos riesgos, la "**Canadian Heart and Stroke Foundation**" ha preparado las siguientes recomendaciones dietéticas:

- Para limitar el consumo de colesterol, no comas alimentos con alto contenido de materia grasa. Utiliza aceites vegetales, especialmente de oliva, en tu cocina en lugar de mantequilla y manteca (*lard*).

- Se recomienda también que consumas más fibra en la dieta, en forma de frutas y verduras, y también pan y cereales integrales (*whole-grain*). Estos carbohidratos complejos producen niveles (*levels*) más bajos de azúcar que los carbohidratos simples de los alimentos dulces y la harina (*flour*) blanca.

Para la buena salud, es importante mantener un peso saludable, hacer ejercicio y controlar los niveles de glucosa. Habla con tu médico para planear la dieta que más te convenga (*suits*).

## Aplicación

**10-13 ¿Qué pasa?** Indica si cada una de las siguientes oraciones es **cierta** o **falsa**, según el vocabulario y la lectura de **¡Así lo decimos!**. Luego, corrige la información falsa.

1. Es importante seguir una dieta equilibrada y variada.
2. Hay pocos alimentos que contribuyen a las enfermedades del corazón.
3. Las enfermedades del corazón representan un riesgo enorme.
4. El aceite de oliva contiene mucho colesterol.
5. Podemos reducir el riesgo de las enfermedades cardíacas si comemos más mantequilla.
6. Para la buena salud son importantes el peso, el ejercicio y la dieta.

**10-14 Los alimentos.** Mira los alimentos que están en la mesa para completar las siguientes oraciones.

**MODELO:** El *vino* y la *cerveza* son bebidas alcohólicas.

1. Los _____ y los _____ contienen colesterol.
2. La _____ y el _____ son productos lácteos.
3. El _____ y el _____ contienen proteína.
4. Los donuts y las papas fritas contienen mucha _____.
5. El pan y la pasta son _____.
6. El vino y la cerveza son bebidas _____.

**10-15 Te recomiendo que . . .** Túrnense para presentar los siguientes problemas mientras tu compañero/a ofrece unas recomendaciones. Pueden usar el verbo **recomiendo** con una cláusula nominativa en el subjuntivo.

**MODELO:** E1: *Soy muy delgado/a.*
E2: *Te recomiendo que tomes tres comidas completas todos los días.*

**Problemas**

1. Quiero bajar de peso.
2. Necesito bajar mi nivel de colesterol.
3. Fumo mucho.
4. Me duele el estómago.
5. No tengo mucha energía.
6. ¿ . . . ?

**Recomendaciones**

1. dejar de fumar
2. comer más frutas, verduras, granos integrales y menos grasa
3. ponerse a dieta
4. utilizar aceites vegetales en la cocina
5. comer mejor, hacer ejercicio y dormir más horas por la noche
6. ¿ . . . ?

# Comparaciones

## Chile y el Canadá colaboran para establecer un bosque modelo

**En tu experiencia.** ¿Te interesa preservar el medio ambiente (*environment*)? ¿Qué problemas ambientales existen en tu comunidad? ¿Conoces a alguien que trabaje con una organización ambiental? ¿Qué tipo de trabajo hace? En el siguiente artículo, ¿cómo colaboran Chile y el Canadá para realizar el proyecto del Bosque Modelo?

Muchos de los bosques del mundo están desapareciendo debido a la explotación forestal (*logging*). Sin embargo, en algunos países la silvicultura (*forestry*) sostenible tiene prioridad y se puede encontrar un ejemplo inspirador en la isla de Chiloé.

Ubicada en la costa del sur de Chile, Chiloé tiene 150.000 habitantes en un área de aproximadamente 180 por 50 kilómetros. La isla se conoce por sus 150 iglesias (*churches*) de madera, algunas de las cuales tienen más de 150 años de edad.

A diferencia del resto de Chile, que exporta enormes cantidades de maderos (*lumber*), toda la madera de la isla se usa domésticamente para cocinar y calentar las casas. Ahora sólo queda el 50 por ciento del bosque original.

Los ciudadanos de Chiloé, incluso los indígenas, son pequeños terratenientes (*landholders*) que se ganan la vida de la agricultura, la pesca y la explotación forestal. Sin una administración eficiente, lo que queda del bosque está desapareciendo.

En un intento por cambiar esta situación, el gobierno chileno invitó al Canadá a introducir su programa "Bosque Modelo" en Chile. Éste es un programa que consigue que todos los habitantes de un área forestal trabajen juntos para mantener la comunidad económica y socialmente al mismo tiempo que se conserva el medio ambiente. Es una idea canadiense que se ha puesto en práctica en varios países del mundo.

Actualmente, voluntarios de CUSO, una ONG (*Organización No Gubernamental*) canadiense, se encuentran trabajando con sesenta comunidades en casi toda la isla de Chiloé. Estas comunidades están aprendiendo a planear y a mantener sus bosques para el futuro. Se enfatiza el uso de productos como la miel (*honey*) y las nueces (*nuts*).

El ecoturismo también puede ser una fuente de ingresos (*income*) y las comunidades indígenas están participando en la administración del Parque Nacional de Chiloé.

Dice uno de los voluntarios: "Este bosque del futuro ofrece un ejemplo práctico e inspirador de trabajar con un ecosistema en vez de simplemente explotarlo".

**¡A comparar!** ¿Qué te parece este programa del Bosque Modelo? ¿Es necesario contar con (*count on*) la cooperación de las comunidades locales para que un programa de este tipo tenga éxito? ¿Por qué? ¿Te gustaría servir de voluntario de CUSO en este tipo de programa ambiental? ¿En qué parte del mundo?

# ¡Así lo hacemos! Estructuras

10-24 to
10-30

### 3. The subjunctive to express feelings and emotions

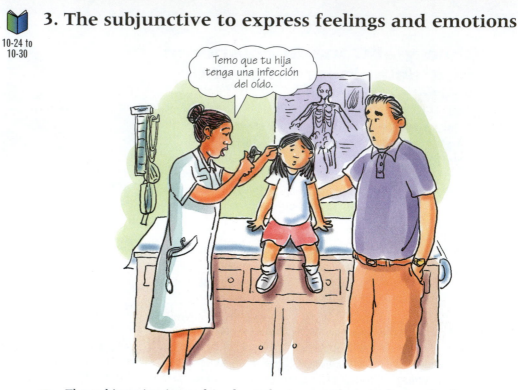

Temo que tu hija tenga una infección del oído.

■ The subjunctive is used in dependent noun clauses after verbs that express emotions such as hope, fear, surprise, regret, pity, anger, joy, and sorrow.

| | |
|---|---|
| **alegrarse (de)** | *to be glad* |
| **enojar(se)** | *to anger, to get angry* |
| **esperar** | *to hope* |
| **estar contento/a (de)** | *to be happy* |
| **gustar** | *to like* |
| **lamentar** | *to regret* |
| **molestar** | *to bother* |
| **sentir (ie, i)** | *to regret* |
| **sorprender(se)** | *to surprise, to be surprised* |
| **temer** | *to fear* |
| **tener (ie) miedo (de)** | *to be afraid* |

Julia **lamenta** que Carlos **esté** enfermo.
*Julia **regrets** that Carlos **is** sick.*

**Espero** que **hagas** más ejercicio esta semana.
***I hope** that **you exercise** more this week.*

Juana **teme** que su madre **padezca** de diabetes.
*Juana **fears** that her mother **is suffering** from diabetes.*

■ As with the verbs of volition, verbs that express feelings and emotions require the subjunctive in the dependent noun clause if the subject is different from that of the main clause. If there is only one subject, the infinitive is used instead of a dependent noun clause.

Carlos **lamenta estar** enfermo.
*Carlos **regrets being** sick.*

**Esperamos hacer** más ejercicio esta semana.
***We hope to exercise** more this week.*

Juana **teme padecer** de diabetes.
*Juana **fears suffering** from diabetes.*

## Aplicación

**10-16 Lo que sentimos.** Completa las frases con las formas correctas de los verbos indicados.

**MODELO:**  Nosotros *esperamos* que el médico *llegue* temprano.

1. Yo (sentir) _____ que tu primo (estar) _____ tan enfermo.

2. Nosotros (alegrarse) _____ de que Uds. (sentirse) _____ mejor.

3. El médico (temer) _____ que su enfermedad (ser) _____ grave.

4. Me (molestar) _____ que tantos jóvenes no (dejar) _____ de fumar.

5. Mi madre (esperar) _____ que yo no (hacerse) _____ daño en el partido.

6. La enfermera (estar) _____ contenta de que nosotros (cuidarse) _____ mucho.

7. La doctora (enojarse) _____ de que sus pacientes no (seguir) _____ sus consejos.

8. Me (sorprender) _____ que la dieta de mis padres (contener) _____ tanto colesterol.

**10-17 La entrenadora personal.** Marisol, una entrenadora (*trainer*) personal de un gimnasio escribe apuntes (*notes*) sobre sus clientes todos los días. Completa su entrada (*entry*) con el subjuntivo o el indicativo, según el contexto.

**MODELO:**  *Espero* que Luis *haga* ejercicio todos los días.

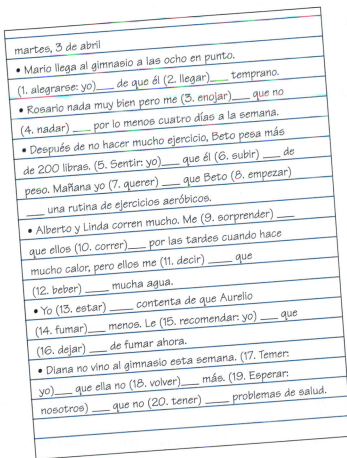

martes, 3 de abril

• Mario llega al gimnasio a las ocho en punto.

(1. alegrarse: yo)___ de que él (2. llegar)___ temprano.

• Rosario nada muy bien pero me (3. enojar)___ que no

(4. nadar) ___ por lo menos cuatro días a la semana.

• Después de no hacer mucho ejercicio, Beto pesa más

de 200 libras. (5. Sentir: yo)___ que él (6. subir) ___ de

peso. Mañana yo (7. querer) ___ que Beto (8. empezar)

___ una rutina de ejercicios aeróbicos.

• Alberto y Linda corren mucho. Me (9. sorprender) ___

que ellos (10. correr)___ por las tardes cuando hace

mucho calor, pero ellos me (11. decir) ___ que

(12. beber) ___ mucha agua.

• Yo (13. estar) ___ contenta de que Aurelio

(14. fumar)___ menos. Le (15. recomendar: yo) ___ que

(16. dejar) ___ de fumar ahora.

• Diana no vino al gimnasio esta semana. (17. Temer:

yo)___ que ella no (18. volver)___ más. (19. Esperar:

nosotros) ___ que no (20. tener) ___ problemas de salud.

**10-18 Entre amigos/as.** Túrnense para presentar estos problemas de salud y dar consejos o expresar una emoción.

**MODELO:**  E1: Mi madre no se siente bien.
              E2: *Espero que se mejore pronto*.

**Problemas de salud**

1.  Nuestra tía está en el hospital.
2.  Mi hermana fuma y tiene mucha tos.
3.  Mi abuelo sufrió otro ataque al corazón.
4.  Mis padres quieren bajar de peso.
5.  Mi abuela se siente muy mal.
6.  Mi mejor amiga siempre está cansada y débil.

**Reacciones**

1.  Espero que . . .
2.  ¿Le aconsejas que . . . ?
3.  Siento mucho que . . .
4.  ¿Les sugieres que . . . ?
5.  Me sorprende que . . .
6.  ¿Le recomiendas que . . . ?

## 4. *Tú* commands

10-31 to
10-36

We use commands to give instructions or to ask people to do things: *Hand in your composition on Monday. Please close the door*. In Spanish, commands have different forms in order to distinguish between formal (**usted/ustedes**) and informal (**tú/vosotros**) address. The following chart shows the forms of several regular informal **tú** commands.

¡Mira ese pájaro!
¡Qué exótico!

| Infinitive | Affirmative | Negative | (Subjunctive) |
|---|---|---|---|
| comprar | compra | no compres | (compres) |
| comer | come | no comas | (comas) |
| escribir | escribe | no escribas | (escribas) |
| pensar | piensa | no pienses | (pienses) |
| dormir | duerme | no duermas | (duermas) |
| pedir | pide | no pidas | (pidas) |
| traer | trae | no traigas | (traigas) |

- Regular affirmative **tú** commands have the same form as the third person singular of the present indicative.

    **Habla** con tu médico.          *Talk* to your doctor.
      **Come** más fibra.               *Eat* more fibre.
      **Escribe** una lista de ejercicios. *Write* a list of exercises.

- Negative **tú** commands use the second person singular of the present subjunctive.

    **No compres** donuts y galletas.    *Don't buy donuts and cookies.*
    **No bebas** tantos refrescos.       *Don't drink so many soft drinks.*
    **No pidas** mucho postre.           *Don't order a lot of dessert.*

- Irregularities in the subjunctive will also appear in the negative **tú** command.

    **No empieces** tu dieta hasta mañana. *Don't start your diet until tomorrow.*
    **No vayas** al gimnasio hoy.          *Don't go to the gym today.*
    **No seas** tan tímido.                *Don't be so shy.*

## Mandatos irregulares de la forma tú

■ The following verbs have irregular **affirmative** command forms.

| decir | **di** | **Di** por qué. | *Tell (Say) why.* |
|---|---|---|---|
| hacer | **haz** | **Haz** la cita. | *Make the appointment.* |
| ir | **ve** | **Ve** a la clínica. | *Go to the clinic.* |
| poner | **pon** | **Pon** la música. | *Put on the music.* |
| salir | **sal** | **Sal** de aquí. | *Get out of here.* |
| ser | **sé** | **Sé** amable. | *Be nice.* |
| tener | **ten** | **Ten** paciencia. | *Be patient.* |
| venir | **ven** | **Ven** al gimnasio. | *Come to the gym.* |

■ Object pronouns are attached to the **end** of affirmative commands and are placed **before** negative commands. Many affirmative commands with pronouns attached require a written accent over the stressed vowel.

| **Cómprame** un libro de ejercicios. | *Buy me an exercise book.* |
|---|---|
| **Escríbenos** el nombre de la clínica. | *Write down the name of the clinic for us.* |
| **No te hagas daño** con las pesas. | *Don't hurt yourself with the weights.* |
| **No les des** helado a los niños. | *Don't give any ice cream to the children.* |

## Aplicación

**10-19 ¿Quién lo dice?** Empareja estas órdenes con las personas que probablemente las dan.

1. Entrégame la tarea en la clase de mañana.
2. Cepíllate los dientes tres veces al día.
3. Haz una cita con la doctora Medina.
4. No dejes tu ropa sucia en el piso.
5. Juega conmigo.
6. Cuídate mucho y guarda cama.
7. Ponte en forma para el próximo partido.
8. No pongas la música tan alto; tengo que estudiar.

a. tu madre
b. tu padre
c. tu hermano menor
d. tu compañero/a de cuarto
e. tu profesor/a de español
f. tu médico
g. tu dentista
h. tu entrenador

Dame la linterna, por favor.

**10-20 En el consultorio.** ¿Qué le dice la doctora Medina a su recepcionista que haga o que no haga hoy en el consultorio? Elige las formas correctas de los verbos indicados.

**MODELO:** *Llama* al laboratorio./ No *llames* al laboratorio.

1. (Organiza, Organices) las radiografías./ No (organiza, organices) las radiografías.
2. (Busques, Busca) esta información para la clínica./ No (busques, busca) esta infomación para la clínica.
3. (Pon, Pongas) el correo en mi escritorio./ No (pon, pongas) el correo en mi escritorio.
4. (Pide, Pidas) más papel./ No (pide, pidas) más papel.
5. (Ve, Vayas) al laboratorio./ No (ve, vayas) al laboratorio.
6. (Dales, Les des) esas recetas a los pacientes./ No (dales, les des) esas recetas a los pacientes.
7. (Me cierres, Ciérrame) la puerta del consultorio./ No (me cierres, ciérrame) la puerta del consultorio.
8. (Almuerza, Almuerces) hoy a la una de la tarde./ No (almuerza, almuerces) hoy a la una de la tarde.

**10-21 ¿Qué consejos te da tu médico?** Completa estas oraciones para indicar los consejos que te da tu médico.

**MODELO:** _Deja_ de fumar y no _bebas_ tanta cerveza.

1. (Comer) _____ más fibra y no (beber) _____ tanto café con azúcar.
2. (Guardar) _____ cama y no (nadar) _____ en la piscina hasta el fin de semana.
3. (Hacer) _____ un poco de ejercicio pero todavía no (jugar) _____ al básquetbol.
4. (Levantarse) _____ a la misma hora para ir a nadar pero no (acostarse) _____ tan tarde.
5. (Ponerse) _____ a dieta pero por ahora no (hacer) _____ los ejercicios aeróbicos.
6. (Seguir) _____ mis consejos y no (preocuparse) _____; todo está bien.

**10-22 ¡Ayúdame!** Túrnense para pedir y dar consejos sobre la salud y el bienestar.

**MODELO:** E1: ¿Bebo jugo para el desayuno?
E2: _Sí, bébelo./ No, no lo bebas._

1. ¿Hago ejercicio todos los días?
2. ¿Levanto pesas?
3. ¿Como muchas frutas y verduras?
4. ¿Pongo mantequilla en las verduras?
5. ¿Me pongo a dieta para bajar de peso?
6. ¿Tomo bebidas alcohólicas?
7. ¿Voy a ver al médico para un examen físico?
8. Me duele la cabeza. ¿Tomo aspirinas?
9. Tengo gripe y fiebre. ¿Me acuesto?
10. Me duele el estómago. ¿Compro antiácidos?

**10-23 ¡Hazlo! ¡No lo hagas!** Túrnense para dar órdenes a tu compañero/a que tiene que cambiar afirmativo a negativo y vice versa.

**MODELO:** E1: _Cierra la ventana._
E2: _No cierres la ventana._

| | | |
|---|---|---|
| hablar | comer | escribir |
| cerrar | volver | servir |
| hacer | poner | venir |
| tener | ir | salir |
| levantarse | lavarse | ponerse |

**10-24 ¡Salud!** Divídanse en dos grupos. Cada grupo va a pensar en un problema de la salud (por ejemplo, una persona que quiere dejar de fumar o alguien que siempre está cansado). Luego intercambien sus problemas y busquen soluciones para el problema del otro grupo. Pueden usar éstos u otros sitios web como referencias:

**Latin Salud:**
www.latinsalud.com/

**El Diario de la Salud:**
www.diariodesalud.com

## ¡A escribir!

10-37 to
10-38

**10-25 Un artículo sobre la salud.** En la prensa (*press*) popular es común encontrar artículos que dan consejos sobre la salud. Vas a escribir un artículo al estilo de esta prensa.

MODELO:  *Las enfermedades respiratorias*

*Se dice que en el mundo más de 300.000.000 de personas sufren de alguna enfermedad respiratoria como el asma. Para muchas de ellas, la causa es genética. Para otras, es ambiental, o una combinación de los dos factores. ¿Qué se puede hacer si se sufre de una enfermedad respiratoria?*

### Antes de escribir

■ **Ideas.** Piensa en un problema o una condición que quieres tratar, por ejemplo, la falta de ejercicio o la dieta.

### A escribir

■ **El problema.** Escribe un párrafo en que expliques el problema. Indica a cuánta gente afecta y por qué es importante buscar una solución.

■ **Estrategias.** Haz una lista de tres a cinco estrategias o consejos que ayuden al/ a la lector/a a seguir tus consejos.

■ **Conclusión.** Concluye el artículo de una manera positiva, explicando cómo el/la lector/a va a sentirse mejor si sigue tus consejos.

### Después de escribir

■ **Revisar.** Revisa tu artículo para verificar los siguientes puntos.

❑ el uso del subjuntivo

❑ la ortografía y la concordancia

■ **Intercambiar.** Intercambia tu artículo con el de un/a compañero/a para examinar el contenido.

■ **Entregar.** Revisa tu diálogo, incorporando las sugerencias de tu compañero/a. Después, entrega a tu profesor/a el trabajo y las sugerencias de tu compañero/a.

# Nuestro mundo

## Panoramas

10-45 to
10-46

Vistas
culturales

### Los hispanos en el Canadá

**10-26 ¿Qué sabes tú?** Trata de identificar y/o explicar lo siguiente.

1. el tipo de música que toca Óscar López
2. tres razones por las cuales han venido inmigrantes hispanos al Canadá
3. dónde se puede ver un espectáculo de baile flamenco
4. las tapas
5. la razón por la cual vienen obreros mexicanos a Ontario
6. las regiones del Canadá donde hay mayor concentración de hispanos
7. el objetivo del programa de televisión, *Raíces Hispanas* (*Hispanic Roots*)

Los inmigrantes de España traen consigo (*with them*) su pasión por la danza. Algunos de ellos han establecido pequeñas escuelas donde se puede aprender a tocar la guitarra y a bailar el flamenco. En muchas ciudades existen grupos culturales que mantienen este arte. En los festivales multiculturales, que se llevan a cabo cada verano en muchas partes del país, es posible gozar de esta rica y animada tradición artística.

**El flamenco en el Canadá**
www.flamenco.ca

Nacido en Chile, Óscar López se había establecido como músico antes de inmigrar al Canadá en 1979, donde se arraigó (*settled*) en Calgary. Él lleva su música, una fusión de blues, jazz, flamenco, rumba y otros ritmos, en giras nacionales a todas partes del país. Él dice que aunque se ha adaptado a la vida canadiense, su música siempre tendrá un fondo latino porque representa gran parte de quién es.

**Óscar López**
www.oscarlopez.com/

En los años setenta los gobiernos de México y del Canadá iniciaron un programa que permite que cada año unos 12.000 obreros agrícolas mexicanos trabajen en la cosecha, principalmente en el sur de Ontario. Los agricultores canadienses les pagan los gastos de viaje y les ofrecen el mismo salario que reciben los obreros canadienses. Este programa ha tenido mucho éxito. Responde a la demanda canadiense de obreros agrícolas y les ofrece a los mexicanos la oportunidad de ganar más dinero.

La cocina hispana tiene tantas variantes como hay países en el mundo hispano. En todas las ciudades se encuentran restaurantes y cafés que se especializan en la comida de diferentes regiones. Una tradición española que está gozando de mucho éxito es el concepto de la tasca, un bar de tapas, donde se sirven porciones pequeñas y variadas a un precio económico.

**La Sala Rosa, Restaurante Español**
www.casadelpopolo.com/salaresto/about.htm

Hoy en día casi el 7 por ciento de la población del Canadá consiste en personas de origen hispano. Muchos se vinieron como refugiados (*refugees*) durante periodos de inestabilidad en Chile, en los años 70, y en la América Central, en los años 80. También han llegado inmigrantes de México, Suramérica, las islas del Caribe y de España, por razones de familia o como inmigrantes independientes. La gran mayoría se ha establecido en los centros urbanos de Toronto, Montreal y Vancouver, pero también existen pequeñas comunidades hispanas en otras ciudades canadienses. Ahora ha surgido una nueva generación de hispanocanadienses.

Néstor Castro es el productor ejecutivo del programa independiente de televisión, *Raíces Hispanas*, el cual está orientado hacia la familia de la comunidad hispana, enfocándose en educación, información y entretenimiento (*entertainment*). El objetivo es de preservar la cultura y las tradiciones hispanas, y hacer el camino para la integración de diferentes nacionalidades de esta comunidad vibrante que vive en el Canadá. En el 2005 *Raíces Hispanas* fue elegido como el mejor programa hispano de Ontario y en el 2006 el periódico *El popular* (un diario hispano bien establecido en el Canadá) también lo consideró como el mejor programa.

**Omni 1:** *Raíces Hispanas* (*Hispanic Roots*) jueves 2:00 PM y sábado 4:00 PM
www.omnitv.ca/ontario/tv/en_prog_span.shtml

**10-27 ¿Comprendiste?** Indica si estas oraciones son **ciertas** o **falsas**. Corrige las oraciones falsas.

1. Más del 7 por ciento de la población del Canadá es de origen hispano.
2. Los inmigrantes hispanos han venido principalmente de Suramérica.
3. La cocina hispana está gozando de una popularidad cada vez mayor en el Canadá.
4. Los obreros mexicanos reciben sueldos inferiores a los de los canadienses.
5. Óscar López es un artista de origen español.
6. Para aprender a bailar flamenco, es necesario ir a España.
7. En el 2005 *Raíces Hispanas* fue elegido como el mejor programa hispano de Ontario.

**10-28 Investigar.** Consulta el Internet para buscar información sobre estos temas.

1. la inmigración de los chilenos al Canadá en los años 70
2. la guerra civil en Guatemala en los años 80
3. los programas de televisión que se transmiten en español desde Toronto
4. los festivales multiculturales en Halifax, Ottawa, Winnipeg y otras ciudades
5. un restaurante hispano en tu ciudad
6. las conexiones económicas entre el Canadá y México
7. el itinerario de Óscar López
8. la comunidad hispana en tu región

**10-29 Entrevistas.** Entrevista una persona de origen hispano que estudie en tu universidad. Hazle preguntas sobre su experiencia y la de sus padres en este país. Toma apuntes durante la entrevista y prepara una breve presentación en español para la clase.

# Ritmos

Track 11

10-47

## "Todo cambia" (Mercedes Sosa, Argentina)

Esta canción es un ejemplo de la **nueva canción** latinoamericana, una forma artística musical en la cual el/la cantante expresa los sentimientos por su país y también sus opiniones políticas. La **nueva canción** no se interesa por lo comercial ni lo material sino que muestra un respeto por la cultura tradicional de la gente, especialmente por la de los pobres y los trabajadores de un país.

### Antes de escuchar

**10-30 Los cambios de la vida.** Haz una lista de los aspectos de la vida que cambian y los que no cambian en este mundo. Después intercambia tu lista con tu compañero/a. ¿Qué tienen en común?

**MODELO:**  Cambian:        No cambian:
            las ideas       los conflictos

## A escuchar

**10-31 La canción.** Mientras escuches "Todo cambia", completa los espacios en blanco de la letra con las palabras de la lista que indican los aspectos que cambian y los que no cambian según Mercedes Sosa.

| | | | |
|---|---|---|---|
| amor | recuerdo | superficial | clima |
| todo | dolor | profundo | yo (la narradora) |

### Todo cambia

1. Cambia lo _____,
   cambia también lo _____,
   cambia el modo de pensar,
   cambia _____ en este mundo.
   cambia el _____ con los años,
   cambia el pastor su rebaño,
   y así como todo cambia,
   que yo cambie no es extraño. [ . . . ]

2. Cambia, todo cambia,
   cambia, todo cambia. [ . . . ]

3. Pero no cambia mi _____,
   por más lejos que me encuentre.
   Ni el _____ ni el _____
   de mi pueblo, de mi gente.

4. Y lo que cambió ayer
   tendrá que cambiar mañana,
   así como cambio _____
   en esta tierra lejana. [ . . . ]

## Después de escuchar

**10-32 Palabras descriptivas.** Indica los adjetivos siguientes que crees que describen la canción.

_____ triste          _____ feliz

_____ complicada      _____ melancólica

_____ seria           _____ positiva

**10-33 Mi gente, mi país.** En las dos últimas estrofas de "Todo cambia", es evidente que Mercedes Sosa no quiere olvidar ni a su pueblo ni a su gente aunque ella está lejos. Imagínate que tienes a un/a amigo/a o un/a familiar lejos de tu familia o de tu país. Dale unos mandatos informales para que no se olvide de ti.

**MODELO:**   *Piensa en mí, por favor y escríbeme una notita.*

# Páginas

10-48

## *El Quetzal Herido*[1]
## (Alfonso L. Rojo, España, residente del Canadá)

La decisión de Alfonso L. Rojo de emigrar al Canadá siguió un proceso natural. En 1953, al terminar su carrera universitaria en Ciencias Naturales (Biología y Geología) en la Universidad Complutense (Madrid), consiguió un puesto (*position*) con las Compañías de Pesca del norte de España para estudiar los peces (*fish*) de interés comercial desde el Labrador hasta Maine. En 1958 el gobierno canadiense lo contrató para trabajar en el laboratorio del Department of Fisheries (London, Ontario). Después de ocho años de trabajo en biología marina, solicitó un puesto en la universidad y en 1961 aceptó la oferta de Saint Mary's University (Halifax) donde fundó el Departamento de Biología. Llegó a ser Full Professor en 1972 y se jubiló (*retired*) de la universidad en 1986 con el título de Professor Emeritus.

Además de *El Quetzal Herido* (2000), Alfonso L. Rojo ha publicado en español una poesía sobre las ruinas romanas, visigodas y árabes de Valeria, España: *A las ruinas de Valeria* (1981), y una historia corta: *Los tres sobres* (1984) que ganó el segundo premio en el Concurso Literario Nacional en Toronto.

*El Quetzal Herido* es una colección de historias originales de inmigrantes de habla española en el Canadá. Según el autor, el tema común de las historias es la lucha (*struggle*) del inmigrante entre la necesidad de adaptarse y la discriminación que encuentra en el nuevo país.

En el primer pasaje de *El Quetzal Herido* un peruano hace un viaje de Lima a Saint John con una mujer canadiense. Piensa casarse con ella y, después de la visita al Canadá, volver con ella y su bebé para empezar una nueva vida en el Perú. En el segundo pasaje un hispano jubilado que ha llevado muchos años viviendo en el Canadá por fin acepta su nueva vida.

El quetzal

### Antes de leer

El quetzal es reconocido como ave nacional de Guatemala y también da nombre a la moneda nacional. Esta ave tiene un vistoso plumaje, el pecho rojo y una cola (*tail*) larga de plumas verdes y azules iridiscentes. Para los aztecas y los mayas es símbolo de luz y vida. El quetzal se encuentra en peligro de extinción por la destrucción de su hábitat y por el tráfico ilegal. No puede vivir en cautiverio (*captivity*).

**10-34 La adaptación.** En la literatura puede haber varios niveles (*levels*) de interpretación. ¿Cuál es tu interpretación del título *El Quetzal Herido*? ¿Conoces a algunos inmigrantes hispanos que vivan ahora en el Canadá? ¿Crees que ha sido fácil o difícil su adaptación a una nueva vida aquí?

---

[1] "The Wounded Quetzal"

## A leer

**10-35 Una historia de . . .** Lee ahora estos dos pasajes de *El Quetzal Herido* de Alfonso L. Rojo.

### Pasaje 1: La llegada al Canadá

Con su acostumbrada euforia, Pablo organizó el viaje a Canadá. El día de su partida (*salida*), con su nuevo equipaje lleno de regalos, Pablo llevó a Wendy, Sean y al bebé al aeropuerto de Lima. Era su primer viaje en avión y no cabía en sí mismo (*he was beside himself*) hablando con cualquier peruano que estaba a su alcance (*reach*). Explicó a Wendy su plan de casarse con ella y volver con ella y el bebé para empezar una nueva vida en Perú después de la visita.

En Toronto cambiaron de avión para seguir el viaje a Saint John. Esta vez Pablo escogió (*chose*) una ventanilla en el avión de Air Canada. Acostumbrado a los colores del paisaje peruano, Pabló quedó hipnotizado por la belleza de cuento de hadas (*fairy-tale*) de los bosques cubiertos de nieve.

Ahora le tocó el turno a Wendy sentirse como en casa y enseguida empezó una animada conversación con la azafata (*asistente de vuelo*) y los viajeros cercanos. Pablo, sin poder entender una palabra, se apocó (*shied away*). Solamente cambió unas pocas palabras con Wendy durante la segunda etapa (*parte*) del viaje. Un sentimiento extraño de soledad (*loneliness*), que nunca había sentido lo invadió. Miró por la ventanilla el monótono paisaje. A medida que (*As*) la confianza de Wendy crecía, la seguridad de Pablo en sí mismo se hundía (*sank*). Cansado, cerró los ojos y trató de dormir. 'No te dejes cazar (*be caught*) por una gringa . . . no te dejes cazar por una gringa . . .' repetía su mente una y otra vez. Cuando se despertó, el avión tocaba tierra en Saint John.

Quedó gratamente sorprendido al encontrar el aeropuerto con una temperatura agradable aunque estaba rodeado (*surrounded*) de campos nevados. Nunca se habría (*would have*) imaginado que un edificio tan grande pudiera calentarse (*could be heated*). Ahora era Wendy la que le guiaba en su nuevo ambiente. Pablo, cargado de maletas, la seguía como un corderito (*little lamb*).

"Allí está la abuela," dijo Wendy a los niños. Pablo miró sin dar fe (*disbelieving*) a sus ojos la figura de una mujer de unos sesenta años, gruesa (*gorda*), con lo que a él le parecía un vestido chillón (*gaudy*) de flores debajo de un abrigo de invierno abierto. Siempre había conocido a su madre vestida de negro. Solamente las muchachas y mujeres jóvenes, como Hortensia, llevaban vestidos de colores en los pueblos pequeños de Perú.

### Pasaje 2: La adaptación de un jubilado a la nueva vida

Había soñado mucho tiempo atrás (*long ago*) con cambiar su país de adopción por las colinas (*hills*) familiares de su tierra nativa y los cálidos lazos (*ties*) familiares, pero había aprendido en su último viaje que ya no pertenecía (*belonged*) allí tampoco.

Ahora su vida estaba empezando a estancarse (*stagnate*) en la monotonía del retiro (*retirement*) como los últimos días del otoño, fríos, grises, sin sol. 'Hay otros lugares más alegres', pensó. Se imaginaba a la gente de la calle apresurándose (*hurrying*) hacia ellos dejando desierta la ciudad.

Tomó el periódico y leyó página tras página sin prisa. Durante una hora larga, la lectura detuvo la cadena (*stopped the train*) de sus abatidos (*gloomy*) pensamientos.

Mabel vino con una cafetera de café recién hecho. "¿Más café, señor?"

"Mejor no, gracias." Su corazón protestaría luego.

Con el rabillo (*Out of the corner*) del ojo vio las luces del árbol de Navidad cesar en su monótono flujo, paralizadas en puntitos de color. Dejó el periódico sobre la mesa y observó al joven dependiente cerrar la tienda.

A través de (*Por*) la ventana percibió una figura doblegada (*bent*), caminando despacio, cojeando (*limping*) y apoyada (*leaning*) en un bastón (*cane*), pero su paso era firme, controlado, decisivo. No llevaba sombrero ni bufanda (*scarf*) ni abrigo. Enfrente de la librería, las luces se posaron sobre él. Fue un segundo con el valor de una eternidad. La imagen de la voluntad (*will*) firme de aquel hombre relampagueó (*flashed*) en la mente del jubilado. Sus dudas desaparecieron. No debía dudar más.

El jubilado se levantó con determinación. Desde el mostrador (*counter*), Mabel le sonrió. Con paso firme, salió a la calle, llevando en el corazón el calor de aquella sonrisa.

**Después de leer**

**10-36 ¿Comprendiste?** Contesta brevemente en español las siguientes preguntas sobre los dos pasajes.

**Pasaje 1: La llegada al Canadá**

1. ¿Qué estado de ánimo (*state of mind*) tenía Pablo en el aeropuerto de Lima antes de salir para el Canadá?
2. ¿Qué plan tenía Pablo para después de la visita al Canadá?
3. ¿En qué estación del año fue el viaje?
4. ¿Habló Pablo con los otros pasajeros en el avión? ¿Por qué? ¿Y Wendy?
5. ¿Cómo reaccionó Pablo cuando llegó al aeropuerto de Saint John? ¿Y cuando vio por primera vez a la abuela de los niños?

**Pasaje 2: La adaptación de un jubilado a la nueva vida**

1. ¿Qué aprendió el jubilado durante su último viaje a su tierra nativa?
2. ¿Crees que este señor pasaba un retiro feliz en el Canadá?
3. ¿Cómo parece que se escapaba de sus pensamientos y la monotonía de su vida?
4. Después de leer el periódico, el jubilado miró por la ventana. ¿Qué vio en la calle? ¿Qué lo impresionó tanto?

**10-37 En su opinión.** ¿Qué creen Uds. que son las adaptaciones más difíciles para los inmigrantes hispanos? En el siguiente sitio web pueden informarse de los servicios que el Centro para Gente de Habla Hispana les ofrece a los inmigrantes recién llegados:

http://espanol.cssp-cghh.org/18.html

# Observaciones

Episode 10

10-49 to 10-52

## ¡Pura vida! Episodio 10

En este episodio doña María y Marcela atienden a Patricio porque no se siente bien.

### Antes de ver el video

**10-38 ¿Tengo gripe o resfriado?** Lee el artículo para ver cómo se diferencian los síntomas del resfriado y de la gripe y después haz una lista de los síntomas de cada uno.

El resfriado y la gripe pueden tener muchos de los mismos síntomas. Pero un resfriado generalmente es leve (*minor*), mientras que la gripe es mucho más intensa.

Con frecuencia, con un resfriado comienzas sintiéndote cansado, estornudando (*sneezing*), tosiendo y con la nariz tapada (*stuffy nose*). Si tienes fiebre, es baja: sólo uno o dos grados más de lo normal. Es probable que te duelan los músculos y la garganta, y que tengas los ojos llorosos (*watery*) y dolor de cabeza.

La gripe comienza de repente (*suddenly*) y es más fuerte. Es probable que te sientas débil y cansado, y que tengas fiebre alta, tos seca, la nariz tapada, escalofríos (*chills*), dolores musculares, dolor de cabeza intenso, dolor en los ojos y dolor de garganta. Generalmente, toma más tiempo mejorarse de la gripe que de un resfriado. La mejor manera de evitar la gripe es ponerte una vacuna (*flu shot*) cada otoño.

¿Qué tomas cuando tienes gripe?

### A ver el video

**10-39 Lo que tiene Patricio.** Mira el décimo episodio de *¡Pura vida!* para identificar la enfermedad que tiene Patricio.

Patricio está enfermo.

Doña María y Marcela con Patricio

Marcela va a la farmacia.

Según los síntomas, es probable que Patricio tenga . . .

_____ resfriado      _____ diabetes      _____ gripe      _____ gastritis

### Después de ver el video

**10-40 ¿Qué puedo hacer para sentirme mejor?** Conéctate con **MySpanishLab** y lee algunos consejos para sentirte mejor si tienes un resfriado o una gripe. Escribe por lo menos cinco consejos.

WWW

# Vocabulario

| Las partes del cuerpo humano | Parts of the body |
|---|---|
| la boca | mouth |
| el brazo | arm |
| la cabeza | head |
| el corazón | heart |
| el dedo (de la mano) | finger |
| el diente | tooth |
| la espalda | back |
| el estómago | stomach |
| la garganta | throat |
| la lengua | tongue |
| la mano | hand |
| la nariz | nose |
| el oído | inner ear |
| la oreja | outer ear |
| el pecho | chest |
| el pie | foot |
| la pierna | leg |
| los pulmones | lungs |
| la rodilla | knee |

| Problemas de salud | Health problems |
|---|---|
| doler (ue) | to hurt |
| hacer(le/se) daño | to hurt (someone/oneself) |
| romperse (un hueso) | to break (a bone) |

| | |
|---|---|
| tener alergia(s) a | to be allergic to |
| tener (un) dolor de cabeza | to have a headache |
| (una) fiebre | a fever |
| (la) gripe | the flu |
| una infección | an infection |
| un resfriado | a cold |
| (una) tos | a cough |

| Consejos y remedios médicos | Medical advice and remedies |
|---|---|
| cuidar(se) | to take care (of oneself) |
| dejar de fumar | to quit smoking |
| guardar cama | to stay in bed |
| hacer una cita | to make an appointment |
| mejorarse | to get better; to get well |
| recetar | to prescribe |
| respirar | to breathe |
| tomar(le/se) la presión/ la temperatura | to take (some)one's blood pressure/temperature |

| Medicinas comunes | Common medicines |
|---|---|
| el antiácido | antacid |
| el antibiótico | antibiotic |
| la aspirina | aspirin |

| En el consultorio | In the doctor's office |
|---|---|
| la clínica | clinic |
| el dolor | pain |
| la enfermedad | illness |
| el/la enfermero/a | nurse |
| el examen físico | checkup |
| la inyección | shot |
| el/la médico/a | doctor, physician |
| el/la paciente | patient |
| la radiografía | x-ray |
| la receta | prescription |
| el síntoma | symptom |

| Verbos que expresan recomendaciones | Verbs which express recommendations |
|---|---|
| aconsejar | to advise |
| insistir (en) | to insist |
| mandar | to order |
| permitir | to permit |
| prohibir | to prohibit; to forbid |
| recomendar (ie) | to recommend |
| sugerir (ie, i) | to suggest |

| Los alimentos | Foods |
|---|---|
| las bebidas alcohólicas | alcoholic drinks |
| los carbohidratos | carbohydrates |
| el colesterol | cholesterol |
| las grasas | fats |
| los productos lácteos | dairy foods |
| las proteínas | proteins |

| Las enfermedades y el bienestar | Illnesses and well-being |
|---|---|
| el centro naturista | health store |
| la diabetes | diabetes |
| los ejercicios aeróbicos | aerobics |
| el peso | weight |
| el riesgo | risk |

| Tu línea y tu salud | Your figure and your health |
|---|---|
| adelgazar; bajar de peso | to lose weight |
| engordar; subir de peso | to gain weight |
| estar a dieta/ bien/mal de salud/ en (buena) forma | to be on a diet/ in good/bad health/ in (good) shape |
| guardar la línea | to stay trim; to watch one's figure |
| hacer jogging/footing | to jog |
| levantar pesas | to lift weights |
| padecer (zc) (de) | to suffer (from) |
| ponerse a dieta/ en forma | to go on a diet/ to get into shape |

| Verbos que expresan emoción | Verbs which express emotion |
|---|---|
| enojar(se) | to anger; to get angry |
| lamentar | to regret |
| sentir (ie, i) | to regret |
| sorprender(se) | to surprise; to be surprised |
| temer | to fear |

## Translation of "¡Así es la vida!" readings

### Lección 2   Where are you from?

## Primera parte

**¡Así es la vida! Who am I?** Hi! I'm (My name is) José Ortiz, from the Dominican Republic. I'm a student at the University of Salamanca, in Spain, and I have a lot of new friends.

The dark-haired girl is (called) Isabel Rojas Lagos. She's intelligent and hard-working. She's also very nice.

The tall blond boy is Daniel Gómez Mansur. He's from Madrid, the capital of Spain.

|  |  |
|---|---|
| **Paco:** | Where are you from, María? |
| **María:** | I'm Spanish, from Seville. And you, where are you from? |
| **Paco:** | I'm Canadian, from Calgary. |
| **María:** | Nice to meet you. What time is it now? |
| **Paco:** | It's nine a.m. |
| **María:** | Really? My algebra class is at nine! See you soon! |
| **Paco:** | See you later, María! |

## Segunda parte

**¡Así es la vida! What do you do? What do you like to do?** Hi! I'm Celia Cifuentes Bernal and I'm twenty-two years old. I speak Spanish and French. I study sciences at the Complutense University of Madrid. Today I have to study a lot because I have a biology exam tomorrow at two p.m. I work and study a lot but on Saturday nights my friends and I dance at a club.

I'm Alberto López Silvero. I speak Spanish, Portuguese, Italian and a little English. I'm twenty-one. I study languages at the University of Valencia. In the afternoon I work at the university bookstore. I like to drink coffee and chat with my friends.

## Lección 3   What do you study?

### Primera parte

**¡Así es la vida! What subjects are you going to take?**

**Alberto:** Hi, Luis! You already have your class timetable, don't you?

**Luis:** Yes, and you? What subjects are you going to take?

**Alberto:** My timetable is quite complicated. I'm going to take five subjects and I have classes every day.

**Luis:** Are you going to take the economics class with Professor Uvalde?

**Alberto:** Yes, and it's a very difficult class! His students always do a lot of homework.

**Luisa:** Carmen, what are you doing?

**Carmen:** I'm doing the physics assignment.

**Luisa:** What do we have to study?

**Carmen:** We have to do two exercises for tomorrow.

**Luisa:** Well, shall we go to biology class?

**Carmen:** What time is it?

**Luisa:** It's five to nine. Our class is in five minutes.

**Carmen:** Oh, yes! Let's go to class.

### Segunda parte

**¡Así es la vida! Where is the bookstore?**

**Ana Rosa:** Hi, Carlos! How are you?

**Carlos:** Hi, girl! I'm fine, but a bit tired. I'm very busy with my classes.

**Ana Rosa:** Me too! Now I have to go to the bookstore to buy an English-Spanish dictionary. I need to write a composition for the literature class. We read a lot of novels in the class.

**Carlos:** Where's the bookstore?

**Ana Rosa:** It's nearby, in the student centre, to the right of the gymnasium.

**Carlos:** What novel are you reading?

**Ana Rosa:** Now we're reading a novel by Carlos Fuentes. I'm nervous, because the novel is difficult and we have an exam in two weeks. I don't understand many of the novels we read.

**Carlos:** Why don't you talk to Marisa? She reads a lot and studies Mexican literature. She always eats in the cafeteria at one (o'clock) after her classes.

# Lección 4  What is your family like?

## Primera parte

### ¡Así es la vida! An email message

Juan Antonio receives an email message from his new friend, Ana María Pérez, a young Guatemalan girl who is studying at the university with him. Juan Antonio is Costa Rican and lives in San José. Ana María is spending the summer vacation with her family in Guatemala City.

From: Ana María
Subject: Greetings from Guatemala
Date: November 20, 2007

Dear Juan Antonio:

Thanks for your message. You have an interesting, and very large, family! My family is also very close and a little large. My dad is a professor at the National University of Guatemala and my mom is a dentist. I have two siblings. My older sister is called Carmen. She's twenty-two and studies biology at the university. Then it's me, at nineteen, and then my younger brother, Ernesto, who is fifteen.

My grandparents - my dad's parents - live with us. They help a lot around the house. My uncle Gustavo and aunt Elena don't live very far away and spend a lot of time here. They have two children, my cousin Juan and my cousin Cristina. My uncle José doesn't have any children. I am going to see a lot of relatives on Sunday to celebrate my grandparents' anniversary.

If you come to Guatemala in July, you can go with my family to visit Tikal. We are going to Costa Rica for two weeks in August. We'll be returning to Guatemala after our vacation and I'll be going back to university on September 2.

See you soon.
A hug,
Ana María

## Segunda parte

### ¡Así es la vida! Free Time

### An invitation

| | |
|---|---|
| **Laura:** | Hello. |
| **Raúl:** | Yes, may I speak with Laura, please? |
| **Laura:** | This is Laura. |
| **Raúl:** | Laura, it's Raúl calling. How are you? |
| **Laura:** | Very well. What a surprise, Raúl! |
| **Raúl:** | Well, I'm calling you to see if you want to go to the movies tonight. |
| **Laura:** | Do you know what movie they're showing? |
| **Raúl:** | Yes, at the Rialto Theatre they have *Volver*, an Almodóvar film. |
| **Laura:** | That's good! Let's go, then! What time is the show? |
| **Raúl:** | It starts at seven. I'll pick you up at six-thirty. |
| **Laura:** | Fine, but I don't have much money. How much do the tickets cost? |
| **Raúl:** | No problem. I'm paying. |

## Lección 5    How do you spend the day?

### Primera parte

#### ¡Así es la vida! Household chores

The Pérez Zamora family is Argentinian and lives in Buenos Aires. Tonight they are going to celebrate the birthday of Mr. Pérez in their home. Mrs. Pérez has a list of chores for her children who are on the sofa in the living room. Rosa is reading a book, Antonio is listening to music and Cristina is eating a sandwich. At this moment, Mrs. Pérez enters the living room to speak to her children about the chores that they have to do for their father's party.

**Mrs. Pérez:**    We have a lot to do today for dad's party. Antonio, you are going to dust the furniture in the living room and vacuum all around the house, especially under the dining-room table. Cristina, you have to wash the dirty clothes and then dry them. Also, you need to clean the bathrooms and sweep the floor. Rosa, you set the table and see if we have everything for the sandwiches. Let's make a shopping list for the market. I am going to clean the kitchen. Let's work hard now and then we can celebrate at the party.

### Segunda parte

#### ¡Así es la vida! Daily activities

#### Personal care

Antonio and Beatriz live in Santiago, Chile. This morning they are getting ready to go to work.

- Antonio always wakes up at six a.m. and gets up early. After getting out of bed, he goes to the bathroom where he showers, gets dressed and shaves. Then he prepares breakfast and afterwards, he brushes his teeth.

- This morning Beatriz is in a hurry because her alarm clock isn't working. Now she has to wash her face, dress quickly and leave the house without putting on her make-up. She gets nervous because she doesn't want to arrive late at the university.

## Lección 6    Enjoy your meal!

### Primera parte

#### ¡Así es la vida! Enjoy your meal!

#### At home

   **Marta:**    I'm very hungry, Arturo. Do you want to go out for lunch?

  **Arturo:**    Sure. Where do you feel like going?

   **Marta:**    Why don't we go to Don Pepe Restaurant? I love their Cuban dishes.

#### At Don Pepe Restaurant

  **Arturo:**    Server, can you please bring us a glass of red wine and a beer?

  **Server:**    Of course. Do you know what you want to order yet?

   **Marta:**    What is the daily special?

  **Server:**    It's the Cuban rice. We serve it with meat, beans, and fried plantains. Would you like to try it?

| | |
|---|---|
| **Marta:** | It sounds interesting to me. I'll try it. |
| **Arturo:** | So will I. And can you bring us a lettuce and tomato salad? |

**The server brings the food to them**

| | |
|---|---|
| **Server:** | Enjoy your meal! |
| **Marta:** | Thanks. Mmmm, the rice is delicious! I like the food here a lot. |

## Segunda parte

### ¡Así es la vida! At the cooking school

| | |
|---|---|
| **Miguel:** | Hi, Mónica! What's up? Did you like your first week at the cooking school? |
| **Mónica:** | Yes, I liked it a lot! We worked a lot but we learned to prepare some delicious dishes. |
| **Miguel:** | Did you? What did you cook? |
| **Mónica:** | Well, my friend Julia and I prepared a delicious chicken with rice. I chopped the onions and the garlic and Julia heated the oil and added the other ingredients. |
| **Miguel:** | You know I love chicken with rice! Why didn't you invite me to try it? |
| **Mónica:** | The truth is that we ate it all for lunch. If you like chicken with rice so much, you have to learn to cook it! |

## Lección 7  Let's enjoy ourselves!

## Primera parte

### ¡Así es la vida! Free time

### The weekend

Ricardo and Susana are from Ecuador. They live on the northern coast, near Esmeraldas and Tonsupa beach on the Pacific. It's Saturday and the weather is good.

| | |
|---|---|
| **Ricardo:** | Susana, what do you want to do today? It's sunny and very hot. |
| **Susana:** | Why don't we go to Tonsupa? We can swim in the ocean, sunbathe and have a picnic. There is not much wind today and it isn't going to rain. |
| **Ricardo:** | Good idea! Shall we call Elena and Carlos to see if they want to go too? |
| **Susana:** | Perfect! They really like to go to the beach. |
| **Ricardo:** | Good. Who would be interested in making the sandwiches? You made them the last time and they were very good. |
| **Susana:** | Well, fine. I'll make them. So, are you going to buy the soft drinks and the ice for the cooler? And where are the beach umbrellas? You gave the yellow one to your sister when she went to Atacames. |
| **Ricardo:** | That's fine. I'll buy the soft drinks first and then I'll call my sister but I believe that she had to work this morning. |
| **Susana:** | It doesn't matter. The red umbrella is fine. By the way, tonight, if it isn't cool, do you want to go to Atacames to take a stroll around the market and then try the shrimp ceviches that I like so much? |
| **Ricardo:** | Great. Let's get ready! |

## Segunda parte

**¡Así es la vida! Sports**

**Sportsmen/Sportswomen**

**María Elena Salazar (soccer player)** It is very good to exercise every day. During the summer, when it's hot, I play soccer. In the winter, when it's cool, I like to swim in the pool at my club. Today I exercised and swam for an hour. There are some sports that I like and others that I don't like. Tennis fascinates me but golf doesn't interest me much. I don't understand hockey but I enjoyed the game that I saw last night on television.

**Daniel Sánchez Ramírez (baseball player)** Although the most popular sport in my country is soccer, my favourite sport is baseball. I play from November until December on the university team. I am not a very good player but generally I hit quite well. My favourite team is the Toronto Blue Jays in the American League. Last year I intended to go to Toronto to see them play but I couldn't because I got sick.

## Lección 8   How can I help you?

## Primera parte

**¡Así es la vida! Shopping** Last Friday, Victoria and her brother Manuel couldn't go shopping because Manuel felt ill. On Saturday they went to the large stores downtown where Manuel preferred to go to the department store Saga Falabella, where the sales continued all weekend.

**In the department store Saga Falabella**

Manuel is looking for a shirt and a sweater for (his) work.

| | |
|---|---|
| **Clerk:** | Good morning. How can I help you? |
| **Manuel:** | I'm looking for the shirts and the sweaters that are on sale. |
| **Clerk:** | We have several styles here. What do you think of these? What size do you wear? |
| **Manuel:** | I wear medium (size). Hmm, I like those cotton shirts. (He takes a shirt.) Can I try on this one? |
| **Clerk:** | Yes, of course. The changing room is over there. |

**A few minutes later . . .**

| | |
|---|---|
| **Manuel:** | How does it look on me? Isn't it a bit small for me? |
| **Clerk:** | No, it fits you very well. |
| **Manuel:** | Well then, I'll buy it. |
| **Clerk:** | Please take this bill to the cash register. |

## Segunda parte

**¡Así es la vida! What did you buy?** Victoria and her brother Manuel already returned home and Victoria is looking at her purchases when Lucía calls her on the phone.

| | |
|---|---|
| **Victoria:** | Hello? |
| **Lucía:** | Hi, Victoria. This is Lucía. How are you? |
| **Victoria:** | Very well. What's up, Lucía? |
| **Lucía:** | Hey, I called you before and no one answered. Where were you? |
| **Victoria:** | I went shopping downtown and I was there all day. |
| **Lucía:** | Oh, yes! . . . Did you find anything? |

| | |
|---|---|
| **Victoria:** | I bought a fabulous red dress in Falabella. I also bought a bracelet for mom for her birthday and some articles in the pharmacy. |
| **Lucía:** | Did you spend much? |
| **Victoria:** | I spent less than last week. Now that I pay cash, I'm much more careful. For example, the most expensive thing I bought was the dress, but since I found it on sale, it only cost me 350 bolivianos. |
| **Lucía:** | What's the dress like? |
| **Victoria:** | It's the most elegant one in the world! It's much prettier than my black dress and I need something good for Ana's party. |
| **Lucía:** | Yes, it's true. She gives the best parties in the city. |

## Lección 9   Let's go on a trip

## Primera parte

**¡Así es la vida! Have a good trip!**

**At the travel agency**  Mauricio and Susana are two Venezuelan students. They have a week's vacation and go to a travel agency to get some information on Isla de Margarita. They are looking at some brochures.

| | |
|---|---|
| **Mauricio:** | Are you interested in going back to the hotel where we were last year? It was very good. |
| **Susana:** | Yes, and you could go on a lot of excursions, but there were a lot of tourists and it wasn't very close to the beach. |
| **Mauricio:** | You're right. |
| **The agent:** | (gives them a brochure): Well, if you want something different, we're offering a week's trip to Colombia. |
| **Susana:** | What's included in the trip? |
| **Rosario:** | Roundtrip fare, lodging, meals, and excursions for three days and two nights on the island of San Andrés, which has a fabulous beach, and five days and four nights in the colonial city of Cartagena de Indias. All this for only 912,000 bolívares a person! |
| **Susana:** | Well, what do you think if we go to Colombia? |
| **Mauricio:** | Terrific! |

**At the airport**  A month later Mauricio and Susana leave for Colombia on their vacation trip. They are in the waiting room of AVIANCA, in the international airport of Caracas.

| | |
|---|---|
| **Agent:** | Good afternoon, passengers. AVIANCA announces the departure of flight 79 with the destination of San Andrés. Please go to boading gate number 8. Have a good trip! |

## Segunda parte

**¡Así es la vida! Vacations**

**An email from Susana**

Hi, Raquel,

Greetings from Cartagena, Colombia!

We arrived here after three days on the island of San Andrés, where we had a marvellous time. Our hotel was large and beautiful and it was only two minutes from the beach. We stayed in a very large room with a good view of the ocean. We swam in the ocean and also in the hotel swimming pool. Every day we went out waterskiing and snorkelling in the crystal clear waters of the Caribbean. On the last day we went on an excursion around the whole island by bicycle. The hotel had a good restaurant and we tried something new every day.

Now we're in the old city in a colonial hotel with a garden full of tropical flowers. It rained yesterday and we went to the museum to learn a bit about the history of the city. Last night we had dinner in a restaurant downtown, where there was traditional Colombian music. We liked the atmosphere a lot and we stayed out late.

I'm sending you some digital photos of Colombia.

A hug from your friend, Susana

# Lección 10  Your health comes first!

## Primera parte

### ¡Así es la vida! Health problems

### In the doctor's office

**Dr. Estrada:** Good afternoon, Mr. Gómez. How do you feel? What seems to be the matter? What is hurting you today?

**Mr. Gómez:** Good afternoon, doctor. Today my throat really hurts and also my chest and stomach.

**Dr. Estrada:** Let's see... Well, what you have is a throat infection. I am going to prescribe an antibiotic for you.

**Mr. Gómez:** Good, but I hope that it doesn't bother my stomach, eh?

**Dr. Estrada:** It won't hurt you at all. Now, I want you to go home and go to bed, and take care of yourself. I assure you that you are going to feel much better but if you have any problems at all, I hope that you will call me right away.

**Mr. Gómez:** Of course, doctor. Thank you very much. See you later.

## Segunda parte

### ¡Así es la vida! Improve your health

### A good diet for a healthy heart

Many heart diseases are caused by dietary problems and by the way in which we live. According to the statistics, we should be eating a balanced and varied diet which contains sufficient carbohydrates, proteins, vitamins, minerals, salt and fat so that the heart can function well.

Heart diseases are the principal cause of death in both developed and developing countries. This shouldn't happen. In order to stay healthy, one needs to adhere to a careful diet and keep in mind that there are foods that contribute to heart diseases. Changes in our diet can effectively reduce the risk of heart disease. To diminish these risks, the **Canadian Heart and Stroke Foundation** has prepared the following dietary recommendations:

- To limit the consumption of cholesterol, don't eat foods that have a high fat content. Use vegetable oils, especially olive oil, in your cooking, instead of butter and lard.

- It is recommended also that you include more fibre in your diet, in the form of fruits and vegetables, and also whole-grain bread and cereals. These complex carbohydrates produce lower levels of sugar than the simple carbohydrates of sweet foods and white flour.

To enjoy good health, it is important that you maintain a healthy weight, exercise and control your glucose levels. Talk to your doctor about planning the diet that suits you best.

# Verb Charts

## Regular Verbs: Simple Tenses

| Infinitive / Present Participle / Past Participle | Indicative | | | | | Subjunctive | | Imperative |
|---|---|---|---|---|---|---|---|---|
| | Present | Imperfect | Preterit | Future | Conditional | Present | Imperfect | |
| hablar<br>hablando<br>hablado | hablo<br>hablas<br>habla<br>hablamos<br>habláis<br>hablan | hablaba<br>hablabas<br>hablaba<br>hablábamos<br>hablabais<br>hablaban | hablé<br>hablaste<br>habló<br>hablamos<br>hablasteis<br>hablaron | hablaré<br>hablarás<br>hablará<br>hablaremos<br>hablaréis<br>hablarán | hablaría<br>hablarías<br>hablaría<br>hablaríamos<br>hablaríais<br>hablarían | hable<br>hables<br>hable<br>hablemos<br>habléis<br>hablen | hablara<br>hablaras<br>hablara<br>habláramos<br>hablarais<br>hablaran | habla tú,<br>no hables<br>hable usted<br>hablemos<br>hablen Uds. |
| comer<br>comiendo<br>comido | como<br>comes<br>come<br>comemos<br>coméis<br>comen | comía<br>comías<br>comía<br>comíamos<br>comíais<br>comían | comí<br>comiste<br>comió<br>comimos<br>comisteis<br>comieron | comeré<br>comerás<br>comerá<br>comeremos<br>comeréis<br>comerán | comería<br>comerías<br>comería<br>comeríamos<br>comeríais<br>comerían | coma<br>comas<br>coma<br>comamos<br>comáis<br>coman | comiera<br>comieras<br>comiera<br>comiéramos<br>comierais<br>comieran | come tú,<br>no comas<br>coma usted<br>comamos<br>coman Uds. |
| vivir<br>viviendo<br>vivido | vivo<br>vives<br>vive<br>vivimos<br>vivís<br>viven | vivía<br>vivías<br>vivía<br>vivíamos<br>vivíais<br>vivían | viví<br>viviste<br>vivió<br>vivimos<br>vivisteis<br>vivieron | viviré<br>vivirás<br>vivirá<br>viviremos<br>viviréis<br>vivirán | viviría<br>vivirías<br>viviría<br>viviríamos<br>viviríais<br>vivirían | viva<br>vivas<br>viva<br>vivamos<br>viváis<br>vivan | viviera<br>vivieras<br>viviera<br>viviéramos<br>vivierais<br>vivieran | vive tú,<br>no vivas<br>viva usted<br>vivamos<br>vivan Uds. |

### Vosotros Commands

| hablar | comer | vivir |
|---|---|---|
| hablad,<br>no habléis | comed,<br>no comáis | vivid,<br>no viváis |

# Regular Verbs: Perfect Tenses

| | Indicative | | | | | Subjunctive | |
|---|---|---|---|---|---|---|---|
| | Present Perfect | Past Perfect | Preterit Perfect | Future Perfect | Conditional Perfect | Present Perfect | Past Perfect |
| | he hablado | había hablado | hube hablado | habré hablado | habría hablado | haya hablado | hubiera hablado |
| | has comido | habías comido | hubiste comido | habrás comido | habrías comido | hayas comido | hubieras comido |
| | ha vivido | había vivido | hubo vivido | habrá vivido | habría vivido | haya vivido | hubiera vivido |
| | hemos | habíamos | hubimos | habremos | habríamos | hayamos | hubiéramos |
| | habéis | habíais | hubisteis | habréis | habríais | hayáis | hubierais |
| | han | habían | hubieron | habrán | habrían | hayan | hubieran |

# Irregular Verbs

| Infinitive Present Participle Past Participle | Indicative | | | | | Subjunctive | | Imperative |
|---|---|---|---|---|---|---|---|---|
| | Present | Imperfect | Preterit | Future | Conditional | Present | Imperfect | |
| andar andando andado | ando andas anda andamos andáis andan | andaba andabas andaba andábamos andabais andaban | anduve anduviste anduvo anduvimos anduvisteis anduvieron | andaré andarás andará andaremos andaréis andarán | andaría andarías andaría andaríamos andaríais andarían | ande andes ande andemos andéis anden | anduviera anduvieras anduviera anduviéramos anduvierais anduvieran | anda tú, no andes ande usted andemos anden Uds. |
| caer cayendo caído | caigo caes cae caemos caéis caen | caía caías caía caíamos caíais caían | caí caíste cayó caímos caísteis cayeron | caeré caerás caerá caeremos caeréis caerán | caería caerías caería caeríamos caeríais caerían | caiga caigas caiga caigamos caigáis caigan | cayera cayeras cayera cayéramos cayerais cayeran | cae tú, no caigas caiga usted caigamos caigan Uds. |
| dar dando dado | doy das da damos dais dan | daba dabas daba dábamos dabais daban | di diste dio dimos disteis dieron | daré darás dará daremos daréis darán | daría darías daría daríamos daríais darían | dé des dé demos deis den | diera dieras diera diéramos dierais dieran | da tú, no des dé usted demos den Uds. |

# Irregular Verbs (continued)

| Infinitive / Present Participle / Past Participle | Indicative — Present | Indicative — Imperfect | Indicative — Preterit | Indicative — Future | Conditional | Subjunctive — Present | Subjunctive — Imperfect | Imperative |
|---|---|---|---|---|---|---|---|---|
| decir / diciendo / dicho | digo / dices / dice / decimos / decís / dicen | decía / decías / decía / decíamos / decíais / decían | dije / dijiste / dijo / dijimos / dijisteis / dijeron | diré / dirás / dirá / diremos / diréis / dirán | diría / dirías / diría / diríamos / diríais / dirían | diga / digas / diga / digamos / digáis / digan | dijera / dijeras / dijera / dijéramos / dijerais / dijeran | di tú, no digas / diga usted / digamos / decid vosotros, no digáis / digan Uds. |
| estar / estando / estado | estoy / estás / está / estamos / estáis / están | estaba / estabas / estaba / estábamos / estabais / estaban | estuve / estuviste / estuvo / estuvimos / estuvisteis / estuvieron | estaré / estarás / estará / estaremos / estaréis / estarán | estaría / estarías / estaría / estaríamos / estaríais / estarían | esté / estés / esté / estemos / estéis / estén | estuviera / estuvieras / estuviera / estuviéramos / estuvierais / estuvieran | está tú, no estés / esté usted / estemos / estad vosotros, no estéis / estén Uds. |
| haber / habiendo / habido | he / has / ha / hemos / habéis / han | había / habías / había / habíamos / habíais / habían | hube / hubiste / hubo / hubimos / hubisteis / hubieron | habré / habrás / habrá / habremos / habréis / habrán | habría / habrías / habría / habríamos / habríais / habrían | haya / hayas / haya / hayamos / hayáis / hayan | hubiera / hubieras / hubiera / hubiéramos / hubierais / hubieran | |
| hacer / haciendo / hecho | hago / haces / hace / hacemos / hacéis / hacen | hacía / hacías / hacía / hacíamos / hacíais / hacían | hice / hiciste / hizo / hicimos / hicisteis / hicieron | haré / harás / hará / haremos / haréis / harán | haría / harías / haría / haríamos / haríais / harían | haga / hagas / haga / hagamos / hagáis / hagan | hiciera / hicieras / hiciera / hiciéramos / hicierais / hicieran | haz tú, no hagas / haga usted / hagamos / haced vosotros, no hagáis / hagan Uds. |
| ir / yendo / ido | voy / vas / va / vamos / vais / van | iba / ibas / iba / íbamos / ibais / iban | fui / fuiste / fue / fuimos / fuisteis / fueron | iré / irás / irá / iremos / iréis / irán | iría / irías / iría / iríamos / iríais / irían | vaya / vayas / vaya / vayamos / vayáis / vayan | fuera / fueras / fuera / fuéramos / fuerais / fueran | ve tú, no vayas / vaya usted / vamos, no vayamos / id vosotros, no vayáis / vayan Uds. |

# Irregular Verbs (continued)

| Infinitive Present Participle Past Participle | Indicative | | | | | Subjunctive | | Imperative |
|---|---|---|---|---|---|---|---|---|
| | Present | Imperfect | Preterit | Future | Conditional | Present | Imperfect | |
| oír oyendo oído | oigo oyes oye oímos oís oyen | oía oías oía oíamos oíais oían | oí oíste oyó oímos oísteis oyeron | oiré oirás oirá oiremos oiréis oirán | oiría oirías oiría oiríamos oiríais oirían | oiga oigas oiga oigamos oigáis oigan | oyera oyeras oyera oyéramos oyerais oyeran | oye tú, no oigas oiga usted oigamos oigan Uds. |
| poder pudiendo podido | puedo puedes puede podemos podéis pueden | podía podías podía podíamos podíais podían | pude pudiste pudo pudimos pudisteis pudieron | podré podrás podrá podremos podréis podrán | podría podrías podría podríamos podríais podrían | pueda puedas pueda podamos podáis puedan | pudiera pudieras pudiera pudiéramos pudierais pudieran | |
| poner poniendo puesto | pongo pones pone ponemos ponéis ponen | ponía ponías ponía poníamos poníais ponían | puse pusiste puso pusimos pusisteis pusieron | pondré pondrás pondrá pondremos pondréis pondrán | pondría pondrías pondría pondríamos pondríais pondrían | ponga pongas ponga pongamos pongáis pongan | pusiera pusieras pusiera pusiéramos pusierais pusieran | pon tú, no pongas ponga usted pongamos pongan Uds. |
| querer queriendo querido | quiero quieres quiere queremos queréis quieren | quería querías quería queríamos queríais querían | quise quisiste quiso quisimos quisisteis quisieron | querré querrás querrá querremos querréis querrán | querría querrías querría querríamos querríais querrían | quiera quieras quiera queramos queráis quieran | quisiera quisieras quisiera quisiéramos quisiérais quisieran | quiere tú, no quieras quiera usted queramos quieran Uds. |
| saber sabiendo sabido | sé sabes sabe sabemos sabéis saben | sabía sabías sabía sabíamos sabíais sabían | supe supiste supo supimos supisteis supieron | sabré sabrás sabrá sabremos sabréis sabrán | sabría sabrías sabría sabríamos sabríais sabrían | sepa sepas sepa sepamos sepáis sepan | supiera supieras supiera supiéramos supiérais supieran | sabe tú, no sepas sepa usted sepamos sepan Uds. |
| salir saliendo salido | salgo sales sale salimos salís salen | salía salías salía salíamos salíais salían | salí saliste salió salimos salisteis salieron | saldré saldrás saldrá saldremos saldréis saldrán | saldría saldrías saldría saldríamos saldríais saldrían | salga salgas salga salgamos salgáis salgan | saliera salieras saliera saliéramos salierais salieran | sal tú, no salgas salga usted salgamos salgan Uds. |

# Irregular Verbs (continued)

| Infinitive Present Participle Past Participle | Indicative | | | | | Subjunctive | | Imperative |
|---|---|---|---|---|---|---|---|---|
| | Present | Imperfect | Preterit | Future | Conditional | Present | Imperfect | |
| ser siendo sido | soy eres es somos sois son | era eras era éramos erais eran | fui fuiste fue fuimos fuisteis fueron | seré serás será seremos seréis serán | sería serías sería seríamos seríais serían | sea seas sea seamos seáis sean | fuera fueras fuera fuéramos fuerais fueran | sé tú, no seas sea usted seamos sed vosotros, no seáis sean Uds. |
| tener teniendo tenido | tengo tienes tiene tenemos tenéis tienen | tenía tenías tenía teníamos teníais tenían | tuve tuviste tuvo tuvimos tuvisteis tuvieron | tendré tendrás tendrá tendremos tendréis tendrán | tendría tendrías tendría tendríamos tendríais tendrían | tenga tengas tenga tengamos tengáis tengan | tuviera tuvieras tuviera tuviéramos tuvierais tuvieran | ten tú, no tengas tenga usted tengamos tened vosotros, no tengáis tengan Uds. |
| traer trayendo traído | traigo traes trae traemos traéis traen | traía traías traía traíamos traíais traían | traje trajiste trajo trajimos trajisteis trajeron | traeré traerás traerá traeremos traeréis traerán | traería traerías traería traeríamos traeríais traerían | traiga traigas traiga traigamos traigáis traigan | trajera trajeras trajera trajéramos trajerais trajeran | trae tú, no traigas traiga usted traigamos traed vosotros, no traigáis traigan Uds. |
| venir viniendo venido | vengo vienes viene venimos venís vienen | venía venías venía veníamos veníais venían | vine viniste vino vinimos vinisteis vinieron | vendré vendrás vendrá vendremos vendréis vendrán | vendría vendrías vendría vendríamos vendríais vendrían | venga vengas venga vengamos vengáis vengan | viniera vinieras viniera viniéramos vinierais vinieran | ven tú, no vengas venga usted vengamos venid vosotros, no vengáis vengan Uds. |
| ver viendo visto | veo ves ve vemos veis ven | veía veías veía veíamos veíais veían | vi viste vio vimos visteis vieron | veré verás verá veremos veréis verán | vería verías vería veríamos veríais verían | vea veas vea veamos veáis vean | viera vieras viera viéramos vierais vieran | ve tú, no veas vea usted veamos ved vosotros, no veáis vean Uds. |

# Stem-Changing and Orthographic-Changing Verbs

| Infinitive<br>Present Participle<br>Past Participle | Indicative | | | | | Subjunctive | | Imperative |
|---|---|---|---|---|---|---|---|---|
| | Present | Imperfect | Preterit | Future | Conditional | Present | Imperfect | |
| dormir (ue, u)<br>durmiendo<br>dormido | duermo<br>duermes<br>duerme<br>dormimos<br>dormís<br>duermen | dormía<br>dormías<br>dormía<br>dormíamos<br>dormíais<br>dormían | dormí<br>dormiste<br>durmió<br>dormimos<br>dormisteis<br>durmieron | dormiré<br>dormirás<br>dormirá<br>dormiremos<br>dormiréis<br>dormirán | dormiría<br>dormirías<br>dormiría<br>dormiríamos<br>dormiríais<br>dormirían | duerma<br>duermas<br>duerma<br>durmamos<br>durmáis<br>duerman | durmiera<br>durmieras<br>durmiera<br>durmiéramos<br>durmierais<br>durmieran | duerme tú,<br>no duermas<br>duerma usted<br>durmamos<br>dormid vosotros,<br>no durmáis<br>duerman Uds. |
| incluir (y)<br>incluyendo<br>incluido | incluyo<br>incluyes<br>incluye<br>incluimos<br>incluís<br>incluyen | incluía<br>incluías<br>incluía<br>incluíamos<br>incluíais<br>incluían | incluí<br>incluiste<br>incluyó<br>incluimos<br>incluisteis<br>incluyeron | incluiré<br>incluirás<br>incluirá<br>incluiremos<br>incluiréis<br>incluirán | incluiría<br>incluirías<br>incluiría<br>incluiríamos<br>incluiríais<br>incluirían | incluya<br>incluyas<br>incluya<br>incluyamos<br>incluyáis<br>incluyan | incluyera<br>incluyeras<br>incluyera<br>incluyéramos<br>incluyerais<br>incluyeran | incluye tú,<br>no incluyas<br>incluya usted<br>incluyamos<br>incluid vosotros,<br>no incluyáis<br>incluyan Uds. |
| pedir (i, i)<br>pidiendo<br>pedido | pido<br>pides<br>pide<br>pedimos<br>pedís<br>piden | pedía<br>pedías<br>pedía<br>pedíamos<br>pedíais<br>pedían | pedí<br>pediste<br>pidió<br>pedimos<br>pedisteis<br>pidieron | pediré<br>pedirás<br>pedirá<br>pediremos<br>pediréis<br>pedirán | pediría<br>pedirías<br>pediría<br>pediríamos<br>pediríais<br>pedirían | pida<br>pidas<br>pida<br>pidamos<br>pidáis<br>pidan | pidiera<br>pidieras<br>pidiera<br>pidiéramos<br>pidierais<br>pidieran | pide tú,<br>no pidas<br>pida usted<br>pidamos<br>pedid vosotros,<br>no pidáis<br>pidan Uds. |
| pensar (ie)<br>pensando<br>pensado | pienso<br>piensas<br>piensa<br>pensamos<br>pensáis<br>piensan | pensaba<br>pensabas<br>pensaba<br>pensábamos<br>pensabais<br>pensaban | pensé<br>pensaste<br>pensó<br>pensamos<br>pensasteis<br>pensaron | pensaré<br>pensarás<br>pensará<br>pensaremos<br>pensaréis<br>pensarán | pensaría<br>pensarías<br>pensaría<br>pensaríamos<br>pensaríais<br>pensarían | piense<br>pienses<br>piense<br>pensemos<br>penséis<br>piensen | pensara<br>pensaras<br>pensara<br>pensáramos<br>pensarais<br>pensaran | piensa tú,<br>no pienses<br>piense usted<br>pensemos<br>pensad vosotros,<br>no penséis<br>piensen Uds. |

# Stem-Changing and Orthographic-Changing Verbs (continued)

| Infinitive Present Participle Past Participle | Indicative | | | | | Subjunctive | | Imperative |
|---|---|---|---|---|---|---|---|---|
| | Present | Imperfect | Preterit | Future | Conditional | Present | Imperfect | |
| producir (zc) produciendo producido | produzco produces produce producimos producís producen | producía producías producía producíamos producíais producían | produje produjiste produjo produjimos produjisteis produjeron | produciré producirás producirá produciremos produciréis producirán | produciría producirías produciría produciríamos produciríais producirían | produzca produzcas produzca produzcamos produzcáis produzcan | produjera produjeras produjera produjéramos produjerais produjeran | produce tú, no produzcas produzca usted produzcamos producid vosotros, no produzcáis produzcan Uds. |
| reír (i, i) riendo reído | río ríes ríe reímos reís ríen | reía reías reía reíamos reíais reían | reí reiste rio reímos reísteis rieron | reiré reirás reirá reiremos reiréis reirán | reiría reirías reiría reiríamos reiríais reirían | ría rías ría riamos riáis rían | riera rieras riera riéramos rierais rieran | ríe tú, no rías ría usted riamos reíd vosotros, no riáis rían Uds. |
| seguir (i, i) (ga) siguiendo seguido | sigo sigues sigue seguimos seguís siguen | seguía seguías seguía seguíamos seguíais seguían | seguí seguiste siguió seguimos seguisteis siguieron | seguiré seguirás seguirá seguiremos seguiréis seguirán | seguiría seguirías seguiría seguiríamos seguiríais seguirían | siga sigas siga sigamos sigáis sigan | siguiera siguieras siguiera siguiéramos siguierais siguieran | sigue tú, no sigas siga usted sigamos seguid vosotros, no sigáis sigan Uds. |
| sentir (ie, i) sintiendo sentido | siento sientes siente sentimos sentís sienten | sentía sentías sentía sentíamos sentíais sentían | sentí sentiste sintió sentimos sentisteis sintieron | sentiré sentirás sentirá sentiremos sentiréis sentirán | sentiría sentirías sentiría sentiríamos sentiríais sentirían | sienta sientas sienta sintamos sintáis sientan | sintiera sintieras sintiera sintiéramos sintierais sintieran | siente tú, no sientas sienta usted sintamos sentid vosotros, no sintáis sientan Uds. |
| volver (ue) volviendo vuelto | vuelvo vuelves vuelve volvemos volvéis vuelven | volvía volvías volvía volvíamos volvíais volvían | volví volviste volvió volvimos volvisteis volvieron | volveré volverás volverá volveremos volveréis volverán | volvería volverías volvería volveríamos volveríais volverían | vuelva vuelvas vuelva volvamos volváis vuelvan | volviera volvieras volviera volviéramos volvierais volvieran | vuelve tú, no vuelvas vuelva usted volvamos volved vosotros, no volváis vuelvan Uds. |

## Spanish–English Vocabulary

### A

**a** to; at
**a bordo** on board
**a buen precio** inexpensive
**a continuación** following
**a eso de** at about
**a fin de que** in order that
**a finales de** at the end of
**a fuego alto/ medio/ bajo** on high/ medium/ low heat (6)
**a la derecha (de)** to/ on the right (of) (3)
**a la izquierda (de)** to/ on the left (of) (3)
**a la parrilla** grilled
**a la vez** at the same time
**a menos (de) que** unless
**a menudo** often
**a partir de** from this point on
**a pesar de** in spite of
**a tiempo** on time
**a través de** through; across
**a veces** sometimes, at times (5)
**a ver . . .** let's see . . .
**abajo** downstairs
**abandonar** to abandon; to leave
**abierto/a** open (3)
**abogado/a, el/la** lawyer
**abolir** to abolish
**abordar** to board
**aborto, el** abortion
**abrazar** to hug
**abrazo, el** hug
**abrigo, el** coat (8)
**abril** April (1)
**abrir** to open (3)
**abrocharse (el cinturón de seguridad)** to fasten (a seat belt) (9)
**abuelo/a, el/la** grandfather/ grandmother (4)
**aburrido/a** boring (1); bored (3)
**acabar (de + infin.)** to finish; to have just (done something)

**académico/a** academic (3)
**accesorio, el** accessory (5)
**aceite (de oliva), el** (olive) oil (6)
**aceituna, la** olive
**aceptar** to accept (4)
**acerca de** about
**acercarse (a)** to approach
**ácido/a** acidic
**acogedor/a** cozy; welcoming
**aconsejar** to advise (10)
**acontecimiento, el** happening, event
**acordarse (de) (ue)** to remember
**acordeón, el** accordion
**acostar** to put to bed (5)
**acostarse (ue)** to go to bed (5)
**acostumbrarse** to get used to
**actitud, la** attitude
**actividad, la** activity (3)
**activista, el/la** activist
**acto, el** act
**actor, el/actriz, la** actor/actress
**actuación, la** acting
**actual** *adj.* current
**actuar** to act
**acuático/a** *adj.* water (7)
**acuerdo, el** agreement
**adelgazar** to lose weight (10)
**ademán, el** gesture
**además de** besides
**adentro** inside
**adiós** good-bye (1)
**adivinar** to guess
**adjetivo, el** adjective (4)
**adjuntar** to attach; enclose
**administración de empresas, la** business administration (2)
**admirar** to admire
**adónde** where
**adornar** to decorate
**adquisición, la** acquisition
**aduana, la** customs (9)
**adverbio, el** adverb (3)
**advertir** to warn

**aerolínea, la** airline
**aeropuerto, el** airport (9)
**afecto, el** affection
**afeitarse** to shave (5)
**afición, la** hobby
**aficionado/a, el/la** fan (7)
**afortunadamente** fortunately
**afortunado/a** fortunate
**afrontar** to face
**afuera** outside
**agarrar** to grab; to catch
**agencia, la** agency (9)
**agitar** to shake up
**agosto** August (1)
**agradable** pleasant
**agradar** to be pleasing; to please
**agradecer (zc)** to thank; to be grateful for
**agrandar** to enlarge
**agravar** to make worse
**agrícola** agricultural
**agricultor/a, el/la** farmer
**agua, el** (but *f.*) water (3)
**agua corriente, el** (but *f.*) running water
**agua dulce, el** (but *f.*) fresh water
**águila, el** (but *f.*) eagle
**ahí** there
**ahora** now (2)
**ahora que** now that
**ahorrar** to save
**aire, el** air
**ajedrez, el** chess
**ají, el** hot pepper
**ajo, el** garlic (6)
**ajuste, el** adjustment
**al aire libre** outdoors
**al atardecer** at dusk
**al borde de** on the verge/ edge of
**al lado (de)** next to; beside (3)
**al poco rato** soon
**alambre, el** wire
**alba, el** (but *f.*) daybreak
**alcalde/alcaldesa, el/la** mayor

**alcanzar** to reach
**alcoba, la** bedroom
**aldea, la** village
**alegrarse (de)** to become happy
**alegre** happy (4)
**alejarse (de)** to get away (from)
**alemán/a** *adj., n.* German
**alergia, la** allergy (10)
**alérgico/a** allergic
**alfabetización, la** literacy
**alfombra, la** rug; carpet (5)
**álgebra, el** (but *f.*) algebra
**algo** something (7)
**algodón, el** cotton (8)
**alguien** someone (7)
**algún, alguno/a** some (7)
**algunas veces** sometimes
**aliado/a, el/la** ally
**alimentar** to feed
**alimento, el** food
**aliviado/a** relieved
**aliviar** to relieve
**allá** over there
**allí** over there
**alma, el** (but *f.*) soul
**almacén, el** department store (8)
**almorzar (ue)** to have lunch (4)
**almuerzo, el** lunch (3)
**aló** hello (answering the phone) (4)
**alquilar** to rent
**alrededor** around
**alta costura, la** high fashion
**altibajos, los** ups and downs
**altiplano, el** high plateau
**alto/a** tall (2); high (6)
**altura, la** altitude; height
**alucinógeno, el** hallucinogen
**alumbrar** to light
**aluminio, el** aluminum
**ama de casa, el** (but *f.*) housewife
**amable** friendly; kind (4)
**amanecer (zc)** to dawn
**amante, el/la** lover
**amar** to love
**amarillo/a** yellow (1)
**ambiental** environmental
**ambiente, el** environment; atmosphere
**ambos/as** both
**ambulante, el/la vendedor/a ambulante** street vendor

**amigo/a, el/la** friend (2)
**amistad, la** friendship
**amistoso/a** friendly
**amor, el** love
**ampliar** to broaden
**amplio/a** extensive
**analista de sistemas, el/la** systems analyst
**anaranjado/a** orange (1)
**ancho/a** wide
**andar** to walk
**andén, el** platform
**anexo, el** (email) attachment
**anfitrión/anfitriona, el/la** show host/hostess
**angustia, la** anguish
**anillo, el** ring (8)
**animar** to encourage (7)
**anoche** last night (6)
**ansioso/a** anxious
**ante** before (in front of); with regard to
**anteayer** *adv.* day before yesterday (6)
**antepasado, el** ancestor
**antes (de)** before (3)
**antes (de) que** before
**antiácido, el** antacid (10)
**antibiótico, el** antibiotic (10)
**antigüedad, la** antique
**antiguo/a** ancient
**antipático/a** unpleasant, mean (1)
**antropología, la** anthropology (3)
**antropólogo, el** anthropologist
**anunciar** to announce
**anuncio, el** announcement; ad
**añadir** to add (6)
**año, el** year (1)
**año (mes, febrero, lunes, etcétera) pasado, el** last year (month, February, Monday, etc.) (6)
**apagar (gu)** to put out, extinguish; to turn off
**aparato, el** appliance (6)
**aparato electrónico, el** electronics
**aparecer (zc)** to appear
**apariencia, la** appearance
**apartar** to separate
**aparte** separate
**apellido, el** last name, surname

**aplaudir** to applaud
**aplauso, el** applause
**apodo, el** nickname
**apoyar** to support
**apoyo, el** support
**apreciar** to appreciate
**aprender (a) (+ infin.)** to learn (how) (to do something) (3)
**apretado/a** tight
**aprobar (ue)** to approve
**apropiado/a** appropriate
**aprovechar** to take advantage of
**apunte, el** note
**apurado/a** in a hurry
**aquí** here (1)
**aquí tiene** here you are (*form.*)
**araña, la** spider
**árbitro, el** referee (7)
**árbol, el** tree
**archivar** to file; to save
**archivo, el** file
**ardilla, la** squirrel
**área de estudio, el** (but *f.*) major
**arete, el** earring (8)
**argentino/a** *adj., n.* Argentine (2)
**argumento, el** plot
**arma, el** (but *f.*) weapon
**armario, el** closet (5)
**armarse** to arm oneself
**arpa, el** (but *f.*) harp
**arquitecto/a** architect
**arrastrar** to drag
**arreglar** to arrange; to fix (8)
**arreglo personal, el** personal care
**arriba** up; upstairs
**¡arriba!** yeah!
**arriba de** above
**arrodillarse** to kneel
**arrojar** to throw out
**arroyo, el** gulley
**arroz, el** rice (6)
**arruga, la** wrinkle
**arte, el** art
**arte dramático, el** acting
**artesanía, la** handicrafts
**artesano/a** craftsman/woman
**artículo, el** article (5)
**artículo de tocador, el** personal care product
**asado/a** roast

**ascender (ie)** to promote; to move up

**asegurar** to assure

**asentir (ie)** to assent; to agree

**asesinar** to murder

**asesino/a, el/la** murderer

**asesor/a, el/la** consultant, advisor

**así** such; thus

**así así** so-so

**¡así es la vida!** that's life! (1)

**asiento, el** seat (9)

**asistencia social, la** welfare

**asistente de vuelo, el/la** flight attendant (9)

**asistir a** to attend (4)

**asombrado/a** surprised

**aspiradora, la** vacuum cleaner (5); **pasar la aspiradora** to vacuum (5)

**aspirante, el/la** applicant

**aspirar (a)** to run for election

**aspirina, la** aspirin (10)

**asumir** to assume

**asunto, el** matter; issue

**asustado/a** frightened

**asustarse** to be frightened

**ataque de nervios, el** nervous breakdown

**atar** to tie (up)

**atardecer: al atardecer** at dusk

**atender (ie)** to serve; look after; wait on

**atentamente** sincerely yours

**ateo/a, el/la** atheist

**aterrizaje, el** landing

**aterrizar** to land

**atleta, el/la** athlete (7)

**atletismo, el** track and field (7), athletics

**atmósfera, la** atmosphere

**atractivo/a** attractive (4)

**atraer** to attract

**atrapado/a** trapped

**atrás** back; backwards; behind

**atraso, el** delay

**atravesado/a** crossed

**atreverse** to dare

**atún, el** tuna

**audición, la** audition

**auditorio, el** auditorium

**aumentar** to increase

**aumento, el** raise

**aun** even

**aún** still

**aun cuando** even when

**aunque** although (6)

**aurora, la** dawn

**autobiografía, la** autobiography

**autobús, el** bus

**automático: contestador automático, el** answering machine

**autónomo/a** autonomous

**autopista, la** highway

**autoretrato, el** self-portrait

**ave, el** (but *f.*) bird

**avena, la** oatmeal

**aventura, la** adventure

**averiado/a** broken down

**averiguar** to check

**avión, el** airplane (9)

**aviso, el** warning; ad

**¡ay bendito!** oh no!

**ayer** yesterday (6)

**ayuda, la** help (2)

**ayudante, el/la** helper

**ayudar** to help (4)

**azafrán, el** saffron

**azar, el** chance

**azúcar, el** (or *f.*) sugar (6)

**azul** blue (1)

## B

**bacalao, el** codfish

**bádminton, el** badminton

**bailar** to dance (2)

**bailarín/bailarina, el/la** dancer

**bajar** to lower

**bajar de peso** to lose weight (10)

**bajo/a** *adj.* short (2); *adv.* low (6); deep; *prep.* under

**bajo, el** bass (instrument)

**balcón, el** balcony

**balneario, el** beach resort

**balón, el** ball (7)

**baloncestista, el/la** basketball player

**baloncesto, el** basketball (2)

**banana, la** banana

**banco, el** bank; bench

**banda, la** band

**bandera, la** flag

**bando, el** faction; party

**banqueta, la** bench, stool

**bañarse** to bathe (5); to go swimming

**baño, el** bathroom (5)

**barato/a** cheap; inexpensive (1)

**¡bárbaro!** awesome!

**barco, el** ship

**barrer el piso** to sweep the floor (5)

**barrio, el** neighbourhood

**base de datos, la** database

**básquetbol, el** basketball (2)

**bastante** rather; quite (3); enough

**bastante bien** pretty well

**basura, la** garbage (5)

**basurero, el** garbage can (5)

**bate, el** bat

**batear** to bat (7)

**batería, la** drums

**batido, el** shake

**batir** to beat (6)

**baúl, el** trunk

**bebé, el/la** baby

**beber** to drink (3)

**bebida, la** drink; refreshment

**bebida alcohólica, la** alcoholic beverage (10)

**béisbol, el** baseball (2)

**beisbolista, el/la** *m., f.* baseball player

**bellas artes, las** fine arts

**belleza, la** beauty

**bello/a** beautiful

**bendición, la** blessing

**beneficio, el** benefit

**besar** to kiss

**beso, el** kiss

**biblioteca, la** library (3)

**bicicleta, la** bicycle (7)

**bien** well; fine (1)

**bien hecho/a** well made

**bienestar, el** well-being (10)

**bienvenido/a** *adj.* welcome

**bigote, el** moustache

**bilingüe** bilingual

**bilingüismo, el** bilingualism

**billar, el** pool; billiards

**billetera, la** wallet (8)

**binoculares, los** binoculars (9)

**biología, la** biology (2)

**bistec, el** steak (6)

**blanco/a** white (1)

**blanquillo, el** egg (*Mex.*)

**blusa, la** blouse (8)

**boca, la** mouth (10)

**bocadillo, el** sandwich (6)

**boda, la** wedding

**boleto, el** ticket

**bolígrafo, el** pen (1)

**boliviano/a** *adj., n.* Bolivian (2)

**bolsa, la** bag (7); purse (8)

**bolso, el** purse

**bombero/a** fire fighter

**bondad, la** goodness

**bonito/a** pretty (2)

**borde: al borde de** on the verge/ edge of

**bordear** to border

**borrador, el** eraser (1)

**borrar** to erase

**bosque, el** forest (9)

**bota, la** boot (8)

**botar** to throw out

**bote, el** boat

**botella, la** bottle (8)

**botones, el/la** bellhop

**boxeador/a** boxer

**boxeo, el** boxing

**brazo, el** arm (10)

**brevemente** briefly

**brillar** to shine

**broma, la** joke

**bronce: instrumento de bronce, el** brass instrument

**bucear** to scuba dive (9)

**buen, bueno/a** good (1)

**¡buen provecho!** enjoy your meal! (6)

**¡buen viaje!** have a good trip!

**buenas noches** good evening; good night (1)

**buenas tardes** good afternoon (good evening) (1)

**¡bueno!** hello (*Mex.*) (answering the phone)

**buenos días** good morning (1)

**bufanda, la** scarf (8)

**buscar** to look for (2)

**búsqueda, la** search

**buzón, el** drop-box

## C

**caballo, el** horse (9)

**cabeza, la** head (10)

**cacahuete, el** peanut

**cacique, el** chief

**cada** each

**cadena, la** chain (8); network

**caer** to fall

**caerle bien/ mal** to like/ dislike (a person) (6)

**café, el** coffee (3); cafe (4)

**café al aire libre** outdoor cafe (4)

**café con leche** coffee with milk (6)

**café solo** black coffee (6)

**cafetera, la** coffeepot (6)

**cafetería, la** cafeteria (3)

**caja, la** box; cash register (8)

**cajero automático, el** automatic teller

**calcetín, el** sock (8)

**calculadora, la** calculator

**calcular** to calculate

**cálculo, el** calculus

**calentar (ie)** to heat (6)

**calidad, la** quality (8)

**cálido/a** warm

**caliente** hot (6)

**calificación, la** qualification

**callarse** to keep quiet

**calle, la** street

**calmante, el** painkiller, sedative

**calor: tener calor** to be hot (2)

**caluroso/a** warm

**calzado, el** footwear

**calzar** to wear (shoes)

**cama, la** bed (5)

**cama doble, la** double bed

**cama grande, la** king-size bed

**cámara, la** chamber

**cámara de video, la** video camera, camcorder (9)

**cámara (digital), la** (digital) camera (9)

**camarero/a, el/la** waiter/ waitress; server (6)

**camarón, el** shrimp (6)

**cambio, el** change

**caminar** to walk (2)

**camino, el** road

**camión, el** bus (*Mex.*)

**camisa, la** shirt (8)

**camiseta, la** T-shirt (8)

**campamento, el** camp

**campaña, la** campaign

**campeón/campeona, el/la** champion

**campesino/a, el/la** peasant

**campo, el** country(side) (9), field

**campo de estudio, el** field of study

**canadiense, el/la** *adj., n.* Canadian (2)

**canal, el** channel

**cancelar** to cancel

**cancha, la** court, playing field (7)

**canción, la** song

**candelabro, el** candle holder

**candidato/a** candidate

**canela, la** cinnamon

**cansado/a** tired (3)

**cansancio, el** fatigue

**cantante, el/la** singer

**cantidad, la** quantity

**canto, el** song

**capaz** capable

**capital, la** capital city (2)

**captar** to capture

**cara, la** face (5)

**carácter, el** personality

**característica, la** characteristic

**carbohidrato, el** carbohydrate (10)

**carecer de** to lack

**cargabate, el/la** batboy

**cargo, el** charge; post

**Caribe, el** Caribbean Sea

**caribeño/a** *adj., n.* Caribbean

**cariño** affection; love, dear

**cariñosamente** (with) love, affectionately

**caritativo/a** charitable

**carne, la** meat (6)

**carne de res, la** beef

**carnero, el** lamb

**carnicería, la** butcher shop

**caro/a** expensive (1)

**carpa, la** tent

**carpintero/a, el/la** carpenter

**carrera, la** career; profession

**carretera, la** highway

**carro, el** car (4)

**carta, la** letter

**cartera, la** wallet

**cartero/a** mail carrier

**cartón, el** cardboard

**casa, la** house (5)

**casa de huéspedes, la** guest house
**casado/a (con)** married (to)
**casarse** to get married
**casi** almost
**caso, el** case
**castillo, el** castle (9)
**catedral, la** cathedral (9)
**católico/a** *adj., n.* Catholic
**caudillo, el** chief; leader
**cavar** to dig
**cazar** to hunt
**cazuela, la** stewpot, casserole dish, saucepan (6)
**cebada, la** barley
**cebolla, la** onion (6)
**ceder** to cede; to relinquish
**celebrar** to celebrate
**celos, los** jealousy
**cementerio, el** cemetery
**cena, la** dinner; supper (3)
**cenar** to have dinner, supper (6)
**censurado/a** censured
**censurar** to censure
**centavo, el** cent
**centígrado/a** centigrade
**centro, el** centre (3); downtown (4)
**centro comercial, el** shopping centre; mall (8)
**centro estudiantil, el** student centre (3)
**centro naturista, el** health store (10)
**cepillarse** to brush (5)
**cepillo (de dientes), el** (tooth)brush (5)
**cerca, la** fence
**cerca (de)** nearby; close (to) (3)
**cercanía, la** environs; vicinity
**cerdo, el** pork (6)
**cereal, el** cereal (6)
**cerebro, el** brain
**cerrado/a** closed (3)
**cerrar** to close
**certidumbre, la** certainty
**cerveza, la** beer (6)
**césped, el** lawn; grass
**cesto, el** basket
**chamán/chamana, el/la** shaman
**champú, el** shampoo (5)
**chaqueta, la** jacket (8)

**cheque, el** cheque
**cheque de viajero, el** traveller's cheque
**chicle, el** gum
**chico/a, el/la** *adj.* small; *n.* kid, boy/girl; man/woman (*coll.*) (2)
**chileno/a** *adj., n.* Chilean (2)
**chino/a** *adj., n.* Chinese (2)
**chisme, el** gossip
**chismoso/a** gossipy
**chiste, el** joke
**chocar** to crash
**chuleta, la** chop (6)
**cicatriz, la** scar
**ciclismo, el** cycling (7)
**ciclista, el/la** cyclist
**cielo, el** heaven
**ciencia, la** science (2)
**científico/a** scientist
**cierto/a** true
**cigarrillo, el** cigarette
**cilantro, el** coriander; cilantro
**cine, el** theatre, cinema; movies (4)
**cineasta, el/la** film producer, filmmaker
**cinematografía, la** cinematography
**cínico/a** cynical
**cinta, la** tape; film
**cinturón, el** belt (8)
**cinturón de seguridad, el** seat belt (9)
**ciruela, la** plum
**cirugía, la** surgery
**cita, la** date; appointment (10)
**ciudad, la** city (2)
**ciudadanía, la** citizenship; citizens
**ciudadano/a** citizen
**clarinete, el** clarinet
**claro** of course (4)
**clase, la** class (1)
**clase turista, la** coach class (9)
**clasificado/a** classified
**cláusula, la** clause
**cliente/a, el/la** customer; client (6)
**clima, el** weather
**clínica, la** clinic (10)
**cobija, la** blanket
**cobrar** to charge
**cobre, el** copper

**coche, el** car (4)
**coche de caballo, el** horse-drawn cart
**cocina, la** kitchen (5)
**cocinar** to cook (6)
**cocinero/a, el/la** cook
**cocinita, la** kitchenette
**código, el** code
**coger** to catch; to gather
**cognado, el** cognate
**cola, la** lineup; tail
**coleccionista, el/la** collector
**colegio, el** high school
**colesterol, el** cholesterol (10)
**colgado/a** hung (up)
**collar, el** necklace (8)
**colocar** to place; to put
**colombiano/a** *adj., n.* Colombian (2)
**colonia, la** colony; cologne (8)
**color, el** colour (1)
**combatir** to fight, to combat
**comedia, la** comedy
**comedia musical, la** musical comedy
**comedor, el** dining room (5)
**comentario, el** comment
**comentarista, el/la** newscaster, commentator
**comentarista deportivo/a, el/la** sportscaster
**comenzar (ie)** to begin
**comer** to eat (3)
**comerciante, el/la** merchant
**comercio, el** trade; commerce; business
**comestible, el** food
**cometer** to commit
**cómico/a** funny
**comida, la** food; meal (3)
**comienzo, el** beginning
**¿cómo?** how? what? (1)
**¿cómo le va?** how's it going? (*form.*)
**¿cómo se llama usted?** what's your name? (*form.*) (1)
**¿cómo te va?** how's it going? (*inf.*)
**cómoda, la** dresser (5)
**comodidad, la** amenity; comfort
**cómodo/a** comfortable
**compañero/a, el/la** friend; workmate

**comparar** to compare (8)
**compartir** to share
**competencia, la** match; competition
**competir (i,i)** to compete (7)
**complacer** to please
**complicado/a** complicated (3)
**componer** to compose
**compositor/a** composer
**compra, la** purchase
**comprar** to buy (2)
**comprender** to understand (3); to include
**comprensivo/a** comprehensive
**computación, la** computer science (2)
**computadora, la** computer (3)
**común** common
**comunicación, la** communication (2)
**comunidad, la** community
**con** with (1)
**con frecuencia** frequently
**con motivo de** because of
**con tal (de) que** provided (that)
**con todo el cariño** with all my love
**concha, la** shell
**concierto, el** concert (4)
**concordancia, la** agreement
**concursante, el/la** contestant
**concurso, el** contest; game show; pageant
**condenado/a** condemned
**condenar** to condemn
**condimento, el** condiment (6)
**conducir (zc)** to drive
**conexión, la** connection
**confeccionar** to make
**conferencia, la** lecture
**confianza, la** confidence
**confiar en** to trust
**confitería, la** candy store
**conflicto, el** conflict
**confundir** to confuse
**confuso/a** confusing
**congelador, el** freezer (6)
**congreso, el** congress
**conjunto, el** outfit
**conjunto musical, el** (musical) group; band (4)
**conjunto/a** joined, linked

**conmigo** *pron.* with me
**conocer (zc)** to know or meet (someone); to be familiar with (4)
**conocido/a, el/la** acquaintance; **conocido/a** well-known, famous
**conocimiento, el** knowledge
**conquista, la** conquest
**conquistar** to conquer
**conseguir (i)** to get, to obtain (4)
**consejero, el** advisor
**consejo, el** advice (10)
**conservador/a** conservative
**conservar** to conserve; to preserve
**construir (y)** to construct
**consuelo, el** consolation
**consultorio, el** doctor's office (10)
**consultorio sentimental, el** advice column
**consumidor/a, el/la** consumer
**consumir** to consume
**consumo, el** consumption
**contabilidad, la** accounting
**contado: pagar al contado** to pay cash
**contador/a, el/la** accountant
**contaminación, la** pollution, contamination
**contaminar** to contaminate
**contar (ue)** to tell; to count
**contener (ie)** to contain
**contenido, el** content
**contento/a** happy (3)
**contestador automático, el** answering machine
**contestar** to answer
**contestar** to answer
**contigo** *pron.* with you *(inf.)*
**contra** against (5)
**contrario/a** contrary
**contraseña, la** password
**contrastar** to contrast
**contratar** to hire
**contrato, el** contract
**contribuir (y)** to contribute
**controlar** to control
**convencer** to convince
**convento, el** convent
**conversar** to converse, to chat (2)
**convertirse** to become
**coordinador/a, el la** coordinator
**copa, la** wine glass (6)
**Copa Mundial, la** World Cup

**coquetear** to flirt
**corazón, el** heart (10)
**corbata, la** tie (8)
**cordialmente** cordially yours
**cordillera, la** mountain range
**coreano/a** *adj., n.* Korean (2)
**corneta, la** horn
**coro, el** chorus
**correo, el** mail
**correo electrónico, el** email
**correr** to jog; to run (4)
**corriente, la** *adj.* current; *n.* electrical current
**corrupción, la** corruption
**cortar** to cut (6)
**corte suprema, la** Supreme Court
**corteza, la** peel
**cortina, la** curtain
**corto/a** short (5)
**cosa, la** thing
**cosecha, la** crop; harvest
**cosechar** to harvest
**cosmopolita** *adj., n.* cosmopolitan
**costa, la** coast
**costar (ue)** to cost
**costarricense, el/la** *adj., n.* Costa Rican (2)
**costumbre, la** custom
**creador/a, el/la** creator
**creciente** growing
**crecimiento, el** growth
**creencia, la** belief
**creer** to believe; to think (3)
**crema, la** cream (6)
**cremoso/a** creamy
**criar** to raise; to rear
**criatura, la** creature
**crimen, el** crime
**cristiandad, la** Christianity
**criticar** to criticize
**crítico/a** *adj., n.* critical; critic
**crónica, la** news story
**crónica social, la** social page
**cronológico/a** chronological
**crucero, el** cruise
**crudo/a** rare; raw (6)
**cruzar** to cross
**cuaderno, el** notebook (1)
**cuadro, el** table; chart; painting
**¿cuál(es)?** which (one/s)? (2); what? (2)

**cualquier/a** *adj.* any
**cuando** when
**¿cuándo?** when? (2)
**¿cuánto cuesta(n) . . . ?** how much is . . . ? how much are . . . ? (1)
**¿cuánto(s) . . . ?** how much? how many? (1)
**cuarteto, el** quartet
**cuarto, el** room (5); bedroom (5); quarter
**cuarto doble/ sencillo, el** double/ single room (9)
**cubano/a** *adj., n.* Cuban (2)
**cubierto, el** place setting
**cubiertos, los** silverware
**cubo, el** bucket, pail
**cubrir** to cover
**cuchara, la** spoon (6)
**cucharada, la** tablespoon (6)
**cucharadita, la** teaspoon (6)
**cucharita, la** small spoon (6)
**cucharón, el** ladle
**cuchilla de afeitar, la** razor blade
**cuchillo, el** knife (6)
**cuello, el** neck
**cuenca, la** basin
**cuenta, la** bill (6); account
**cuento, el** story
**cuento de hadas, el** fairy tale
**cuerda, la** cord; string
**cuero, el** leather (8)
**cuerpo, el** body (10)
**cuesta(n) . . .** it costs . . . , they cost . . . (1)
**cueva, la** cave
**cuidado: tener cuidado** to be careful (2)
**cuidadosamente** carefully
**cuidadoso/a** careful
**cuidar a los niños** to babysit
**cuidarse** to take care of oneself (10)
**culebra, la** snake
**culpable** guilty
**cultivo, el** cultivation; crop
**culto/a** educated
**cumbre, la** summit
**cumpleaños, el** birthday
**cumplir (con)** to make good; to fulfill (a promise)
**cuna, la** cradle
**cuñado/a, el/la** brother/ sister-in-law (4)

**cura, el** priest
**curar** to cure
**curso, el** course (3)

**D**

**daño, el** damage
**dar** to give (6)
**dar un paseo** to take a stroll (4)
**dar una película** to show a movie
**darse cuenta (de)** to realize
**dato, el** information
**de** of, from (1)
**de acuerdo** fine with me; okay (4)
**de cuadros** checked; plaid
**de eso nada** no way
**de manga corta/ larga** short-/ long-sleeved (8)
**de nada** you're welcome (1)
**de paso** passing (through)
**¿de qué color es . . . ?** what colour is . . . ? (1)
**¿de quién(es)?** whose? (2)
**de rayas** striped
**de repente** suddenly
**¿de veras?** is that right? (really?)
**de vez en cuando** from time to time
**debajo de** under (5)
**debatir** to debate
**deber, el** duty
**deber** ought to, must; to owe
**debido a** due to
**débil** weak
**década, la** decade
**decidir** to decide (3)
**décimo/a** tenth
**decir (i)** to say; to tell (4)
**dedicarse a** to dedicate oneself to
**dedo (de la mano), el** finger (10)
**dedo del pie, el** toe
**defender (ie)** to defend
**defensa, la** defense
**definir** to define
**deforestación, la** deforestation
**dejar** to allow; to let; **(de fumar)** to quit (smoking) (10)
**delante (de)** in front of (3)
**delgado/a** thin; slender (2)
**delito, el** crime
**demasiado/a** too much; **demasiados/as** too many

**democracia, la** democracy
**demócrata, el/la** democrat
**democratización, la** democratization
**demora, la** delay
**denominar** to name
**dentista, el/la** dentist
**dentro de** within; inside of (5)
**denunciar** to denounce
**departamento, el** apartment (*Mex.*)
**depender** to depend
**dependiente/a** clerk
**deporte, el** sport (2)
**deportista, el/la** sports figure
**deportivo/a** *adj.* sports, sporting (7)
**deportivo, el** sports car
**derecho/a** *adj.* right (3); straight
**derecho, el** law
**derecho humano, el** human right
**derivado, el** by-product
**derretir (i, i)** to melt
**derrotar** to defeat
**desacuerdo, el** disagreement
**desafío, el** challenge
**desagradable** unpleasant
**desaparecido/a, el/la** missing person
**desaparición, la** disappearance
**desarme, el** disarmament
**desarrollo, el** development
**desastre, el** disaster
**desayunar** to have breakfast (6)
**desayuno, el** breakfast (3)
**descafeinado/a** decaffeinated
**descansar** to rest (4)
**descargar** to discharge
**desconfiado/a** distrusting; distrustful
**desconocido/a** unknown
**describir** to describe (6)
**descripción, la** description
**descubrimiento, el** discovery
**descubrir** to discover
**descuento, el** discount
**desde** from; since
**desde que** since
**desear** to want; to desire (6)
**desempeñar** to serve
**desempleo, el** unemployment

**desenlace, el** outcome
**desesperado/a** desperate
**desfile, el** parade
**desgracia, la** shame
**deshecho/a** unraveled; undone
**desierto, el** desert
**desilusionado/a** disillusioned
**desmilitarización, la** demilitarization
**desobedecer (zc)** to disobey
**desodorante, el** deodorant (5)
**desorden, el** disorder
**despacho, el** office
**despacio** slow; *adv.* slowly
**despedida, la** closing; farewell
**despedir (i, i)** to fire
**despedirse (i, i)** to say good-bye
**despegar (gu)** to take off
**desperdicio, el** waste
**despertador, el** alarm clock (5)
**despertarse (ie)** to wake up (5)
**despoblación, la** depopulation
**después (de)** after (3)
**después (de) que** after
**destacar** to stand out
**destinatario, el** addressee
**destino, el** fate; destination
**destrozar** to destroy; to break into pieces
**destruir (y)** to destroy
**desventaja, la** disadvantage
**detener (ie)** to arrest
**detenerse (ie)** to stop
**deteriorar** to deteriorate
**detrás (de)** behind (3)
**deuda (externa), la** (foreign) debt
**devaluar** devalue
**devolver (ue)** to return (something) (8)
**día, el** day (1)
**Día de la Raza, el** Columbus Day
**día festivo, el** holiday
**diabetes, la** diabetes (10)
**diagnóstico, el** diagnosis
**diamante, el** diamond (8)
**diario/a** daily (5)
**dibujar** to draw
**dibujo, el** drawing (art)
**diccionario, el** dictionary (3)
**diciembre** December (1)
**dictador/a, el/la** dictator

**dictadura, la** dictatorship
**diente, el** tooth (5)
**dieta, la** diet (10)
**diferir (ie, i)** to differ
**difícil** difficult (1)
**dificultar** to make difficult
**difunto/a** dead
**¡diga!** hello! (*Sp.*) (answering the phone)
**dinero, el** money (4)
**dios/a, el/la** god/goddess
**diputado/a, el/la** (government) representative
**dique, el** dike
**dirección, la** address
**director/a, el/la** director; conductor
**dirigir** to direct
**disco compacto, el** CD
**disco duro, el** hard disk
**discurso, el** speech
**diseñador/a, el/la** designer
**diseñar** to design
**diseño, el** design
**disfraz, el** disguise
**disfrutar** to enjoy
**disimular** to hide
**disminuir (y)** to lessen
**disparo, el** gunshot
**disponible** available
**dispuesto/a** ready; disposed
**distinguido/a** distinguished
**distinguirse** to distinguish oneself
**distraer** to distract
**diva, la** diva
**divertido/a** fun
**divertirse (ie, i)** to have fun (5)
**dividir** to divide
**divino/a** heavenly; marvellous
**divorciado/a** divorced
**divorciarse** to get a divorce
**doblar** to fold; to turn
**doble, el** *adj., n.* double (9)
**docena, la** dozen
**documental, el** documentary
**dólar, el** dollar
**doler (ue)** to hurt (10)
**dolor, el** pain (10)
**doloroso/a** painful
**doméstico/a** household (5); domestic

**domicilio, el** residence
**domingo, el** Sunday (1)
**dominicano/a** *adj., n.* Dominican (2)
**donde** where
**¿dónde?** where? (2)
**dormir (ue)** to sleep (4)
**dormirse (ue, u)** to fall asleep (5)
**dormitorio, el** bedroom (5)
**dosis, la** dose
**drama, el** drama
**dramatizar** to act out
**dramaturgo/a, el/la** playwright
**drogadicción, la** drug addiction
**droguería, la** drugstore
**ducha, la** shower (5)
**ducharse** to shower (5)
**duda, la** doubt
**dudar** to doubt
**dudoso/a** doubtful
**dueño/a** owner
**dulce, el** *adj., n.* sweet
**duradero/a** lasting
**durante** during
**durar** to last
**durazno, el** peach
**duro/a** hard; difficult

**E**

**echar** to add; to throw in (6)
**ecológico/a** ecological
**economía, la** economics (3)
**económico/a** economical
**ecuatoriano/a, el/la** *adj., n.* Ecuadorian (2)
**edad, la** age
**edificio, el** building
**editorial, el** editorial page
**educación física, la** physical education
**educar** to educate
**educativo/a** educational
**efectivo: pagar en efectivo** to pay cash (8)
**ejecutivo/a** executive
**ejemplificar** to exemplify
**ejemplo, el** example
**ejercer** to exercise
**ejercicio, el** exercise (3)
**ejercicios aeróbicos, los** aerobics (10)

ejército, el army
el gusto es mío the pleasure is mine
elástico, el elastic
elección, la election
electricista, el/la electrician
electrodoméstico, el electrical appliance
electrónico/a electronic
elegir (i, i) to elect
eliminar to eliminate; to end
embajada, la embassy
embajador/a, el/la ambassador
embarque: la tarjeta de embarque boarding pass (9)
emisora, la radio station
emoción, la emotion (5)
emocionante exciting
empacar to pack; to crate
empatar to tie (the score) (7)
empeorar to worsen
empezar (ie) to begin (4)
empleado/a, el/la employee
empleo, el employment
emprender to undertake
empresa, la firm
empujar to push
en cambio on the other hand
en caso de que in case
en cuanto as soon as
en cuanto a with regard to
en directo live (on television)
en liquidación on sale
en peligro de extinción endangered
en punto exactly; sharp (time)
en vano in vain
en vez de instead of
en vivo live
enamorado/a de in love with
enamorarse to fall in love
encaje, el lace
encantado/a delighted (1)
encantador/a enchanting, delightful
encantar to delight; to be extremely pleasing (6)
encarcelado/a, el/la prisoner
encargarse (de) to be responsible (for)
encargo, el request

encender (ie) to turn on
encendido/a on fire; fiery
encerrar (ie) to enclose
encima de on top of (5)
encoger to shrink
encogerse to constrict
encontrar (ue) to find (4)
encontrarse (ue) to meet
encuentro, el encounter
encuesta, la survey; poll
enemigo/a, el/la enemy
energía, la energy
enero January (1)
enfadado/a angry
enfatizar to emphasize
enfermar to make sick
enfermarse to become sick
enfermedad, la illness (10)
enfermero/a, el/la nurse (10)
enfermo/a sick (3)
enfrentar to confront
enfrente (de) in front of, across from (3)
engañar to deceive
engordar to gain weight (10)
¡enhorabuena! congratulations!
enlace, el hyperlink
enojado/a angry (3)
enojar to anger (10)
enojarse (con) to get angry (10)
enorme enormous
enredar to mix up
enredarse to twist around
enriquecer to make wealthy; to enrich
ensalada, la salad (3)
ensayar to rehearse
enseguida right away
enseñar (a) to teach; show
entender (ie) to understand (4)
entendimiento, el understanding
enterarse to find out
enterrado/a buried
entierro, el burial
entonces then
entrada, la entry; entrance; admission ticket (4)
entre between (3)
entregar to turn in
entrenador/a coach, trainer (7)
entrenamiento, el training

entrenar to train (7)
entrevista, la interview
entrevistador/a interviewer
entrevistar to interview
entusiasmadamente enthusiastically
entusiasmo, el enthusiasm
entusiasta m., f. enthusiast(ic)
envase, el container
enviar to send
episodio, el episode
época, la period (time)
equilibrio, el balance
equipaje (de mano), el (hand/carry-on) luggage (9)
equipo, el team; equipment (7)
equivaler to (be) equal (to)
equivocado/a mistaken
equivocarse to make a mistake
es la una . . . it's one (o'clock) (2)
escala: vuelo sin escala nonstop flight
escalar to climb
escalera, la stairs
escalón, el step
escándalo, el scandal
escandaloso/a scandalous
escáner, el scanner
escaparse to escape
escasez, la shortage
escaso/a scarce; limited
escena, la scene
escenario, el stage
esclavitud, la slavery
escoba, la broom (5)
escocés/a adj., n. Scotch
Escocia Scotland
escoger to choose
esconder to hide
escribir to write (3)
escribir a máquina to type
escritorio, el desk (1)
escuchar to listen to (2)
escuela, la school
escultura, la sculpture
esfuerzo, el effort
esmeralda, la emerald
espacio, el space
espalda, la back (10)
español/a, el/la adj. Spanish (2); n. Spaniard

**espárrago, el** asparagus
**espátula, la** spatula
**especial** special
**especialidad de la casa, la** the specialty of the house
**especialmente** especially
**especie, la** species
**especiería, la** grocery store
**espectáculo, el** show
**espectador/a** spectator
**espejo, el** mirror (5)
**esperanza, la** hope
**esperanzado/a** hopeful
**esperar** to wait for; to hope; to expect (4)
**espeso/a** thick
**espíritu, el** spirit
**esposo/a, el/la** husband/wife (4)
**esqueleto, el** skeleton (10)
**esquí, el** skiing (7); ski (7)
**esquí (acuático; alpino; nórdico), el** (water; downhill; cross-country) skiing (7)
**esquiador/a, el/la** skier
**esquiar** to ski (7)
**está despejado** it's (a) clear (day) (7)
**está húmedo** it's (a) humid (day) (7)
**está lloviendo** it's raining (7)
**está nevando** it's snowing (7)
**está nublado** it's cloudy (7)
**estabilidad, la** stability
**estable** *adj.* stable
**establecer (zc)** to establish
**estación, la** season (1); station
**estación de radio, la** radio station (on the dial)
**estacionar** to park
**estadía, la** stay (9)
**estadio, el** stadium
**estadística, la** statistics
**estado civil, el** marital status
**estado libre asociado, el** commonwealth
**estadounidense** *m., f. adj., n.* American (from the United States)
**estampado/a** printed
**estándar, el** standard
**estante, el** bookshelf (5); shelf
**estaño, el** tin

**estar** to be (1)
**estar a dieta** to be on a diet (10)
**estar a punto de** to be about to
**estar bien/ mal de salud** to be in good/ bad health (10)
**estar de acuerdo** to agree
**estar de moda** to be in style (8)
**estar de pie** to be standing
**estar de viaje** to be on a trip
**estar de visita** to be visiting
**estar de vuelta** to be back
**estar en (buena) forma** to be in (good) shape (10)
**estar en peligro** to be in danger
**estar muerto/a de** to be dying to
**estar resfriado/a** to have a cold
**estar sin terminar** yet to be finished
**estar sin trabajo** to be out of work
**estatal** *adj.* state
**estatua, la** statue
**estatura, la** height
**este, el** east
**estéreo, el** stereo
**esteroide, el** steroid
**estilo, el** style
**estimado/a señor/a** dear sir/ madam
**estímulo, el** stimulus
**esto es un/a . . .** this is a . . . (1)
**estofado, el** stew
**estómago, el** stomach (10)
**estornudar** to sneeze
**estrecho/a** narrow; tight
**estrella, la** star
**estrenar** to present (or wear) for the first time
**estrés, el** stress
**estructura, la** structure
**estudiante, el/la** student (1)
**estudiantil** *adj.* student (3)
**estudiar** to study (2)
**estudio, el** study
**estudios (ambientales; canadienses; de la mujer; nativos)** (environmental; Canadian; women's; native) studies
**estufa, la** stove (6)
**estupendo** terrific, wonderful
**ética, la** ethics

**étnico/a** ethnic
**eucalipto, el** eucalyptus
**evaluación, la** evaluation
**evidente** evident
**evitar** to avoid
**exagerar** to exaggerate
**examen, el** exam (2)
**examen físico, el** checkup (10)
**excavar** to excavate
**exceso de población, el** over-population
**exigente** challenging, demanding
**éxito, el** success
**exitoso/a** successful
**expectativa, la** expectation
**expediente, el** file, dossier; academic transcript
**experiencia práctica, la** practical experience
**experimentar** to experience
**explicar** to explain
**explorar** to explore (9)
**explotación, la** exploitation
**explotado/a** exploited
**expresión, la** expression (1)
**exquisito/a** exquisite
**extranjero/a** foreign
**extraño/a** strange
**extrovertido/a** outgoing

## F

**fábrica, la** factory
**fabricación, la** manufacturing
**fabricar** to manufacture
**fábula, la** fable
**fácil** easy (1)
**facturar (el equipaje)** to check in (the luggage) (9)
**facultad de . . . , la** school of . . .
**falda, la** skirt (8)
**faltar** to be lacking; needed
**familia, la** family (4)
**farmacéutico/a** pharmacist
**farmacia, la** pharmacy (8)
**fascinante** fascinating
**fascinar** to fascinate (6)
**fase, la** phase
**fax, el** fax
**febrero** February (1)
**fecha, la** date
**fecha límite, la** deadline

felicidad, la happiness
¡felicitaciones! congratulations!
fenómeno, el phenomenon
feo/a ugly (2)
feria, la fair
fiebre, la fever (10)
fiesta, la party (2)
figurar to appear
fijarse to notice
fijo/a still; fixed
fila, la row
filete, el fillet
filipino/a adj., n. Filipino
filmar to film
filme, el movie, film
filosofía, la philosophy
filosofía y letras humanities/ liberal arts
fin, el end
fin de semana, el weekend
final, el adj. n. final, end result; end
financiar to finance
financiero/a financial
finca, la farm, ranch
firma, la signature
firmar to sign
física, la physics (3)
físico/a adj. physical
flaco/a skinny
flan, el caramel custard
flauta, la flute
flor, la flower (9)
florería, la florist
floristería, la florist
fluir (y) to flow
fogata, la (bon)fire
folleto, el brochure (9)
fondo, el background; bottom
forjar to shape
forma, la shape (10)
formación, la education; training
formular to form
formulario, el blank form
foro, el forum
fortalecer (zc) to strengthen; fortify
fotocopiadora, la photocopy machine
fotocopiar to photocopy
frasco, el bottle
frecuentemente frequently (5)

fregadero, el (kitchen) sink (6)
freír (i, i) to fry (6)
freno, el brake
frente, la forehead
fresa, la strawberry
fresco/a fresh (6)
frijol, el (kidney, pinto, red) bean (6)
frío/a cold (6)
frito/a fried (6)
frontera, la border
frotar to rub
fruta, la fruit (6)
frutería, la fruit stand, store
fuego, el fire (6)
fuegos artificiales, los fireworks
fuente, la fountain; source
fuente oficial, la official source
fuera de outside
fuerte heavy; strong
fuerte, el fort
fumar to smoke (10)
función, la show (4)
funcionar to function; to work
funcionario/a el/la civil servant
fundación, la foundation
fundador/a founding
fundar to found
furioso/a furious (5)
fútbol, el soccer (2)
fútbol norteamericano, el football (2)
futbolista, el/la soccer player

## G

gabardina, la gabardine (lightweight wool)
gafas de sol, las sunglasses (9)
gaita, la bagpipes
galápago, el giant tortoise
galleta, la cookie; cracker (6)
gamba, la shrimp (Sp.)
ganado, el cattle
ganancia, la earning
ganar to earn; to win (7)
ganga, la bargain, good deal
garaje, el garage (5)
garantizar to guarantee
garganta, la throat (10)
garza, la heron
gastado/a worn

gastar to spend (8)
gasto, el expense
gato, el cat
gazpacho, el cold tomato soup
generalmente generally (3)
generar to generate
género, el genre
generoso/a generous
genial pleasant; agreeable
gente, la people
geografía, la geography (2)
geología, la geology
gerente, el/la manager
gigantesco/a huge; gigantic
gimnasia, la gymnastics (7)
gimnasio, el gymnasium (3)
gimnasta, el/la gymnast
gira, la tour
girar to turn
gitano/a, el/la gypsy
gobernador/a, el/la governor
gobernante governing, ruling
gobernar to govern
gobierno, el government
golf, el golf (7)
golpear to hit
gordito/a plump, chubby
gordo/a plump; fat (2)
gorra, la visored cap (8)
gorro, el toque (8)
gota, la drop
gozar to enjoy
grabación, la recording
grabar to record
gracias thank you (1)
gracioso/a funny
grado, el degree
graduarse to graduate
gran/grande big (1); great
grano, el grain
grasa, la grease, fat (10)
grave serious
gremio, el trade union
grifo, el faucet
gripe, la flu (10)
gris gray (1)
gritar to shout (7)
grito, el cry; shout
guante, el glove (7)
guapo/a good looking (2)

**guardar** to keep; to put away
**guardar cama** to stay in bed (10)
**guardar la línea** to stay trim; to watch one's figure (10)
**guardia, la** guard
**guatemalteco/a** adj., n. Guatemalan (2)
**guerra, la** war
**guerrero/a, el/la** warrior
**guía (turística), la** guidebook (9); **el/la guía** tour guide
**guión, el** script
**guitarra, la** guitar
**gusano, el** worm
**gustar** to like (2)
**gusto, el** pleasure (1)

**H**

**habichuela, la** green bean
**habitación, la** room; bedroom (9)
**habitante, el/la** inhabitant; resident
**habitar** to live
**hablar** to talk (2)
**hace . . . años . . .** years ago
**hace buen tiempo** it's nice out (7)
**hace (mucho) calor** it's (very) hot (7)
**hace fresco** it's cool (7)
**hace (mucho) frío** it's (very) cold (7)
**hace mal tiempo** the weather is bad (7)
**hace (mucho) sol** it's (very) sunny (7)
**hace (mucho) viento** it's (very) windy (7)
**hacer** to do; to make (3)
**hacer caso (a)** to pay attention (to)
**hacer cola** to stand in line (9)
**hacer ejercicio** to exercise (7)
**hacer el jogging/ footing** to jog (10)
**hacer investigaciones** to research
**hacer juego (con)** to match; to go well with (8)
**hacer la cama** to make the bed (5)
**hacer la(s) maleta(s); hacer el equipaje** to pack (a suitcase) (9)
**hacer las compras** to buy groceries
**hacer preguntas** to ask questions
**hacer un picnic/ una merienda** to have a picnic (7)

**hacer una cita** to make an appointment (10)
**hacer una excursión** to take a (day) trip/ excursion; to take a tour (7)
**hacerse daño** to hurt oneself (10)
**hacha, el** (but f.) hatchet
**hacia** toward
**hamaca, la** hammock
**hambre, el** (but f.) n. hunger; **tener hambre** to be hungry (2)
**hamburguesa, la** hamburger (3)
**hasta (que)** until
**hasta luego** see you later (1)
**hasta mañana** see you tomorrow (1)
**hasta pronto** see you soon (1)
**hay** there is/ there are (1)
**hecho, el** fact
**hecho/a a mano** handmade
**helada, la** frost
**heladera, la** cooler (7)
**heladería, la** ice cream parlour
**helado, el** ice cream (6)
**helicóptero, el** helicopter
**hembra, la** female
**hemisferio, el** hemisphere
**heredero/a, el/la** inheritor
**herencia, la** inheritance
**herido/a** wounded
**hermanastro/a, el/la** stepbrother/ stepsister
**hermano/a, el/la** brother/ sister (4); sibling
**hervir (ie, i)** to boil (6)
**hielo, el** ice (7)
**hierro, el** iron (metal)
**hígado, el** liver
**higiene, la** hygiene
**higo, el** fig
**hijastro/a, el/la** stepson/ stepdaughter (4)
**hijo/a (único/a), el/la** (only) son/ daughter (4)
**hinchar** to swell
**hipermercado, el** superstore
**hipótesis, la** hypothesis
**hispano/a** Hispanic
**hispanohablante, el/la** adj. Spanish-speaking; n. Spanish-speaking person
**historia, la** history (2)

**hockey (sobre hielo), el** (ice) hockey (2)
**hogar, el** home
**hoja, la** page; leaf
**hoja electrónica, la** spreadsheet
**¡hola!** hi! (1)
**hombre, el** man
**hondureño/a** adj., n. Honduran (2)
**honradez, la** honesty
**honrado/a** honest
**honrar** to honour
**hora, la** hour (2)
**horario, el** schedule (3)
**hornear** to bake
**horno, el** oven (6)
**(horno) microondas, el** microwave
**horóscopo, el** horoscope
**horrendo/a** horrendous
**hospedaje, el** lodging (9)
**hospedar** to lodge
**hostilidad, la** hostility
**hotel, el** hotel (9)
**hoy** today (2)
**hoy en día** nowadays
**hoyo, el** hole
**huelga, la** strike
**hueso, el** bone (10)
**huevo, el** egg (6)
**humanidades, las** humanities (2)
**humilde** humble
**humo, el** smoke
**humor, el** mood

**I**

**ibérico/a** Iberian
**ida y vuelta, de** adj. round trip (9)
**idealista** m., f. idealist(ic)
**idioma, el** language (2)
**iglesia, la** church
**igualmente** same here (1)
**ilustre** illustrious
**imagen, la** image
**impaciente** impatient (5)
**imperio, el** empire
**impermeable, el** raincoat
**importante** important
**importar** to be important
**imposible** impossible
**impresionante** impressive
**impresionar** to impress

**impresora, la** printer
**imprevisto/a** unexpected
**imprimir** to print
**improvisar** to improvise
**improviso/a** impromptu
**impuesto, el** tax
**inalámbrico: teléfono inalámbrico, el** cordless phone
**incansable** untiring
**incendio (forestal), el** (forest) fire
**incertidumbre, la** uncertainty
**incluido/a** included (9)
**incluir** to include
**incomodidad, la** discomfort
**incómodo/a** uncomfortable
**increíble** incredible
**indeciso/a** undecided; hesitant
**índice, el** index
**indígena, el/la** *adj.* indigenous; *n.* indigenous person
**indiscreto/a** indiscreet
**indispensable** indispensable
**indudablemente** undoubtedly
**industria automovilística, la** automobile industry
**industria petrolera, la** oil industry
**industrial** industrial
**infección, la** infection (10)
**inferior** lower
**infidelidad, la** infidelity
**infierno, el** hell
**inflación, la** inflation
**inflar** to inflate; to swell
**influyente** influential
**informar** to inform; to report
**informática, la** computer science (2)
**informe, el** report
**ingeniería, la** engineering
**ingeniero/a, el/la** engineer
**inglés/a** *adj., n.* English
**ingreso, el** income
**iniciar** to begin
**inmobiliario/a** *adj.* real estate
**inodoro, el** toilet
**inolvidable** unforgettable
**inseguridad, la** insecurity
**insistir (en)** to insist (on) (10)
**inspeccionar** to inspect

**inspector/a de aduanas, el/la** customs officer (9)
**instalar** to install
**inteligente** intelligent (1)
**intentar** to try
**intercambio, el** exchange
**interés, el** interest
**interesante** interesting (1)
**interesar** to be interesting (6)
**internado, el** internship
**interno/a** internal
**intérprete, el/la** interpreter
**interrumpir** to interrupt
**introducción, la** introduction
**inundación, la** flood
**inútil** useless
**inventario, el** inventory
**invernal** *adj.* winter
**inverso/a** reverse
**invertir** to invest
**investigar** investigate
**invierno, el** winter (1)
**invitación, la** invitation (4)
**invitado/a, el/la** guest
**invitar** to invite
**involucrado/a** involved
**inyección, la** shot (10)
**ir (a)** to go (3)
**ir al cine/ a la playa** to go to the movies/ to the beach (4)
**ir de compras** to go shopping (4)
**ir de excursión** to go on an excursion; to tour
**irse** to leave
**isla, la** island (9)
**italiano/a** *adj., n.* Italian
**izquierdo/a** left

**J**

**jabón, el** soap (5)
**jamás** never
**jamón, el** ham (6)
**japonés/a** *adj., n.* Japanese
**jarabe, el** cough syrup
**jardín, el** garden, yard (5)
**jardinero/a, el/la** outfielder; gardener
**jefe/a, el/la** boss
**joven** young (2)
**joya, la** jewel
**joyería, la** jewelry store (8)

**jubilado/a** retired
**jubilarse** to retire
**judías, las** green beans (6)
**juego (electrónico), el** (computer, electronic) game
**Juegos Olímpicos** Olympic Games
**jueves, el** Thursday (1)
**juez/a, el/la** judge
**jugada, la** play (in/ of a game)
**jugador/a, el/la** player
**jugar (ue)** to play (4)
**jugo, el** juice (3)
**julio** July (1)
**junio** June (1)
**junta directiva, la** board of directors
**junto/a** together
**junto a . . .** next to. . .
**jurado, el** jury
**jurar** to swear
**justo/a** just; fair
**juventud, la** youth

**K**

**kilo, el** kilogram (6)
**kilómetro, el** kilometre
**kinesiología, la** kinesiology

**L**

**labial: lápiz labial, el** lipstick (5)
**labio, el** lip
**labor, la** work, labour
**laboratorio (de lenguas), el** (language) laboratory (3)
**lado, el** side
**ladrar** to bark
**ladrillo, el** brick
**ladrón/ladrona, el/la** thief
**lago, el** lake (9)
**lágrima, la** tear
**lamentar** to regret (10)
**lámpara, la** lamp (5)
**lana, la** wool (8)
**lancha, la** boat
**langosta, la** lobster (6)
**lápiz, el;** *pl.* **lápices** pencil (1)
**lápiz labial, el** lipstick (5)
**largo/a** long
**lástima, la** pity
**lata, la** can
**lavabo, el** (bathroom) sink

**lavadero, el** utility room (5)
**lavadora, la** washer (5)
**lavandería, la** laundry
**lavaplatos, el** dishwasher (5)
**lavar(se)** to wash (oneself) (5)
**lección, la** lesson (1)
**leche, la** milk (3)
**lechuga, la** lettuce (6)
**lector/a, el/la** reader
**leer** to read (3)
**legumbre, la** vegetable; legume
**lejos (de)** far (3)
**lema, el** slogan; motto
**lengua, la** tongue (10)
**lentes (de contacto), los** glasses;
    contact lenses
**lento/a** slow
**león/leona, el/la** lion, lioness
**letra, la** letter
**letrero, el** sign
**levantar (pesas)** to lift (weights)
    (7); to raise
**levantarse** to get up (5)
**ley, la** law
**libertad, la** freedom
**libre** free
**librería, la** bookstore (2)
**librero, el** bookcase
**libro, el** book (1)
**licuadora, la** blender
**liga, la** league
**ligero/a** light
**limón, el** lemon (6)
**limonada, la** lemonade
**limpiar** to clean (5)
**limpieza, la** cleaning
**limpio/a** clean (3)
**lindo/a** pretty
**línea, la** figure (10)
**lírico/a** lyrical
**listo/a** clever; ready
**literatura, la** literature (3)
**litro, el** litre (6)
**liviano/a** light (weight)
**llamar** to call (1)
**llano, el** plain
**llavero, el** key chain
**llegada, la** arrival (9)
**llegar** to arrive (2)
**llenar** to fill (out)
**llevar** to wear (8); to carry

**llevar cuentas** to keep accounts, bills
**llorar** to cry
**llover (ue)** to rain (7)
**lluvia (ácida), la** (acid) rain
**lo siento** I'm sorry (1)
**localizar** to locate
**loción, la** lotion
**loco/a** crazy
**locura, la** craziness; insanity
**locutor/a** announcer
**lograr** to achieve
**loma, la** hill
**loro, el** parrot
**los demás** everybody else
**lucha, la** fight
**lucir** to display; to shine
**luego** later; then (1)
**luego que** as soon as
**lugar, el** place
**lujo, el** luxury (9)
**lujoso/a** luxurious
**luna, la** moon
**luna de miel, la** honeymoon
**lunes, el** Monday (1)
**luz, la;** *pl.* **luces** light (1)

## M

**macabro/a** macabre
**madera, la** wood; *pl.* lumber
**madrastra, la** stepmother
**madre, la** mother (4)
**madrina, la** godmother
**madrugada, la** early morning hours
**maestro/a, el/la** teacher
    (elementary school)
**maíz, el** corn
**majestuoso/a** majestic
**mal** *adv.* badly (1)
**malo/a** bad (1); evil; ill
**maldición, la** curse
**maldito/a** damned
**malentendido, el**
    misunderstanding
**maleta, la** suitcase (9)
**mamá, la** mom (mother) (4)
**mandado, el** errand
**mandar** to order (10)
**mandato, el** command
**manejar** to manage; to drive
    (a vehicle)
**manera, la** way

**mano, la** hand (5)
**mano de obra, la** manual labour
**¡manos a la obra!** let's get to work!
**mansión, la** mansion
**manteca, la** lard
**mantel, el** tablecloth
**mantener (ie)** to support (a family,
    etc.)
**mantenerse en forma** to stay in
    shape
**mantequilla, la** butter (6)
**manzana, la** apple (6)
**mañana, la** morning; **mañana** *adv.*
    tomorrow (1)
**mapa, el** map (1)
**mapache, el** raccoon
**maquiladora, la** border factory
**maquillaje, el** makeup (8)
**maquillarse** to put on makeup (5)
**máquina, la** machine
**máquina de afeitar, la** electric
    razor (5)
**máquina de escribir, la** typewriter
**mar, el** *f.* sea (7); ocean (9)
**marca, la** brand
**marearse** to become nauseous
**mariposa, la** butterfly
**mariscos, los** shellfish (6)
**marítimo/a** maritime; having to do
    with the sea
**marrón** brown (1)
**martes, el** Tuesday (1)
**marzo** March (1)
**más** more (1)
**más o menos** so-so (1)
**masa, la** dough
**máscara, la** mask
**masticar** to chew
**matar** to kill
**matemáticas, las** mathematics (2)
**matemático/a, el/la** mathematician
**materia, la** (academic) subject (3)
**materno/a** maternal (4)
**matrimonio, el** marriage
**mayo** May (1)
**mayor** older; oldest (4)
**mayoría, la** majority
**me da igual** it's the same to me
**me encantaría** I would love to
**me llamo . . .** my name is . . . (1)

**me muero de hambre/ sed** I'm starving (to death)/ I'm dying of thirst

**mecánico, el/la** *adj.* mechanical, *n.* mechanic

**media, la** stocking; pantyhose

**mediano/a** medium

**medianoche, la** midnight

**mediar** to mediate

**medicina, la** medicine

**médico/a, el/la** doctor, physician (10)

**medida, la** measurement; measure (6)

**medio/a** *adj., n.* medium; half

**medio (de comunicación), el** media

**medio ambiente, el** environment (ecological)

**mediodía, el** noon

**mejilla, la** cheek

**mejor** better; best (8)

**mejora la** improvement

**mejorar** to improve

**mejorarse** to get better; to get well (10)

**melocotón, el** peach

**melodía, la** melody

**melón, el** melon (6)

**menor** younger; youngest (4)

**menos** less

**mensaje, el** message

**mensajero/a, el/la** messenger

**mensual** monthly

**mentir (ie, i)** to lie

**menú, el** menu (6)

**mercadeo, el** marketing

**mercancía, la** merchandise

**merecer** to deserve

**merendar (ie)** to snack; to picnic

**merienda, la** (afternoon) snack (3)

**mes, el** month (1)

**mesa, la** table (1)

**mesa de noche, la** nightstand (5)

**mesero/a, el/la** waiter/waitress

**meta, la** goal

**meteorológico/a** pertaining to the weather

**meteorólogo/a, el/la** meteorologist

**meter** to place; to put

**mexicano/a** *adj., n.* Mexican (2)

**mezcla, la** blending; mixture

**mezclar** to mix (6)

**mi amor** my love

**mi cielo** sweetheart, darling (*fig.*)

**mi corazón** sweetheart

**mi vida** darling (*fig.*)

**mi(s) querido/a(s) amigo/a(s)** my dear friend(s)

**mi/mis** my (1)

**microcomputadora, la** personal computer, microcomputer

**microondas, el** microwave (6)

**microscopio, el** microscope

**miedo, el** fear; **tener miedo** to be afraid (2)

**miel, la** honey; **la luna de miel** honeymoon

**miembro, el** member (4)

**mientras (tanto)** (mean)while

**mientras que** as long as

**miércoles, el** Wednesday (1)

**migra, la** Immigration and Naturalization Service (slang)

**migratorio/a** *adj.* migrant

**milenio, el** millennium

**minería, la** mining

**ministro/a, el/la** minister

**mirar** to look at; to watch (2)

**mirarse** to look at oneself (5)

**misa, la** mass

**misceláneo** miscellaneous

**mismo/a** same

**misterioso/a** mysterious

**mochila, la** backpack (1)

**moda, la** fashion

**modelo, el/la** model

**modo, el** way, manner

**mojado/a** wet

**mojarse** to get wet

**molde, el** baking pan

**molestar** to bother (annoy) (6)

**molido/a** ground

**monarquía, la** monarchy

**moneda, la** currency

**monja, la** nun

**monopatín, el** skateboard

**monótono/a** monotonous

**montaña, la** mountain (9)

**montañoso/a** mountainous

**montar a caballo/ en bicicleta** to go horseback/ bicycle riding (9)

**montón, el** heap; pile

**monumento, el** monument (9)

**morado/a** purple (1)

**moraleja, la** moral

**morder (ue)** to bite

**moreno/a** brunette, dark (2)

**morir (ue, u)** to die

**morir de risa** to have a great laugh

**moro/a** Moor

**mosca, la** fly

**mostrador, el** counter

**mostrar (ue)** to show

**mover (ue)** to move

**movimiento, el** movement

**muchacho/a, el/la** boy/girl

**muchas veces** often

**mucho** a lot (of) (1)

**mucho gusto** it's a pleasure (to meet you) (1)

**mudanza, la** move

**mudar(se)** to move

**mueble, el** (a piece of) furniture (5)

**muela, la** molar

**muerte, la** death

**muerto/a (de)** dead (dying of)

**muestra, la** sample

**mujer, la** woman

**multa, la** fine

**multar** to fine

**mundialmente** worldwide

**mundo, el** world

**músculo, el** muscle

**musculoso/a** muscular

**museo, el** museum (9)

**música, la** music (3)

**músico, el/la** musician

**muy** very (1)

## N

**nacer (zc)** to be born

**nacimiento** birth

**nación, la** nation

**nacionalidad, la** nationality (2)

**nada** nothing

**nadador/a, el/la** swimmer

**nadar** to swim (2)

**nadie** no one

**naranja, la** orange (6)

**narcotraficante, el/la** drug dealer

**nariz, la** nose (5)

**natación, la** swimming (7)

**naturaleza, la** nature

**náusea: tener náusea** to be nauseous

**navaja de afeitar, la** razor blade

**navegar** to navigate; to sail

**neblina, la** fog (7)

**necesario/a** necessary

**necesitar** to need (2)

**negar (ie)** to deny

**negocio, el** business

**negro/a** black (1)

**nervio, el** nerve; **el ataque de nervios** nervous breakdown

**nervioso/a** nervous (3)

**nevar (ie)** to snow (7)

**¡ni modo!** no way!

**ni . . . ni** neither . . . nor

**nicaragüense** *adj., n.* Nicaraguan (2)

**nido, el** nest

**nieto/a, el/la** grandson/ granddaughter (4)

**nieve, la** snow

**nilón, el** nylon (8)

**ningún, ninguno/a** none; not any

**niñez, la** childhood

**niño/a, el/la** child (4)

**nivel, el** level

**nocturno/a** nocturnal

**nombrar** to name

**nombre, el** name

**norte, el** north

**norteamericano/a** *adj., n.* North American (2)

**nota, la** grade

**notar** to note

**noticias, las** news

**noticiero, el** newscast

**noveno/a** ninth

**noviembre** November (1)

**novio/a, el/la** boyfriend/ girlfriend; fiancé/ée (2); groom/ bride

**nublado/a** cloudy (7)

**núcleo familiar, el** nuclear family

**nuera, la** daughter-in-law

**nuevo/a** new (2)

**número, el** number (1)

**nunca** never (5)

**nutritivo/a** nutritious

## O

**o (u)** or (1)

**obedecer (zc)** to obey

**obligar** to compel

**obligatorio/a** mandatory

**obra de teatro, la** play (theatre)

**obra maestra, la** masterpiece

**obrero/a, el/la** manual worker

**observar** to observe; to adhere to

**obstáculo, el** obstacle

**obvio/a** obvious

**octavo/a, el** eighth

**octubre** October (1)

**ocupado/a** busy (3)

**ocupar** to occupy

**odiar** to hate

**oeste, el** west

**oferta, la** sale; offer

**oficina, la** office

**oficio, el** occupation; job

**ofrecer** to offer

**oído, el** (inner) ear (10)

**¡ojalá (que)!** I hope that

**ojo, el** eye (5)

**¡ojo!** be careful!

**olmo, el** elm

**olor, el** smell

**olvidarse (de)** to forget

**ondulante** wavy

**operar** to operate

**opereta, la** operetta

**opinar** to think; to give one's opinion

**oportunidad, la** opportunity

**opresión, la** oppression

**oración, la** sentence

**orden, la** order

**ordenador, el** computer (*Sp.*)

**ordenar** to straighten up (5)

**oreja, la** (outer) ear (10)

**órgano, el** organ

**orgullo, el** pride

**orgulloso/a** proud

**oriental** *adj.* east

**origen, el** origin

**originar** to originate (from); to come (from)

**orilla, la** shore

**orinar** to urinate

**oro, el** gold (8)

**orquesta, la** orchestra; band (4)

**orquesta sinfónica, la** symphony

**orquídea, la** orchid

**ortografía, la** spelling

**otoño, el** fall (1)

**otra vez** again

**otro/a** other

**oveja, la** sheep

**¡oye!** listen!

## P

**paciente** *m., f., adj., n.* patient (10)

**pacifista, el/la** pacifist

**padecer (zc) (de)** to suffer (from) (10)

**padrastro, el** stepfather

**padre, el** father (4); *pl.* parents

**padrino, el** godfather

**pagar** to pay (6)

**pagar al contado** to pay cash

**página, la** page

**país, el** country (2)

**país en vías de desarrollo, el** developing country

**paisaje, el** scenery

**paja, la** straw

**pájaro, el** bird

**palabra, la** word (1)

**palacio, el** palace

**palmera, la** palm tree

**palo, el** stick

**palomitas de maíz, las** popcorn

**pan, el** bread (6)

**pan tostado, el** toast (6)

**pampas, las** plains (*Arg.*)

**pana, la** corduroy

**panadería, la** bakery

**panameño/a** *adj., n.* Panamanian (2)

**panecillo, el** sweet roll

**pantalla, la** screen

**pantalones (cortos), los** pants, slacks (shorts) (8)

**pantano, el** swamp

**pantimedias, las** stockings; pantyhose

**pañuelo, el** handkerchief

**papa, la** potato (6)

**papá, el** dad (father) (4)

**papas fritas, las** french fries

**papel, el** paper (1); role

**papelería, la** stationery shop

**paquete, el** package

**par, el** pair

**para chuparse los dedos** finger-licking good

**para (que)** in order (that), so (that)

**parada, la** stop

**parado/a** standing

**paraguayo/a** *adj., n.* Paraguayan (2)

**paraíso, el** paradise

**parecer** to seem (6)

**parecido/a** similar

**pared, la** wall (1)

**pareja, la** couple

**pariente, el** relative (4)

**paro: estar en paro** to be out of work

**parque, el** park (4)

**párrafo, el** paragraph

**parrilla: a la parrilla** grilled

**parte, la** part (5)

**partido, el** (ball) game (sports) (4); party (political)

**pasado/a** past

**pasaje, el** fare, ticket (9)

**pasajero/a, el/la** passenger

**pasaporte, el** passport

**pasar** to spend (time); to come by (4)

**pasar la aspiradora** to vacuum (5)

**pasar una película** to show a movie

**pasarlo bien** to have a good time (7)

**pasatiempo, el** pastime (7)

**pasear** to take a walk (4)

**paseo, el** walk; promenade; avenue

**pasillo, el** hall (5); aisle (9)

**paso, el** step

**pasta de dientes, la** toothpaste (8)

**pastel, el** cake; pie

**pastelería, la** pastry shop

**pastilla, la** pill; lozenge (10)

**pasto, el** pasture

**pata, la** leg (animal)

**patata, la** potato (*Sp.*)

**patear** to kick (7)

**patente** clear; evident

**paterno/a** paternal

**patinador/a** skater

**patinar** to skate (7)

**patín, el; patines en línea** skate; inline skates (7)

**patio, el** patio (5)

**pato, el** duck

**patrocinador/a, el/la** sponsor

**patrocinar** to sponsor

**pavo, el** turkey

**paz, la** peace

**pecado, el** sin

**pecho, el** chest (10)

**pedagogía, la** education

**pedazo, el** piece (6)

**pedir (i, i)** to ask for, to request (4)

**pegado** glued

**peinarse** to comb (one's hair) (5)

**peine, el** comb (5)

**pelar** to peel (6)

**pelea, la** fight

**pelearse** to fight

**peletería, la** shop selling furs

**película, la** movie; film (4)

**peligro, el** danger

**peligroso/a** dangerous

**pelirrojo/a** redhead

**pelo, el** hair (5)

**pelota, la** baseball, tennis ball (7)

**peluquería, la** hair salon

**peluquero/a, el/la** hair stylist

**pena, la** grief

**pena de prisión, la** prison term

**pendiente, el** earring

**penicilina, la** penicillin

**península (ibérica), la** (Iberian) peninsula

**pensar (ie) (+ inf.)** to think; to intend (to do something) (4)

**pensión estudiantil, la** boarding house

**peor** worse; worst (8)

**pequeño/a** small (1)

**percusión, la** percussion

**perder (ie)** to lose (4)

**perder (ie) tiempo** to waste time

**pérdida, la** loss

**perdido/a** lost

**perdonar** to excuse; to pardon

**perdurar** to last

**peregrino/a, el/la** pilgrim

**perejil, el** parsley

**perezoso/a** lazy (1)

**perfume, el** perfume (8)

**perfumería, la** perfume shop

**periódico, el** newspaper

**periodista, el/la** journalist; newspaperman/woman

**perla, la** pearl (8)

**permanecer** to remain

**permiso, el** permission

**permitir** to permit (10)

**pero** but (2)

**perplejo/a** perplexed

**persona, la** person

**personaje, el** character

**personal** personal

**pertenecer (zc)** to belong

**peruano/a** *adj., n.* Peruvian (2)

**pesar** to weigh

**pesca, la** fishing

**pescadería, la** fish store (8)

**pescado, el** fish (to be eaten) (6)

**pescar** to fish (9)

**pesimista, el/la** *adj.* pessimistic; *n.* pessimist

**peso, el** weight (10)

**pesticida, el** pesticide

**petróleo, el** oil; petroleum

**petrolero/a, la industria petrolera** oil industry

**pez, el** fish (alive)

**picado/a** chopped (6)

**picante** hot (spicy) (6)

**picar** to cut, to chop (6)

**pico, el** peak

**pie, el** foot (10)

**piedra, la** stone

**piel, la** fur; skin

**pierna, la** leg (10)

**pieza, la** piece

**piloto/a, el/la** pilot (9)

**pimienta, la** pepper (6)

**pimiento, el** green pepper (6)

**pingüino, el** penguin

**pinta, la** look

**pintar** to paint

**pintarse** to put on make-up

**pintor/a, el/la** painter

**pintoresco/a** picturesque

**piña, la** pineapple

**pirámide, la** pyramid

**Pirineos, los** Pyrenees

**pisar** to step

**piscina, la** swimming pool (7)

**piso, el** floor (1); apartment (*Sp.*)

**pista, la** clue; track (7)

**pizarra, la** chalkboard (1)

**pizca, la** pinch

**placa, la** (licence) plate
**placer, el** pleasure
**plan de retiro, el** retirement plan
**plancha, la** iron (appliance) (5)
**planchar** to iron (5)
**planear** to plan (9)
**plano, el** map
**planta alta, la** upstairs
**planta baja, la** downstairs; ground floor
**planta nuclear, la** nuclear plant
**plata, la** silver (8)
**plátano, el** plantain, banana (6)
**platería, la** silversmith's trade
**plato, el** course; plate; dish (6)
**plato del día, el** daily special (6)
**playa, la** beach (4)
**pleno/a** full
**plomero/a, el/la** plumber
**pluriempleo, el** moonlighting
**poblado/a** populated
**pobre** poor (2)
**pobreza, la** poverty
**poco/a** little (1)
**poder (ue)** to be able; may (4)
**poder, el** power
**poderoso/a** powerful
**policía, la** police (force)
**policía, el/la** policeman/woman
**política, la** politics
**político/a** political (2)
**político, el/la** politician
**pollería, la** chicken store
**pollo, el** chicken (6)
**polvo, el** powder; dust
**pomada, la** salve; ointment
**poner** to put (4)
**poner la mesa** to set the table (5)
**poner una película** to show a movie
**ponerse** to put on; to become (+ emotion) (5)
**ponerse a dieta** to go on a diet (10)
**ponerse de pie** to stand up
**ponerse en forma** to get in shape (10)
**por** by
**por ahora** for now
**por aquí** around here
**por casualidad** by chance

**por Dios** for God's sake
**por ejemplo** for example
**por eso** therefore
**por favor** please
**por fin** finally
**por la mañana (tarde/ noche)** in (during) the morning (afternoon/ evening) (2)
**por lo general** in general
**por lo menos** at least
**por lo tanto** therefore
**por otro lado** on the other hand
**¿por qué?** why? (2)
**por supuesto** of course
**por último** finally
**porcentaje, el** percentage
**porque** because (2)
**portada, la** title page
**portugués/a** *adj., n.* Portuguese
**posible** possible
**posteriormente** afterwards
**postre, el** dessert (6)
**pozo, el** well
**practicar** to practise; to play (a sport) (2)
**precario/a** precarious
**precio, el** price (8)
**preciso/a** precise; exact; essential
**predecir (i)** predict
**preferir (ie, i)** to prefer (4)
**pregunta, la** question (1)
**preguntar** to ask
**premiar** to award
**premio, el** prize
**prenda, la** garment
**prender** to light; to turn on
**prensa, la** press; news media
**preocupación, la** worry; concern
**preocupado/a** worried (3)
**preocuparse** to worry
**preparar** to prepare (2)
**prepararse** to prepare oneself
**presenciar** to witness
**presentación, la** introduction (1); presentation
**presentar** to present; to introduce; to perform
**presidente/a, el/la** president
**presión, la** blood pressure (10)
**preso, el** prisoner
**préstamo, el** loan

**prestar** to lend
**prestar atención** to pay attention
**presupuesto, el** budget
**prevenir** to prevent; to warn
**previo/a** previous
**primavera, la** spring (1)
**primer/o/a** first
**primer piso, el** first floor
**primera actriz, la** leading lady
**primera plana, la** front page
**primo/a, el/la** cousin (4)
**principal** *adj.* main
**príncipe, el** prince
**principiante, el/la** beginner
**principio, el** beginning
**prisa: tener prisa** to be in a hurry (2)
**probador, el** fitting room (8)
**probar (ue)** to taste; to try (6)
**probarse (ue)** to try on (8)
**problema, el** problem
**procesador de textos, el** word processor
**procurar** to procure; secure
**producir (zc)** to produce
**producto lácteo, el** milk product (10)
**productor/a, el/la** producer
**profesor/a, el/la** professor; instructor (1)
**profundo/a** deep
**programa radial, el** radio program
**programa social, el** social welfare program
**programar** to program
**prohibir** to prohibit (10)
**promedio, el** average
**promesa, la** promise
**prometer** to promise
**promover (ue)** to promote
**pronóstico, el** forecast
**pronto** soon (1)
**pronunciación, la** pronunciation
**pronunciar** to pronounce
**propiedad, la** property
**propietario/a, el/la** owner
**propina, la** tip (6)
**propio/a** own
**propósito, el** purpose
**próspero/a** prosperous

**protagonista, el/la** protagonist; star

**protección del medio ambiente, la** environmental protection

**proteger (j)** to protect

**proteína, la** protein (10)

**próximo/a** close

**proyecto, el** project

**prueba, la** test

**psicología, la** psychology (3)

**psicólogo/a, el/la** psychologist

**psiquiatra, el/la** psychiatrist

**publicar** to publish

**público, el** audience

**pueblo, el** town; the people, the masses

**puerta, la** door (1)

**puerta de salida, la** boarding gate (9)

**puerto, el** port

**puertorriqueño/a** *adj., n.* Puerto Rican (2)

**pues** *conj.* well (3)

**puesto, el** stall; position (job)

**pulga, la** flea

**pulmón, el** lung (10)

**pulsera, la** bracelet (8)

**punto, el** point

**puño, el** fist

**pupitre, el** desk (1)

## Q

**¿qué?** what? (2)

**¡qué barbaridad!** what nonsense!

**¿qué es esto?** what is this? (1)

**¿qué hay?** what's new? (*inf.*)

**¿qué hora es?** what time is it? (2)

**¿qué pasa?** what's happening? what's up? (*inf.*)

**¡qué suerte la nuestra!** It's our tough luck!

**¿qué tal?** what's up? how's it going? (*inf.*) (1)

**¿qué te parece?** what do you think? (how do you feel about that?)

**¿qué tiempo hace?** what's the weather like? (7)

**quebrar(se)** to break

**quedar** to be left; remain

**quedarle a alguien** to fit (clothes) (8)

**quedarse** to stay (somewhere) (9)

**quehacer doméstico, el** household chore (5)

**quejarse (de)** to complain (about)

**quemar** to burn

**querer (ie)** to want; to love (someone) (4)

**queridísima . . .** dearest . . .

**querido/a(s) . . .** dear . . . (4)

**queso, el** cheese (6)

**quien** who

**¿quién(es)?** who? (2)

**química, la** chemistry (3)

**quinto/a** fifth

**quitar** to take away

**quitar la mesa** to clear the table (5)

**quitarse** to take off (5)

**quizá(s)** perhaps, maybe

## R

**radial: programa radial, el** radio program

**radicar** to be situated

**radioactividad, la** radioactivity

**radiografía, la** x-ray (10)

**radioyente, el/la** radio listener

**raíz, la** root

**rana, la** frog

**rápidamente** quickly

**raqueta, la** racket (7)

**raro/a** unusual

**rascacielo, el** skyscraper

**rato: al poco rato** soon

**ratón, el** mouse

**raya: de rayas** striped

**rayón, el** rayon

**razón, la** reason; **tener razón** to be right (2)

**reaccionar** to react

**real** royal

**realizar** to carry out

**rebaja, la** sale (8)

**rebelde, el/la** rebel

**recámara, la** room

**recaudar** to collect (money)

**receta, la** recipe (6); prescription (10)

**recetar** to prescribe (10)

**rechazar** to reject; to turn down (4)

**recibir** to receive (3)

**reciclaje, el** recycling

**reciclar** to recycle

**recién** recently

**recién casado/a, el/la** newlywed

**reciente** recent

**recipiente, el** generic pot, bowl, dish, etc. (6)

**reclamar** to demand

**recoger** to pick up

**recogida de equipajes, la** baggage claim

**recomendación, la** recommendation (10)

**recomendar (ie)** to recommend (10)

**reconocible** recognizable

**reconstruir (y)** to reconstruct

**recordar (ue)** to remember (4)

**recorrer** to go round; to travel through/ across

**recreativo/a** recreational

**recreo, el** school recess time

**rector/a, el/la** administrator

**rectoría, la** administration building

**recuerdo, el** souvenir (9)

**recurso (natural), el** (natural) resource

**redactado/a** written

**redondo/a** round

**reducir (zc)** to reduce

**referencia, la** reference

**reflejar** to reflect

**reforestación, la** reforestation

**refresco, el** soft drink, soda (3)

**refrigerador, el** refrigerator (6)

**regalar** to give (a present)

**regalo, el** gift; present (8)

**regatear** to bargain; to haggle (8)

**regresar** to return (2)

**regular** so-so

**reina, la** queen

**reino, el** reign

**reírse (i, i)** to laugh

**relajarse** to relax

**relatar** to tell

**religioso/a** religious

**rellenar** to fill completely; to fill out

**reloj, el** clock (1)

**reloj de pulsera, el** wristwatch (8)

**reluciente** shining

**remedio, el** solution; remedy (10)

**remo, el** rowing

**renovable** renewable
**renunciar** to resign
**reñir (i, i)** to quarrel
**reparar** to repair
**repartir** to deliver; to distribute
**reparto, el** distribution; cast (theater)
**repaso, el** review
**repertorio, el** repertoire
**repetir (i, i)** to repeat; to have a second helping (4)
**reportero/a, el/la** reporter
**representante, el/la** representative
**representar** to perform
**republicano/a** Republican
**requerir (ie, i)** to require
**requisito, el** qualification; requirement
**res: carne de res, la** beef
**rescatado/a** rescued
**rescate, el** rescue
**reseña, la** review (of book, movie, etc.)
**reserva, la** reservation (9)
**resfriado, el** cold (10)
**residencia estudiantil, la** dorm
**resolución, la** resolution
**resolver (ue)** to resolve
**respaldar** to back (up)
**respetar** to respect
**respetuoso/a** respectful
**respiración, la** breathing
**respirar** to breathe (10)
**responsabilidad, la** responsibility
**responsable** responsible (4)
**respuesta, la** answer (1)
**restaurar** to restore
**restaurante, el** restaurant (6)
**resultado, el** result
**resumen, el** summary
**resumir** to summarize
**retirarse** to retire
**retiro, el** retirement
**retrasar** to delay
**retrato, el** portrait
**reunión, la** meeting
**reunirse** to get together
**revelar** to reveal
**revisar** to check
**revista, la** magazine

**revolver (ue)** to stir
**revuelto/a** scrambled
**rey, el** king
**rezar** to pray
**rico/a** rich (2); delicious (6)
**ridículo/a** ridiculous
**riel, el** rail
**riesgo, el** risk (10)
**riñón, el** kidney
**río, el** river (9)
**riqueza, la** wealth
**ritmo, el** rhythm
**robo, el** robbery
**rodeado/a** surrounded
**rodilla, la** knee (10)
**rojo/a** red (1)
**rollo de película, el** roll of film (for camera) (9)
**romper** to break; **romperse (un hueso)** to break (a bone) (10)
**ron, el** rum
**ropa, la** clothes (5)
**rosado/a** pink (1)
**rosal, el** rosebush
**rubio/a** blond (2)
**rugby, el** rugby
**ruido, el** noise
**rumbo, el** direction

## S

**sábado, el** Saturday (1)
**saber** to know (how to do) something (4)
**sabor, el** flavour
**saborear** to taste
**sacar** to take out (5); to stick out (tongue)
**sacar fotocopias** photocopy
**sacar fotos** to take pictures (9)
**saco, el** suit jacket (8)
**sacudir** to dust (5)
**sacudirse** to shake
**sagrado/a** sacred
**sal, la** salt (6)
**sala, la** living room (5)
**sala de clase, la** classroom
**sala de espera, la** waiting room (9)
**sala de reclamación de equipaje, la** baggage claim room
**salario, el** salary, wages
**salida, la** departure (9)

**salida de emergencia, la** emergency exit
**salir** to go out; to leave (4)
**salmón, el** salmon (6)
**salsa (de tomate), la** (tomato) sauce (6)
**salsa picante, la** hot sauce (6)
**saltar** to jump
**salto, el** waterfall (9)
**salud, la** health (10)
**saludable** healthy
**saludar(se)** to greet (one another)
**saludo, el** salutation, greeting (1)
**salvadoreño/a** adj., n. Salvadorian (2)
**sandalia, la** sandal (8)
**sándwich, el** sandwich (3)
**sangre, la** blood
**sanidad, la** health
**sano/a** healthy
**santo/a** holy
**sapo, el** toad
**sartén, la** skillet, frying pan (6)
**sastrería, la** tailor shop
**sátira, la** satire
**satisfacer** to satisfy
**satisfecho/a** satisfied
**saxofón, el** saxophone
**sazonar** to season
**se despide de usted(es) atentamente** very truly yours
**secador, el** hair dryer (5)
**secadora, la** clothes dryer (5)
**secar(se)** to dry (oneself) (5)
**sección de no fumar, la** no-smoking section
**sección deportiva, la** sports section
**sección financiera, la** business section
**seco/a** dry
**secretario/a, el/la** secretary
**secuela, la** sequel
**sed, la** thirst; **tener sed** to be thirsty (2)
**seda, la** silk
**sede, la** seat (of government)
**segregar** to secrete
**seguir (i, i)** to follow; to continue (4)
**según** according to
**segundo/a** second

**seguro/a** certain
**seguridad, la** security
**seguro de vida, el** life insurance
**seguro médico, el** health insurance
**seleccionar** to choose
**sello, el** stamp
**selva (tropical), la** jungle; rainforest
**selvático/a** of the jungle
**semana, la** week (1)
**semana pasada, la** last week (6)
**Semana Santa, la** Easter week
**sembrar (ie)** to plant
**semejante** similar
**semejanza, la** similarity
**semestre, el** semester (3)
**senado, el** senate
**senador/a, el/la** senator
**señal, la** signal
**señalar** to indicate; to point out
**sencillez, la** simplicity
**sencillo/a** simple
**sendero, el** trail
**sentarse (ie)** to sit down (5)
**sentido, el** sense
**sentir (ie, i)** to regret (10)
**sentirse (ie, i)** to feel (5)
**señor (Sr.), el** Mr. (1)
**señora (Sra.), la** Mrs. (1)
**señorita (Srta.), la** Miss (1)
**septiembre, el** September (1)
**séptimo/a** seventh
**sepulcro, el** tomb
**ser, el** being
**ser** to be
**ser alérgico/a** to be allergic
**serenata, la** serenade
**servicio de habitación, el** room service (9)
**servilleta, la** napkin (6)
**servir (i)** to serve (4)
**sexto/a** sixth
**si** if (3)
**siembra, la** sowing; seed planting
**siempre** always (3)
**sierra, la** mountain range
**siglo, el** century
**significado, el** meaning
**signo, el** sign
**siguiente** following
**silabeo, el** syllabication
**silbar** to hiss

**silbato, el** whistle
**silla, la** chair (1)
**sillón, el** armchair (5)
**simpatía, la** fondness
**simpático/a** nice (1)
**sin embargo** nevertheless
**sin manga** sleeveless (8)
**sin (que)** without
**sindicato, el** (trade) union
**sinfonía, la** symphony
**sino** but
**síntoma, el** symptom (10)
**sirviente/a, el/la** servant
**sitio, el** place
**sobras, las** leftovers
**sobre** on (5)
**sobrenatural** supernatural
**sobrepeso, el** excess weight, obesity
**sobrepoblación, la** overpopulation
**sobresalir** to stand out
**sobresalto, el** sudden fright
**sobretiempo, el** overtime
**sobrino/a, el/la** nephew/ niece (4)
**socio/a, el/la** partner
**sociología, la** sociology (2)
**sofá, el** sofa (5)
**sol, el** sun (4)
**solamente** only (3)
**soldado, el** soldier
**soledad, la** loneliness
**soler (ue)** to be in the habit of
**solicitante, el/la** applicant
**solicitar** to apply
**solicitud, la** application
**solicitud de empleo, la** job application form
**solista, el/la** soloist
**sólo** only
**soltero, el/la** adj. single; n. bachelor, bachelorette
**solucionar** to solve
**sombrero, el** hat (8)
**sombrilla, la** beach umbrella (7)
**sombrio/a** somber
**son las dos . . .** it's two (o'clock) . . . (2)
**sonar (ue)** to ring
**sonido, el** sound
**sonreír (i, i)** to smile
**sonrisa, la** smile

**soñar (ue) (con)** to dream (about) (4)
**sopa, la** soup (6)
**soplar** to blow
**sorprendente** surprising
**sorprender(se)** to surprise; to be surprised (10)
**sorpresa, la** surprise (4)
**sorteo, el** draw (lottery)
**sospechoso/a** suspicious; unfriendly
**sostén, el** bra
**sótano, el** basement
**suave** soft
**subida, la** climb
**subir** to climb; to go up(stairs); **subir al avión** to board the plane (9)
**subir de peso** to gain weight (10)
**sucio/a** dirty (3)
**suegro/a, el/la** father-in-law/ mother-in-law
**sueldo, el** salary, wages
**sueño, el** dream; **tener sueño** to be sleepy (2)
**suerte, la** luck
**suéter, el** sweater (8)
**suficiente** enough
**sufrir** to suffer
**sugerencia, la** suggestion
**sugerir (ie, i)** to suggest (10)
**sumamente** extremely
**superar** to overcome
**superestrella, el/la** superstar
**supermercado, el** supermarket
**supervisor/a, el/la** supervisor
**suponer** to suppose
**sur, el** south
**Suramérica** South America
**suramericano/a** South American
**surgir** to spring up; to arise
**suroeste, el** southwest
**sustantivo, el** noun (2)
**susto, el** fright

## T

**tablero, el** (bulletin) board
**tablilla, la** small (cutting) board
**tal vez** perhaps, maybe
**talco, el** powder (8)
**talentoso/a** talented

**talla, la** size (8)
**tallado, el** carving
**taller, el** workshop
**tamaño, el** size
**también** also (2)
**tambor, el** drum
**tampoco** neither
**tan pronto como** as soon as
**tanto** so much
**tapar** to cover (6)
**tapas, las** appetizers
**tapete, el** (small) rug
**taquilla, la** ticket booth
**taquillero/a, el/la** ticket seller
**tardar** to be late
**tarde** late (2); **tarde, la** afternoon (2)
**tarea, la** homework (3); task
**tarjeta (de crédito; de débito), la** (credit; debit) card (8)
**tarjeta de embarque, la** boarding pass (9)
**tarta, la** pie; tart (6)
**tasa, la** rate
**tatuaje, el** tattoo
**taxista, el/la** taxi driver
**taza, la** cup (6)
**té, el** tea (6)
**teatro, el** theatre (4)
**te quiero** I love you
**te toca a ti** it's your turn
**techo, el** roof; ceiling (1)
**teclado, el** keyboard
**técnica, la** technique
**tecnológico/a** technological
**tejer** to weave
**tejidos, los** woven goods
**tela, la** fabric (8)
**tela de araña, la** spiderweb
**teléfono celular, el** cellular telephone
**teléfono inalámbrico, el** cordless telephone
**teléfono móvil, el** mobile (cell) telephone
**telenovela, la** soap opera
**televidente, el/la** television viewer
**televisión por cable, la** cable TV
**televisor, el** television set (5)
**tema, el** theme; topic
**temblar** to tremble

**temblor de tierra, el** earthquake
**temer** to fear (10)
**temperatura, la** temperature (10)
**templado/a** temperate
**temporada, la** season
**temprano** early (2)
**tenebroso** gloomy
**tenedor, el** fork (6)
**tener (ie)** to have (2)
**tener . . . años** to be . . . years old
**tener calor** to be hot (2)
**tener cuidado** to be careful
**tener dolor (de)** to have a pain (10)
**tener en cuenta** to take into account
**tener éxito** to be successful
**tener fiebre** to have a fever (10)
**tener frío** to be cold (2)
**tener ganas de (+ infin.)** to feel like (doing something)
**tener hambre** to be hungry (2)
**tener miedo** to be afraid (2)
**tener náuseas** to be nauseous
**tener prisa** to be in a hurry (2)
**tener que (+ inf.)** to have to (+ inf.) (2)
**tener razón** to be right (2)
**tener sed** to be thirsty (2)
**tener sueño** to be sleepy (2)
**tenis, el** tennis (2)
**tenista, el/la** tennis player
**tenor, el** tenor
**teoría, la** theory
**terapia, la** therapy
**tercer, tercero/a** third
**terciopelo, el** velvet
**término, el** term
**termómetro, el** thermometer
**ternera, la** veal
**terraza, la** terrace; balcony
**terremoto, el** earthquake
**terreno, el** terrain
**terrestre** earthly; terrestial
**tibio/a** warm; tepid
**tiempo, el** time; weather (7); **tiempo libre, el** spare time (4)
**tienda, la** store (8)
**tienda de antigüedades, la** antique shop
**tierra, la** land
**tijera(s), la(s)** scissors

**tímido/a** shy, timid
**tinta, la** ink
**tinto: vino tinto, el** red wine (6)
**tío/a, el/la** uncle/ aunt (4)
**tío/a abuela/o, el/la** great uncle/ great aunt
**típico/a** typical (9)
**tipo, el** type
**tipo de cambio, el** exchange rate
**tirar** to throw
**tiras cómicas, las** comics
**titular, el** headline
**título, el** title (1); degree
**tiza, la** chalk (1)
**toalla, la** towel (5)
**tobillo, el** ankle
**tocador, el** vanity table
**tocar** to touch; to play (a musical instrument)
**todas las noches** every night
**todavía** still; yet
**todo** *pron.* everything, all
**todo/a** *adj., n.* all; *pl.* (of people) everyone
**todo el día** all day
**todo el mundo** everyone, everybody
**todos los días** every day
**tolerar** to tolerate
**tomar** to drink; to take (2)
**tomar el sol** to sunbathe (4)
**tomate, el** tomato (6)
**tono, el** tone
**tonto/a** dumb; silly
**topografía, la** topography
**tórax, el** torso
**torcerse (ue) (z)** to twist
**tormenta, la** storm
**toronja, la** grapefruit
**torre, la** tower
**torta, la** cake (6); sandwich (*Mex.*)
**tortilla, la** flat cornmeal or wheat bread (*Mex., S.A., U.S.*); potato and onion omelette (*Sp.*)
**tortolito/a, el/la** lovebird
**tortuga, la** turtle
**tos, la** cough (10)
**toser** to cough
**tostada, la** toast
**tostadora, la** toaster (6)
**tostar (ue)** to toast
**trabajador/a** hard-working (1)

**trabajar** to work (2)
**trabajar a comisión** to work on commission
**trabajo, el** work
**traducir** to translate
**traductor/a, el/la** translator
**traer** to bring (4)
**trago, el** drink
**traje, el** suit (8)
**traje de baño, el** bathing suit (7)
**tranquilo/a** calm
**transmisión, la** transmission
**transmitir** to transmit
**transporte, el** transportation
**tratado, el** treaty
**Tratado de Libre Comercio** NAFTA
**tratamiento, el** treatment
**tratar de (+ inf.)** to try (to do something)
**trimestre, el** trimester
**tripulación, la** crew
**triste** sad (3)
**tristeza, la** sadness
**triunfar** to triumph
**trombón, el** trombone
**trompeta, la** trumpet
**trono, el** throne
**tropa, la** troop
**trozo, el** piece; fragment
**tu/tus** your (*fam. sing./pl.*) (1)
**turístico/a** tourist (9)

**U**

**ubicación, la** location
**ubicarse** to be located/situated
**úlcera, la** ulcer
**último/a** last
**una vez** one time; once
**únicamente** only
**único/a** unique; only
**unido/a** close, close-knit (4)
**universidad, la** university
**universitario/a** *adj.* university (3)
**uña, la** finger/toenail
**urgente** urgent
**uruguayo/a** *adj., n.* Uruguayan (2)
**uso, el** use (5)
**utensilio, el** utensil (6)
**útil** useful
**utilidad, la** usefulness

**utilizar** to use
**uva, la** grape (6)

**V**

**vacaciones, las** vacation
**vacante, la** opening, vacancy
**vacío, el** emptiness
**vacuna, la** vaccine
**valer** to be worth; to cost (8)
**validez, la** validity
**valioso/a** valuable
**valle, el** valley
**valor, el** value
**vaqueros, los** jeans (8)
**variar** to vary
**variedad, la** variety
**varios/as** several
**varón, el** male
**vasco/a** *adj., n.* Basque
**vaso, el** water glass (6)
**vecino/a, el/la** neighbour
**vegetariano/a** vegetarian (6)
**vela, la** candle
**velocidad, la** speed
**vencer** to conquer
**vendedor/a, el/la** salesperson
**vendedor/a ambulante, el/la** street vendor
**vender** to sell
**venenoso/a** poisonous
**venezolano/a** *adj., n.* Venezuelan (2)
**venir (ie)** to come (4)
**venta, la** sale
**ventaja, la** advantage
**venta-liquidación, la** clearance sale
**ventana, la** window (1)
**ventanilla, la** (small) window (9)
**ver** to see; to watch (television) (3)
**verano, el** summer (1)
**verbo, el** verb (3)
**verdad, la** truth
**¿verdad?** really? (2)
**verdadero/a** real
**verde** green (1); not ripe
**verdulería, la** greengrocer's shop
**verdura, la** vegetable (6)
**vergonzoso/a** embarrassing
**verificar** to verify; to check
**verter (ie)** to pour

**vestido, el** dress (8)
**vestirse (i, i)** to get dressed (5)
**veterinario/a, el/la** veterinarian
**vez, la;** *pl.* **veces** time (5)
**viajar** to travel (9)
**viaje, el** trip (9)
**viajero/a, el/la** traveller (9)
**vibrar** to vibrate
**vida, la** life (3)
**videograbadora, la** videocassette recorder (VCR)
**vidrio, el** glass
**viejo/a** old (2)
**viento, el** wind (7)
**viernes, el** Friday (1)
**vietnamita** *m., f. adj., n.* Vietnamese
**vigilar** to watch over
**vigor, el** stamina
**vinagre, el** vinegar
**vino, el** wine (6)
**violación, la** violation; rape
**violar** to violate; to rape
**violencia, la** violence
**violín, el** violin
**virtuoso/a** virtuoso
**visitante, el/la** visitor
**visitar** to visit (4)
**vista, la** view (9)
**vitrina, la** (store) window
**viuda, la** widow
**vivienda, la** housing
**vivir** to live (3)
**vivo/a** smart, cunning; alive
**vocal, la** vowel
**volar (ue)** to fly (9)
**volcán, el** volcano (9)
**voleibol, el** volleyball (7)
**voltear** to turn over; to toss
**voluntad, la** will
**volver (ue)** to return; go back (4)
**volverse** to become
**votar** to vote
**voto, el** vote; ballot
**vuelo, el** flight (9)
**vuelo sin escala, el** nonstop flight

**Y**

**y (e)** and (1)
**ya** already (3)
**ya que** now that

**yate, el** yacht
**yerba, la** herb; grass
**yerno, el** son-in-law
**yogur, el** yogurt (6)

**Z**
**zanahoria, la** carrot (6)

**zapatería, la** shoestore (8)
**zapato (de tenis), el** (tennis) shoe (8)
**zapatos deportivos, los** running shoes (8)
**zarzuela, la** (Spanish) operetta
**zona franca, la** duty-free zone

**zorro, el** fox
**zumo, el** juice

# APPENDIX 4

## English–Spanish Vocabulary

### A

**a lot (of)** mucho (1)
**abandon, to; to leave** abandonar
**able, to be; may** poder (ue) (4)
**abolish, to** abolir
**abortion** aborto, el
**about** acerca de
**about to, to be** estar a punto de
**above** arriba de
**academic** académico/a (3)
**(academic) subject** materia, la (3)
**accept, to** aceptar (4)
**accessory** accesorio, el (5)
**according to** según
**accordion** acordeón, el
**accountant** contador/a, el/la
**accounting** contabilidad, la
**achieve, to** lograr
**acid rain** lluvia ácida, la
**acidic** ácido/a
**acquaintance; well-known, famous** conocido/a, el/la
**acquisition** adquisición, la
**across from; in front of** enfrente (de) (3)
**act** acto, el
**act out, to** dramatizar
**act, to** actuar
**acting** actuación, la
**acting** arte dramático, el
**activist** activista, el/la
**activity** actividad, la (3)
**actor/actress** actor, el/actriz, la
**add, to; to throw in** echar (6)
**add, to** añadir (6)
**address** dirección, la
**addressee** destinatario, el
**adjective** adjetivo, el (4)
**adjustment** ajuste, el
**administration building** rectoría, la
**administrator** rector/a, el/la
**admire, to** admirar
**advantage** ventaja, la

**adventure** aventura, la
**adverb** adverbio, el (3)
**advice** consejo, el (10)
**advice column** consultorio sentimental, el
**advise, to** aconsejar (10)
**advisor** consejero, el
**aerobics** ejercicios aeróbicos, los (10)
**affection; love, dear** cariño
**affection** afecto, el
**afraid, to be** tener miedo (2)
**after** después (de) (3); después (de) que
**afternoon** tarde, la (2)
**afternoon snack** merienda, la (3)
**afterwards** posteriormente
**again** otra vez
**against** contra (5)
**age** edad, la
**agency** agencia, la (9)
**agree, to** estar de acuerdo
**agreement** acuerdo, el
**agreement** concordancia, la
**agricultural** agrícola
**air** aire, el
**airline** aerolínea, la
**airplane** avión, el (9)
**airport** aeropuerto, el (9)
**aisle** (9); **hall** (5) pasillo, el
**alarm clock** despertador, el (5)
**alcoholic beverage** bebida alcohólica, la (10)
**algebra** álgebra, el (but *f.*)
**all day** todo el día
**all** *adj., pron; pl. pron.* **everyone** todo/a/os/as
**allergic, to be** ser alérgico/a
**allergic** alérgico/a
**allergy** alergia, la (10)
**allow, to; to let** dejar
**ally** aliado/a, el/la
**almost** casi
**already** ya (3)
**also** también (2)

**although** aunque (6)
**altitude; height** altura, la
**aluminum** aluminio, el
**always** siempre (3)
**ambassador** embajador/a, el/la
**amenity; comfort** comodidad, la
**American (from the United States)** estadounidense *m., f. adj., n*
**ancestor** antepasado, el
**ancient** antiguo/a
**and** y (e) (1)
**anger, to** (10) enojar
**angry** enojado/a (3); enfadado/a
**anguish** angustia, la
**ankle** tobillo, el
**announce, to** anunciar
**announcement; ad** anuncio, el
**announcer** locutor/a
**answer, to** contestar
**answer** respuesta, la (1)
**answering machine** contestador automático, el
**antacid** antiácido, el (10)
**anthropologist** antropólogo, el
**anthropology** antropología, la (3)
**antibiotic** antibiótico, el (10)
**antique** antigüedad, la
**antique shop** tienda de antigüedades, la
**anxious** ansioso/a
**any** *adj.* cualquier/a
**apartment** departamento, el (*Mex.*); piso, el (*Sp.*)
**appear, to** aparecer (zc)
**appear, to** figurar
**appearance** apariencia, la
**appetizers** tapas, las
**applaud, to** aplaudir
**applause** aplauso, el
**apple** manzana, la (6)
**appliance** aparato, el (6)
**applicant** aspirante, el/la
**applicant** solicitante, el/la
**application** solicitud, la

apply, to solicitar
appointment (10); date cita, la
appreciate, to apreciar
approach, to acercarse (a)
appropriate apropiado/a
approve, to aprobar (ue)
April abril (1)
architect arquitecto/a
Argentine adj., n. argentino/a (2)
arm brazo, el (10)
arm oneself, to armarse
armchair sillón, el (5)
army ejército, el
around alrededor
around here por aquí
arrange, to; to fix arreglar (8)
arrest, to detener (ie)
arrival llegada, la (9)
arrive, to llegar (2)
art arte, el
article artículo, el (5)
as long as mientras que
as soon as en cuanto; luego que; tan pronto como
ask, to preguntar
ask for, to; to request pedir (i, i) (4)
ask questions, to hacer preguntas
asparagus espárrago, el
aspirin (10) aspirina, la
assent, to; to agree asentir (ie)
assume, to asumir
assure, to asegurar
at about a eso de
at dusk al atardecer
at least por lo menos
at the end of a finales de
at the same time a la vez
atheist ateo/a, el/la
athlete atleta, el/la (7)
athletics; track and field (7) atletismo, el
atmosphere atmósfera, la
attach, to; enclose adjuntar
attachment (email) anexo, el
attend, to asistir a (4)
attitude actitud, la
attract, to atraer
attractive atractivo/a (4)
audience público, el
audition audición, la

auditorium auditorio, el
August agosto (1)
autobiography autobiografía, la
automatic teller cajero automático, el
automobile industry industria automovilística, la
autonomous autónomo/a
available disponible
average promedio, el
avoid, to evitar
award, to premiar
awesome! ¡bárbaro!

## B

baby bebé, el/la
babysit, to cuidar a los niños
bachelor, bachelorette; single adj., n. soltero/a
back espalda, la (10)
back (up), to respaldar
back, to be estar de vuelta
back; backwards; behind atrás
background; bottom fondo, el
backpack (1) mochila, la
bad (1); evil; ill malo/a
badly adv. mal (1)
badminton bádminton, el
bag (7); purse (8) bolsa, la
baggage claim recogida de equipajes, la
baggage claim room sala de reclamación de equipaje, la
bagpipes gaita, la
bake, to hornear
bakery panadería, la
baking pan molde, el
balance equilibrio, el
balcony balcón, el
ball (7) balón, el
(ball) game (sports) partido, el (4)
banana banana, la
band (incl. musical, 4) banda, la
bank; bench banco, el
bargain, good deal ganga, la
bargain, to; to haggle regatear (8)
bark, to ladrar
barley cebada, la
baseball player beisbolista, el/la m., f.
baseball, tennis ball pelota, la (7)

baseball béisbol, el (2)
basement sótano, el
basin cuenca, la
basket cesto, el
basketball baloncesto, el (2); básquetbol, el (2)
basketball player baloncestista, el/la m., f.
Basque adj., n. vasco/a
bass (instrument) bajo, el
bat bate, el
bat, to (7) batear
batboy cargabate, el/la
bathe, to; to go swimming bañarse (5)
bathing suit traje de baño, el (7)
bathroom baño, el (5)
bathroom sink lavabo, el
be, to ser (1); estar (3)
be careful! ¡ojo!
be . . . years old, to tener . . . años
beach playa, la (4)
beach resort balneario, el
beach umbrella sombrilla, la (7)
bean (kidney, pinto, red) frijol, el (6)
beat, to batir (6)
beautiful bello/a
beauty belleza, la
because porque (2)
because of con motivo de
become, to convertirse (ie, i); volverse (ue); (+ emotion) ponerse
become happy, to alegrarse (de)
become nauseous, to marearse
become sick, to enfermarse
bed cama, la (5)
bedroom dormitorio, el (5); habitación, la (9); alcoba, la; cuarto, el; recámara, la
beef carne de res, la
beer cerveza, la (6)
before adv. antes; prep. antes (de) (3); conj. antes de que
before (in front of); with regard to ante
begin, to empezar (ie) (4); comenzar (ie)
begin, to iniciar
beginner principiante, el/la
beginning comienzo, el; principio, el

**behind** detrás (de) (3)
**being** ser, el
**belief** creencia, la
**believe, to; to think** creer (3)
**bellhop** botones, el/la
**belong, to** pertenecer (zc)
**belt** cinturón, el (8)
**bench, stool** banqueta, la
**benefit** beneficio, el
**beside; next to** al lado (de) (3)
**besides** además de
**better; best** mejor
**between** entre (3)
**bicycle** bicicleta, la (7)
**big** (1); **great** gran/ grande
**bilingual** bilingüe
**bilingualism** bilingüismo, el
**bill** (6); **account** cuenta, la
**binoculars** (9) binoculares, los
**biology** biología, la (2)
**bird** pájaro, el; ave, el (but *f.*)
**birth** nacimiento
**birthday** cumpleaños, el
**bite, to** morder (ue)
**black** negro/a (1)
**black coffee** café solo (6)
**blank form** formulario, el
**blanket** cobija, la
**blender** licuadora, la
**blending; mixture** mezcla, la
**blessing** bendición, la
**blond** rubio/a (2)
**blood** sangre, la
**blood pressure** presión, la (10)
**blouse** blusa, la (8)
**blow, to** soplar
**blue** azul (1)
**board, to** abordar
**board the plane, to** subir
   al avión (9)
**board of directors** junta
   directiva, la
**boarding gate** puerta de
   salida, la (9)
**boarding pass** tarjeta de embarque,
   la (9)
**boarding house** pensión
   estudiantil, la
**boat** bote, el; lancha, la
**body** cuerpo, el (10)
**boil, to** hervir (ie, i) (6)

**Bolivian** *adj., n.* boliviano/a (2)
**bone** hueso, el (10)
**(bon)fire** fogata, la
**book** libro, el (1)
**bookcase** librero, el (5)
**bookshelf** (5); **shelf** estante, el
**bookstore** librería, la (2)
**boot** bota, la (8)
**border** frontera, la
**border factory** maquiladora, la
**border, to** bordear
**boring** (1); **bored** (3) aburrido/a
**born, to be** nacer (zc)
**boss** jefe/a, el/la
**both** ambos/as
**bother (annoy), to** molestar (6)
**bottle** botella, la (8); frasco, el
**box; cash register** caja, la (8)
**boxer** boxeador/a
**boxing** boxeo, el
**boy/girl** muchacho/a, el/la
**boyfriend/girlfriend; fiancé/ée**
   (2); **groom/bride** novio/a, el/la
**bra** sostén, el
**bracelet** pulsera, la (8)
**brain** cerebro, el
**brake** freno, el
**brand** marca, la
**brass instrument** instrumento de
   bronce, el
**bread** pan, el (6)
**break, to** romper; quebrar(se); **(a
   bone)** romperse (un hueso) (10)
**breakfast** desayuno, el (3)
**breathe, to** respirar (10)
**breathing** respiración, la
**brick** ladrillo, el
**bride/groom; boyfriend/
   girlfriend; fiancé/ée** (2);
   novio/a, el/la
**briefly** brevemente
**bring, to** traer (4)
**broaden, to** ampliar
**brochure** folleto, el (9)
**broken down** averiado/a
**broom** escoba, la (5)
**brother/sister-in-law** cuñado/a,
   el/la (4)
**brother/sister** (4); **sibling**
   hermano/a, el/la
**brown** marrón (1)

**brunette, dark** moreno/a (2)
**brush, to** cepillarse (5)
**bucket, pail** cubo, el
**budget** presupuesto, el
**building** edificio, el
**(bulletin) board** tablero, el
**burial** entierro, el
**buried** enterrado/a
**burn, to** quemar
**bus** autobús, el; camión, el (*Mex.*)
**business** negocio, el
**business administration**
   administración de empresas,
   la (2)
**business section** sección
   financiera, la
**busy** ocupado/a (3)
**but** pero (2); sino
**butcher shop** carnicería, la
**butter** mantequilla, la (6)
**butterfly** mariposa, la
**buy, to** comprar (2)
**buy groceries, to** hacer las
   compras
**by** por
**by chance** por casualidad
**by-product** derivado, el

## C

**cable TV** televisión por cable, la
**cafe** (4); **coffee** (3) café, el
**cafeteria** cafetería, la (3)
**cake** torta, la (6); pastel, el
**calculate, to** calcular
**calculator** calculadora, la
**calculus** cálculo, el
**call, to** llamar (1)
**calm** tranquilo/a
**camera (digital)** cámara (digital),
   la (9); **camera, video;
   camcorder** cámara de video,
   la (9)
**camp** campamento, el
**campaign** campaña, la
**can** lata, la
**Canadian** *adj., n.* canadiense,
   el/la (2)
**Canadian studies** estudios
   canadienses, los
**cancel, to** cancelar
**candidate** candidato/a

**candle** vela, la
**candle holder** candelabro, el
**candy store** confitería, la
**capable** capaz
**capital city** capital, la (2)
**capture, to** captar
**car** carro, el (4); coche, el (4)
**caramel custard** flan, el
**carbohydrate** carbohidrato, el (10)
**cardboard** cartón, el
**career; profession** carrera, la
**careful** cuidadoso/a
**careful, to be** tener cuidado (2)
**carefully** cuidadosamente
**Caribbean** *adj., n.* caribeño/a
**Caribbean Sea** Caribe, el
**carpenter** carpintero/a, el/la
**carrot** zanahoria, la (6)
**carry, to; wear, to** (8) llevar
**carry out, to** realizar
**carving** tallado, el
**case** caso, el
**casserole dish, saucepan** (6), **stewpot** cazuela, la
**castle** castillo, el (9)
**cat** gato, el
**catch, to; to gather** coger
**cathedral** catedral, la (9)
**Catholic** *adj., n.* católico/a
**cattle** ganado, el
**cave** cueva, la
**CD** disco compacto, el
**cede, to; to relinquish** ceder
**ceiling** (1); **roof** techo, el
**celebrate, to** celebrar
**cellular telephone** teléfono celular, el
**cemetery** cementerio, el
**censure, to** censurar
**censured** censurado/a
**cent** centavo, el
**centigrade** centígrado/a
**centre** (3); **downtown** (4) centro, el
**century** siglo, el
**cereal** cereal, el (6)
**certain** seguro/a
**certainty** certidumbre, la
**chain** (8); **network** cadena, la
**chair** silla, la (1)
**chalk** tiza, la (1)

**chalkboard** pizarra, la (1)
**challenge** desafío, el
**challenging, demanding** exigente
**chamber** cámara, la
**champion** campeón/campeona, el/ la
**chance** azar, el
**change** cambio, el
**channel** canal, el
**character** personaje, el
**characteristic** característica, la
**charge, to** cobrar
**charge; post** cargo, el
**charitable** caritativo/a
**chat, to** conversar (2)
**cheap** barato/a (1)
**check, to** averiguar; revisar
**check in (the luggage), to** facturar (el equipaje) (9)
**checked** de cuadros
**checkup** examen físico, el (10)
**cheek** mejilla, la
**cheese** queso, el (6)
**chemistry** química, la (3)
**cheque** cheque, el
**chess** ajedrez, el
**chest** pecho, el (10)
**chew, to** masticar
**chicken** pollo, el (6)
**chicken store** pollería, la
**chief** cacique, el
**chief; leader** caudillo, el
**child** niño/a, el/la (4)
**childhood** niñez, la
**Chilean** *adj., n.* chileno/a (2)
**Chinese** *adj., n.* chino/a (2)
**cholesterol** colesterol, el (10)
**choose, to** escoger; seleccionar
**chop** *n.* chuleta, la (6)
**chop, to** picar (6)
**chopped** picado/a (6)
**chorus** coro, el
**Christianity** cristiandad, la
**chronological** cronológico/a
**church** iglesia, la
**cigarette** cigarrillo, el
**cinematography** cinematografía, la
**cinnamon** canela, la
**citizen** ciudadano/a
**citizenship; citizens** ciudadanía, la
**city** ciudad, la (2)

**civil servant** funcionario/a el/la
**clarinet** clarinete, el
**class** clase, la (1)
**classified** clasificado/a
**classroom** sala de clase, la
**clause** cláusula, la
**clean** limpio/a (3)
**clean, to** limpiar (5)
**cleaning** limpieza, la
**clear the table, to** (5) quitar la mesa
**clear; evident** patente
**clearance sale** venta-liquidación, la
**clerk** dependiente/a
**clever; ready** listo/a
**client; customer** (6) cliente/a, el/la
**climb** subida, la
**climb, to** escalar
**climb, to; to go up(stairs)** subir
**clinic** clínica, la (10)
**clock** reloj, el (1)
**close, to** cerrar
**close** *(near to) adj.* próximo/a
**close, close-knit** *adj.* unido/a (4)
**close (to), nearby** *prep.* cerca (de) (3)
**closed** cerrado/a (3)
**closet** armario, el (5)
**closing; farewell** despedida, la
**clothes dryer** secadora, la (5)
**clothes** ropa, la (5)
**cloudy** nublado/a (7)
**clue** pista, la
**coach, trainer** entrenador/a (7)
**coach class** clase turista, la (9)
**coast** costa, la
**coat** abrigo, el (8)
**code** código, el
**codfish** bacalao, el
**coffee** (3); **cafe** (4) café, el
**coffee with milk** café con leche (6)
**coffeepot** cafetera, la (6)
**cognate** cognado, el
**cold** frío/a (6); resfriado, el (10)
**cold, to be** tener frío (2)
**cold tomato soup** gazpacho, el
**collect (money), to** recaudar
**collector** coleccionista, el/la
**cologne** (8) colonia, la

**Colombian** *adj., n.* colombiano/a (2)

**colony** colonia, la

**colour** color, el (1)

**Columbus Day** Día de la Raza, el

**comb** peine, el (5)

**comb (one's hair), to** peinarse (5)

**come, to** venir (ie) (4)

**come by, to; to spend (time)** (4) pasar

**comedy** comedia, la

**comfortable** cómodo/a

**comics** tiras cómicas, las

**command** mandato, el

**comment** comentario, el

**commit, to** cometer

**common** común

**commonwealth** estado libre asociado, el

**communication** comunicación, la (2)

**community** comunidad, la

**compare, to** comparar (8)

**compel, to** obligar

**compete, to** competir (i,i) (7)

**complain (about), to** quejarse (de)

**complicated** complicado/a (3)

**compose, to** componer

**composer** compositor/a

**comprehensive** comprensivo/a

**computer** computadora, la (3); ordenador, el (*Sp.*)

**(computer, electronic) game** juego (electrónico), el

**computer science** computación, la (2); informática, la (2)

**concert** concierto, el (4)

**condemn, to** condenar

**condemned** condenado/a

**condiment** condimento, el (6)

**confidence** confianza, la

**conflict** conflicto, el

**confront, to** enfrentar

**confuse, to** confundir

**confusing** confuso/a

**congratulations!** ¡felicitaciones!; ¡enhorabuena!

**congress** congreso, el

**connection** conexión, la

**conquer, to** conquistar; vencer

**conquest** conquista, la

**conservative** conservador/a

**conserve, to; to preserve** conservar

**consolation** consuelo, el

**constrict, to** encogerse

**construct, to** construir (y)

**consultant, advisor** asesor/a, el/la

**consume, to** consumir

**consumer** consumidor/a, el/la

**consumption** consumo, el

**contain, to** contener (ie)

**container** envase, el

**contaminate, to** contaminar

**content** contenido, el

**contest; game show; pageant** concurso, el

**contestant** concursante, el/la

**continue, to** seguir (i, i) (4)

**contract** contrato, el

**contrary** contrario/a

**contrast, to** contrastar

**contribute, to** contribuir (y)

**control, to** controlar

**convent** convento, el

**converse, to** conversar (2)

**convince, to** convencer

**cook** cocinero/a, el/la

**cook, to** cocinar (6)

**cookie; cracker** galleta, la (6)

**cooler** heladera, la (7)

**coordinator** coordinador/a, el la

**copper** cobre, el

**cord; string** cuerda, la

**cordially yours** cordialmente

**cordless telephone** teléfono inalámbrico, el

**corduroy** pana, la

**coriander; cilantro** cilantro, el

**corn** maíz, el

**corruption** corrupción, la

**cosmopolitan** *adj., n.* cosmopolita

**cost, to** costar (ue); valer (8)

**Costa Rican** *adj., n.* costarricense, el/la (2)

**cotton** algodón, el (8)

**cough, to** toser

**cough** tos, la (10)

**cough syrup** jarabe, el

**counter** mostrador, el

**country** (2) país, el

**country(side)** campo, el (9); field

**couple** pareja, la

**course** curso, el (3)

**course; plate; dish** (6) plato, el

**court, playing field** cancha, la (7)

**cousin** primo/a, el/la (4)

**cover, to** tapar (6); cubrir

**cozy; welcoming** acogedor/a

**cradle** cuna, la

**craftsman/woman** artesano/a

**crash, to** chocar

**craziness; insanity** locura, la

**crazy** loco/a

**cream** crema, la (6)

**creamy** cremoso/a

**creator** creador/a, el/la

**creature** criatura, la

**credit card** tarjeta de crédito, la (8)

**crew** tripulación, la

**crime** crimen, el; delito, el

**critic; critical** *adj., n.* crítico/a

**criticize, to** criticar

**crop; harvest** cosecha, la

**cross, to** cruzar

**crossed** atravesado/a

**cruise** crucero, el

**cry, to** llorar

**cry; shout** grito, el

**Cuban** *adj., n.* cubano/a (2)

**cultivation; crop** cultivo, el

**cup** taza, la (6)

**cure, to** curar

**currency** moneda, la

**current (up to date)** *adj.* actual

**current (electric)** *n.* corriente, la

**curse** maldición, la

**curtain** cortina, la

**custom** costumbre, la

**customer; client** (6) cliente/a, el/la

**customs** aduana, la (9)

**customs officer** inspector/a de aduanas, el/la (9)

**cut, to** cortar (6)

**cycling** (7) ciclismo, el

**cyclist** ciclista, el/la

**cynical** cínico/a

# D

**dad (father)** papá, el (4)

**daily** diario/a (5)

**daily special** plato del día, el (6)

**damage** daño, el

**damned** maldito/a

**dance, to** bailar (2)

**dancer** bailarín/bailarina, el/la

**danger** peligro, el

**dangerous** peligroso/a

**dare, to** atreverse

**darling** mi vida (*fig.*)

**database** base de datos, la

**date; appointment** (10) cita, la

**date** (calendar) fecha, la

**daughter** hija, la (4)

**daughter-in-law** nuera, la

**dawn** aurora, la

**dawn, to** amanecer (zc)

**day** día, el (1)

**day before yesterday** *adv.* anteayer (6)

**daybreak** alba, el (but *f.*)

**dead (dying of)** muerto/a (de)

**dead** difunto/a

**deadline** fecha límite, la

**dear . . .** querido/a(s) . . . (4)

**dear sir/madam** estimado/a señor/a

**dearest . . .** queridísima . . .

**death** muerte, la

**debate, to** debatir

**debit card** tarjeta de débito, la (8)

**debt (foreign)** deuda (externa), la

**decade** década, la

**decaffeinated** descafeinado/a

**deceive, to** engañar

**December** diciembre (1)

**decide, to** decidir (3)

**decorate, to** adornar

**dedicate oneself to, to** dedicarse a

**deep** profundo/a

**defeat, to** derrotar

**defend, to** defender (ie)

**defense** defensa, la

**define, to** definir

**deforestation** deforestación, la

**degree** grado, el

**delay** atraso, el; demora, la

**delay, to** retrasar

**delicious** (6); **rich** (2) rico/a

**delight, to; to be extremely pleasing** encantar (6)

**delighted** encantado/a (1)

**deliver, to; to distribute** repartir

**demand, to** reclamar

**demilitarization** desmilitarización, la

**democracy** democracia, la

**democrat** demócrata, el/la

**democratization** democratización, la

**denounce, to** denunciar

**dentist** dentista, el/la

**deny, to** negar (ie)

**deodorant** (5) desodorante, el

**department store** almacén, el (8)

**departure** salida, la (9)

**depend, to** depender (ie)

**depopulation** despoblación, la

**describe, to** describir (6)

**description** descripción, la

**desert** desierto, el

**deserve, to** merecer

**design** diseño, el

**design, to** diseñar

**designer** diseñador/a, el/la

**desire, to** desear (6)

**desk** (1) escritorio, el; pupitre, el

**desperate** desesperado/a

**dessert** postre, el (6)

**destroy, to** destruir (y)

**destroy, to; to break into pieces** destrozar

**deteriorate, to** deteriorar

**devalue** devaluar

**developing country** país en vías de desarrollo, el

**development** desarrollo, el

**diabetes** diabetes, la (10)

**diagnosis** diagnóstico, el

**diamond** diamante, el (8)

**dictator** dictador/a, el/la

**dictatorship** dictadura, la

**dictionary** diccionario, el (3)

**die, to** morir (ue, u)

**diet** dieta, la (10)

**differ, to** diferir (ie, i)

**difficult** difícil (1)

**dig, to** cavar

**(digital) camera** cámara (digital), la (9)

**dike** dique, el

**dining room** comedor, el (5)

**dinner; supper** cena, la (3)

**direct, to** dirigir

**direction** rumbo, el

**director; conductor** director/a, el/la

**dirty** sucio/a (3)

**disadvantage** desventaja, la

**disagreement** desacuerdo, el

**disappearance** desaparición, la

**disarmament** desarme, el

**disaster** desastre, el

**discharge, to** descargar

**discomfort** incomodidad, la

**discount** descuento, el

**discover, to** descubrir

**discovery** descubrimiento, el

**disguise** disfraz, el

**dish; plate** (6); **course** plato, el

**dishwasher** lavaplatos, el (5)

**disillusioned** desilusionado/a

**disobey, to** desobedecer (zc)

**disorder** desorden, el

**display, to; to shine** lucir

**distinguish oneself, to** distinguirse

**distinguished** distinguido/a

**distract, to** distraer

**distribution; cast (theatre)** reparto, el

**distrusting; distrustful** desconfiado/a

**diva** diva, la

**divide, to** dividir

**divorced** divorciado/a

**do, to; to make** hacer (3)

**doctor's office** consultorio, el (10)

**doctor, physician** médico/a, el/la (10)

**documentary** documental, el

**dollar** dólar, el

**domestic; household** (5) *adj.* doméstico/a

**Dominican** *adj., n.* dominicano/a (2)

**door** puerta, la (1)

**dorm** residencia estudiantil, la

**dose** dosis, la

**double** *adj., n.* doble, el (9)

**double bed** cama doble, la

**double/single room** cuarto doble/sencillo, el (9)

**doubt, to** dudar

**doubt** duda, la

**doubtful** dudoso/a

**dough** masa, la

**downstairs; ground floor** planta baja, la

**downstairs** abajo

**downtown** (4); **centre** (3) centro, el

**dozen** docena, la

**drag, to** arrastrar

**drama** drama, el

**draw, to** dibujar

**draw (lottery)** sorteo, el

**drawing (art)** dibujo, el

**dream;** sueño, el

**dream (about), to** soñar (ue) (con) (4)

**dress** vestido, el (8)

**dresser** cómoda, la (5)

**drink** trago, el

**drink; refreshment** bebida, la

**drink, to** beber (3); tomar (2)

**drive, to** conducir (zc)

**drop** gota, la

**drop-box** buzón, el

**drug addiction** drogadicción, la

**drug dealer** narcotraficante, el/la

**drugstore** droguería, la

**drum** tambor, el

**drums** batería, la

**dry** seco/a

**dry (oneself), to** secar(se) (5)

**duck** pato, el

**due to** debido a

**dumb; silly** tonto/a

**during** durante

**dust, to** sacudir (5)

**duty** deber, el

**duty-free zone** zona franca, la

**dying to, to be** estar muerto/a de

## E

**each** cada

**eagle** águila, el (but *f.*)

**ear (inner)** oído, el (10)

**ear (outer)** oreja, la (10)

**early** temprano (2)

**early morning hours** madrugada, la

**earn, to; to win** ganar (7)

**earning** ganancia, la

**earring** arete, el (8); pendiente, el

**earthly; terrestial** terrestre

**earthquake** temblor de tierra, el; terremoto, el

**east** este, el

**Easter week** Semana Santa, la

**eastern** oriental

**easy** fácil (1)

**eat, to** comer (3)

**ecological** ecológico/a

**economical** económico/a

**economics** economía, la (3)

**editorial page** editorial, el

**educate, to** educar

**educated** culto/a

**education** pedagogía, la

**education; training** formación, la

**educational** educativo/a

**effort** esfuerzo, el

**egg** (6) huevo, el; blanquillo, el (*Mex.*)

**eighth** octavo/a, el

**elastic** elástico, el

**elect, to** elegir (i, i)

**election** elección, la

**electric current** corriente, la

**electric razor** máquina de afeitar, la (5)

**electrical appliance** electrodoméstico, el

**electrician** electricista, el/la

**electronic** electrónico/a

**electronics** aparato electrónico, el

**eliminate, to; to end** eliminar

**elm** olmo, el

**email** correo electrónico, el

**email attachment** anexo, el

**embarrassing** vergonzoso/a

**embassy** embajada, la

**emerald** esmeralda, la

**emergency exit** salida de emergencia, la

**emotion** emoción, la (5)

**emphasize, to** enfatizar

**empire** imperio, el

**employee** empleado/a, el/la

**employment** empleo, el

**emptiness** vacío, el

**enchanting, delightful** encantador/a

**enclose, to** encerrar (ie)

**encounter** encuentro, el

**encourage, to** (7) animar

**end** fin, el

**end; final, end result** *adj. n.* final, el

**endangered** en peligro de extinción

**enemy** enemigo/a, el/la

**energy** energía, la

**engineer** ingeniero/a, el/la

**engineering** ingeniería, la

**English** *adj., n.* inglés/a

**enjoy, to** disfrutar; gozar

**enjoy your meal!** ¡buen provecho! (6)

**enlarge, to** agrandar

**enormous** enorme

**enough** suficiente

**enthusiasm** entusiasmo, el

**enthusiast(ic)** entusiasta *m., f.*

**enthusiastically** entusiasmadamente

**entry; entrance; admission ticket** entrada, la (4)

**environment (ecological)** medio ambiente, el

**environment; atmosphere** ambiente, el

**environmental** ambiental

**environmental protection** protección del medio ambiente, la

**environmental studies** estudios ambientales, los

**environs; vicinity** cercanía, la

**episode** episodio, el

**Ecuadorian** *adj., n.* ecuatoriano/a, el/la (2)

**equal (to), to (be)** equivaler

**equipment** equipo, el (7)

**erase, to** borrar

**eraser** borrador, el (1)

**errand** mandado, el

**escape, to** escaparse

**especially** especialmente

**establish, to** establecer (zc)

**ethics** ética, la

**ethnic** étnico/a

**eucalyptus** eucalipto, el

**evaluation** evaluación, la

**even** aun

**even when** aun cuando

**every day** todos los días

**every night** todas las noches

**everybody else** los demás

**everyone, everybody** todo el mundo

**everything, all** *pron.* todo

**evident** evidente

**exactly; sharp (time)** en punto

**exaggerate, to** exagerar

**exam** examen, el (2)

**example** ejemplo, el

**excavate, to** excavar

**excess weight, obesity** sobrepeso, el

**exchange** intercambio, el

**exchange rate** tipo de cambio, el

**exciting** emocionante

**excuse, to; to pardon** perdonar

**executive** ejecutivo/a

**exemplify, to** ejemplificar

**exercise** ejercicio, el (3)

**exercise, to** hacer ejercicio (7); ejercer

**expect, to** esperar (4)

**expectation** expectativa, la

**expense** gasto, el

**expensive** caro/a (1)

**experience, to** experimentar

**explain, to** explicar

**exploitation** explotación, la

**exploited** explotado/a

**explore, to** explorar (9)

**expression** expresión, la (1)

**exquisite** exquisito/a

**extensive** amplio/a

**extremely** sumamente

**eye** ojo, el (5)

**F**

**fable** fábula, la

**fabric** tela, la (8)

**face** cara, la (5)

**face, to** afrontar

**fact** hecho, el

**faction; party** bando, el

**factory** fábrica, la

**fair** feria, la

**fairy tale** cuento de hadas, el

**fall** otoño, el (1)

**fall, to** caer

**fall asleep, to** dormirse (ue, u) (5)

**fall in love, to** enamorarse

**family** familia, la (4)

**famous, well-known** conocido/a

**fan** aficionado/a, el/la (7)

**far** lejos (de) (3)

**fare** pasaje, el (9)

**farm, ranch** finca, la

**farmer** agricultor/a, el/la

**fascinate, to** fascinar (6)

**fascinating** fascinante

**fashion** moda, la

**fasten (a seat belt), to** abrocharse (el cinturón de seguridad) (9)

**fate; destination** destino, el

**father-in-law/mother-in-law** suegro/a, el/la

**father** padre, el (4)

**fatigue** cansancio, el

**faucet** grifo, el

**fax** fax, el

**fear** miedo, el

**fear, to** temer (10)

**February** febrero (1)

**feed, to** alimentar

**feel, to** sentirse (ie, i) (5)

**feel like (doing something), to** tener ganas de (+ infin.)

**female** hembra, la

**fence** cerca, la

**fever** fiebre, la (10)

**fiancé/ée** (2); **groom/bride; boyfriend/girlfriend** novio/a, el/la

**field of study** campo de estudio, el

**field,** campo, el; countryside (9)

**fifth** quinto/a

**fig** higo, el

**fight** lucha, la; pelea, la

**fight, to** pelearse

**fight, to; to combat** combatir

**figure** línea, la (10)

**file, dossier; academic transcript** expediente, el

**file** archivo, el

**file, to; to save** archivar

**Filipino** *adj. n.* filipino/a

**fill (out), to** llenar

**fill completely, to; to fill out** rellenar

**fillet** filete, el

**film; movie** película, la (4); filme, el

**film, roll of (for camera)** rollo de película, el (9)

**film, to** filmar

**film producer, filmmaker** cineasta, el/la

**finally** por fin; por último

**finance, to** financiar

**financial** financiero/a

**find, to** encontrar (ue) (4)

**find out, to** enterarse

**fine, to** multar

**fine** *n.* multa, la

**fine; well** *adv.* bien (1)

**fine arts** bellas artes, las

**fine with me** de acuerdo (4)

**finger** dedo (de la mano), el (10)

**finger-licking good** para chuparse los dedos

**finger/toenail** uña, la

**finish, to; to have just (done something)** acabar (de + infin.)

**fire** fuego, el (6)

**fire fighter** bombero/a

**fire, to** despedir (i, i)

**fireworks** fuegos artificiales, los

**firm** empresa, la

**first** primer/o/a

**first floor** primer piso, el

**fish, to** pescar (9)

**fish (alive)** pez, el

**fish (to be eaten)** pescado, el (6)

**fish store** pescadería, la (8)

**fishing** pesca, la

**fist** puño, el

**fit (clothes), to** quedarle a alguien (8)

**fitting room** probador, el (8)

**flag** bandera, la

**flatbread, cornmeal or wheat** (*Mex., S.A., U.S.*) tortilla, la

**flavour** sabor, el

**flea** pulga, la

**flight** vuelo, el (9)

**flight attendant** asistente de vuelo, el/la (9)

**flirt, to** coquetear

**flood** inundación, la

**floor** piso, el (1)

**florist** florería, la; floristería, la

**flow, to** fluir (y)

**flower** flor, la (9)

**flu** gripe, la (10)

**flute** flauta, la

**fly** mosca, la
**fly, to** volar (ue) (9)
**fog** neblina, la (7)
**fold, to** doblar
**follow, to** seguir (i, i) (4)
**following** *adj.* a continuación; siguiente
**fondness** simpatía, la
**food** alimento, el; comestible, el; **food, meal** comida, la (3)
**foot** pie, el (10)
**football** fútbol norteamericano, el (2)
**footwear** calzado, el
**for example** por ejemplo
**for God's sake** por Dios
**for now** por ahora
**forecast** pronóstico, el
**forehead** frente, la
**foreign** extranjero/a
**foreign debt** deuda (externa), la
**forest** bosque, el (9)
**(forest) fire** incendio (forestal), el
**forget, to** olvidarse (de)
**fork** tenedor, el (6)
**form, to** formular
**fort** fuerte, el
**fortunate** afortunado/a
**fortunately** afortunadamente
**forum** foro, el
**found, to** fundar
**foundation** fundación, la
**founding** fundador/a
**fountain; source** fuente, la
**fox** zorro, el
**free** libre
**freedom** libertad, la
**freezer** congelador, el (6)
**french fries** papas fritas, las
**frequently** frecuentemente (5); con frecuencia
**fresh** fresco/a (6)
**fresh water** agua dulce, el (but *f.*)
**Friday** viernes, el (1)
**fried** frito/a (6)
**friend; workmate** compañero/a, el/la
**friend** amigo/a, el/la (2)
**friendly** amistoso/a
**friendly; kind** (4) amable
**friendship** amistad, la

**fright** susto, el
**frightened, to be** asustarse
**frightened** asustado/a
**frog** rana, la
**from this point on** a partir de
**from time to time** de vez en cuando
**from; since** desde
**front page** primera plana, la
**frost** helada, la
**fruit** fruta, la (6)
**fruit stand, store** frutería, la
**fry, to** freír (i, i) (6)
**full** pleno/a
**fun** divertido/a
**function, to; to work** funcionar
**funny** cómico/a; gracioso/a
**fur; skin** piel, la
**furious** furioso/a (5)
**furniture (a piece of)** mueble, el (5)

## G

**gabardine (lightweight wool)** gabardina, la
**gain weight, to** engordar (10); subir de peso
**game (computer, electronic)** juego (electrónico), el
**game (sports)** partido, el (4)
**garage** garaje, el (5)
**garbage** basura, la (5)
**garbage can** basurero, el (5)
**garden, yard** jardín, el (5)
**garlic** ajo, el (6)
**garment** prenda, la
**generally** generalmente (3)
**generate, to** generar
**generic pot, bowl, dish, etc.** (6) recipiente, el
**generous** generoso/a
**genre** género, el
**geography** geografía, la (2)
**geology** geología, la
**German** *adj., n.* alemán/a
**gesture** ademán, el
**get, to; to obtain** conseguir (i, i) (4)
**get a divorce, to** divorciarse
**get angry, to** enojarse (con) (10)
**get away (from), to** alejarse (de)
**get better, to** mejorarse (10)

**get dressed, to** vestirse (i, i) (5)
**get in shape, to** ponerse en forma (10)
**get married, to** casarse
**get together, to** reunirse
**get up, to** levantarse (5)
**get used to, to** acostumbrarse
**get well, to** mejorarse (10)
**get wet, to** mojarse
**giant tortoise** galápago, el
**gift; present** regalo, el (8)
**gigantic** gigantesco/a
**girlfriend/boyfriend; fiancé/ée** (2); **groom/bride** novio/a, el/la
**give, to** dar (6)
**give (a present), to** regalar
**give one's opinion, to; to think, to** opinar
**glass** vidrio, el
**glasses; contact lenses** lentes (de contacto), los
**gloomy** tenebroso
**glove** guante, el (7)
**glued** pegado
**go, to** ir (a) (3)
**go horseback/bicycle riding, to** montar a caballo/en bicicleta (9)
**go on a diet, to** ponerse a dieta (10)
**go on an excursion, to; to tour** ir de excursión
**go out, to** salir (4)
**go round, to; to travel through/across** recorrer
**go shopping, to** ir de compras (4)
**go to bed, to** acostarse (ue) (5)
**go to the movies/to the beach to** ir al cine/a la playa (4)
**goal** meta, la
**god/goddess** dios/a, el/la
**godfather** padrino, el
**godmother** madrina, la
**gold** oro, el (8)
**golf** golf, el (7)
**good** buen, bueno/a (1)
**good afternoon (good evening)** buenas tardes (1)
**good evening; good night** buenas noches (1)
**good looking** guapo/a (2)
**good morning** buenos días (1)
**good-bye** adiós (1)

**goodness** bondad, la
**gossip** chisme, el
**gossipy** chismoso/a
**govern, to** gobernar
**governing, ruling** gobernante
**government** gobierno, el
**government representative** diputado/a, el/la
**governor** gobernador/a, el/la
**grab, to; to catch** agarrar
**grade** nota, la
**graduate, to** graduarse
**grain** grano, el
**grandfather/grandmother** abuelo/a, el/la (4)
**grandson/granddaughter** nieto/a, el/la (4)
**grape** uva, la (6)
**grapefruit** toronja, la
**gray** gris (1)
**grease, fat** grasa, la (10)
**great uncle/great aunt** tío/a abuela/o, el/la
**green (colour)** (1); **unripe** verde
**green bean** judía, la (6); habichuela, la
**green pepper** pimiento, el (6)
**greengrocer's shop** verdulería, la
**greet (one another), to** saludar(se)
**greeting; salutation** saludo (1)
**grief** pena, la
**grilled** a la parrilla
**grocery store** especiería, la
**groom/bride; boyfriend/girlfriend; fiancé/ée** (2); novio/a, el/la
**ground** molido/a
**group (musical)** conjunto musical, el (4)
**growing** creciente
**growth** crecimiento, el
**guarantee, to** garantizar
**guard** guardia, la
**Guatemalan** *adj., n.* guatemalteco/a (2)
**guess, to** adivinar
**guest** invitado/a, el/la
**guest house** casa de huéspedes, la
**guidebook** guía (turística), la (9)
**guilty** culpable
**guitar** guitarra, la

**gulley** arroyo, el
**gum** chicle, el
**gunshot** disparo, el
**gymnasium** gimnasio, el (3)
**gymnast** gimnasta, el/la
**gymnastics** gimnasia, la (7)
**gypsy** gitano/a, el/la

## H

**hair** pelo, el (5)
**hair dryer** secador, el (5)
**hair salon** peluquería, la
**hair stylist** peluquero/a, el/la
**hall** (5); **aisle** (9) pasillo, el
**hallucinogen** alucinógeno, el
**ham** jamón, el (6)
**hamburger** hamburguesa, la (3)
**hammock** hamaca, la
**hand** mano, la (5)
**handicrafts** artesanía, la
**handkerchief** pañuelo, el
**handmade** hecho/a a mano
**happening, event** acontecimiento, el
**happiness** felicidad, la
**happy** contento/a (3); alegre (4)
**hard; difficult** duro/a
**hard disk** disco duro, el
**hard-working** trabajador/a (1)
**harp** arpa, el (but *f.*)
**harvest, to** cosechar
**hat** sombrero, el (8)
**hatchet** hacha, el (but *f.*)
**hate, to** odiar
**have, to** tener (ie) (2)
**have a cold, to** estar resfriado/a
**have a fever, to** tener fiebre (10)
**have a good time, to** pasarlo bien (7)
**have a good trip!** ¡buen viaje!
**have a great laugh, to** morir de risa
**have a pain, to** tener dolor (de) (10)
**have a picnic, to** hacer un picnic/una merienda (7)
**have breakfast, to** desayunar (6)
**have dinner/supper, to** cenar (6)
**have fun, to** divertirse (ie, i) (5)
**have lunch, to** almorzar (ue) (4)

**have to (+ inf.), to** tener que (+ inf.) (2)
**head** cabeza, la (10)
**headline** titular, el
**health** salud, la (10); sanidad, la
**health insurance** seguro médico, el
**health store** centro naturista, el (10)
**healthy** saludable; sano
**heap** montón, el
**heart** corazón, el (10)
**heat, to** calentar (ie) (6)
**heaven** cielo, el
**heavenly; marvellous** divino/a
**heavy; strong** fuerte
**height** estatura, la
**helicopter** helicóptero, el
**hell** infierno, el
**hello (answering the phone)** aló (4); ¡bueno! (*Mex.*); ¡diga! (*Sp.*)
**help** ayuda, la (2)
**help, to** ayudar (4)
**helper** ayudante, el/la
**hemisphere** hemisferio, el
**herb; grass** yerba, la
**here** aquí (1)
**here you are** aquí tiene
**heron** garza, la
**hi!** ¡hola! (1)
**hide, to** disimular; esconder
**high** (6); **tall** (2) alto/a
**high fashion** alta costura, la
**high plateau** altiplano, el
**high school** colegio, el
**highway** autopista, la; carretera, la
**hill** loma, la
**hire, to** contratar
**Hispanic** *adj., n.* hispano/a
**hiss, to** silbar
**history** historia, la (2)
**hit, to** golpear
**hobby** afición, la
**hockey, (ice)** hockey (sobre hielo), el (2)
**hole** hoyo, el
**holiday** día festivo, el
**holy** santo/a
**home** hogar, el
**homework** (3); **task** tarea, la
**Honduran** *adj., n.* hondureño/a (2)
**honest** honrado/a

**honesty** honradez, la
**honey** miel, la
**honeymoon** luna de miel, la
**honour, to** honrar
**hope** esperanza, la
**hope, to** esperar (4)
**hopeful** esperanzado/a
**horn** corneta, la
**horoscope** horóscopo, el
**horrendous** horrendo/a
**horse** caballo, el (9)
**horse-drawn cart** coche de caballo, el
**hostility** hostilidad, la
**hot, to be** tener calor (2)
**hot** caliente (6)
**hot (spicy)** picante (6)
**hot pepper** ají, el
**hot sauce** salsa picante, la (6)
**hotel** hotel, el (9)
**hour** hora, la (2)
**house** casa, la (5)
**household** (5); **domestic** doméstico/a
**household chore** (5) quehacer doméstico, el
**housewife** ama de casa, el (but *f.*)
**housing** vivienda, la
**how's it going?** ¿cómo le va? (*form.*); ¿cómo te va? (*inf.*)
**how much is . . . ? how much are . . . ?** ¿cuánto cuesta(n) . . . ? (1)
**how much? how many?** ¿cuánto(s) . . . ? (1)
**how? what?** ¿cómo? (1)
**hug** abrazo, el
**hug, to** abrazar
**huge** gigantesco/a
**human right** derecho humano, el
**humanities** humanidades, las (2)
**humanities/liberal arts** filosofía y letras
**humble** humilde
**hung (up)** colgado/a
**hunger** *n.* hambre, el (but *f.*)
**hungry, to be** tener hambre (2)
**hunt, to** cazar
**hurt, to** doler (ue) (10)
**hurt oneself, to** hacerse daño (10)
**husband/wife** (4) esposo/a, el/la

**hygiene** higiene, la
**hyperlink** enlace, el
**hypothesis** hipótesis, la

## I

**I'm sorry** lo siento (1)
**I'm starving (to death)/I'm dying of thirst** me muero de hambre/sed
**I hope that** ¡ojalá (que)!
**I love you** te quiero
**I would love to** me encantaría
**Iberian** ibérico/a
**(Iberian) peninsula** península (ibérica), la
**ice** hielo, el (7)
**ice cream** helado, el (6)
**ice cream parlour** heladería, la
**idealist(ic)** idealista *m., f.*
**if** si (3)
**illness** enfermedad, la (10)
**illustrious** ilustre
**image** imagen, la
**Immigration and Naturalization Service (slang)** migra, la
**impatient** impaciente (5)
**important, to be** importar
**important** importante
**impossible** imposible
**impress, to** impresionar
**impressive** impresionante
**impromptu** improviso/a
**improve, to** mejorar
**improvement** mejora la
**improvise, to** improvisar
**in a hurry, to be** tener prisa (2)
**in a hurry** apurado/a
**in case** en caso de que
**in danger, to be** estar en peligro
**in (during) the morning (afternoon/evening)** por la mañana (tarde/noche) (2)
**in (good) shape, to be** (10) estar en (buena) forma
**in front of** delante (de); **in front of, across from** enfrente (de) (3)
**in general** por lo general
**in good/bad health, to be** estar bien/mal de salud (10)
**in love with** enamorado/a de
**in order (that), so (that)** para (que)

**in order that** a fin de que
**in spite of** a pesar de
**in style, to be** estar de moda (8)
**in the habit of, to be** soler (ue)
**in vain** en vano
**include, to** incluir
**included** incluido/a (9)
**income** ingreso, el
**increase, to** aumentar
**incredible** increíble
**index** índice, el
**indicate, to; to point out** señalar
**indigenous person** *n.*; **indigenous** *adj.* indígena, el/la
**indiscreet** indiscreto/a
**indispensable** indispensable
**industrial** industrial
**inexpensive** barato/a (1); a buen precio
**infection** infección, la (10)
**infidelity** infidelidad, la
**inflate, to; to swell** inflar
**inflation** inflación, la
**influential** influyente
**inform, to; to report** informar
**information** dato, el
**inhabitant; resident** habitante, el/la
**inheritance** herencia, la
**inheritor** heredero/a, el/la
**ink** tinta, la
**insecurity** inseguridad, la
**inside** adentro
**insist (on), to** insistir (en) (10)
**inspect, to** inspeccionar
**install, to** instalar
**instead of** en vez de
**intelligent** inteligente (1)
**interest** interés, el
**interesting, to be** interesar (6)
**interesting** interesante (1)
**internal** interno/a
**internship** internado, el
**interpreter** intérprete, el/la
**interrupt, to** interrumpir
**interview, to** entrevistar
**interview** entrevista, la
**interviewer** entrevistador/a
**introduction** introducción, la
**introduction** (1); **presentation** presentación, la

**inventory** inventario, el
**invest, to** invertir
**investigate** investigar
**invitation** invitación, la (4)
**invite, to** invitar
**involved** involucrado/a
**iron (appliance)** plancha, la (5)
**iron (metal)** hierro, el
**iron, to** planchar (5)
**is that right? (really?)** ¿de veras?
**island** isla, la (9)
**it costs . . . , they cost . . .**
  cuesta(n) . . . (1)
**it's (a) clear (day)** está despejado
  (7)
**it's (a) humid (day)** está
  húmedo (7)
**it's a pleasure (to meet you)**
  mucho gusto (1)
**it's cloudy** está nublado (7)
**it's cool** hace fresco (7)
**it's nice out** hace buen tiempo (7)
**it's one (o'clock)** es la una . . . (2)
**It's our tough luck!** ¡qué suerte la
  nuestra!
**it's raining** está lloviendo (7)
**it's snowing** está nevando (7)
**it's the same to me** me da igual
**it's two (o'clock) . . .** son las
  dos . . . (2)
**it's (very) cold** hace (mucho)
  frío (7)
**it's (very) hot** hace (mucho)
  calor (7)
**it's (very) sunny** hace (mucho)
  sol (7)
**it's (very) windy** hace (mucho)
  viento (7)
**it's your turn** te toca a ti
**Italian** *adj., n.* italiano/a

**J**

**jacket** chaqueta, la (8)
**January** (1) enero
**Japanese** *adj., n.* japonés/a
**jealousy** celos, los
**jeans** vaqueros, los (8)
**jewel** joya, la
**jewelry store** joyería, la (8)
**job application form** solicitud de
  empleo, la

**jog, to** hacer el jogging/footing
  (10); **to jog, run** correr (4)
**joined, linked** conjunto/a
**joke** broma, la
**joke** chiste, el
**journalist; newspaperman/
  woman** periodista, el/la
**judge** juez/a, el/la
**juice** jugo, el (3); zumo, el
**July** julio (1)
**jump, to** saltar
**June** junio (1)
**jungle; rainforest** selva (tropical),
  la
**jury** jurado, el
**just; fair** justo/a

**K**

**keep, to; to put away** guardar
**keep accounts, bills, to** llevar
  cuentas
**keep quiet, to** callarse
**key chain** llavero, el
**keyboard** teclado, el
**kick, to** (7) patear
**kid, boy/girl; man/woman** (*coll.*)
  (2); **small** *adj.* chico/a, el/la
**kidney** riñón, el
**kill, to** matar
**kilogram** kilo, el (6)
**kilometre** kilómetro, el
**kind** (4); **friendly** amable
**kinesiology** kinesiología, la
**king** rey, el
**king-size bed** cama grande, la
**kiss** beso, el
**kiss, to** besar
**kitchen** cocina, la (5)
**kitchen sink** fregadero, el (6)
**kitchenette** cocinita, la
**knee** rodilla, la (10)
**kneel, to** arrodillarse
**knife** cuchillo, el (6)
**know (how to do) something, to**
  saber (4)
**know or meet (someone), to; to
  be familiar with** conocer (zc) (4)
**knowledge** conocimiento, el
**Korean** *adj., n.* coreano/a (2)

**L**

**lace** encaje, el
**lack, to** carecer de
**lacking, to be; needed** faltar
**ladle** cucharón, el
**lake** lago, el (9)
**lamb** carnero, el
**lamp** lámpara, la (5)
**land** tierra, la
**land, to** aterrizar
**landing** aterrizaje, el
**language** idioma, el (2)
**(language) laboratory** laboratorio
  (de lenguas), el (3)
**lard** manteca, la
**last** último/a
**last, to** durar; perdurar
**last name, surname** apellido, el
**last night** anoche (6)
**last week** semana pasada, la (6)
**last year (month, February,
  Monday, etc.)** año (mes, febrero,
  lunes, etcétera) pasado, el (6)
**lasting** duradero/a
**late** tarde (2); luego (1)
**late, to be** tardar
**later; then** luego (1)
**laugh, to** reírse (i, i)
**laundry** lavandería, la
**law** derecho, el; ley, la
**lawn; grass** césped, el
**lawyer** abogado/a, el/la
**lazy** perezoso/a (1)
**leading lady** primera actriz, la
**league** liga, la
**learn (how) (to do something),
  to** aprender (a) (+ infin.) (3)
**leather** cuero, el (8)
**leave, to** salir (4); irse
**lecture** conferencia, la
**left** izquierdo/a
**left, to be; to remain** quedar
**leftovers** sobras, las
**leg** pierna, la (10)
**leg (animal)** pata, la
**lemon** limón, el (6)
**lemonade** limonada, la
**lend, to** prestar
**less** menos
**lessen, to** disminuir (y)
**lesson** lección, la (1)

**let's get to work!** ¡manos a la obra!

**let's see . . .** a ver . . .

**letter** carta, la; letra, la

**lettuce** lechuga, la (6)

**level** nivel, el

**library** biblioteca, la (3)

**(licence) plate** placa, la

**lie, to** mentir (ie, i)

**life** vida, la (3)

**life insurance** seguro de vida, el

**lift (weights), to** (7); **to raise** levantar (pesas)

**light (weight)** liviano/a

**light, to** alumbrar

**light, to; to turn on** prender

**light** *adj.* ligero/a; *n.* luz, la; *pl.* luces (1)

**like, to** gustar (2)

**like/dislike (a person), to** caerle bien/mal (6)

**lineup; tail** cola, la

**lion, lioness** león/leona, el/la

**lip** labio, el

**lipstick** lápiz labial, el (5)

**listen to, to** escuchar (2)

**listen!** ¡oye!

**literacy** alfabetización, la

**literature** literatura, la (3)

**litre** litro, el (6)

**little** poco/a (1)

**live (on television)** en directo; en vivo

**live, to** vivir (3); habitar

**liver** hígado, el

**living room** sala, la (5)

**loan** préstamo, el

**lobster** langosta, la (6)

**locate, to** localizar

**located/situated, to be** ubicarse

**location** ubicación, la

**lodge, to** hospedar

**lodging** hospedaje, el (9)

**loneliness** soledad, la

**long** largo/a

**look** pinta, la

**look at oneself, to** mirarse (5)

**look at, to; to watch** mirar (2)

**look for, to** buscar (2)

**lose, to** perder (ie) (4)

**lose weight, to** adelgazar (10); bajar de peso (10)

**loss** pérdida, la

**lost** perdido/a

**lotion** loción, la

**love** amor, el

**(with) love, affectionately** cariñosamente

**love, to** amar

**lovebird** tortolito/a, el/la

**lover** amante, el/la

**lower** inferior

**lower, to** bajar

**luck** suerte, la

**luggage, (hand/carry-on)** equipaje (de mano), el (9)

**lunch** almuerzo, el (3)

**lung** pulmón, el (10)

**luxurious** lujoso/a

**luxury** lujo, el (9)

**lyrical** lírico/a

## M

**macabre** macabro/a

**machine** máquina, la

**magazine** revista, la

**mail** correo, el

**mail carrier** cartero/a

**main** *adj.* principal

**majestic** majestuoso/a

**major** área de estudio, el (but *f.*)

**majority** mayoría, la

**make, to** confeccionar

**make a mistake, to** equivocarse

**make an appointment, to** hacer una cita (10)

**make difficult, to** dificultar

**make good, to; to fulfill (a promise)** cumplir (con)

**make sick, to** enfermar

**make the bed, to** hacer la cama (5)

**make wealthy, to; to enrich** enriquecer

**make worse, to** agravar

**make-up** maquillaje, el (8)

**male** varón, el

**man** hombre, el

**manage, to; to drive (a vehicle)** manejar

**manager** gerente, el/la

**mandatory** obligatorio/a

**mansion** mansión, la

**manual labour** mano de obra, la

**manual worker** obrero/a, el/la

**manufacture, to** fabricar

**manufacturing** fabricación, la

**map** mapa, el (1); plano, el

**March** marzo (1)

**marital status** estado civil, el

**maritime; having to do with the sea** marítimo/a

**marketing** mercadeo, el

**marriage** matrimonio, el

**married (to)** casado/a (con)

**mask** máscara, la

**mass** misa, la

**masterpiece** obra maestra, la

**match; competition** competencia, la

**match, to; to go well with** (8) hacer juego (con)

**maternal** materno/a (4)

**mathematician** matemático/a, el/la

**mathematics** matemáticas, las (2)

**matter; issue** asunto, el

**May** mayo (1)

**mayor** alcalde/alcaldesa, el/la

**meal** comida, la (3)

**meaning** significado, el

**(mean)while** mientras (tanto)

**measurement** (6); **measure** medida, la

**meat** carne, la (6)

**mechanic, mechanical** *adj., n.* mecánico, el/la

**media** medio (de comunicación), el

**mediate, to** mediar

**medicine** medicina, la

**medium** mediano/a

**medium; half** *adj., n.* medio/a

**meet, to** encontrarse (ue)

**meeting** reunión, la

**melody** melodía, la

**melon** melón, el (6)

**melt, to** derretir (i, i)

**member** miembro, el (4)

**menu** menú, el (6)

**merchandise** mercancía, la

**merchant** comerciante, el/la

**message** mensaje, el

**messenger** mensajero/a, el/la

**meteorologist** meteorólogo/a, el/la

**Mexican** *adj., n.* mexicano/a (2)

**microscope** microscopio, el

**microwave** (horno) microondas, el (6)

**midnight** medianoche, la

**migrant** *adj.* migratorio/a

**milk** leche, la (3)

**milk product** producto lácteo, el (10)

**millennium** milenio, el

**mining** minería, la

**minister** ministro/a, el/la

**mirror** espejo, el (5)

**miscellaneous** misceláneo

**Miss** señorita (Srta.), la (1)

**missing person** desaparecido/a, el/la

**mistaken** equivocado/a

**misunderstanding** malentendido, el

**mix, to** mezclar (6)

**mix up, to** enredar

**mobile (cell) telephone** teléfono móvil, el

**model** modelo, el/la

**molar** muela, la

**mom (mother)** mamá, la (4)

**monarchy** monarquía, la

**Monday** lunes, el (1)

**money** dinero, el (4)

**monotonous** monótono/a

**month** mes, el (1)

**monthly** mensual

**monument** monumento, el (9)

**mood** humor, el

**moon** luna, la

**moonlighting** pluriempleo, el

**Moor** *adj., n.* moro/a

**moral** moraleja, la

**more** más (1)

**morning** mañana, la

**mother** madre, la (4)

**mountain** montaña, la (9)

**mountain range** cordillera, la; sierra, la

**mountainous** montañoso/a

**mouse** ratón, el

**moustache** bigote, el

**mouth** boca, la (10)

**move** mudanza, la

**move, to** mover (ue); mudar(se)

**movement** movimiento, el

**movie; film** película, la (4); filme, el

**Mr.** señor (Sr.), el (1)

**Mrs.** señora (Sra.), la (1)

**murder, to** asesinar

**murderer** asesino/a, el/la

**muscle** músculo, el

**muscular** musculoso/a

**museum** museo, el (9)

**music** música, la (3)

**musical comedy** comedia musical, la

**(musical) group** conjunto musical, el (4)

**musician** músico, el/la

**my** mi/mis (1)

**my dear friend(s)** mi(s) querido/a(s) amigo/a(s)

**my love** mi amor

**my name is . . .** me llamo . . . (1)

**mysterious** misterioso/a

## N

**NAFTA** Tratado de Libre Comercio

**name** nombre, el

**name, to** denominar; nombrar

**napkin** servilleta, la (6)

**narrow; tight** estrecho/a

**nation** nación, la

**nationality** nacionalidad, la (2)

**native studies** estudios nativos, los

**(natural) resource** recurso (natural), el

**nature** naturaleza, la

**nauseous, to be** tener náuseas

**navigate, to; to sail** navegar

**nearby; close (to)** cerca (de) (3)

**necessary** necesario/a

**neck** cuello, el

**necklace** collar, el (8)

**need, to** necesitar (2)

**neighbour** vecino/a, el/la

**neighbourhood** barrio, el

**neither** tampoco

**neither . . . nor** ni . . .ni

**nephew/niece** sobrino/a, el/la (4)

**nerve** nervio, el

**nervous** nervioso/a (3)

**nervous breakdown** ataque de nervios, el

**nest** nido, el

**network; chain** (8) cadena, la

**never** nunca (5); jamás

**nevertheless** sin embargo

**new** nuevo/a (2)

**newlywed** recién casado/a, el/la

**news story** crónica, la

**news** noticias, las

**newscast** noticiero, el

**newscaster, commentator** comentarista, el/la

**newspaper** periódico, el

**next to . . .** junto a . . .; **next to; beside** al lado (de) (3)

**Nicaraguan** *adj., n.* nicaragüense(2)

**nice** simpático/a (1)

**nickname** apodo, el

**nightstand** mesa de noche, la (5)

**ninth** noveno/a

**no one** nadie

**no way!** ¡ni modo!; de eso nada

**no-smoking section** sección de no fumar, la

**nocturnal** nocturno/a

**noise** ruido, el

**none; not any** ningún, ninguno/a

**nonstop flight** vuelo sin escala, el

**noon** mediodía, el

**North American** *adj., n.* norteamericano/a (2)

**north** norte, el

**nose** nariz, la (5)

**note** apunte, el

**note, to** notar

**notebook** cuaderno, el (1)

**nothing** nada

**notice, to** fijarse

**noun** sustantivo, el (2)

**November** noviembre (1)

**now** ahora (2)

**now that** ahora que; ya que

**nowadays** hoy en día

**nuclear family** núcleo familiar, el

**nuclear plant** planta nuclear, la

**number** número, el (1)

**nun** monja, la

**nurse** enfermero/a, el/la (10)

**nutritious** nutritivo/a

**nylon** nilón, el (8)

## O

**oatmeal** avena, la

**obey, to** obedecer (zc)

**observe, to; to adhere to** observar

**obstacle** obstáculo, el

**obtain, to** conseguir (i, i) (4)

**obvious** obvio/a

**occupation; job** oficio, el

**occupy, to** ocupar

**ocean** (9); **sea** (7) *f.* mar, el

**October** octubre (1)

**of, from** de (1)

**of course** claro (4); por supuesto

**of the jungle** selvático/a

**offer, to** ofrecer

**office** despacho, el; oficina, la

**official source** fuente oficial, la

**often** a menudo; muchas veces

**oh no!** ¡ay bendito!

**oil; petroleum** petróleo, el

**oil industry** *adj.* petrolero/a; *n.* la industria petrolera

**okay** de acuerdo (4)

**old** viejo/a (2)

**older; oldest** mayor (4)

**olive** aceituna, la

**(olive) oil** aceite (de oliva), el (6)

**Olympic Games** Juegos Olímpicos

**omelette (potato and onion) (*Sp.*); flatbread, cornmeal or wheat (*Mex., S.A., U.S.*)** tortilla, la

**on** sobre (5)

**on a diet, to be** estar a dieta (10)

**on a trip, to be** estar de viaje

**on board** a bordo

**on fire; fiery** encendido/a

**on high/medium/low heat** a fuego alto/medio/bajo (6)

**on sale** en liquidación

**on the other hand** en cambio; por otro lado

**on the verge/edge of** al borde de

**on time** a tiempo

**on top of** encima de (5)

**one time; once** una vez

**onion** cebolla, la (6)

**only** solamente (3); sólo; únicamente

**(only) son/daughter** hijo/a (único/a), el/la (4)

**open** abierto/a (3)

**open, to** abrir (3)

**opening, vacancy** vacante, la

**operate, to** operar

**operetta** opereta, la

**opportunity** oportunidad, la

**oppression** opresión, la

**or** (1) o (u)

**orange** anaranjado/a (1); naranja, la (6)

**orchestra; band** orquesta, la (4)

**orchid** orquídea, la

**order** orden, la

**order, to** mandar (10)

**organ** órgano, el

**origin** origen, el

**originate (from), to; to come (from)** originar

**other** otro/a

**ought to, must; to owe** deber

**out of work, to be** estar sin trabajo; estar en paro

**outcome** desenlace, el

**outdoor cafe** café al aire libre (4)

**outdoors** al aire libre

**outfielder; gardener** jardinero/a, el/la

**outfit** conjunto, el

**outgoing** extrovertido/a

**outside** afuera; fuera de

**oven** horno, el (6)

**over there** allá; allí

**overpopulation** exceso de población, el; sobrepoblación, la

**overcome, to** superar

**overtime** sobretiempo, el

**own** propio/a

**owner** dueño/a; propietario/a, el/la

## P

**pacifist** pacifista, el/la

**pack (a suitcase), to** hacer la(s) maleta(s); hacer el equipaje (9)

**pack, to; to crate** empacar

**package** paquete, el

**page** página, la

**page; leaf** hoja, la

**pain** dolor, el (10)

**painful** doloroso/a

**painkiller, sedative** calmante, el

**paint, to** pintar

**painter** pintor/a, el/la

**pair** par, el

**palace** palacio, el

**palm tree** palmera, la

**Panamanian** *adj., n.* panameño/a (2)

**pants, slacks (shorts)** pantalones (cortos), los (8)

**paper** (1); **role** papel, el

**parade** desfile, el

**paradise** paraíso, el

**paragraph** párrafo, el

**Paraguayan** *adj., n.* paraguayo/a (2)

**parents** padres, los

**park** parque, el (4)

**park, to** estacionar

**parrot** loro, el

**parsley** perejil, el

**part** parte, la (5)

**partner** socio/a, el/la

**party** fiesta, la (2); **(political)** partido, el

**passenger** pasajero/a, el/la

**passing (through)** de paso

**passport** pasaporte, el

**password** contraseña, la

**past** pasado/a

**pastime** pasatiempo, el (7)

**pastry shop** pastelería, la

**pasture** pasto, el

**paternal** paterno/a

**patient** *adj., m., f.; n.* paciente (10)

**patio** patio, el (5)

**pay, to** pagar (6)

**pay attention (to), to** hacer caso (a); prestar atención

**pay cash, to** pagar en efectivo (8); pagar al contado

**peace** paz, la

**peach** durazno, el; melocotón, el

**peak** pico, el

**peanut** cacahuete, el

**pearl** perla, la (8)

**peasant** campesino/a, el/la

**peel** corteza, la

**peel, to** pelar (6)

**pen** bolígrafo, el (1)

**pencil** lápiz, el; *pl.* lápices (1)

**penguin** pingüino, el

**penicillin** penicilina, la

**people** gente, la

**pepper** pimienta, la (6)

**percentage** porcentaje, el

**percussion** percusión, la
**perform, to** representar
**perfume** perfume, el (8)
**perfume shop** perfumería, la
**perhaps, maybe** quizá(s); tal vez
**period (time)** época, la
**permission** permiso, el
**permit, to** permitir (10)
**perplexed** perplejo/a
**person** persona, la
**personal** personal
**personal care** arreglo personal, el
**personal care product** artículo de tocador, el
**personal computer, microcomputer** microcomputadora, la
**personality** carácter, el
**pertaining to the weather** meteorológico/a
**Peruvian** adj., n. peruano/a (2)
**pessimist** n. pesimista, el/la
**pessimistic** adj. pesimista, m., f.
**pesticide** pesticida, el
**pharmacist** farmacéutico/a
**pharmacy** farmacia, la (8)
**phase** fase, la
**phenomenon** fenómeno, el
**philosophy** filosofía, la
**photocopy** sacar fotocopias
**photocopy, to** fotocopiar
**photocopy machine** fotocopiadora, la
**physical** adj. físico/a
**physical education** educación física, la
**physics** física, la (3)
**pick up, to** recoger
**picturesque** pintoresco/a
**pie; tart** tarta, la (6)
**piece** pedazo, el (6); pieza, la
**piece; fragment** trozo, el
**pile** montón, el
**pilgrim** peregrino/a, el/la
**pill; lozenge** pastilla, la (10)
**pilot** piloto/a, el/la (9)
**pinch** pizca, la
**pineapple** piña, la
**pink** rosado/a (1)
**pity** lástima, la
**place** lugar, el; sitio, el

**place, to; to put** colocar; meter
**place setting** cubierto, el
**plaid** de cuadros
**plain** llano, el
**plains** pampas, las (Arg.)
**plan, to** planear (9)
**plant, to** sembrar (ie)
**plantain, banana** (6) plátano, el
**plate; dish** (6); **course** plato, el
**platform** andén, el
**play (in/of a game)** jugada, la
**play (theatre)** obra de teatro, la
**play, to** jugar (ue) (4)
**player** jugador/a, el/la
**playing field** cancha, la (7)
**playwright** dramaturgo/a, el/la
**pleasant; agreeable** genial
**pleasant** agradable
**please** por favor
**please, to** complacer
**pleasing, to be; to please** agradar
**pleasure** gusto, el (1); placer, el
**plot** argumento, el
**plum** ciruela, la
**plumber** plomero/a, el/la
**plump, chubby** gordito/a
**plump; fat** gordo/a (2)
**point** punto, el
**poisonous** venenoso/a
**police (force)** policía, la
**policeman/woman** policía, el/la
**political** político/a (2)
**politician** político, el/la
**politics** política, la
**pollution, contamination** contaminación, la
**pool; billiards** billar, el
**poor** pobre (2)
**popcorn** palomitas de maíz, las
**populated** poblado/a
**pork** cerdo, el (6)
**port** puerto, el
**portrait** retrato, el
**Portuguese** adj., n. portugués/a
**possible** posible
**potato** papa, la; patata, la (Sp.)
**pour, to** verter (ie)
**poverty** pobreza, la
**powder; dust** polvo, el
**powder** talco, el (8)
**power** poder, el

**powerful** poderoso/a
**practical experience** experiencia práctica, la
**practise, to; to play (a sport)** practicar (2)
**pray, to** rezar
**precarious** precario/a
**precise; exact; essential** preciso/a
**predict** predecir (i)
**prefer, to** preferir (ie, i) (4)
**prepare, to** preparar (2)
**prepare oneself, to** prepararse
**prescribe, to** recetar (10)
**prescription** (10); **recipe** (6) receta, la
**present, to; to introduce; to perform** presentar
**present (or wear) for the first time, to** estrenar
**presentation; introduction** (1) presentación, la
**president** presidente/a, el/la
**press; news media** prensa, la
**pretty** bonito/a (2); lindo/a
**pretty well** bastante bien
**prevent, to; to warn** prevenir
**previous** previo/a
**price** precio, el (8)
**pride** orgullo, el
**priest** cura, el
**prince** príncipe, el
**print, to** imprimir
**printed** estampado/a
**printer** impresora, la
**prison term** pena de prisión, la
**prisoner** encarcelado/a, el/la; preso, el
**prize** premio, el
**problem** problema, el
**procure, to; to secure** procurar
**produce, to** producir (zc)
**producer** productor/a, el/la
**professor; instructor** profesor/a, el/la (1)
**program, to** programar
**prohibit, to** prohibir (10)
**project** proyecto, el
**promise** promesa, la
**promise, to** prometer
**promote, to** promover (ue)

**promote, to; to move up** ascender (ie)

**pronounce, to** pronunciar

**pronunciation** pronunciación, la

**property** propiedad, la

**prosperous** próspero/a

**protagonist; star** protagonista, el/la

**protect, to** proteger (j)

**protein** proteína, la (10)

**proud** orgulloso/a

**provided (that)** con tal (de) que

**psychiatrist** psiquiatra, el/la

**psychologist** psicólogo/a, el/la

**psychology** psicología, la (3)

**publish, to** publicar

**Puerto Rican** *adj., n.* puertorriqueño/a (2)

**purchase** compra, la

**purple** morado/a (1)

**purpose** propósito, el

**purse** bolso, el; bolsa, la (8)

**push, to** empujar

**put, to** poner (4)

**put on, to; to become (+ emotion)** ponerse (5)

**put on makeup, to** maquillarse (5); pintarse

**put out, extinguish, to; to turn off** apagar (gu)

**put to bed, to** acostar (5)

**pyramid** pirámide, la

**Pyrenees** Pirineos, los

## Q

**qualification; requirement** requisito, el

**qualification** calificación, la

**quality** calidad, la (8)

**quantity** cantidad, la

**quarrel, to** reñir (i, i)

**quarter** cuarto, el

**quartet** cuarteto, el

**queen** reina, la

**question** pregunta, la (1)

**quickly** rápidamente

**quit smoking, to** dejar de fumar (10)

**quite; rather** (3); **enough** bastante

## R

**raccoon** mapache, el

**racket** raqueta, la (7)

**radio listener** radioyente, el/la

**radio program** programa radial, el

**radio station** emisora, la; **(on the dial)** estación de radio, la

**radioactivity** radioactividad, la

**rail** riel, el

**rain (acid)** lluvia (ácida), la

**rain, to** llover (ue) (7)

**raincoat** impermeable, el

**raise** aumento, el

**raise, to; to rear** criar

**raise, to; to lift (weights)** (7) levantar (pesas)

**rape; violation** violación, la

**rare; raw** crudo/a (6)

**rate** tasa, la

**rather; quite** (3); **enough** bastante

**rayon** rayón, el

**razor blade** cuchilla de afeitar, la; navaja de afeitar, la

**reach, to** alcanzar

**react, to** reaccionar

**read, to** leer (3)

**reader** lector/a, el/la

**ready; disposed** dispuesto/a

**real** verdadero/a

**real estate** *adj.* inmobiliario/a

**realize, to** darse cuenta (de)

**really?** ¿verdad? (2)

**reason** razón, la

**rebel** rebelde, el/la

**receive, to** recibir (3)

**recent** reciente

**recently** recién

**recipe** (6); **prescription** (10) receta, la

**recognizable** reconocible

**recommend, to** recomendar (ie) (10)

**recommendation** recomendación, la (10)

**reconstruct** reconstruir (y)

**record, to** grabar

**recording** grabación, la

**recreational** recreativo/a

**recycle, to** reciclar

**recycling** reciclaje, el

**red** rojo/a (1)

**red wine** vino tinto, el (6)

**redhead** pelirrojo/a

**reduce, to** reducir (zc)

**referee** árbitro, el (7)

**reference** referencia, la

**reflect, to** reflejar

**reforestation** reforestación, la

**refrigerator** refrigerador, el (6)

**regret, to** lamentar (10); sentir (ie, i) (10)

**rehearse, to** ensayar

**reign** reino, el

**reject, to; to turn down** rechazar (4)

**relative** pariente, el (4)

**relax, to** relajarse

**relieve, to** aliviar

**relieved** aliviado/a

**religious** religioso/a

**remain, to** permanecer

**remedy** (10); **solution** remedio, el

**remember, to** recordar (ue) (4); acordarse (de) (ue)

**renewable** renovable

**rent, to** alquilar

**repair, to** reparar

**repeat, to; to have a second helping** repetir (i, i) (4)

**repertoire** repertorio, el

**report** informe, el

**reporter** reportero/a, el/la

**representative** representante, el/la

**Republican** republicano/a

**request** encargo, el

**request, ask for** (4) pedir (i, i)

**require, to** requerir (ie, i)

**rescue** rescate, el

**rescued** rescatado/a

**research, to** hacer investigaciones

**reservation** (9) reserva, la

**residence** domicilio, el

**resign, to** renunciar

**resolution** resolución, la

**resolve, to** resolver (ue)

**respect, to** respetar

**respectful** respetuoso/a

**responsibility** responsabilidad, la

**responsible** responsable (4)

**responsible (for), to be** encargarse (de)

**rest, to** descansar (4)

**restaurant** restaurante, el (6)

**restore, to** restaurar
**result** resultado, el
**retire, to** jubilarse; retirarse
**retired** jubilado/a
**retirement** retiro, el
**retirement plan** plan de retiro, el
**return, to** regresar (2)
**return, to; go back** volver (ue) (4)
**return (something), to** devolver (ue) (8)
**reveal, to** revelar
**reverse** inverso/a
**review (of book, movie, etc.)** reseña, la
**review** repaso, el
**rhythm** ritmo, el
**rice** arroz, el (6)
**rich** (2); **delicious** (6) rico/a
**ridiculous** ridículo/a
**right** (3); **straight** *adj.* derecho/a
**right, to be** tener razón (2)
**right away** enseguida
**ring** anillo, el (8)
**ring, to** sonar (ue)
**risk** riesgo, el (10)
**river** río, el (9)
**road** camino, el
**roast** asado/a
**robbery** robo, el
**role; paper** (1) papel, el
**roll of film (for camera)** rollo de película, el (9)
**roof; ceiling** (1) techo, el
**room** recámara, la
**room** habitación, la (9); cuarto, el (5); recámara, la
**room service** servicio de habitación, el (9)
**root** raíz, la
**rosebush** rosal, el
**round** redondo/a
**round trip** *adj.* ida y vuelta, de (9)
**row** fila, la
**rowing** remo, el
**royal** real
**rub, to** frotar
**rug, (small)** tapete, el
**rug; carpet** alfombra, la (5)
**rugby** rugby, el
**rum** ron, el
**run, to** correr (4)

**run for election, to** aspirar (a)
**running shoes** zapatos deportivos, los (8)
**running water** agua corriente, el (but *f.*)

## S

**sacred** sagrado/a
**sad** triste (3)
**sadness** tristeza, la
**saffron** azafrán, el
**salad** ensalada, la (3)
**salary; wages** salario, el; sueldo, el
**sale** rebaja, la (8); venta, la
**sale; offer** oferta, la
**salesperson** vendedor/a, el/la
**salmon** salmón, el (6)
**salt** sal, la (6)
**salutation, greeting** (1) saludo, el
**Salvadorian** *adj., n.* salvadoreño/a (2)
**salve; ointment** pomada, la
**same** mismo/a
**same here** igualmente (1)
**sample** muestra, la
**sandal** sandalia, la (8)
**sandwich** sándwich, el (3); bocadillo, el (6); torta, la (*Mex.*)
**satire** sátira, la
**satisfied** satisfecho/a
**satisfy, to** satisfacer
**Saturday** sábado, el (1)
**saucepan** (6), **stewpot, casserole dish** cazuela, la
**save, to** ahorrar
**saxophone** saxofón, el
**say, to; to tell** decir (i) (4)
**say good-bye, to** despedirse (i, i)
**scandal** escándalo, el
**scandalous** escandaloso/a
**scanner** escáner, el
**scar** cicatriz, la
**scarce; limited** escaso/a
**scarf** bufanda, la (8)
**scene** escena, la
**scenery** paisaje, el
**schedule** horario, el (3)
**school of . . .** facultad de . . . , la
**school recess time** recreo, el
**school** escuela, la
**science** ciencia, la (2)

**scientist** científico/a
**scissors** tijera(s), la(s)
**Scotch** *adj., n.* escocés/a
**Scotland** Escocia
**scrambled** revuelto/a
**screen** pantalla, la
**script** guión, el
**scuba dive, to** bucear (9)
**sculpture** escultura, la
**sea** (7); **ocean** (9) *f.* mar, el
**search** búsqueda, la
**season** temporada, la
**season** (1); **station** estación, la
**season, to** sazonar
**seat** asiento, el (9)
**seat (of government)** sede, la
**seat belt** cinturón de seguridad, el (9)
**second** segundo/a
**second helping, to have; to repeat** repetir (i, i) (4)
**secretary** secretario/a, el/la
**secrete, to** segregar
**security** seguridad, la
**see you later** hasta luego (1); hasta pronto (1)
**see you tomorrow** hasta mañana (1)
**see, to; to watch (television)** ver (3)
**seem, to** parecer (6)
**self-portrait** autorretrato, el
**sell, to** vender
**semester** semestre, el (3)
**senate** senado, el
**senator** senador/a, el/la
**send, to** enviar
**sense** sentido, el
**sentence** oración, la
**separate, to** apartar
**separate** aparte
**September** septiembre, el (1)
**sequel** secuela, la
**serenade** serenata, la
**serious** grave
**servant** sirviente/a, el/la
**serve, to** servir (i) (4); desempeñar
**serve, to; to look after; to wait on** atender (ie)
**set the table, to** poner la mesa (5)
**seventh** séptimo/a

**several** varios/as

**shake** batido, el

**shake, to** sacudirse

**shake up, to** agitar

**shaman** chamán/chamana, el/la

**shame** desgracia, la

**shampoo** champú, el (5)

**shape** forma, la (10)

**shape, to** forjar

**share, to** compartir

**shave, to** afeitarse (5)

**sheep** oveja, la

**shell** concha, la

**shellfish** mariscos, los (6)

**shine, to** brillar

**shining** reluciente

**ship** barco, el

**shirt** camisa, la (8)

**shoe** zapato, el (8)

**shoestore** zapatería, la (8)

**shop selling furs** peletería, la

**shopping centre; mall** centro comercial, el (8)

**shore** orilla, la

**short** corto/a (5)

**short** (2) *adj.*; **low** (6) *m., adv.*; **deep; under** *m., prep.* bajo/a

**short-/long-sleeved** de manga corta/larga (8)

**shortage** escasez, la

**shot** inyección, la (10)

**shout, to** (7) gritar

**show** función, la (4), espectáculo, el

**show, to** mostrar (ue)

**show a movie, to** dar/pasar/poner una película

**show host/hostess** anfitrión/ anfitriona, el/la

**shower** ducha, la (5)

**shower, to** ducharse (5)

**shrimp** camarón, el (6); gamba, la (*Sp.*)

**shrink, to** encoger

**shy, timid** tímido/a

**sibling; brother/sister** (4) hermano/a, el/la

**sick** enfermo/a (3)

**side** lado, el

**sign** letrero, el; signo, el

**sign, to** firmar

**signal** señal, la

**signature** firma, la

**silk** seda, la

**silver** plata, la (8)

**silversmith's trade** platería, la

**silverware** cubiertos, los

**similar** parecido/a; semejante

**similarity** semejanza, la

**simple** sencillo/a

**simplicity** sencillez, la

**sin** pecado, el

**since** desde que

**sincerely yours** atentamente

**singer** cantante, el/la

**sink (bathroom)** lavabo, el; **(kitchen)** fregadero, el (6)

**sit down, to** sentarse (ie) (5)

**situated, to be** radicar

**sixth** sexto/a

**size** talla, la (8); tamaño, el

**skate; inline skates** patín, el; patines en línea (7)

**skate, to** patinar (7)

**skateboard** monopatín, el

**skater** patinador/a

**skeleton** esqueleto, el (10)

**ski; skiing** esquí, el (7)

**ski, to** esquiar (7)

**skier** esquiador/a, el/la

**skiing (water; downhill; cross- country)** esquí (acuático; alpino; nórdico), el (7)

**skillet, frying pan** sartén, la (6)

**skinny** flaco/a

**skirt** falda, la (8)

**skyscraper** rascacielo, el

**slavery** esclavitud, la

**sleep, to** dormir (ue) (4)

**sleepy, to be** tener sueño (2)

**sleeveless** sin manga (8)

**slogan; motto** lema, el

**slow** *adj.* lento/a

**slow; slowly** *adv.* despacio

**small** pequeño/a (1)

**small (cutting) board** tablilla, la

**small spoon** cucharita, la (6)

**smart, cunning, alive** vivo/a

**smell** olor, el

**smile** sonrisa, la

**smile, to** sonreír (i, i)

**smoke** humo, el

**smoke, to** fumar (10)

**snack (afternoon)** merienda, la (3)

**snack, to; to picnic** merendar (ie)

**snake** culebra, la

**sneeze, to** estornudar

**snow** nieve, la

**snow, to** (7) nevar (ie)

**so-so** más o menos (1); así así; regular

**so much** tanto

**soap** jabón, el (5)

**soap opera** telenovela, la

**soccer** fútbol, el (2)

**soccer player** futbolista, el/la

**social page** crónica social, la

**social welfare program** programa social, el

**sociology** sociología, la (2)

**sock** calcetín, el (8)

**soda; soft drink** (3) refresco, el

**sofa** sofá, el (5)

**soft** suave

**soft drink; soda** (3) refresco, el

**soldier** soldado, el

**soloist** solista, el/la

**solution; remedy** (10) remedio, el

**solve, to** solucionar

**somber** sombrío/a

**some** algún, alguno/a (7)

**someone** alguien (7)

**something** algo (7)

**sometimes** algunas veces

**sometimes; at times** (5) a veces

**son** hijo, el (4)

**son-in-law** yerno, el

**song** canción, la; canto, el

**soon** pronto (1); al poco rato

**soul** alma, el (but *f.*)

**sound** sonido, el

**soup** sopa, la (6)

**south** sur, el

**South America** Suramérica

**South American** suramericano/a

**southwest** suroeste, el

**souvenir** recuerdo, el (9)

**sowing; seed planting** siembra, la

**space** espacio, el

**Spaniard** *n.* español/a, el/la

**Spanish** *adj.* español/a (2)

**Spanish-speaking person** *n.*; **Spanish-speaking** *adj.* hispanohablante, el/la

**(Spanish) operetta** zarzuela, la
**spare time** tiempo libre, el (4)
**spatula** espátula, la
**special** especial
**species** especie, la
**spectator** espectador/a
**speech** discurso, el
**speed** velocidad, la
**spelling** ortografía, la
**spend, to** gastar (8)
**spend (time), to** (4); **to come by** pasar
**spider** araña, la
**spiderweb** tela de araña, la
**spirit** espíritu, el
**sponsor** patrocinador/a, el/la
**sponsor, to** patrocinar
**spoon** cuchara, la (6)
**sport** deporte, el (2)
**sports, sporting** (7) *adj.* deportivo/a
**sports car** deportivo, el
**sports figure** deportista, el/la
**sports section** sección deportiva, la
**sportscaster** comentarista deportivo/a, el/la
**spreadsheet** hoja electrónica, la
**spring** primavera, la (1)
**spring up, to; to arise** surgir
**squirrel** ardilla, la
**stability** estabilidad, la
**stable** *adj.* estable
**stadium** estadio, el
**stage** escenario, el
**stairs** escalera, la
**stall; position (job)** puesto, el
**stamina** vigor, el
**stamp** sello, el
**stand in line, to** (9) hacer cola
**stand out, to** destacar; sobresalir
**stand up, to** ponerse de pie
**standard** estándar, el
**standing** parado/a
**standing, to be** estar de pie
**star** estrella, la
**state** *adj.* estatal
**station; season** (1) estación, la
**stationery shop** papelería, la
**statistics** estadística, la
**statue** estatua, la
**stay** estadía, la (9)
**stay (somewhere), to** quedarse (9)

**stay in bed, to** guardar cama (10)
**stay in shape, to** mantenerse en forma
**stay trim, to; to watch one's figure** guardar la línea (10)
**steak** bistec, el (6)
**step** escalón, el; paso, el
**step, to** pisar
**stepbrother/stepsister** hermanastro/a, el/la
**stepfather** padrastro, el
**stepmother** madrastra, la
**stepson/stepdaughter** hijastro/a, el/la (4)
**stereo** estéreo, el
**steroid** esteroide, el
**stew** estofado, el
**stewpot, casserole dish, saucepan** (6) cazuela, la
**stick** palo, el
**stick out (tongue), to; to take out** (5) sacar
**still** aún
**still; fixed** fijo/a
**still; yet** todavía
**stimulus** estímulo, el
**stir, to** revolver (ue)
**stocking; pantyhose** media, la; pantimedias, las
**stomach** estómago, el (10)
**stone** piedra, la
**stop** parada, la
**stop, to** detenerse (ie)
**store** tienda, la (8)
**(store) window** vitrina, la
**storm** tormenta, la
**story** cuento, el
**stove** estufa, la (6)
**straighten up, to** ordenar (5)
**strange** extraño/a
**straw** paja, la
**strawberry** fresa, la
**street** calle, la
**street vendor** vendedor/a ambulante, el/la
**strengthen, to; fortify** fortalecer (zc)
**stress** estrés, el
**strike** huelga, la
**striped** de rayas
**structure** estructura, la

**student** *adj.* estudiantil (3); *n.* estudiante, el/la (1)
**student centre** centro estudiantil, el (3)
**study** estudio, el
**study, to** estudiar (2)
**style** estilo, el
**subject (academic)** materia, la (3)
**success** éxito, el
**successful, to be** tener éxito
**successful** exitoso/a
**such; thus** así
**sudden fright** sobresalto, el
**suddenly** de repente
**suffer, to** sufrir
**suffer (from), to** padecer (zc) (de) (10)
**sugar** azúcar, el (or *f.*) (6)
**suggest, to** sugerir (ie, i) (10)
**suggestion** sugerencia, la
**suit** traje, el (8)
**suit jacket** (8) saco, el
**suitcase** maleta, la (9)
**summarize, to** resumir
**summary** resumen, el
**summer** verano, el (1)
**summit** cumbre, la
**sun** sol, el (4)
**sunbathe, to** tomar el sol (4)
**Sunday** domingo, el (1)
**sunglasses** gafas de sol, las (9)
**supermarket** supermercado, el
**supernatural** sobrenatural
**superstar** superestrella, el/la
**superstore** hipermercado, el
**supervisor** supervisor/a, el/la
**support** apoyo, el
**support, to** apoyar
**support (a family, etc.), to** mantener (ie)
**suppose, to** suponer
**Supreme Court** corte suprema, la
**surgery** cirugía, la
**surprise, to; to be surprised** sorprender(se) (10)
**surprise** sorpresa, la (4)
**surprised** asombrado/a
**surprising** sorprendente
**surrounded** rodeado/a
**survey; poll** encuesta, la

**suspicious; unfriendly**
sospechoso/a
**swamp** pantano, el
**swear, to** jurar
**sweater** suéter, el (8)
**sweep the floor, to** barrer
el piso (5)
**sweet** *adj., n.* dulce, el
**sweet roll** panecillo, el
**sweetheart** mi corazón
**sweetheart, darling** (*fig.*) mi cielo
**swell, to** hinchar
**swim, to** nadar (2)
**swimmer** nadador/a, el/la
**swimming** natación, la (7)
**swimming pool** piscina, la (7)
**syllabication** silabeo, el
**symphony** orquesta sinfónica, la
**symphony** sinfonía, la
**symptom** síntoma, el (10)
**systems analyst** analista de
sistemas, el/la

**T**
**T-shirt** camiseta, la (8)
**table; chart; painting** cuadro, el
**table** mesa, la (1)
**tablecloth** mantel, el
**tablespoon** cucharada, la (6)
**tailor shop** sastrería, la
**take, to; to drink** tomar (2)
**take a (day) trip/excursion, to;
to take a tour** hacer una
excursión (7)
**take a stroll, to** dar un paseo (4)
**take a walk, to** pasear (4)
**take advantage of, to** aprovechar
**take away, to** quitar
**take care of oneself, to** cuidarse
(10)
**take into account, to** tener en
cuenta
**take off, to** quitarse (5);
despegar (gu)
**take out, to** (5); **to stick out
(tongue)** sacar
**take pictures, to** sacar fotos (9)
**talented** talentoso/a
**talk, to** hablar (2)
**tall** (2); **high** (6) alto/a
**tape; film** cinta, la

**task; homework** (3) tarea, la
**taste, to** saborear
**taste, to; to try** probar (ue) (6)
**tattoo** tatuaje, el
**tax** impuesto, el
**taxi driver** taxista, el/la
**tea** té, el (6)
**teach, to; to show** enseñar (a)
**teacher (elementary school)**
maestro/a, el/la
**team** equipo, el (7)
**tear** lágrima, la
**teaspoon** cucharadita, la (6)
**technique** técnica, la
**technological** tecnológico/a
**television set** televisor, el (5)
**television viewer** televidente,
el/la
**tell, to** relatar
**tell, to; to count** contar (ue)
**tell, to; to say** decir (i) (4)
**temperate** templado/a
**temperature** temperatura, la (10)
**tennis** tenis, el (2)
**tennis player** tenista, el/la
**(tennis) shoe** zapato (de tenis), el (8)
**tenor** tenor, el
**tent** carpa, la
**tenth** décimo/a
**term** término, el
**terrace; balcony** terraza, la
**terrain** terreno, el
**terrific, wonderful** estupendo
**test** prueba, la
**thank, to; be grateful for**
agradecer (zc)
**thank you** gracias (1)
**that's life!** ¡así es la vida! (1)
**the pleasure is mine** el gusto es
mío
**the specialty of the house**
especialidad de la casa, la
**the weather is bad** hace mal
tiempo (7)
**theatre** teatro, el (4)
**theatre, cinema; movies** cine,
el (4)
**theme; topic** tema, el
**then** entonces
**theory** teoría, la
**therapy** terapia, la

**there** ahí
**there is/there are** hay (1)
**therefore** por eso; por lo tanto
**thermometer** termómetro, el
**thick** espeso/a
**thief** ladrón/ladrona, el/la
**thin; slender** delgado/a (2)
**thing** cosa, la
**think, to; to give one's opinion**
opinar
**think, to; to intend (to do
something)** pensar (ie) (+ inf.)
(4)
**third** tercer, tercero/a
**thirst** sed, la
**thirsty, to be** tener sed (2)
**this is a . . .** esto es un/a . . . (1)
**throat** garganta, la (10)
**throne** trono, el
**through; across** a través de
**throw, to** tirar
**throw out, to** arrojar; botar
**Thursday** jueves, el (1)
**ticket** pasaje, el (9); boleto, el
**ticket booth** taquilla, la
**ticket seller** taquillero/a, el/la
**tie** corbata, la (8)
**tie (the score), to** empatar (7)
**tie (up), to** atar
**tight** apretado/a
**time; weather** tiempo, el (7)
**time** vez, la (veces, las *pl.*) (5)
**tin** estaño, el
**tip** propina, la (6)
**tired** cansado/a (3)
**title** (1); **(academic) degree** título,
el
**title page** portada, la
**to; at** a
**to/on the left (of)** a la izquierda
(de) (3)
**to/on the right (of)** a la derecha
(de) (3)
**toad** sapo, el
**toast** pan tostado, el (6); tostada, la
**toast, to** tostar (ue)
**toaster** tostadora, la (6)
**today** hoy (2)
**toe** dedo del pie, el
**together** junto/a
**toilet** inodoro, el

**tolerate, to** tolerar
**tomato** tomate, el (6)
**(tomato) sauce** salsa (de tomate), la (6)
**tomb** sepulcro, el
**tomorrow** *adv.* mañana (1)
**tone** tono, el
**tongue** lengua, la (10)
**too many** demasiados/as
**too much** demasiado/a
**tooth** diente, el (5)
**(tooth)brush** cepillo (de dientes), el (5)
**toothpaste** pasta de dientes, la (8)
**topography** topografía, la
**toque** gorro, el (8)
**torso** tórax, el
**tortilla** tortilla, la (*Mex., S.A., U.S.,* cornmeal or wheat flatbread; *Sp.,* potato and onion omelette)
**touch, to; to play (a musical instrument)** tocar
**tour** gira, la
**tour guide** el/la guía
**tourist** *adj.* turístico/a (9)
**toward** hacia
**towel** toalla, la (5)
**tower** torre, la
**town; the people, the masses** pueblo, el
**track** pista, la (7)
**track and field** (7), **athletics** atletismo, el
**trade; commerce; business** comercio, el
**trade union** gremio, el; sindicato, el
**trail** sendero, el
**train, to** entrenar (7)
**training** entrenamiento, el
**translate, to** traducir
**translator** traductor/a, el/la
**transmission** transmisión, la
**transmit, to** transmitir
**transportation** transporte, el
**trapped** atrapado/a
**travel, to** viajar (9)
**traveller** viajero/a, el/la (9)
**traveller's cheque** cheque de viajero, el
**treatment** tratamiento, el
**treaty** tratado, el

**tree** árbol, el
**tremble, to** temblar
**trimester** trimestre, el
**trip** viaje, el (9)
**triumph, to** triunfar
**trombone** trombón, el
**troop** tropa, la
**true** cierto/a
**trumpet** trompeta, la
**trunk** baúl, el
**trust, to** confiar en
**truth** verdad, la
**try (to do something), to** intentar/tratar de (+ inf.)
**try on, to** probarse (ue) (8)
**Tuesday** martes, el (1)
**tuna** atún, el
**turkey** pavo, el
**turn, to** doblar, girar
**turn down, to** rechazar (4)
**turn in, to** entregar
**turn on, to** encender (ie)
**turn over, to; to toss** voltear
**turtle** tortuga, la
**twist, to** torcerse (ue) (z)
**twist around, to** enredarse
**type** tipo, el
**type, to** escribir a máquina
**typewriter** máquina de escribir, la
**typical** típico/a (9)

## U

**ugly** feo/a (2)
**ulcer** úlcera, la
**uncertainty** incertidumbre, la
**uncle/aunt** tío/a, el/la (4)
**uncomfortable** incómodo/a
**undecided; hesitant** indeciso/a
**under** debajo de (5)
**understand, to** entender (ie) (4)
**understand, to** (3); **to include** comprender
**understanding** entendimiento, el
**undertake, to** emprender
**undoubtedly** indudablemente
**unemployment** desempleo, el
**unexpected** imprevisto/a
**unforgettable** inolvidable
**unique; only** único/a
**university** *adj.* universitario/a (3)
**university** universidad, la

**unknown** desconocido/a
**unless** a menos (de) que
**unpleasant** desagradable
**unpleasant, mean** antipático/a (1)
**unraveled; undone** deshecho/a
**unripe; green** (1) verde
**until** hasta (que)
**untiring** incansable
**unusual** raro/a
**up; upstairs** arriba
**ups and downs** altibajos, los
**upstairs** planta alta, la
**urgent** urgente
**urinate, to** orinar
**Uruguayan** *adj., n.* uruguayo/a (2)
**use** uso, el (5)
**use, to** utilizar
**useful** útil
**usefulness** utilidad, la
**useless** inútil
**utensil** utensilio, el (6)
**utility room** lavadero, el (5)

## V

**vacation** vacaciones, las
**vaccine** vacuna, la
**vacuum, to** pasar la aspiradora (5)
**vacuum cleaner** aspiradora, la (5)
**validity** validez, la
**valley** valle, el
**valuable** valioso/a
**value** valor, el
**vanity table** tocador, el
**variety** variedad, la
**vary, to** variar
**veal** ternera, la
**vegetable** verdura, la (6)
**vegetable; legume** legumbre, la
**vegetarian** vegetariano/a (6)
**velvet** terciopelo, el
**Venezuelan** *adj., n.* venezolano/a (2)
**verb** verbo, el (3)
**verify, to; to check** verificar
**very** muy (1)
**very truly yours** se despide de usted(es) atentamente
**veterinarian** veterinario/a, el/la
**vibrate, to** vibrar
**video camera, camcorder** cámara de video, la (9)

**videocassette recorder (VCR)** videograbadora, la

**Vietnamese** *adj., n., m., f.* vietnamita

**view** vista, la (9)

**village** aldea, la

**vinegar** vinagre, el

**violate, to; to rape** violar

**violation; rape** violación, la

**violence** violencia, la

**violin** violín, el

**virtuoso** virtuoso/a

**visit, to** visitar (4)

**visiting, to be** estar de visita

**visitor** visitante, el/la

**visored cap** gorra, la (8)

**volcano** volcán, el (9)

**volleyball** voleibol, el (7)

**vote; ballot** voto, el

**vote, to** votar

**vowel** vocal, la

# W

**wait for, to** esperar (4)

**waiter/waitress; server** (6) camarero/a, el/la; mesero/a, el/la

**waiting room** sala de espera, la (9)

**wake up, to** despertarse (ie) (5)

**walk, to** caminar (2); andar

**walk; promenade; avenue** paseo, el

**wall** pared, la (1)

**wallet** billetera, la (8)

**wallet** cartera, la

**want, to; to desire** desear (6)

**want, to; to love (someone)** querer (ie) (4)

**war** guerra, la

**warm** cálido/a; caluroso/a

**warm; tepid** tibio/a

**warn, to** advertir

**warning; ad** aviso, el

**warrior** guerrero/a, el/la

**wash (oneself), to** lavar(se) (5)

**washer** lavadora, la (5)

**waste** desperdicio, el

**waste time, to** perder (ie) tiempo

**watch, to** ver (3)

**watch one's figure, to; to stay trim** guardar la línea (10)

**watch over** vigilar

**watch (television), to; to see** ver (3)

**water** agua, el (but *f.*) (3)

**water** *adj.* acuático/a (7)

**water glass** vaso, el (6)

**waterfall** salto, el (9)

**wavy** ondulante

**way** manera, la

**way, manner** modo, el

**weak** débil

**wealth** riqueza, la

**weapon** arma, el (but *f.*)

**wear (shoes), to** calzar

**wear, to** (8); **to carry** llevar

**weather** clima, el

**weave, to** tejer

**wedding** boda, la

**Wednesday** miércoles, el (1)

**week** semana, la (1)

**weekend** fin de semana, el

**weigh, to** pesar

**weight** peso, el (10)

**welcome** *adj.* bienvenido/a

**welfare** asistencia social, la

**well-being** bienestar, el (10)

**well-known, famous** conocido/a

**well** pozo, el

**well** *conj.* pues (3)

**well** (1); **fine** bien

**well-made** bien hecho/a

**west** oeste, el

**wet** mojado/a

**what?** ¿qué? (2)

**what's happening? what's up? (inf.)** ¿qué pasa?

**what's new? (inf.)** ¿qué hay?

**what's the weather like?** ¿qué tiempo hace? (7)

**what's up? how's it going?** ¿qué tal? (*inf.*) (1)

**what's your name?** ¿cómo se llama usted? (*form.*) (1)

**what colour is . . . ?** ¿de qué color es . . . ? (1)

**what do you think? (how do you feel about that?)** ¿qué te parece? (*inf.*)

**what is this?** ¿qué es esto? (1)

**what nonsense!** ¡qué barbaridad!

**what time is it?** ¿qué hora es? (2)

**when** cuando

**when?** ¿cuándo? (2)

**where** adónde; donde

**where?** ¿dónde? (2)

**which (one/s)?; what?** ¿cuál(es)? (2)

**while** mientras

**whistle** silbato, el

**white** blanco/a (1)

**who** quien

**who?** ¿quién(es)? (2)

**whose?** ¿de quién(es)? (2)

**why?** ¿por qué? (2)

**wide** ancho/a

**widow** viuda, la

**will** voluntad, la

**wind** viento, el (7)

**window** ventana, la (1) **(small)** ventanilla, la (9)

**wine** vino, el (6)

**wine glass** copa, la (6)

**winter** *adj.* invernal; *n.* invierno, el (1)

**wire** alambre, el

**with** con (1)

**with all my love** con todo el cariño

**with regard to** en cuanto a

**within; inside of** dentro de (5)

**without** sin (que)

**witness, to** presenciar

**woman** mujer, la

**women's studies** estudios de la mujer, los

**wood; *pl.* lumber** madera, la

**wool** lana, la (8)

**word** palabra, la (1)

**word processor** procesador de textos, el

**work** trabajo, el

**work, labour** labor, la

**work, to** trabajar (2)

**work on commission, to** trabajar a comisión

**workshop** taller, el

**world** mundo, el

**World Cup** Copa Mundial, la

**worldwide** mundialmente

**worm** gusano, el

**worn** gastado/a

**worried** preocupado/a (3)

**worry; concern** preocupación, la

**worry, to** preocuparse
**worse; worst** peor (8)
**worsen, to** empeorar
**worth, to be; to cost** valer (8)
**wounded** herido/a
**woven goods** tejidos, los
**wrinkle** arruga, la
**wristwatch** reloj de pulsera, el (8)
**write, to** escribir (3)
**written** redactado/a

**X**

**x-ray** radiografía, la (10)

**Y**

**yacht** yate, el
**yeah!** ¡arriba!
**year** año, el (1)
  **. . .years ago** hace . . . años
**yellow** amarillo/a (1)
**yesterday** ayer (6)

**yet to be finished** estar sin terminar
**yogurt** yogur, el (6)
**you're welcome** de nada (1)
**young** joven (2)
**younger; youngest** menor (4)
**your** tu/tus (*inf., sing./pl.*) (1)
**youth** juventud, la

# CREDITS

## Text Credits

**p. 36** "Salsa en Nueva York" Courtesy of TTH Records, Inc.; **p. 72** "Cuéntame alegrías" (Salvador Puerta) by Tachú © and (p) Pasarela SL; **p. 103** "La bamba" Interpretada por El Mariachi Vargas de Tecatitlán aparece por autorización de Sony BMG Music Entertainment (México) S.A. DE C.V.; **p. 133** "Marimba con punta" by César Castillo ©MC Productions, Inc.; **p. 161** "Tren al sur" by writer/composer Jorge González Rios, SCD, Chile; **p. 191** "El pregonero," courtesy of TTH Records, Inc.; **p. 221** "Junto a ti," by Yawar ©Producciones Iempsa, S.A.C.; **p. 223** "Los rivales y el juez," Ciro Alegría. Used by permission of Los Morochucos; **p. 252** "Sol de primavera" by Gonzalo Vargas ©Celestial Harmonies; **p. 254** "El ñandutí," Aitor Bikandi-Mejías; **p. 285** "Tu ausencia," ©Discos Fuentes S.A.; **p. 316** "Todo cambia." Music courtesy of Universal Music Latino; Lyrics: Letra y Música: Julio Numhauser ©1984 Editorial Musical Korn Intersong/Warner/Chappell Music Argentina; **p. 319** Excerpts from the stories "Gringos, no; gringas, sí" and "El jubilado" in *El Quetzal Herido* reprinted by kind permission of Dr. Alfonso L. Rojo, arojo@smu.ca

## Photo Credits

Photos in the Observaciones sections are stills from the *¡Pura vida!* video to accompany *¡Arriba! Communicación y cultura*, second Canadian edition, © 2008

Photos in the Observaciones sections are stills from *¡Pura vida!* video to accompany *¡Arriba!, Comunicación y cultura*, Second Canadian Edition © 2009. **p. 1** (top) Salvador Dali (1904–1989), *The Discovery of America by Christopher Columbus*, 1958–1959, oil on canvas, 410.2 x 310 cm. Salvador Dali Museum, St. Petersburg, Florida, USA. The Bridgeman Art Library International Ltd. ©2004 Salvador Dali, Gala-Sal, (bottom) Getty Images, Inc.–Taxi **p. 2** © Garry Black/Masterfile; **p. 3** Will & Deni McIntyre/Corbis; **p. 4** © Ian Shaw/Alamy; **p. 6** Marka/MaXx Images; **p. 7** © Gabe Palmer/Alamy; **p. 9** (top) Diego Rivera, *Mexico from the Conquest to 1930*. Mural. (Detail) Location: National Palace, Mexico City, Mexico. Photo: Leslye Borden/Photoedit.©Banco de Mexico Diego Rivera & Frida Kahlo Museums Trust. Av. Cinco de Mayo No. 2, Col. Centro, Del., (bottom) © David Pearson/Alamy; **p. 11** (top) Getty Images, Inc./PhotoDisc, (bottom) Robert Frerck/Odyssey Productions; **p. 13** Robert Frerck/Odyssey Productions; **p. 35** (top left) Lana Slezic/CP Photo Archive, (top right) Getty Images Inc.–Stone Allstock, (middle) SuperStock, Inc., (bottom left) Getty Images Inc.–Image Bank, (bottom right) Stock Boston; **p. 36** Mauricio Smith; **p. 39** (top) AGE Fotostock America, Inc.; **p. 43** (top) Art Resource, N.Y, (bottom) Mercury Press; **p. 46** (top) PhotoEdit, (bottom) PhotoEdit Inc.; **p. 59** (left) Robert Frerck/Odessey Productions, (right) Latin Focus Photo Agency; **p. 62** (top) PhotoEdit Inc., (bottom) Robert Frerck/Odyssey Productions; **p. 69** J. Pavlovsky/Corbis/Sygma; **p. 71** (top left) ©Daniel Aubry/Odyssey/Chicago, (top right) ©Oliver Benn/Stone/Getty Images, (middle left) Getty Images Inc.–Stone Allstock, (middle right) ©Reuters NewMedia Inc./CORBIS, (bottom left) Reuters Limited, (bottom right) © Archivo Iconografico, S.A./Corbis; **p. 72** TEDDYSOUND, S.L.; **p. 74** (top) Ian Aitken ©Rough Guides; **p. 77** Ian Aitken ©Rough Guides; (bottom) ©Tony Perrottet/Omni-Photo Communications, Inc.; **p. 79** David Young-Wolff\PhotoEdit, Inc.; **p. 81** Photodisc/Getty Images; **p. 89** Odyssey Productions, Inc.; **p. 93** Woodfin Camp & Associates; **p. 95** Omni-Photo Communications, Inc.; **p. 100** Getty Images Inc.–Stone Allstock; **p. 101** (top left) D. Donne Bryant Stock Photography, (top right) Getty Images Inc.–Image Bank, (middle left) Susan M. Bacon, (middle right) D. Donne Bryant/D. Donne Bryant Stock Photography, (bottom left) Frida (Frieda) Kahlo, *Frieda and Diego Rivera*, 1931, oil on canvas, 39 3/8 in. x 31 in. (100.01 cm x 78.74 cm). Ben Blackwell/San Francisco Museum of Art. ©2003 Banco de Mexico Diego Rivera & Frida Kahlo Museums Trust. Estate of Frida Kahlo; **p. 103** Mariachi Nuevo Tecalitlan; **p. 104** (top) Courtesy of Marcie A. Bahn and Elizabethtown College; **p. 107** (top) Viesti Associates, (bottom) Susan M. Bacon; **p. 109** Courtesy of Anna Saroli; **p. 110** Pearson Education/PH College; **p. 112** Photo Researchers, Inc.; **p. 121** NAOS Photo; **p. 128** Getty Images Inc.–Stone Allstock; **p. 131** (top left) AP/Wide World Photos, (top right) D. Donne Bryant Stock Photography, (middle) U of Cincinnati International Programs, (bottom left) ©Robert Frerck/Odyssey/Chicago, (bottom centre) Susan M. Bacon, (bottom right) Canada World Youth; **p. 133** (top) Rafael Larios, (bottom) Index Stock Imagery, Inc.; **p. 134** (top) PhotoEdit Inc.; **p. 137** (top) Nature Picture Library, (bottom) Claudio Bravo, *Ajos y Col*, 1984, oil on canvas, 52.1 x 65.2 cm. ©Claudio Bravo, courtesy, Marlborough Galley, New York; **p. 141** Courtesy of Anna Saroli; **p. 151** © Frank Chmura/Alamy; **p. 159** (top left) AFP/Getty Images, Inc., (top right) Omni-Photo Communications, Inc., (middle left) © Galen Rowell/Mountain Light/Alamy, (middle right) Corbis/Bettmann, (bottom left) ©Carlos Goldin/Focus/DDB Stock Photo. All Rights Reserved, (bottom right) Getty Images, Inc.–Liaison; **p. 161** Loreto Otero; **p. 162** (top) Peter Wilson ©Dorling Kindersley; **p. 165** (top) eStock Photography LLC, (bottom) Jaime Colson, *Merengue*, 1937. Courtesy of Museo Bellapart, Dominican Republic; **p. 168** Odyssey Productions, Inc.; **p. 169** © Hemera/MaXxImages; **p. 171** Robert Frerck, Odyssey Productions; **p. 181** Grant LeDuc; **p. 183** (top) Susan M. Bacon; (bottom) Getty Images, Inc–Liaison; **p. 187** (top) Getty Images, Inc.–PhotoDisc, (bottom) ©Jack Parsons/Omni-Photo Communications, Inc.; **p. 189** (top left) Courtesy of Anna Saroli, (top right) © Photographer Håkan Rönnblad, (middle left) Woodfin Camp & Associates, (middle right) Getty Images Inc.–Stone Allstock, (bottom left) & (bottom right) Courtesy of Anna Saroli; **p. 191** Tito Nieves Productions, Inc.; **p. 192** (top) Getty Images, Inc., (bottom) The Granger Collection; **p. 194** (top) StockFood America; **p. 197** (top) Fundacion Guayasamin, (bottom) Getty Images Inc.–Stone Allstock; **p. 199** (top) Getty

# INDEX

# Index

# AUDIO CD TO ACCOMPANY TEXT

## Track Listings

# "AS IS" LICENSE AGREEMENT AND LIMITED WARRANTY

**READ THIS LICENSE CAREFULLY BEFORE OPENING THIS PACKAGE. BY OPENING THIS PACKAGE, YOU ARE AGREEING TO THE TERMS AND CONDITIONS OF THIS LICENSE. IF YOU DO NOT AGREE, DO NOT OPEN THE PACKAGE. PROMPTLY RETURN THE UNOPENED PACKAGE AND ALL ACCOMPANYING ITEMS TO THE PLACE YOU OBTAINED THEM.** *THESE TERMS APPLY TO ALL LICENSED SOFTWARE ON THE DISK EXCEPT THAT THE TERMS FOR USE OF ANY SHAREWARE OR FREEWARE ON THE DISKETTES ARE AS SET FORTH IN THE ELECTRONIC LICENSE LOCATED ON THE DISK:*

**1. GRANT OF LICENSE and OWNERSHIP:** The enclosed computer programs <<and any data>> ("Software") are licensed, not sold, to you by Pearson Canada Inc. ("We" or the "Company") in consideration of your adoption of the accompanying Company textbooks and/or other materials, and your agreement to these terms. You own only the disk(s) but we and/or our licensors own the Software itself. This license allows instructors and students enrolled in the course using the Company textbook that accompanies this Software (the "Course") to use and display the enclosed copy of the Software for academic use only, so long as you comply with the terms of this Agreement. You may make one copy for back up only. We reserve any rights not granted to you.

**2. USE RESTRICTIONS:** You may <u>not</u> sell or license copies of the Software or the Documentation to others. You may <u>not</u> transfer, distribute or make available the Software or the Documentation, except to instructors and students in your school who are users of the adopted Company textbook that accompanies this Software in connection with the course for which the textbook was adopted. You may <u>not</u> reverse engineer, disassemble, decompile, modify, adapt, translate or create derivative works based on the Software or the Documentation. You may be held legally responsible for any copying or copyright infringement which is caused by your failure to abide by the terms of these restrictions.

**3. TERMINATION:** This license is effective until terminated. This license will terminate automatically without notice from the Company if you fail to comply with any provisions or limitations of this license. Upon termination, you shall destroy the Documentation and all copies of the Software. All provisions of this Agreement as to limitation and disclaimer of warranties, limitation of liability, remedies or damages, and our ownership rights shall survive termination.

**4. DISCLAIMER OF WARRANTY: THE COMPANY AND ITS LICENSORS MAKE <u>NO</u> WARRANTIES ABOUT THE SOFTWARE, WHICH IS PROVIDED "AS-IS." IF THE DISK IS DEFECTIVE IN MATERIALS OR WORKMANSHIP, YOUR ONLY REMEDY IS TO RETURN IT TO THE COMPANY WITHIN 30 DAYS FOR REPLACEMENT UNLESS THE COMPANY DETERMINES IN GOOD FAITH THAT THE DISK HAS BEEN MISUSED OR IMPROPERLY INSTALLED, REPAIRED, ALTERED OR DAMAGED. THE COMPANY DISCLAIMS ALL WARRANTIES, EXPRESS OR IMPLIED, INCLUDING WITHOUT LIMITATION, THE IMPLIED WARRANTIES OF MERCHANTABILITY AND FITNESS FOR A PARTICULAR PURPOSE. THE COMPANY DOES NOT WARRANT, GUARANTEE OR MAKE ANY REPRESENTATION REGARDING THE ACCURACY, RELIABILITY, CURRENTNESS, USE, OR RESULTS OF USE, OF THE SOFTWARE.**

**5. LIMITATION OF REMEDIES AND DAMAGES: IN NO EVENT, SHALL THE COMPANY OR ITS EMPLOYEES, AGENTS, LICENSORS OR CONTRACTORS BE LIABLE FOR ANY INCIDENTAL, INDIRECT, SPECIAL OR CONSEQUENTIAL DAMAGES ARISING OUT OF OR IN CONNECTION WITH THIS LICENSE OR THE SOFTWARE, INCLUDING, WITHOUT LIMITATION, LOSS OF USE, LOSS OF DATA, LOSS OF INCOME OR PROFIT, OR OTHER LOSSES SUSTAINED AS A RESULT OF INJURY TO ANY PERSON, OR LOSS OF OR DAMAGE TO PROPERTY, OR CLAIMS OF THIRD PARTIES, EVEN IF THE COMPANY OR AN AUTHORIZED REPRESENTATIVE OF THE COMPANY HAS BEEN ADVISED OF THE POSSIBILITY OF SUCH DAMAGES.** SOME JURISDICTIONS DO NOT ALLOW THE LIMITATION OF DAMAGES IN CERTAIN CIRCUMSTANCES, SO THE ABOVE LIMITATIONS MAY NOT ALWAYS APPLY.

**6. GENERAL:** THIS AGREEMENT SHALL BE CONSTRUED AND INTERPRETED ACCORDING TO THE LAWS OF THE PROVINCE OF ONTARIO. This Agreement is the complete and exclusive statement of the agreement between you and the Company and supersedes all proposals, prior agreements, oral or written, and any other communications between you and the company or any of its representatives relating to the subject matter.

Should you have any questions concerning this agreement or if you wish to contact the Company for any reason, please contact in writing: Permissions, Pearson Canada Inc., 26 Prince Andrew Place, Toronto, Ontario, M3C 2T8.